北京大学文化产业基础教材

The Planning and Management
of Projects on Cultural Industries

文化产业项目策划与管理

张立波 编著

北京大学出版社
PEKING UNIVERSITY PRESS

图书在版编目(CIP)数据

文化产业项目策划与管理/张立波编著. —北京:北京大学出版社,2013.3
(北京大学文化产业基础教材)
ISBN 978-7-301-22057-3

Ⅰ. ①文… Ⅱ. ①张… Ⅲ. ①文化产业-策划-高等学校-教材 ②文化产业-项目管理-高等学校-教材 Ⅳ. ①G114

中国版本图书馆 CIP 数据核字(2013)第 022472 号

书　　　　名:	文化产业项目策划与管理
著作责任者:	张立波　编著
责 任 编 辑:	胡利国
标 准 书 号:	ISBN 978-7-301-22057-3/G·3578
出 版 发 行:	北京大学出版社
地　　　　址:	北京市海淀区成府路 205 号　100871
网　　　　址:	http://www.pup.cn
新 浪 微 博:	@北京大学出版社　　@未名社科-北大图书
电 子 邮 箱:	编辑部 ss@pup.cn　　总编室 zpup@pup.cn
电　　　　话:	邮购部 010-62752015　发行部 010-62750672
	编辑部 010-62753121
印 　刷　 者:	三河市北燕印装有限公司
经 　销　 者:	新华书店
	965 毫米×1300 毫米　16 开本　23.5 印张　372 千字
	2013 年 3 月第 1 版　2024 年 8 月第 15 次印刷
定　　　　价:	65.00 元

未经许可,不得以任何方式复制或抄袭本书之部分或全部内容。
版权所有,侵权必究
举报电话:010-62752024　电子邮箱:fd@pup.cn

前言

陈少峰(北京大学文化产业研究院副院长)

与文化产业作为一个新兴业态一样,文化产业管理也是 21 世纪以来我国的一个新兴专业领域。从学科归属来看,作为一个新兴研究领域,文化产业管理应当作为管理类的一个特殊学科看待,而且必须作为独立的一级学科存在,才能有利于建立适合其自身发展的专业布局和人才结构。

文化产业管理作为一门独立的一级学科,具有许多区别于其他管理学领域的内容要求。一般说来,其知识体系应包括以下几个部分:其一是基础性的学科,如发展经济学、产业经济学、文化概论、伦理学、美学、中外文化史、比较文化研究、大众文化、信息技术与文化传播、文化政策、艺术事业与艺术赞助、广告学、传播学、市场营销等。其二是管理类的学科,包括文化产业通论、娱乐经济、文化企业发展战略、文化产业人力资源、文化市场营销、文化产业商业模式、艺术管理、文化品牌管理、文化产业项目运作、文化产业投融资管理等。其三是专题研究与实务的新兴学科,如艺术授权、产业链经营方法、文化产业项目策划、文化产业发展规划、城市形象与城市营销、多媒体技术与艺术、非物质文化遗产、主题公园经营、青少年文化娱乐、体育产业、创意设计理念与设计产业、网络视频产业、故事写作、民间文化与工艺、文化产业集聚园管理、国际文化产业比较研究、文化产业案例研究等。

从总体上说,文化产业管理作为一个跨学科的领域,虽然与其他管理学科和传媒、艺术等学科有很多交叉的内容,并要求该学科的学生具有比较渊博的学识,但是它本质上还是管理学中的一个分支。由此,我们一直认为,文化产业管理应与工商管理、公共管理并列,成为管理学中的一级学科。也就是说,必须把文化产业管理提升到与工商管理和公共管理并重的地位,必须按照文化产业自身的发展规律来培养相应的经营管理人才。

将文化产业管理建设成为一个独立的管理学科,对培养文化产业经营管理人才确实具有重要的意义。这不仅有助于高校投入更多的财力物力、研究和教学资源,逐步累积学科建设经验,而且有利于实现文化产业领域理论与实践的有效对接和产学研之间的紧密结合,对培养高素质专业型和复合型人才都不可或缺。我们通过长期一线实践及观察也认识到,在学生们获得过文学艺术、出版传媒、信息技术、工商管理等专业的学士学位之后,继续接受文化产业管理的硕士水平的教育,会呈现更好的培养效果。因而,文化产业管理专业最好以培养硕士水平的学生和继续教育为主,培养类似工商管理的 MBA 和 EMBA 以及公共管理领域的 MPA,这样会更好地优化文化产业人才的培养结构。

在文化产业管理的谱系中,文化产业策划与管理是不可或缺的重要组成部分。对于文化产业领域的学习者和实践者而言,充分理解和掌握文化产业项目策划的特点和方法以及文化产业项目管理的知识体系,积极参与文化产业项目的相关实际操作,可以有效打通理论与实践结合的"隧道",从而使之能够从容自如、简捷快速地成长为文化产业领域的"行家里手"。

迄今来看,本书是国内第一部系统探讨文化产业项目策划与管理的著作,特别对文化产业项目策划进行了基础性和探索性研究,具有某种筚路蓝缕的开拓之功。我希望,通过本书的出版发行,能够推动文化产业管理的学科建设,促进整个课程体系和教学内容的进一步优化和系统化,从而有效推动文化产业观念的转变和现代文化产业方法的更新。

目　录

导　言 / 001

第一编　项目与文化产业项目

第 1 章 / 011
项目与项目管理

一、项目的概念及其特征　/ 011

二、项目管理　/ 014

三、项目管理与项目策划　/ 018

第 2 章 / 019
文化产业的基本要素和特性

一、文化产业的概念　/ 019

二、文化产业的基本要素与结构　/ 023

三、文化产业的特性　/ 028

第3章 / 037

文化产业项目的运作过程与特点

一、文化产业项目的类型和运作过程　/ 037

二、文化产业项目的一般特点　/ 040

三、以文化提升项目价值的方法　/ 054

第二编　文化产业项目策划

第4章 / 059

文化产业项目策划的要素和基本原理

一、策划与项目策划　/ 059

二、文化产业项目策划的基础性要素　/ 065

三、文化产业项目策划的基本原理　/ 073

四、文化产业项目策划的原则　/ 085

五、文化产业项目策划的方法　/ 089

第5章 / 094

文化产业项目策划的基本流程

一、文化产业项目策划的内在逻辑　/ 094

二、文化产业项目策划的基本流程　/ 098

第6章 / 102

文化产业项目策划的项目调研与数据分析

一、文化产业项目调研　/ 102

二、项目市场调研　/ 105

三、数据挖掘与分析　/ 110

四、项目调研中的几种分析工具　/ 113

第 7 章 / 124

文化产业项目的营销策划

一、文化产业项目的市场细分 / 124

二、项目市场的定位和选择 / 129

三、项目策划的营销组合及策略 / 135

第 8 章 / 144

文化产业项目的融资策划

一、文化产业项目融资的概念及其结构 / 144

二、文化产业项目基本融资方式 / 148

三、文化产业项目其他复合融资模式 / 154

四、文化产业项目融资策划流程 / 158

五、文化产业项目融资面临的问题及对策 / 165

第 9 章 / 171

文化产业项目可行性研究与评估

一、文化产业项目可行性研究的作用与过程 / 171

二、文化产业项目可行性研究的要素与报告 / 174

三、文化产业项目的评估 / 183

第 10 章 / 189

文化产业项目策划方案撰写

一、文化产业项目策划与规划 / 189

二、文化产业项目策划方案撰写 / 190

三、文化产业项目策划方案的延伸文件 / 195

第11章 / 199

文化产品的开发及策划

一、文化产品的特征概说 / 199

二、文化产品的质量标准 / 205

三、内容为王与故事第一 / 212

四、文化产品的内容创意及其扩展 / 221

五、文化产品开发策划 / 228

第12章 / 250

文化产业园区策划

一、文化产业园区的核心要素 / 250

二、文化产业园区的定位和经营理念 / 252

三、文化产业园区的发展模式 / 255

四、文化产业园区的商业模式 / 259

附：文化产业园区策划方案举例

——××民俗文化产业园区策划方案 / 261

第三编　文化产业项目管理

第13章 / 295

文化产业项目管理概述

一、文化产业项目管理的特征和意义 / 295

二、文化产业项目的过程管理 / 296

三、文化产业项目的要素管理 / 299

第 14 章 / 302

文化产业项目人力资源管理

一、项目组织结构的确定 / 302

二、项目团队建设 / 308

三、项目经理 / 316

第 15 章 / 320

文化产业项目时间管理

一、项目活动定义 / 321

二、项目活动排序 / 323

三、项目活动资源和持续时间估算 / 326

四、项目进度计划 / 329

五、项目进度控制 / 332

第 16 章 / 334

文化产业项目质量管理

一、质量与文化产业项目质量管理 / 334

二、文化产业项目质量管理的过程 / 337

第 17 章 / 345

文化产业项目风险管理

一、风险与项目风险 / 345

二、文化产业项目风险的成因及特点 / 348

三、文化产业项目风险管理的过程 / 352

参考文献 / 364

导　言

在文化强国战略的推动之下,当前我国文化产业已经进入快速发展时期。我们需要积极推动文化产业结构优质化,改变以过去单纯强调效率的文化产品制造业模式,积极发展"创意导向"与"体验价值创造"的创新驱动模式。在路径选择上,需要将文化创意的特质纳入制造业,将科技与国际化的元素引入传统文化业态,从而建立文化产业化与产业文化化相结合的双向发展格局。唯有这样,文化产业才能充分发挥其跨界整合的特点,创造更高的附加价值;也唯有这样,文化产业才能在多元化发展过程中真正脱胎换骨,并且有可能在国际经济体系中建立起无可取代的地位。

一

在我国建设文化强国的进程中,我们一直以来关注比较多的一个问题是——未来我国文化产业应有什么特色?这其实是一个需要进行前瞻性判断的问题。我们曾经提出一个概念——构建"华流"的文化产业体系。[①] 为什么要提这个概念呢?长期以来,很多人把中国特色的文化当成中国特色的文化产业,实际上,这完全是两种不同的东西。重视中国的特色文化或中国文化的特色,不等于说,中国的文化产业一定要完全按照中国传统文化的特色发展。关键问题是,

---

① 当然也有学者和政府官员提出"华风"的概念,其实"华风"和"华流"并没有本质的区别。关于"华流"的讨论集中体现为"中国文化出口的'十个一'工程",详见陈少峰、张立波:《文化产业商业模式》,北京大学出版社2011年版,第312—320页。

文化产业是现代的,在现代生活中怎样融入中国的文化特色？如何用现代的方法把握和形成有影响力的流派？通观世界,美国、德国、法国、奥地利、日本、韩国、澳大利亚、新西兰等国家都有自己独特的文化产业发展模式。而中国特色的文化产业,即我们所说的"华流",它虽然代表或传承了中国传统文化的某些要素,但更主要体现的却是现代文化产业的理念和方法。

何谓现代文化产业的理念和方法？首先,它体现为文化产业的发展模式。构建"华流"的文化产业体系,在发展模式上应侧重五个方面：一是内容品牌化模式。过去我们经常讲原创,其实原创多少并不重要,关键是有效原创,即把一个创意做好,做出品牌影响力(包括衍生产品等)才有价值。二是龙头企业驱动模式。一定要支持内容为主的民营企业,扶持一部分民营龙头企业,并且龙头企业以内容为主或者是文化科技为主。三是企业并购整合模式。国际上大的文化公司都是通过兼并收购而快速成长的,这也应成为今后我国文化企业对内和对外成长壮大的主要方式。四是创业推动模式。文化产业创业模式不是孵化器(孵化器只是把知识产权转化的概念),而是要培育和造就一大批具有"创造性破坏"精神的文化企业家,这是完全不同的概念。创业推动模式应建立各种创意创新创业发展的基地,其中包括建立创业投资基金来支持文化企业的发展。五是以内容和知识产权为核心的国际文化贸易。要实现文化强国的目标,中国在国际上必须实现内容产品或文化产品的贸易顺差,这是很重要的指标。

其次,从具体产业发展上,这种理念和方法应促进或实现若干方面的转型。一是内容化转型。文化产业可以分成内容产业、传媒与平台产业和延伸产业三大块,其中,源头就在内容产业,要实现内容化转型,必须进行有效的创意,并进行持续开发,最后形成价值增值产业链的形态。二是数字化转型。青少年消费者、生活方式、技术与内容的融合、媒体化即电信企业成为媒体公司,这四种力量正在推动着文化产品数字化的进程。数字化转型是利用数字化手段把内容产业做好。在数字化转型过程中,应把内容的呈现作为核心。三是娱乐化转型。现在娱乐的趋势也正在发生很大变化：一方面表现为娱乐无边界,即娱乐不受时间和空间的限制,随时随地进行娱乐；另一方面表现为内容娱乐综合化,如大家在一个 iPad 或 iPhone 上可以进行综合化的娱乐。娱乐化和数字化结合的特点对很多传统产业带来很大挑战,只有进行这种转变才会跟上现在的发展步伐。四是品牌化转型。当前,许多传统文化产业领域的产能都出现过剩,同质化竞争很严重,如果做不到品牌化的话,产业发展的空间就会受到极大的制约。比如,虽然说中国市场非常大,但国内的总体电影盈利额是很小的,电影如果没有实现品牌化经营,就不可能走向国际市场,不管票房多少都不一定赚钱,甚至亏损。五是跨界化转型。会展、创意、设计可以跟制造业结合起来,也可以以文化旅游带动传统旅游,也可以用创意设计、动漫、影视来带动传统产业形态的提升。试想,乔布斯之所以能开发出一系列了不起的"i-型"娱乐产品,与他长期担任皮克斯公司老板的工作体验和长期接触艺术等都有密切关系;他曾经是世界上最伟大的动漫公司的老板,如果他没有掌握世界文化前沿趋势的话,他的产品怎么会有如此大的市场竞争力?可见,文化可以推进跨界并提升其他行业和产品的应用。六是聚集化转型。产业集聚对文化产业发展非常重要,其中文化产业集聚园是基本空间载体和平台。但是,现在许多园区都做成凑合型的形态,没有产业聚集,没有形成互相支持的生态系统。许多园区亟须通过平台和政策的实施来促进产业的集聚发展。

再次,形成以上发展模式和实现若干转型,最为重要的依托的是,用现代文化产业的理念和方法来提升人力资源的文化素质、文化创意的组织和开发水平。我国发展文化产业的关键是拥有丰厚的、与产业相匹配的人力资源。由于缺乏经营管理和产业运营的经验,特别需要积累文化产业管理领域的知识和复合型人才,通过持续提升人力资源教育水平来保障文化产业经营管理的成功和文化企业的可持续发展。

二

毋庸讳言,就文化产业领域现有的人力资源状况和人才结构来看,在培养人才方面需要更加重视商业能力的培养。只有加强文化产业管理的学科建设,提升现有经营者的素质,培养一批精通文化产业发展和企业经营的复合型人才,才能真正持续推动文化产业的大发展与大繁荣。例如,在高校开设传媒专业时,应当着重培养精通新媒体和传统媒体的创意人才和商业运作人才,而不是传统意义上的新闻出版人才和广告制作技术人才。我国有大量的传统媒体从业人员和技术制作者，但是缺乏专业的传媒产业的经营管理人才，就是因为在教育理念上过分重视文化艺术、忽视文化商业的偏差所造成的后果。改变这种重视文化艺术而轻视产业经营的观念或意识，是解决经营管理人才培养问题的基本环节。需要说明的是，尽管文化产业的经营管理者需要更综合的素质和更敏锐的文化创意意识，但并不是文化素养越高就越能解决文化产业的经营管理素质的问题。相反，在许多情况下，高素质的文化精英由于受到自我价值意识和文化行为的限制，反而不擅长把握文化产业的特点，也不善于管理文化产业。或者说，在文化产业经营管理领域，太有文化的人士和太没有文化的人士都不适宜从事文化产业的经营管理。

因此，文化产业管理专业的学科建设以及相关教育培训等，对于文化产业人力资源的开发和人才培养至关重要。文化产业管理区别于其他产业或者经济领域的经营管理，需要成为一个独立的学术研究领域和人才培养系统。从产业经济学和文化经济学等综合领域的角度来理解文化产业，就需要重视从产业运营、企业管理、项目管理等微观方面来分析文化产业的经营管理和商业模式。以目前最具有代表性的动漫产业项目为例，它涉及文化内容提供、视频网站、文化政策、企业经营与投资、青少年文化消费和人力资源开发等诸多学科领域，是一个典型的跨界化并且各领域需要达到专业性深度的研究和实践领域。如果只有奇思妙想式的创意和技术制作，是不能做好动漫产业的。涉及动漫产业项目的具体运作，在专业化方面不能局限于动画技术制作，而是需要了解影视乃至漫画出版整体的产业变动的特点、商业模式的变化以及创意方法等具体而系统的方面。

三

随着文化强国以及推动文化产业成为国民经济的支柱性产业这一国家战略的推进，各地文化产业实践可谓风生水起、渐入佳境。相应地，作为其落脚点的文化产业项目建设也呈现如火如荼的格局，大有千帆竞发、百舸争流之势。无论是图书出版、电视节目、影视动画、数字音乐、网络游戏，还是各种信息平台、产权交易平台、文化产业园区或基地等，其项目建设的数量和规模总量都迅猛增长，与资本和市场的对接能力也显著增强。这无疑是值得庆幸和期待的。但不容忽视的另一面是,一段时间以来,在这种表面的繁荣背后,许多文化产业项目运作却也透射出一种虚拟式的泡沫或值得警觉的隐忧。譬如,许多地方把石头当作文化广场,把植树当作城市文化建设,把官衙当作城市文化地标,把赔本剧场当作文化形象,把地产当作文化产业园,把祭祖当作文化旅游,把仿古建筑当作文化传承等,不一而足;经常在短期的热闹非凡和尘土飞扬之后,最后剩下的却是鸡毛一地……

仔细思忖,除了政策的引导、产业发展初期的鱼龙混杂的过渡性等因素之外,囿于硬件思维、缺乏对文化产业项目本质特点和运作流程的理解和把握,无疑是造成以上诸多问题的一个主因。也就是说,有关文化产业项目策划与管理的研究及教育培训,还是当前文化产业管理及相关专业建设中的一个薄弱环节。根据作者广泛了解的情况和收集的资料来看,迄今为止,一般项目管理类书籍基本上是围绕工程类项目、房地产项目和软件项目展开,与文化产业项目注重无形资源的运用、活动的设计、无形资产的积累等特点相去甚远,很难做生搬硬套的肢解式应用。国内已有的所谓文化产业项目的研究,基本上是用一般项目管理的框架来介绍项目管理的基础知识,在文化产业方面几乎乏善可陈,从总体上没有体现文化产业的内在特点和运行规律,更缺乏对文化产业项目策划的研究和分析,很难适用于该专业的有效教学、研究和实践。

文化产业项目是发展文化产业的基本载体和重要抓手,也是文化产业实践的基本落脚地和微观归宿点。在文化产业实践过程中,如何把一种理念(元创意)或一种文化资源提炼为一组创意或创意集成,然后设计成一系列的文化产品,整合为一个产品线或者产业链条,最终集合为一个产业集群,这是文化产业项目策划与管理所追求的目标,也是项目运作体现文化产业自身特点和规律的基本走向。实践证明,以硬件思维来做文化产业项目注定要失败。为了发挥现代文化产业作为方法的引擎作用,企业经营者需要切实转变硬件思维,确立以内容塑造品牌和形成产业链经营的方法作为新的发展模式和商业模式。

显然,站在我国文化产业体系建设和文化产业管理专业建设的高度来看,《文化产业项目策划与管理》一书所做的思考和探讨,无疑是一种重要的基础性开拓。对于本书的读者而言,除了需要参考阅读一些以上谈及的管理类著述之外,应着重加强了解文化产业项目活动、企业经营与商业模式选择等一般的企业经营管理活动,也需要更加深入地理解文化产业独特的商业模式。

通过阅读本书,读者可以认识到文化内容的创意、文化产品的生产和无形资产的积累,与一般物化产品的生产相比,具有许多不同规律。只有正确把握文化产业的特性和内在规律,才有可能做出合理的选择。美国学者凯夫斯(Caves)认为,创意产业是提供我们宽泛地与文化的、艺术的或仅仅是娱乐的价值相联系的产品和服务,它包括书刊出版、视觉艺术(绘画与雕刻)、表演艺术(戏剧、歌剧、音乐会、舞蹈)、录音制品、电影电视,甚至时尚、玩具和游戏。在他看来,创意产业是对更传统的观念的冲击,特别是精神生产具有不同于物质生产的特殊产业规律,创意产业中的经济活动会全面影响当代文化产品的供求关系及产品价格。无疑,凯夫斯的这种观点和本书的基本思想脉络是契合相通的。

我们期望,读者通过阅读本书能够揭开文化产业的面纱,谙熟现代文化产业项目策划的基本理念和方法,掌握文化产业项目管理的门径和技术,从而走进文化产业项目运作的实践海洋。文化产业项目运作是踏入文化产业实践王国的第一步,也是登堂入室的阶梯,它在某种程度上实现了对传统文化职能管理突破性的变革,也是新兴文化企业的微观运营管理模式。文化产业项目策划与管理可以帮助文化产业领域从业者迎接挑战、创造绩效,并在企业发展中实现自我价值。

四

需要说明的是,文化产业项目运作方面的研究在国内还是一个崭新的、处于开拓阶段的处女地,有待有志于文化产业实务的思考者和实践者在上下求索中不断积累和提升。相比较而言,从实操的角度看,文化产业项目策划比项目管理更为薄弱。无论如何,在 20 世纪 90 年代,美国项目管理协会(PMI)出版发行和完善的《项目管理知识体系指南(PMBOK)》[①],已经为项目管理的学科建设建立了相对规整的知识体系,并被誉为项目管理领域的"圣经"。而由于各个领域的千差万别,项目策划却一直以来缺乏一贯化、系统性和权威性的建构。

---

① "PMBOK"是"A Guide to the Project Management Body of Knowledge"的简称。

基于此,在本书中我们尽可能强化了对项目策划的研究,即用四分之三的篇幅来探讨文化产业项目策划的内在规律、基本流程以及相应实务,而对文化产业项目管理方面则尽可能吸收借鉴 PMBOK 的研究成果,做到钩玄提要、突出重点,对与文化产业特点关系不大的管理领域则尽可能少着笔墨。① 本书致力于使读者了解文化产业项目策划的特点和方法,掌握文化产业项目管理的基本框架体系,为后续学习研究和具体文化产业项目运作实践奠定基础。

在我们看来,所谓文化产业项目策划与管理,首要的还不是某种知识体系和技能,而是一种现代文化产业的理念和方法。也就是说,作为一个文化产业项目运作的实践者,第一位的是用前面所提到的现代文化产业的理念和方法来思考问题(书中将从不同层面来深入探讨),在此基础上才能更好地把握相关的知识与技能。因此,本书的主要特色体现为三个方面:其一,突出文化产业项目策划的地位。由于文化产业是以创意、体验价值、规模化经营等为要素,在文化产业项目管理过程中,策划占据中心地位,因而本书把文化产业项目策划作为整个文化产业项目管理的重要环节来思考和设计。而一般项目管理书籍恰恰忽视和缺乏这一方面。其二,以商业模式为主线展开。在很大程度上,文化产业项目作为产业项目,最主要的是如何体现为一种有效的、可盈利的方法。其三,注重理论与案例结合。在阐明理论的同时,本书注重结合作者在大量文化产业项目调研中所积累的鲜活生动的案例,以增强理论分析的丰富性、针对性和实效性。

五

作为对文化产业项目的一种探索性研究成果,本书在结构上可分为三大部分:第一编(第一至三章)主要从文化产业的基本要素入手,阐述文化产业项目的概念及特点;第二编(第四至十二章)是对文化产业项目策划的原理、流程、方法以及相关案例的具体分析,以增强理论在指导实践中的展开和应用;第三编(第十三至十七章)是对文化产业项目重点管理环节的分析,同时结合项目管理

---

① 偏爱于文化产业项目管理的读者,可以循着本书的导引,再借助《项目管理知识体系指南》的框架进行更为全面的掌握。

实践对项目策划进一步延伸思考。这样安排，有利于文化产业领域的学习者和实践者能够从理论和实践紧密结合的视域，对文化产业项目运作的过程和主线有一个清晰的理解和切实的把握，达到知行合一、学以致用的目标。

　　本书适合文化产业领域的经营管理者以及投资人阅读，也适合文化产业管理、工商管理、新闻传播、艺术学、项目管理及其他相关专业的学生作为专业教科书使用，同时适合文化产业领域研究的学者以及从事文化行政管理的政府官员及相关人士作为案头参考书。

　　最后稍做说明的是，本书中的许多内容反映了作者多年来研究企业伦理、文化产业以及相关项目策划实践经验的持续积累，也是作者继《文化产业商业模式》《新中道的企业管理哲学》等著作之后的专题研究成果。同时，考虑到教学的需要，为了保持学科知识的相对完整和系统，本书有些内容也吸收和借鉴了如《项目管理知识体系指南》等通用的知识体系。由于当前文化产业项目策划与管理还是一个具有探索性的、崭新的研究领域，可资借鉴的成熟研究成果甚少，书中某些观点和思路或有不当之处，诚望各位读者提出建设性的批评意见，以期通过改进使之逐步趋于完善。

第一编　项目与文化产业项目

本部分属于基础知识准备,主要分析并理清如下一些基本概念或问题:何谓项目和项目管理?文化产业的基本要素与特性有哪些?文化产业项目的运作过程包括哪几个阶段?文化产业项目有何基本特点?

第1章
项目与项目管理

项目这个概念,可谓既熟悉又陌生。在日常生产、生活、科研中,项目作为一种实践活动比比皆是。不过,如果要问起项目的内涵及其运作,则呈现出另一番光景:有的人摇头,不知它是什么;而有的人觉得项目很"面熟",却又"不识庐山真面目";更有很大一部分人,认为项目只是属于宏大建筑工程、国防、航空航天等行业所特有的东西。其实,这是由于对项目以及项目运作不了解而产生的某种误解。

一、项目的概念及其特征

作为一种实践活动,项目由来已久,人类数千年来进行的各种组织工作和团队活动,都可以视为项目行为。古代项目如中国的都江堰、长城,埃及金字塔,古罗马的供水渠;现代项目如20世纪40年代美国"曼哈顿计划"(Manhattan Project),1961年到1972年的"阿波罗登月计划"(Apollo Project),两次世界大战在军事领域的应用。而在当今社会,项目更是随处可见:小到一次聚会、一次庆典,中到一场文艺演出、一项建筑工程、一次产品开发活动,大到三峡工程、"嫦娥二号""天宫一号""神舟九号"计划等。因此,项目策划与管理同社会发展与技术进步息息相关。但是,项目运作被发展、提炼成一种具有普遍规律性的理论模式,却只是最近二十年来的事情,甚至许多领域仍在探索之中。

（一）项目的概念及类型

从延续性角度来看，人类的活动可以分为两大类：一类是重复性、连续不断、周而复始的活动，称为"作业"（Operations），比如用自动化流水线批量生产某些产品的活动；另一类是独特的、一次性的活动，称为"项目"（Projects），比如任何一项研发活动、创建或改造活动等。项目在有些方面虽然与常规"作业"相似，但项目与常规作业的不同之处在于，常规作业是进行中的重复性工作，而项目是临时性和一次性的独特工作。

美国项目管理协会（PMI）对于项目作了如下的定义："项目是为完成创造某一独特的产品或服务所做的一项有时限的努力。"[①]其中，"时限"是指每一个项目都有明确的起点和终点；"独特"是指一个项目所形成的产品或服务在关键特性上不同于其他类似的产品和服务。美国项目管理专业人员资格认证委员会主席保罗·格拉斯（Paul Grace）说得好："在当今社会，一切都是项目，一切也将成为项目。"[②]其言外之意主要在于，任何活动都可以以项目的形式进行运作和管理。

结合 PMI 的理解，我们认为，所谓项目（Project），就是在一定时间内为了达到特定目标而完成的一组任务或活动集合。具体到产业运作中，项目就是为完成创造某一独特的产品或服务所做的工作任务或活动集合，也就是说，通过工作任务或活动的实施，最终要达到一定的目的：既可能是所期望的一种产品，也可能是所希望得到的一种服务。

根据以上定义，在当今经济社会生活中，典型的项目形态包括：

新产品或新服务的开发项目。

技术改造与技术革新项目。

组织结构、组织模式的变革项目。

基础性科学技术研究与开发项目（或称为课题）。

---

① PMIA, Guide to the Project Management Body of Knowledge, US: Project Management Inst, 2009, p.2.

② Ibid., p.3.

信息系统的集成与开发项目。

建筑物、设施或民宅的建设项目。

大型会展或文艺演出,如奥运会、世博会是大型综合性活动。

一次小型演唱会或体育比赛等。

(二) 项目的基本特征

作为创造某一独特的产品或服务的工作任务或活动集合,项目具有如下几个基本特征:

1. 目标的明确性

每个项目都有自己明确界定的目标。为了在一定的约束条件下达到目标,项目经理在项目实施以前必须围绕项目目标进行周密的计划。事实上,项目实施过程中的各项工作都是为项目的预定目标而进行的。

2. 临时性或一次性

这是项目与日常作业的最大区别。每个项目都有确定的开始时间和结束时间,而相对来说,日常作业则是无休止或重复的活动。当项目的目标已经实现或已经清楚看到时,或者该项目的目标不可能达到时或者该项目的必要性已不复存在时,该项目即达到了它的终点。当然,临时性或一次性不一定意味着时间短,许多项目要延续数年甚至数十年,然而在一般情况下项目的期限都是比较短暂的,项目不是持续不断的努力。

项目的临时性或一次性也适用于项目的其他方面:其一,机遇或者市场窗口总是短暂的,大部分项目都要在一定的时限内推出产品或提供服务。其二,项目开始时需要建立项目组织,项目团队作为一个班子的存在时间很少超过项目本身,大部分项目都是由为其组建的专门班子负责实施,项目完成时这个班子也就解散了。其三,项目具有较大的不确定性,它的过程潜伏着各种风险。它不像有些事情可以试着做,或者失败了可以重来。

3. 独特性

每个项目都有自己的独一无二性,也就是说,项目在此之前从来没有发生过,而且将来也不会在同样的条件下再发生,每个项目都不同于其他的项目。而产业项目则是特定时间和空间所开发的产品、服务或完成的任务,与已有的相似产品、服务或任务在某些方面有明显的差别。项目自身在既定的资源和要求的约束下,有具体的时间期限、费用和性能质量等方面的要求。

(三) 项目的分类

根据相关标准的不同,项目有多种分类方式,其主要分类有:

1. 业务项目和自我开发项目

这是按照项目对象的不同来分类。业务项目是由专业性项目公司为特定的客户或业主所完成的项目;自我开发项目是项目团队为自己的企业或组织所完成的项目。

2. 企业项目、政府项目和非营利机构的项目

这是按照项目主体的不同来分类。企业项目是由企业提供投资或资源,并作为项目业主或顾客;政府项目是由国家或地方政府提供投资或资源,并作为业主或顾客;而非营利机构的项目是指像学校、医院、教会、社团、社区等组织提供投资或资源,为满足这些组织的需要而开展的公益性项目。

3. 营利性项目和非营利性项目

这是按照项目是否以营利为目的来分类。营利性项目是以获得利润为目标而开展的项目;非营利性项目是以增加社会公益为目标而开展的项目。

4. 小型、中型和大型项目

按照规模和统属关系的差异,项目有"PROGRAM""PROJECT""SUB-PROJECT"三种英文表达,分别代表小型、中型、大型三种项目。一般说来,一个项目特别是中型和大型项目,可以分解成若干不同层次的子项目。

另外,还可以根据其他标准,分为私人项目和公共项目、硬件项目和软件项目、高风险项目和低风险项目等。

二、项目管理

项目管理是以项目为对象的系统管理过程及方法,有效的项目管理是为了实现项目预期目标而对项目资源进行计划、引导和控制。

(一) 项目管理的发展

项目管理实践最初仅限于国防和航天、建筑等少数行业。由于它的理论与应用方法从根本上改善了管理人员的运作效率,后来项目管理迅速发展到电子、通讯、计算机、软件开发、建筑业、制药业、金融业等行业以及一般政府机关和社会团体。在西方发达国家,项目管理已发展成独立的学科体系,成为现代管理学的一个重要分支;项目管理的应用已十分普遍,项目管理专业人员已经成为一个"黄金职业"。

目前国际上有两大项目管理的研究体系,即以欧洲为首的体系——国际项目管理协会(IPMA)和以美国为首的体系——美国项目管理协会(PMI)。其中,PMI是在世界范围影响最大的系统,它的成员主要以企业、大学、研究机构的专家为主,它开发了一套项目管理知识体系(PMBOK),并且PMI的资格认证制度从1984年开始,在全球所有认证考试中第一个获得ISO9001国际质量认证,从而成为全球最权威的项目管理认证考试。

当前我国在项目管理领域的落后状况同发达国家的应用广泛之间存在巨大反差,尤其表现为项目管理合格人才相对匮乏。但随着"入世"和进一步的改革开放,愈来愈多的跨国公司进入中国,同时会有愈来愈多的企业走出国门,参与国际性竞争,打入全球市场。在这种情况下,我国的项目管理人员迫切需要掌握国际上最新的项目管理知识体系和技能。

(二) 项目管理的概念及学科体系

项目管理作为一个管理体系,正在由面向职能转到面向过程和面向对象的管理。美国项目管理知识(PMBOK)认为,项目管理是一种综合管理,它是把各种系统、方法和人员结合在一起,在规定的时间、预算和质量目标范围内完成项目的各项工作。即通过一个专门的柔性组织,对项目进行高效率的计划、组织、领导和控制,以实现项目全过程的动态管理和项目目标的综合协调与优化。

项目管理应以市场或顾客为关注焦点,以实现项目利益相关者的要求和期望为目标。项目管理最根本的目的是实现项目的整体性运作,使整体大于部分之和。就是说,如何有效地利用时间、技术和人力,在有严格的期限和费用、人力、物力约束条件下,尽可能高效率地完成项目任务,达成项目目标,让所有项目相关者满意。

项目管理是管理学的重要分支。在管理学界有"三 M"体系,分别是工商管理、公共管理和项目管理。工商管理和公共管理是横向的理论,它涉及所有领域,而项目管理虽然跟前面两者有很多的重合,但是它更侧重时间和内容(要素)的纵向管理。

项目管理的知识体系是项目管理构成所涉及的各种知识的综合,包含项目管理的专业知识、综合管理的专业知识和项目应用领域的专业知识三个部分。其中,项目管理的专业知识是一套独特的知识和技术体系;综合管理的专业知识则包括了诸如计划、组织、人员管理、业务的执行和控制等;应用领域的专业知识包括了不同项目类型所特有的一些共性要素,应用领域可按技术特征(如软件开发、系统集成)或管理特征(如承包项目、自主开发)来具体定义。

(三)项目管理的相关概念

1. 项目生命周期

项目的生命周期是项目有具体的时间范围或有限的寿命。任何项目都需经历一定的从开始到结束的时间过程,在这一过程中,项目都要经历发起、策划与论证、启动、实施(执行)和收尾等若干个阶段,这些阶段的综合称为项目生命周期。

2. 项目利益相关者

一个项目的运营往往需要几个甚至几十个机构或组织共同协作,这些机构或组织一般通过合同、协议以及其他的社会纽带组合在一起。项目的参与各方是项目当事人,如业主、投资方、贷款方、承包人、设计师、监理等。而项目利益相关者(Stakeholders),是参与项目或者其利益因项目的实施或完成而受到积极或消极影响的个人和组织,因而项目利益相关者包括项目当事人。

一般说来,每个项目的项目利益相关者有:

项目的业主(客户)或顾客:使用项目产品的个人或组织,或者项目最终成果的接收者和经营者。顾客可能有多个层次,例如研发新药的顾客可能包括开药方的大夫、服药的病人以及为该种药物付款的医疗保险公司。在某些应用领域，客户和顾客是同义词，但是在另外一些领域，客户是指购买项目结果的主体，而顾客则指直接购买、消费或使用该项产品的机构或个人。这是需要细分和辨析的。

项目的投资者：可以是政府、企业、个人、银行或股东。

项目的赞助者：项目实施组织内外以现金或物资为项目提供财务资源的个人或团体。

项目经理：特指负责管理项目的个人，是项目组织的核心。

项目团队：项目实施组织，为项目工作的一些不同背景、技能和知识的人员组成的群体。

项目的供应商：为项目提供原材料、物资等的个人或组织。

项目的承包商：属于承接和实施项目的一方，直接影响项目完成的质量。

项目的分包商：属于承接和实施子项目的一方，将大项目分包出去，有利于缩短项目活动持续时间、提高项目质量。

政府机构、社区、相关媒体等。

值得一提的是，在实际的项目管理中，在我们将管理重点关注项目当事人的时候，也不能忽视对其他项目利益相关者的影响。通常解决利益相关者之间的不同意见应以服从客户的需求为主，但是这并不等于可以或者应该不考虑其他利益相关者的需求和期望，在这种分歧意见中找到恰当的解决办法是项目管理所面临的一项重要挑战。

3. 项目资源

项目管理具有资源约束性，必须在资源的稀缺状态中谋求自身最大限度的存在和扩展。从广义上讲，项目资源可以理解为影响项目运作的一切具有现实和潜在价值的东西，诸如人力及人才、关系或人脉资源、材料、机械、资金、信息、科技和市场等。

从形态上来看，资源可以分为显性资源和隐性资源。如自然资源、历史人文资源、物力资源、资金、土地等物质类的资源属于显性资源；品牌、人力资源、关系资源（如与合作伙伴、媒体、银行、政府等的关系）等属于隐性资源。其实，项目策划与管理作为项目运营的重要方法和手段，也是一种隐性资源。

当然，根据其他标准，项目的资源也可以分为自然资源和人造资源、内部资源和外部资源等。

三、项目管理与项目策划

我们以上讨论的项目管理都是从狭义角度理解的。其实，广义的项目管理也可以称为项目运作，它从大的方面可以分为项目策划和狭义的项目管理两个阶段。[①] 也就是说，狭义的项目管理主要是在项目策划的基础上，对项目实施执行过程的管理。而项目策划则是项目发掘、设计、论证、开发、推介、筹划等全过程的一揽子活动。项目管理的成功与否，除其他条件外，首要的一点就是看所策划的项目是否具有独特性和可操作性、是否具有足够吸引力引入资本、是否有效传递到相关受众。

在项目具体运营过程中，项目运作又可以根据企业以及项目自身的特点进行更详细的划分，一般可以分为项目发起、项目策划、项目规划、项目可行性研究、项目启动、项目实施、项目控制和项目收尾等若干个阶段。对这几个阶段的具体内容，我们将在讨论文化产业项目时再做进一步细致分析。

---

① 在本书中，项目运作 = 项目策划 + 项目管理。除特别注明之外，本书所涉及的"项目管理"都是狭义理解。

第 2 章
文化产业的基本要素和特性

文化产业项目是以上所谈到的众多的项目中的一种,而理解文化产业项目,首先需要把握文化产业的内涵、基本要素和特性。

一、文化产业的概念

"文化产业"(cultural industry)这个概念,起源于法兰克福学派对"大众文化"借助于资本和复制传播工具兴起的文化经济形态进行的批判。但有点幽默意味的是,文化产业实践却是"在批判中迅速崛起",在世界范围成为一种不断自我更新和优化的、不可遏制的时代潮流。

(一)文化产业的基本内涵和外延

当前,国际上对文化产业的行业界定以及分类标准并没有形成统一的意见,各个国家或地区大都沿袭各自的传统来指称"文化产业"。例如,欧盟、日本称为"内容产业",英国、澳大利亚、新西兰、新加坡等原英联邦国家称为"创意产业",美国称为"娱乐产业"或"版权产业",韩国称为"文化产业"。而联合国教科文组织对文化产业的界定是:"文化产业是按照工业标准生产、再生产、存储以及分配文化产品和服务的一系列活动,采取经济战略,其目标是追求经济利益而不是单纯为了促进文化发展。"①

结合联合国教科文组织的界定,所谓的文化产业,就是按照工业化标准生产、储存、分配和消费文化产品或者文化服务,以满足人们的精神需求为基本目的的产业活动的总称。文化产业不是指一个单一的产业,而是指一个产业族群(cultural industries),它包括图书、杂志、报纸、广播、电影、电视、音乐、游戏、会展、博彩、互联网与手机中的新闻娱乐、主题公园、文化旅游、文艺演出、广告、艺术设计、古玩艺术交易、明星经纪、娱乐竞技体育、玩具、工艺美术、文化艺术、信息等与文化娱乐相关的产业。

我国一般将文化产业界定为从事文化产品生产和提供文化服务的经营性行业。各地在使用创意产业和文化创意产业这两个概念时,有时内涵外延和文化产业一致,有时则不一致。

不一致的情形包含两类形态:一类是创意产业和文化创意产业包含的内容比文化产业更广泛,如有时包括软件和咨询等;一类是创意产业和文化创意产业的概念被无限扩展至所有创意领域,如创意农业、创意科技、创意家居等。就第二种情形而言,使用"创意产业"和"文化创意产业"时的"产业"其实等同于经济,或者说,应当称为创意经济和文化创意经济。同时,人们在使用与"创意"有关的概念时,有时和文化产业并没有密切的联系,因为各个行业都需要创意,创意并非特指文化产业中的创意。或者说,文化产业需要创意,但是创意并不一定都属于文化产业,并且文化产业中需要创意,但只有少数创意才能转化为商品并成为文化产业的组成部分。或者说,文化产业中不是以一般创意为核心,而是以文化创意和产业集成为核心,即是以企业而不是个人为主要创造者或者创造的集成者。

在不少场合,一些从业人员和政府官员将"文化创意"作为文化产业的一个行业,这其实是一种错误的理解。实际上,文化创意是文化产业领域的生产活动,而且它涉及全行业的生产活动。换句话说,文化产业领域的各个行业中都存在以文化创意的方式生产和再生产文化产品和服务的活动。

---

① 参见联合国教科文组织官网。

（二）文化产业相关概念的辨析

文化产业与"文化经济""创意产业""内容产业""版权产业""体验产业""休闲产业""注意力经济""文化贸易"等概念有着密切关联，又有各自不同的切入角度和内涵上的差异。

大众文化（Mass culture）。大众文化是面向大众的消费文化，它与精英文化相对应，其特征是大众化、都市化、传媒化、商品化。大众文化也称为通俗文化，就是不需要通过专业的训练就能欣赏或享受的文化艺术（恰与精英文化或者高雅文化的概念相对应）。大众文化以休闲娱乐文化和时尚艺术为主。由于大众文化容易在人数众多的非精英阶层的公民之间流行起来，因此有时也称为流行文化。大众文化是满足普通百姓文化权益的基本途径，也是文化产业得以存在和发展的最坚实的基础。

娱乐产业（Entertainment industry）。娱乐产业是提供以娱乐性和时尚性为消费特征的文化产品和服务的行业。娱乐产业其核心是"创造快乐"，满足人们的娱乐休闲等需求，如迪斯尼乐园、方特欢乐大世界、盛大网络等。其实，娱乐是普通百姓文化权益的重要组成部分，是人们工作之外的主要文化生活，不必过分以"娱乐至死"的夸大其词来否定娱乐的价值。从很大程度上，娱乐及娱乐产业是文化产业能够形成产业的重要条件，因而美国一般把文化产业俗称为娱乐产业。

文化经济（Cultural economy）。文化经济作为一个重要的宏观概念，表明了文化产业区别于一般文化的根本性质。文化经济体现了当代文化与经济的相互交融，体现了文化的经济化和经济的文化化的当代趋势，表明了文化对于当代世界经济发展的重要意义。因此，文化经济在某种程度上包含着文化产业，它最主要的特征就在于突出经济与文化的相互交融。

创意产业（Creative Industry）。创意产业是推崇创新、个人创造力、强调文化艺术对经济的支持与推动的新兴理念和产业实践。它是从创造者、策划者、设计者出发的理念，它强调创意者的个人创造力，同时又倾向于政府政策性的设计、规划和推动。20世纪90年代，英国布莱尔政府有感于经济发展迟滞等，提出发展创意产业或创意经济。1998年出台的《英国创意产业路径文件》对"创意产业"明确定义为:"源自个人创意、技巧及才华,通过知识产权的开发和运用,具有创造财富和就业潜力的行业。"[①]根据这个定义,英国将广告、建筑、艺术和文物交易、工艺品、设计、时装设计、电影、互动休闲软件、音乐、表演艺术、出版、软件和电视广播等行业确认为创意产业。而霍金斯在《创意经济》一书中,把创意产业界定为其产品都在知识产权法的保护范围内的经济部门。"知识产权有四大类:版权、专利、商标和设计。"[②]每一类都有自己的法律实体和管理机构,每一类都产生于保护不同种类的创造性产品的愿望。霍金斯认为,知识产权法的每一形式都有庞大的工业与之相应,加在一起"这四种工业就组成了创造性产业和创造性经济"[③]。他为创意经济所下的定义,为确定一种活动是否属于创意部门提供了一种有效而又一致的方式。可见,创意产业包括范围比文化产业要大得多。

内容产业(Content industries)。由于文化产业中以文化艺术和娱乐内容为主要产品形态,从产品自身的内容出发考虑,"内容产业"是以信息或娱乐内容为主的行业,包括影视、演艺、音乐及音像制品、动画、游戏、出版与印刷、传媒、广告、艺术设计和艺术品、图片和摄影、经纪代理、会展、体育、教育培训、主题公园等。"内容产业"概念在日本、韩国等地比较流行。在内容产业中,信息、故事与创意具有基础性的地位;就内容为王的特点来说,谁掌握具有吸引力的内容,谁就具有可持续的竞争优势。

版权产业(Copyright industries)。文化产业的核心或关键是版权,其发展依赖于知识产权的强力保护体系。因而版权产业是文化产业在商业和法律情境下的称呼,指的是建立在知识和信息的生产、存储、使用、消费之上的产业形态。版权产业是从知识内容、市场权益出发做出的分类理念,主要是美国(及北美)采用的对总体文化产业的概括性表述,它高度关注知识产权的归属,与美国这个版权大国的国家利益有着密切的关联,因此美国等最重视版权等保护的国家,经常用"版权产业"概念。

---

① 参见英国政府文件:"Creative Industries Mapping Documents",1998 年。转引自陈少峰、张立波:《文化产业商业模式》,北京大学出版社 2011 年版,第 28 页。
② John Howkins, The Creative Economy, UK:Penguin Global,2004,p.5.
③ Ibid., p.6.

体验产业(Experience industry)与休闲产业(Leisure industry)。体验产业与休闲产业则更突出了当代文化产业满足人们精神性、文化性、娱乐性、心理性需求的特质,更关注文化产品或文化产品的消费者、体验者与当代文化消费、文化体验的独特方式。在知识经济浪潮中,它是以网络高新技术、互联网与数字化为基础产生的理念,关注网络化、数字化产品的体验内容。

传媒产业(Media industry)。从文化产业的产业规模上看,传媒和娱乐占有核心地位,因而也称为传媒娱乐业。传媒产业强调传播媒介手段对文化产业的放大作用,它包括传统传媒产业(如报刊图书、广播电影电视等)和现代传媒产业(如移动媒体、数字出版物、网络游戏、3G、4G等)。与传媒产业密切关联的是注意力经济、眼球产业,它们在内涵上具有一致性。与创意产业高度关注创造者个人创造力不同,传媒产业(以及注意力经济、眼球经济等)依据当代媒介革命的巨大成果,更关注文化产业的当代传播方式,其繁荣与明星经纪、活动经济的发达不可分。

文化贸易(Cultural trades)。文化贸易则是文化产业链条上的相关环节。如果说文化产业直接关注产品的生产的话,文化贸易则关注文化产品的下游,关注与文化产品制造紧密连接的文化产品的流通、交易与销售领域。

二、文化产业的基本要素与结构

从文化产业化这一路向来说,文化产业是以内容创意生产为最主要的价值源泉,在内容的基础上延展形成自身的产业结构。

(一)文化产业的基本要素

文化产业包含文化创意、体验价值、规模生产三个有机构成要素,这体现了产业价值形成以及增值的过程。

1. 文化创意

一般说来,创意(Creativity)是一种创造有意义的新样态的能力。从人类学的角度来看,想象力是创意的基础,想象力是从人出生时开始不断地发展起来的。从心理机能来看,创意是多种心理因素的综合活动,美国心理学家西尔瓦诺·阿瑞提认为:"创意的根源正是在于人的本质。这种本质可以用复杂的神经具有无限组合的能力来给予解释。"[1]霍金斯认为,创意的三个基本条件是个人性、独创性、有意义。"第一个条件是个人的在场","第二个条件可能是全新的,也可能是对业已存在的东西的再造","第三个条件是创意必须有用且切实可行。"[2]同时具备这三个条件,才能称之为创意。

文化产业的创意,是一种以内容为中心的创意,即文化创意。所谓文化创意,是以无形的精神为核心的内容集成,它包括故事、设计、音乐、信息、节目、活动、明星等各种内容,而人的精神、思想、智慧和人格等是各种文化创意的灵魂。文化创意可以分为两个层次:较低层次的是"有中生优",其基本手段是连接或者组合,它能够把在客观世界中本没有联系的事物连接成一个新事物。较高层次的则是"无中生有",其基本手段是创生出全新的形态或元素,这是较为普遍的形式。实现"无中生有"的难度较大,但它一旦成功,将对产业乃至社会产生强大的引领和推动作用。

文化创意特别需要"有意义"(有效创意)。这种"有意义",就是说从文化创意到文化产品,体现了文化创意以市场或顾客为中心的反向思考的过程,即构成文化创意的各个要素、形式与内容、产品包装与营销等都是一体的。总之,文化创意不是个别的创意,也不是一般的创意,而是以顾客的文化娱乐消费为核心导向的创意集成和融合。

文化产业区别于其他产业的一个主要方面就是文化创意,而文化创意主要是依赖于人力资源来创造,而不是依赖于自然资源和物质资源(包括人文历史资源)。因而促进文化产业发展必须高度注重创新及知识产权的保护,尊重和有效保护知识产权,最大限度地激发人们的创新精神和创造能力,才能为文化产业竞争力提供不竭动力。

文化创意犹如高新技术的科技创新,需要长期、大量、高风险的研发投入,它的价值在于为企业提供独有的核心竞争力,为商业模式清晰的产业链提供基本动力源。例如,新闻集团的利润80%来自平台渠道的收益即广告收益,而平台

---

[1] 〔美〕西尔瓦诺·阿瑞提:《创造的秘密》,钱岗译,辽宁人民出版社1987年版,第531页。
[2] John Howkins, The Creative Economy, UK:Penguin Global,2004, pp. 17—20.

渠道之所以能够卖出高价格,最根本的原因是大量不断培育、集聚与关注好的独特的文化创意内容。再如,腾讯投资华谊兄弟,看重的主要是华谊兄弟拥有一百多名明星或名导演所创造的、具有庞大溢出效应的影视内容资源。

2. 体验价值

对于文化产业而言,好的文化创意只是个开端,只有将各个不同的文化创意整合为具有体验价值的创意产品,才能达到产业运行的基本要求。

文化创意的生命在于给顾客提供精神享受的体验价值。在经济与文化日益趋于融合的时代,人们的需求逐渐由功能价值为主导,向以体验价值为主导过渡(人们对产品的感受价值分层见图2-1)。而顾客的体验价值包含审美、逃离、娱乐、教育、超越等要素,它可以具体表现为两个方面:一个是能够通过自身或借助其他手段对消费者的消费能力、倾向和习惯进行分析和预测,生产出符合市场需求的文化产品和服务;另一个是产品内容和设计思想以及服务方式符合感知的特点,能够满足人们娱乐、信息交流、情感慰藉、提升自我的精神需要。比如,体育和娱乐的界限正在变得越来越模糊,成为体育娱乐(sportainment)①,体育娱乐创造了一个无所不包的奇妙世界,让暂时逃离了现实世界喧嚣疲惫的人们流连忘返。

图2-1 人们对产品的感受价值分层

文化产业主要通过文化创意给顾客提供精神享受的体验价值。文化产业的竞争力归根结底来源于企业为客户创造的超过其成本的价值。② 顾客的精神需求是什么,顾客的生活方式发生了和正在发生着怎样的变化,顾客需要什么样的

---

① 〔美〕埃尔·李伯曼等:《娱乐营销革命》,谢新洲等译,中国人民大学出版社2003年版,第188页。
② 〔美〕迈克尔·波特:《竞争优势》,陈小悦译,华夏出版社1997年版,第3页。

个性化服务,如何增强顾客的忠诚度与服务的长期化等,是体验价值的基本问题。文化产业如果没有把握好市场需求,缺乏对顾客体验价值的足够关注,即使创意再美妙,技术再先进,也不可能在市场上获得可持续发展。创造顾客的体验价值是实现文化产业价值的基础,只有为顾客创造体验价值,才能为企业创造比竞争对手大得多的价值。一个文化企业竞争力的强弱,关键取决于该企业是否有能力不断开发出适合顾客体验的产品和服务,是否不断为顾客创造体验价值。如,好莱坞电影基于顾客需求的故事创意和技术创新,手机产品从通信工具到娱乐终端不断丰富和完善,都大大增强其体验价值,都是很好的例证。

3. 规模化生产

文化产业的关键要素是什么?假如你去问文化人或政府官员,他们一定说是"文化"。这其实是对文化产业一种最大的误解。实际上,文化产业的关键词是"产业"。所以,文化产业必须由企业家来做,如果让文化人做,很难做成功。发展文化产业,必须认准文化和产业到底哪个是关键词,这关系到文化产业的损益和成败。由此,许多以文化人为主导的文化企业能否持续发展或取得成功,很大程度上取决于文化人能否转变为文化企业家,或者文化人创业的企业是否交由企业家(职业经理人)来经营。

"产业"主要在于实现规模化和可复制化生产。作为规模化生产的"产业",包含两个要素:从技术层面来看,它是标准化的批量制造;从商业运营层面来看,产业的产出(产品和服务)通过市场销售,以市场(即消费者需求)为导向。在规模化生产的运作思路之下,同一内容资源的可重复价值增值开发,可以获得持续化的收入,因而建立在好的创意及内容基础上的持续可开发的产业链,是文化产业核心竞争力的源泉。比如,以故事创意的内在产业链为例,一个好的故事创意可以实现"一意多用"(one-source, multi-use),由创意丰满化形成内容,做成小说、电影、电视剧、动画游戏、漫画书刊、主题公园、肖像和形象权授权、节目授权、DVD或者CD销售以及其他衍生产品开发等,形成一个庞大的产业王国(参见图2-2)。

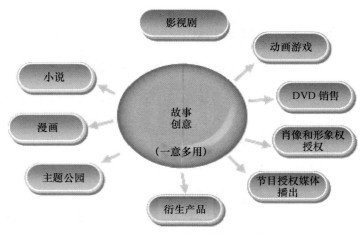

图2-2 "一意多用"结构示意图

文化产业存在着特定创意内容的产业价值增值的产业链形态，这是文化产业的独特性之所在。易言之，在其他的产业领域，某种资源或者创意是一种独立的结构，而文化产业的某种资源或者创意则可以在所有文化产业的门类中反复地利用或者共享某些资源和创意。同时，该资源或者创意可以通过延长产业链、形成与相关产业的联动效应，从而持续创生附加价值。总之，文化产业重在从"产业"上理解和把握，它具有"三高一长"产业规律，即高文化含量、高关联效应、高附加价值、长期盈利回报。

（二）文化产业的基本结构

根据以上对文化产业要素的理解，为了更清晰把握文化产业的基本要素，我们可以以价值增值实现的产业链为基础把文化产业的产业结构划分为三个部分，包括内容产业即知识产权创造领域、传媒与广告即内容的传播渠道与传输平台和文化产业衍生产品即以文化产业制造业为主的产品等三个大的领域，并且每个领域都包含若干行业。这三大块构成完整的文化产业链，其实现价值增值示意图（图2-3）如下：

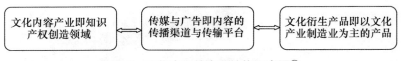

图 2-3　文化产业的产业结构示意图①

文化内容产业即知识产权创造领域,包括图书、报刊、音乐、游戏、影视节目、广播、明星、主题公园、活动、卡拉 OK、体育赛事联赛、信息、教育培训、商业艺术表演、艺术交流推介活动、会展、美术设计等。

传媒与广告即内容的传播渠道与传输平台,包括平台的媒介、各类传媒载体的传播服务、广告、相关信息(网络)服务等。

文化衍生产品即以文化产业制造业为主的产品,如玩具、工艺美术品、乐器、数字娱乐设备与图书、艺术印刷等,以及结合知识产权的文化产业制造业如迪斯尼的产品销售等。

由此,可以说,内容+渠道+衍生品的产业链循环增值是文化产业的基本经营模式。文化产业具有一意多用、符号价值、渠道或平台等构成要件,因而扩展和完善文化产业链条成为每一个文化企业的基本选择。文化产业发展需要增强市场化的运作能力,构建以文化创意内容研发带动渠道和衍生品价值链循环增值的企业经营模式。

三、文化产业的特性

许多文化产业领域的政策制定者和从业人员并没有深入认识文化产业的内在特性,经常混淆文化产业和历史文化之间、文化基础设施建设和内容产业发展之间以及个人创意活动和组织化经营之间的界限。显然,结合以上对于文化产业的基本要素和结构的分析,进一步系统梳理和认识文化产业的内在特性,辨析文化产业与其他产业的差异性,对于该行业的有效经营管理是至关重要的。

（一）从文化产业的"文化"来看

1. 文化产业是面向大众消费的文化

文化产业的概念中虽然冠名"文化"两个字，但实际上它的文化不是指一般的自然地、历史地形成的文化（历史文化），而是指称针对消费需求的创意文化和娱乐内容。它也不是指具有专业文化创造和欣赏能力的精英群体所欣赏的高雅文化，而是特指满足大众文化需求的通俗娱乐文化。所以，文化产业主要的内容产品是大众娱乐、通俗艺术、媒体、广告和设计等，而不是指称少数人所理解的高雅艺术。也就是说，文化产业的所谓文化首先是面向大众消费的特定娱乐和时尚性的文化。对此，我们在分析"大众文化"概念时已进行说明。

2. 内容是文化产业最主要的价值源泉

在一般原理上，文化产业的产业结构都以内容为王来体现。所谓内容为王，就是内容创意是文化产业最主要的价值源泉。内容包括如故事、设计、节目、活动、明星等各种形式。大众的内容需求非常巨大并不断翻新，因而要求全民参与讲故事和各界人士共同出创意，而不是仅仅依靠专业人士讲故事，或者文学家和艺术家讲故事。要讲现代的故事，而不是照搬古代的故事。要培养大批明星，而不是几个大腕垄断甚至独霸市场。此外，文化产业的内容领域里还普遍存在着王者通吃的特点，比如游戏行业，不到十个最大的游戏项目或者公司却占到游戏市场总额的90%以上。

实现内容为王，需要具备诸如公众对内容的需求越来越旺盛、内容变现的能力越来越强、正版市场越来越壮大等基本条件。当前在我国的一些行业领域，由于体制阻隔、知识产权保护缺失等问题的存在，内容为王并不是一般性的规律。暂时出现的结果还是平台（渠道）为王即传媒的传播控制力为主导。经过内容与平台（渠道）共治，然后进入到内容为王的良性发展，还需要一段过渡时间，需要市场制度的趋于成熟和知识产权体系的进一步完善。在许多情况下，内容最好和媒体传播渠道相结合，才能避免受制于媒体运营商的控制。

3. 文化产业靠创新或创意来提供产品或服务

文化产业的资源不是历史文化的还原和再现，而是要靠创新或创意内容来提供文化产品和服务。易言之，要推动文化产业发展，主要依靠的是新颖的文化创意和知识产权的价值实现,而不是依靠历史文化底蕴或者文化继承的直接呈现,也不是依靠文化历史积淀,也不是要我们去继承文化遗产,更不是仅仅兴建各种专题历史博物馆和举办祭祖活动。从历史文化与文化产业的关系来说,应当应用现代文化产业的生产方式,从历史文化中挖掘某些元素或者吸收某些养分,是一种再创造、再生产和再加工的过程。确实,文化的传承与创新经常是矛盾甚至对立的,从对京剧比基尼的激烈辩论就可以看得出,公众对此已经分裂为旗帜鲜明的两个阵营。我们认为,传承和创新两方面都有必要——文化注重传承,而文化产业则注重创新,二者各适用于不同领域。

  从发展趋向来看,文化产业的产品必须体现娱乐性、参与性、体验性和时尚性等要素,以娱乐创新为主要驱动力。从消费者变动的情况分析,文化产业的产品或服务的主要消费者是四十五岁以下的中年人和青少年,因而文化产业主要是青春型的、娱乐性的、前沿性的产业。因此,打造文化象征的雕塑和复兴传统文化的历史名人、搞文化标志城、祭祀活动,注重会展硬件的高大建筑,创作节奏缓慢的动画电视以及一般的舞蹈、传统杂技等,都不能满足青少年对文化产品和服务的直接需求,因而也不可能形成规模效益。

  文化产业需要创意,但是,并不是有好的创意就有文化产业。好的创意来自一种反向思考的活动。也就是说,文化产业所要求的创意,不是闭门造车的创意,而是反向思考的创意;不是个人的创意,而是产品或者产业的创意。有时,有些好的创意因为制作能力和对市场认知的局限也不能转化为产品,中国目前的动画电影的困境就是典型的例子。

  4. 文化产业高度注重人力资源价值与知识产权保护

  在当今社会,许多文化产品都是文化创意与高新科技双驱动的产物,因而文化产业作为一种知识密集型、技术密集型、人才密集型的产业,创意人才、科技人才、经纪人才、经营管理人才等人力资源在文化产业中占据重要位置。也就是说,人力资源在文化企业竞争力形成中比一般企业起着更为突出的作用,文化企业的发展更依赖于人力资源。文化创意在很大程度上依赖企业无形资产的积累,重视人力资源和持续提升无形资产在总资产中的比重,是选择任何发展战略的文化企业的内在要求。

  对于一个企业来说,人力资源因素对其核心竞争力的形成起着重要的保障作用,甚至直接体现为核心竞争力。核心竞争力的培育需要注重塑造与创意能力相适应的人力资源体系和企业文化,并在产业环境的变动中不断得到锤炼。从竞争的角度来看,未来将是个差异化的时代,企业唯有重视投资人力资源,才能创造价值,让创意在企业内生根。特别是在互联网时代,信息技术与文化内容融合发展是必然趋势,像空中网、A8、酷6、优酷网等众多新媒体企业上市从一个侧面也说明了新媒体市场潜力之大,因而拥有与新媒体运行相适应的各类人才,是获取文化企业的核心竞争力的重要支撑。

文化产业强调创意,强调个人创造力,所以有时又叫"创意产业""头脑产业"。文化产品其初始创造成本高,而复制、传播成本极低(如盗版)。因此,知识产权特别是版权保护,对于促进文化产业持续发展壮大至关重要。知识产权是对文化产品创作者对产品创意的所有权,包括占有、使用和转让等权利。当然,除了文化创意为基础的知识产权之外,还必须要依靠文化品牌、企业社会信誉、企业形象等无形资产的积累。比较而言,文化企业须具备比制造企业等需要更强的经营能力,特别是经营无形资产的能力。

5. 文化产业属于高制度敏感型产业

与制造业等相比,文化产业"生产什么和怎样生产"对环境的宽容度和制度的稳定性要求更高。一般而言,作为文化创意的主体——创意工作者的价值倾向有两个基本点:其一是个性化。不管是文学家、艺术家、音乐人、科技精英,还是一般的歌手、画家、导演、演员、剧作家、创意设计师、技师,都表现出强烈的个性化与表达自我的倾向。他们不喜欢听从组织或机构的指挥,抵制传统的集体性规范,如特立独行的艺术家与行为怪癖的科学家。其二是多样性与包容性。文化创意来源于独立思想,而独立思想只能来自人的头脑。文化创意特别需要宽容和包容的环境,包括宽容失败、包容异见、尊重个性与多样性等。对此,佛罗里达提出创意经济发展的3T原则:技术(Technology),人才(Talent)和宽容(Tolerance)。他认为:"经济学家总是强调前两个T,但要实现创意经济时代的繁荣,三个T缺一不可,尤其是第三个T,宽容必不可少。"①"为什么一些地区能够在构建、吸引和持有这些关键生产要素方面比其他地区更具有优势呢?我相信答

---

① 〔美〕理查德·弗罗里达:《创意经济》,方海萍等译,中国人民大学出版社2006年版,第37页。

案在于他们的开放性、多样性和宽容度。"①开放性、多样性和宽容度可以催生创新,杂乱的结构比条理清晰的结构更有生机与活力,贯穿广泛人群、地区的社会互动才是构建大都市的终极要素。②

文化产业要想大发展,最需要的就是宽容的态度、宽松的环境和宽阔的领域。一般而言,文化创意交流大都在两个不同层面上运作:一个是在正式的信息传递(如艺术作品、开幕仪式、电影首映式、摇滚表演)中运行,另一个是在逐渐转变为非正式活动的亚文化(Subculture)③交流场所中运行,比如酒吧、咖啡厅、歌厅、夜总会等。不管信息传递是正式的还是非正式的,都需要相对宽容、宽松的环境。

当然,制度的稳定也非常重要。有恒产者才会有恒心,才会有稳定的心理预期。特别是对知识产权的有效保护制度,可以赋予创意者创造源头活水的持久动力。对此,我们已经在上面进行过分析。

6. 文化产业具有逆势上扬的特性

在经济危机或低迷不顺的时期,文化产业各个门类呈现不同程度逆势增长的态势或气象。对此,国内外有许多有意思的历史实证。例如,在1929—1933年全球经济严重危机中,美国的好莱坞许多影视公司崭露头角并获得快速发展;在1997—1998年经济萧条时,文化产业成为英国、韩国等国家"过冬"的保暖衣;2008年经济低迷时,中国文化产业加速发展。据美国电影协会统计,虽然2001年3—11月美国出现了经济衰退,但当年影院的票房收入从2000年的77亿美元增长到了84亿美元。

当然,经济不景气情况下文化产业反而逆势上扬,主要是针对内容产业而言的,经济困难往往成为内容产业发展的机遇。也就是说,文化在经济困难时期有舒缓压力、抚慰心灵、振奋精神的特殊功效,文化产业在经济萧条时期具有"反周期"的独特属性;经济萧条往往成就文化内容的繁荣,人们对那些能够带来欢乐,能够放松心情、舒缓情绪的文化产品有着强烈的消费愿望。文化产业的发展

---

① 〔美〕理查德·弗罗里达:《创意经济》,方海萍等译,中国人民大学出版社2006年版,第39页。
② 〔美〕伊丽莎白·科瑞德:《创意城市》,陆香等译,中信出版社2010年版,第223页。
③ 同上书,第123页。

可以而且能够利用好这种属性。例如1929年,借助演艺业繁荣的局面,好莱坞顺势举行了第一届奥斯卡颁奖典礼,奥斯卡由此成为迄今在影响力和商业效益方面最成功的电影节庆活动之一。美国影院业联合会主席菲西安曾感慨道,"在过去的几十年里,美国遭遇了7次经济不景气。但是在这7次里,有5次电影票房反而迅速攀升"①。以百老汇和好莱坞为代表的演艺、影视业成为美国萧条时期的经济增长点。1997年亚洲金融危机发生以后,日本、韩国提出"文化立国"方针,在政府和民间双重推力的作用下,日本动漫和电子游戏产业迅速发展,韩国影视、动漫、网络游戏等优势产业日益蓬勃壮大。今天,高度发达的文化产业已经成为日本和韩国的支柱产业。

不过,文化消费作为柔性需求,消费随意性较大。在演艺、影视制作、艺术品市场、出版发行、文化会展、数字节目、网络手机文化产品、娱乐休闲、广告等文化产业各领域中,需要积极探索和建立适应文化产业特点的体系和机制,以推动文化产业的跨越式发展。

(二)从文化产业的"产业"来看

1. 文化产业本质上是产业性的活动

正如我们在分析文化产业的要素时所说,虽然创意来自个人化的活动,但是文化产业是产业经济的活动,也就是以工业方式复制内容产品,是标准化、可复制化、规模化的批量生产。因此,从根本上看,它是以企业为主体的市场经济行为,是要从消费需求来反向思考的产业,而不是把艺术家和创意者、文化人的理念强制消费者接受。易言之,文化创意的合理性不仅来自创意本身,还来自创意满足需求的消费活动。不是说我们身上有什么样的文化艺术感觉做出来了就是文化产业,而是要从消费者需求什么的角度出发,去替他们策划和生产,并且需要工业化的批量生产。文化产业不是个人化的、艺术家自己喜欢的创意和个性化服务,而是组织化的满足消费需求的产业化活动。

文化产业对企业经营管理提出了比一般产业更高的要求,需要达到人才密集型、技术密集型、文化密集型和资本密集型结合,它是一个需要资源整合的新

---

① 参见李舫:《我国文化产业发展的观察与思考》,《人民日报》2009年3月20日。

兴产业集群。只有达到以上人才、技术、文化和资本四个不可或缺要素的密集化，这时候做文化产业才会比较顺当。

2. 文化产业是由许多行业构成的产业族群

文化产业是一个产业族群的概念，不是指某一个单一行业的产业。这个产业族群中各行业之间有着内在的关联性，即价值实现的关联性。因此，它要求共享内容创意资源，并且由有价值的创意为纽带而打造成为价值增值的产业链。易言之，文化产业的各个行业之间比其他任何单一结构的产业更加体现内在性的产业关联，也更需要通过产业链的经营来体现规模效益和附加价值的提升。当我们讲文化产业的时候，可以由创意要素或者故事而延伸至图书出版、影视、艺术授权等领域，以及这些领域共同体现的行业之间的价值关联性。

文化产业当中的各个行业之间既存在关联性，也存在相互竞争或者替代关系。比如，现在的新媒体和传统媒体之间存在着此消彼长的竞争关系，如网络阅读可能冲击印刷媒体的阅读，传媒产业之间的相互替代性具有变动不居的特点。此外，选秀的活动可能冲击传统表演艺术，小品表演冲击相声艺术等。当然，当今文化产业变动最大的领域，在于数字文化产业发展带来的冲击。中国现在新媒体发展速度很快，相应地传统媒体受到越来越大的冲击。由于数字、网络技术的推波助澜，手机媒体将对各种传统媒体带来冲击和影响日益凸显。

3. 跨界融合是文化产业成长的普遍规律

跨界融合首先是文化产业内部的融合发展。作为一个由许多行业门类构成的产业族群，跨界经营是文化产业发展的常态。文化企业的跨界经营既包括横向的跨界，即跨媒体、跨行业、跨地域、跨国界经营，也包括纵向的跨界，即实现全产业链的要素经营。在我们看来，内容创作、传播和衍生产品发行相结合，内容＋渠道＋衍生品的整合，其实就是全产业链建构的过程。与这种跨界融合的方向相一致，并购成长是文化企业的基本成长模式。

其次是文化产业与其他产业的融合发展。文化产业作为一种产业族群，其发展包含着双向路径，即文化的产业化和产业的文化化。在知识经济的时代，文化产业将成为许多产业中的驱动性的产业，其他产业和文化产业之间存在密切联系，特别是文化产业可以推动制造业的结构升级，也可以拉动其他产业的相关消费。例如，艺术授权可以带动消费品的价值增值；再如，在 IT 领域，所有的硬件产品几乎都需要文化设计和内容产业的驱动。因此,文化产业具有双重价值:一方面,它自身发展是经济活动的重要组成部分;另一方面,也需要通过文化产业与其他产业之间的关联互动,推动其他产业发展。

为此,文化企业需要切实培养跨界应用的人才,政府也应抓紧制定扶持文化产业跨界应用的各种政策措施。例如,对于生产型企业的创意设计即生产性服务业予以必要的资助和补贴,就可以有效地提高创新、产业转型和升级的积极性,促进文化产业的跨界应用和拉动其他产业的发展。

4. 文化产业作为"引擎"和"方法"

与以上相联系,文化产业作为"引擎"的作用,主要体现在促进其他产业规模化和产业升级等方面。根据国际经验,文化产业是资源节约型和环境友好型产业,是低污染、低消耗、高产出、高效益的朝阳产业。特别是文化与高新技术、新兴传媒的融合创新,科技创造品质,文化创造品牌,提高产业的科技含量和文化含量,是转变经济发展方式的一个重要内容。因此,各类产业都应当思考如何引入文化产业的方法和做法。例如,文化产业作为信息产业发展的引擎作用的成就是十分突出的。无论是中移动领域每年超过 300 亿元的音乐收入,还是游戏带动近 1000 亿元的宽带服务收入,乃至于文化产业刺激了智能手机和移动宽带的发展,都是显而易见的事实和范例。又如,一些企业注重以创意设计带动制造业的提升和服务业的高端化,也是发挥了文化产业的驱动作用、把文化产业作为一种方法的结果。

文化产业作为一种"方法",可以促进各种产业的"文化化"。这也是各种产业发展的新理念与新方法。它包括两个部分:一方面,它是以文化产业的方法来促进文化元素和文化艺术创意的跨界应用,其中一个具体领域也可以称为文化产业的跨界化转型。比如,通过举办专业会展和提升创意、设计的水平,可以促进传统产业特别是制造业提高附加价值。另外一个领域是以专业化的文化产业来带动传统产业的产品和服务营销,包括可以用动漫、影视反向带动传统的玩具产业,以主题公园和影视植入式广告来促进旅游产业发展等。另一方面,则是以文化和创意的要素来改造和提升某个行业,促进产业升级并走向高端产业。例如,通过把握文化要素的应用包括建设良好的企业文化,达到能够生产奢侈品等高端产业的水平,因为奢侈品等高端产业的附加价值主要是通过文化创意和品牌管理等来实现和提升的。再如，创意农业产业也是一种从文化产业的角度对农业进行文化提升的形态。通过文化活动的设计和创意消费的提升，农业就不再仅仅是农业产品乃至一种农业观光和农家乐，而是将生态文化资源和文化体验做深度的结合，形成真正具有高附加价值的现代农业的新产业形态。就此而言，对许多产业进行文化改造与提升，可以在很大程度上克服诸如产能过剩、资源过度消耗和同质化的恶性竞争等低端制造业发展的瓶颈。

  产业的"文化化"运作要求我们重视以文化提升产业价值的方法论。当然，文化产业在许多领域的作用和促进发展的实践才刚刚开始，各个行业重视以文化和文化产业的方法来提升经营质量和核心竞争力也是非常必要的。例如，在服装、箱包等各个领域，进入奢侈品的企业都必须事先把握文化推动管理和文化产业方法的作用。也就是说，必须具备这种领先性的理念和产业提升意识，才能主动和积极地发挥文化产业方法有效应用。再如，腾讯公司之所以实现产业高端化发展和市值3000多亿元的卓越成绩，就是因为它比其他IT企业更具有把握文化产业方法的意识和能力。

第 3 章
文化产业项目的运作过程与特点

理解了文化产业的基本要素,有助于我们认识文化产业项目的本质及特点,以及进一步把握文化产业项目的运作规律。

一、文化产业项目的类型和运作过程

在认识文化产业项目的特点之前,有必要首先对其基本类型和运作过程进行简要梳理和分析。

(一)文化产业项目的基本内涵与类型

文化产业项目是在一定时间内为了达到某种产业目的而完成的一组文化创意任务或活动的集合,其基本目标既可能是满足顾客精神需求的某种文化产品,也可能是市场所希望得到的某种文化服务。从这一内涵来看,比较典型的文化产业项目可以分为如下几种类型:

影视产业项目。包括影视的创作、拍摄以及相关产业运作等项目,其核心可能是拍摄一部电影或电视剧或办一档电视节目,诸如《非诚勿扰》《阿凡达》《变形金刚》《武林外传》《乡村爱情》《星光大道》《开心词典》等。

游戏、动漫等新兴文化业态开发项目。包括现代各类以数字化和网络化为手段的内容开发及运作项目。比如,创作开发游戏《传奇》和《愤怒的小鸟》、桌游"三国杀"、动画片《玩具总动员》和《喜羊羊与灰太狼》等。

图书出版发行项目。包括畅销书或长销书的策划、创作、出版以及数字出版发行、相应产业运营等项目。比如，中国四大名著和《哈利·波特》《穷爸爸富爸爸》及一系列产业运作。

演艺产业项目。包括开发原创演艺项目和引进经典演艺项目及相关产业运作。原创演艺项目如《印象·刘三姐》《云南映象》《宋城千古情》，引进或改进经典演艺项目如超女选秀、《妈妈咪呀》。

文化会展项目。包括各种以创意活动为主要形式的会议和展览。如达沃斯论坛、博鳌论坛、重大文化产品博览会展项目，以及具有自主知识产权的大宗文化产品和文化服务出口项目。

创意设计项目。包括绘画、雕刻、平面设计等视觉艺术设计及产业运作项目，以及生活审美设计、广告创意设计项目等。

体育产业项目。包括各种以体育赛事为核心元素的项目。如足球世界杯、WBO项目、龙舟游艇项目、世界钓鱼赛事项目等。

创意孵化项目。包括以创新创意为核心资源的创业项目、具有地方特色的文化产品研发项目等。

文化产业园区项目。包括以文化产业为主要业态的园区或基地建设、以创意活动为核心的新兴旅游项目、产业公共服务平台建设项目等。

文化地产或文化旅游地产项目。包括各种文化MALL、主题公园、城市文化消费综合体等。

其他产业文化化的改造或提升项目。包括以文化产业的理念和方法对传统农业、制造业、服务业等进行改造和提升项目等。这一类项目作为现代文化产业的理念和方法在产业转型中的应用，需要予以足够重视和关注。

（二）文化产业项目与文化产品、文化企业的联系

文化产业项目与文化产品(含服务)既具有密切的联系，又需要相互区别。一般说来，文化产品是文化产业项目的基本依托和指向，也就是说，文化产业项目开发是起点，文化产品是文化产业项目开发的目的和结果。进一步说，文化产业项目是开发文化产品的动态的过程，文化产品是文化产业项目的主要产出物

以及可交付成果。文化产业项目一般都围绕开发某种文化产品(含服务)或者形成某种为了开发文化产品的方案而展开。

在大多数情况下,文化企业是文化产业项目的基础组织或平台。每一个文化产业项目大都是一个完整、独立的投入产出中心和利润中心,因而可以成为企业主营业务的有机组成部分或环节。比较大的项目,可以专门成立独立的项目公司作为企业法人进行运作。比如,有的文化企业就是专门致力于持续做一个文化产业项目,如 NBA 联盟、世博会运营公司、航空博览公司等。总体而言,文化企业经营者应善于从企业发展战略出发,合理选择、规划和运营相应的项目,以项目促进企业品牌的提升和无形资产的积累,从而有效地推动企业的可持续发展。

(三) 文化产业项目的运作过程

如前所述,广义的项目管理也可以称为项目运作,它至少包含项目策划和项目管理两个主要阶段。也就是说,我们在本书讲的文化产业项目运作,可以分为项目策划和项目管理两大主要阶段,而项目管理主要是在项目策划的基础上,对项目实施过程的管理。在项目具体运作过程中,又可以根据企业及项目运作特点进行更详细的划分,一般可以把文化产业项目整个运作的过程进一步分为项目发起、可行性研究、项目策划、项目规划、项目实施(执行)与控制、项目收尾等阶段。其中前四个阶段(项目发起、可行性研究、项目策划、项目规划)总体上属于项目策划阶段,后两个阶段(项目实施与控制、项目收尾)属于狭义的项目管理阶段。

在项目发起阶段,可以由市场主体或策划者发起,通常依据客户的直接需求或者分析得到的间接需求发起项目,一般是基于比较有文化市场前景的项目设想。在提出项目设想之后,就要进行一定的调研和可行性研究,也是项目的初期策划阶段。在这个阶段,要通过分析国内外文化市场大环境、拥有的文化产业资源平台,初步明确项目战略目标,选定主要的客户群,对项目的损益进行概算或估算,主要进行定性分析。通过初步可行性研究之后,形成项目建议书,此时可以申请立项,同时申请专有的项目启动资金。如果获得审批通过,就要进行项目策划。项目策划不但要保证活动项目的创意思路和文化内涵,而且要在策划方案中体现目标市场营销、项目赞助的基本点,使文化产业项目真正从市场中来,到市场中去。

在项目策划之后,就是项目规划。比如一个艺术产业博览会,要由专业的规划人员进行展览风格设计、展览内容以及展览形式设计;此外,还应明确项目起源和宗旨,展览的时间、地点、规模和观众定位、市场调查和预测、展览经费预算及相关的外延活动设计。

项目实施(执行)和控制就是按照项目规划,一步步把项目策划的内容变为现实。包括组建项目团队,完成进度、资源和质量规划,就如何保证实施策划的内容进行规划,更多地倾向于管理与运作。其中有两项工作很重要:一是项目的推广工作,通过媒体或者市场营销,完成项目的门票、赞助和招商工作;二是进行项目的实施操作,必要时通过变更程序处理出现的问题。

项目收尾阶段也是很重要的一个阶段,即项目按计划实施完毕直至所有总结工作的完成。它对于资源的积累和经验的积累都具有非常重要的意义。

二、文化产业项目的一般特点

项目与文化产业项目具有共性与个性、普遍性与特殊性的关系。对文化产业项目所提供的文化产品或服务,很难按照传统制造业的方式评估其价值,加之它依赖的知识产权或品牌效应又具有无限开发的延伸性,所以要想对文化产业项目进行合理策划和有效管理,必须注重了解文化产业项目特有属性。与制造业为主的项目相比较,文化产业项目有如下一些特点。

(一)文化产业项目的产出物本质上是无形的

一般而言,文化产业项目所开发与生产的是以精神内容要素为核心的文化产品(含服务)。有的文化产品是既"可感知"又"可触摸"的,这一般是指文化产品以书面、屏幕、画面、衍生品、表演、音效等形式表现出来的;有的文化产品是"可感知"但"不可触摸"的,对其价值的认同体现为一种感觉、情感、心理、体验和回应,是一种因人而异的意识反映。但是,不管是"可触摸"还是"可感知",文化产品在本质上是无形的。其主要原因在于:其一,文化产业项目所开发与生产的是以精神内容要素为核心的文化产品,其投入资源,除了资金和实物资本之外,更重要的是大量的创意、版权和人力资本等无形要素;其二,文化产品本质上是一种消费体验,而不是具体某件"产品"——这种消费体验是某种参与性、互动性、娱乐性、时尚性的感受。

文化产品的无形性已成为当今文化产业的重大课题。以电影为例,电影版权作为一种无形知识产权,具有多重价值,而文化价值向经济价值转换的那些价值"关键点",或者影评中所谓"看点"、投资分析时所谓"卖点"和摄制中所谓"亮点",就成为电影版权价值因素的多样性表达。电影版权与软件版权、商标、专利、设计等知识产权一样,是无形资产的典型代表。技术创新尤其是视觉造型创新,是电影价值的坚实支撑,视觉特效的创新强度是构成电影版权价值的重要因素。从詹姆斯·卡梅隆的电影生涯来看,基于技术创新的视觉特效对其电影票房的贡献很大。在《泰坦尼克号》中,杰克站在豪华的油轮船头高呼"我是世界之王",随后镜头缓缓后拉俯瞰整个泰坦尼克号。这短短的10余秒运用了当时非常先进的电脑制作技术,花了大概100万美元才得以完成。这一场戏的视效、音效对该片的票房作出了巨大贡献。卡梅隆2009年推出的《阿凡达》在角色与场景方面创造的视觉特效包括了阿凡达、潘多拉星球、纳威人等数十个。高密度价值创意的植入大大增强了影片的视听效果和艺术震撼力,极大地提升了票房绩效。《阿凡达》除了赢得28亿美元的全球票房,还最终获得第82届奥斯卡金像奖最佳艺术指导奖、最佳摄影奖、最佳视觉效果奖。在卡梅隆《阿凡达》的游戏开发中,电影版权的复制权、开发权和专营权得到了充分拓展。相关产品开发、艺术授权与品牌经营成为电影投资的后续创新。从卡梅隆电影作品的价值因素分析中,我们可见电影版权类无形资产的价值所在:电影票房收入与价值因素植入的密度存在某种关联;在电影创意中,展现具有正义、自由、尊严与爱等人性基本需求的价值表达是创意的关键。

文化产业项目产出物的无形性导致了对其量化的困难。文化产品或服务的投入产出比很难确定,比如我们很难测出一个动漫形象、一首经典音乐、一本畅销图书所创造的财富与所投入成本之间的比例。个性化很强的文化产品或服务可能取得多少市场份额是难以精确计算的,只能大致做到区间估算,这是因为文化体验的偶然因素很多。正因为如此,文化产业项目又会面临融资难问题,亟须建立文化企业无形资产评估体系与文化交易市场平台,对于具有优质商标权、专利权、著作权的企业,可通过版权经济与文化产权、权证、资产、资本评估与认证,开发权利质押贷款的金融产品。

(二) 文化创意是文化产业项目的灵魂

与以上特点相联系,文化产业项目的开发一般要经历从文化创意到内容、从内容到产品化生产两个过程。前一个是对项目产品中所包含的精神内容的创作、策划与组合。后者是将相应的精神内容要素固化到相应的物质载体中去,成为产品形态。

文化产业项目以创意为核心,必须具有相当的精神内容创造。显然,精神内容要素的雷同无法吸引消费者的关注,也不能在市场中立足。当代文化产业的蓬勃发展,使得创意产品成了买方市场,而眼球和注意力则成了卖方市场,成了稀缺商品。公众强烈渴望寻求刺激,渴望超越现实,渴望体验图像和声音的魔幻世界。因而文化产业项目的产品最忌讳沿袭陈规俗套,它在总体上必须凸现产品独具的特色,才能"打动"人心,在市场上获得超值的效益。

文化产品的精神性、流动性、易逝性性质决定了文化产业的创意为王之根本。尽管项目的组织结构与交易过程十分复杂,但其核心仍然是创意,创意是文化产业项目的生命线。文化产业所包含的广告、建筑、艺术和文物、工艺品、设计、时装设计、电影、互动休闲软件、音乐、表演艺术、出版、软件、电视广播、游戏与网络有游戏,以及动漫、DV、FLASH、短信、手机视频无不强烈地依凭新的内容植入和创意设计。

文化产业项目追求创意的多样性和差异性。当代消费社会,大众流行文化遵循时尚化浪潮化的运行方式,使得文化产品的新颖性、短时性和强烈的视觉特征空前凸现出来。由于文化产业更多地具有文化艺术的特性,因而其风格、基调、艺术特色更多地具有多样性与差异性。文化产品的差异性既包含纵向区别,也包含横向区别。所谓纵向区别,是指产品与产品之间在产品水平、等级或质量的区别,它关乎产品的"原创性""技巧性"或艺术境界的评价。[1] 好莱坞的剧作

---

[1] 〔美〕凯夫斯:《创意产业经济学——艺术的商业之道》,孙绯等译,新华出版社2004年版,第8页。

第3章 文化产业项目的运作过程与特点

家、导演及制片人会对剧作家的好坏有一致的评价,能断定谁应属"一流"剧作家,谁应属"二流"。这些创意产品在纵向上(或本质上)是有区别的。从根本上说,任何一个产品与其他产品都是不同的,而它们的不同将导致截然相反的结果。比如,在同时播放的电影或电视节目中,一个观众就会选取这一部作品观看,而不是选择那一部。因为在尝试了两个产品之后,买方认为甲种产品比乙种产品好,如果两种产品的销售价格相同,就没有人会买乙种产品。而横向区别则是指不同类别不同特色之间的区别。同样质量同样水平的创意产品之间会因为消费者的习惯、偏爱而做出选择。两首歌曲,两部动作片,在消费者看来,其特点和质量可能非常相同,但它们又不完全相同,这就是所谓横向区别。横向区别激发产品种类的多样性。激发艺术家从各种可能中做出选择,刺激消费者或中间商从一系列真正具有创意性的产品中做出选择。而创意产品通常是横向区别与纵向区别的混合体。

  尽管内容的最初创意可能来自个人的想法,但若要把最终产品呈现给消费者,还需要大批人员的参与。文化产业十分推崇创造者的个人创造力,但它又不同于过去时代文学家艺术家在象牙之塔中闭门造车的那种"独创性",不同于过去时代艺术作品如绘画完全由画家个人独自完成的情形。当代创意产品必须由创意策划、技术制作、传播操作、管理协调、商品销售等多方合作才能最终完成,它是各方协同联合的产物。这只要看看一部最简单的电视剧片头片尾有多少参与创作的人员就一目了然了。因而,创意产品的创作过程远比一般物质产品复杂。这就要求创意产品的所有创造投入都要达到和超出一般流水线上的熟练水平,才能生产出合格的创意产品。这样的创意行为才是经济学家所说的增值生产功能。在这种可增值的生产关系中,"如果要得到具有商业价值的产出,每个生产投入必须到位,或是生产行为至少达到精通或是超出精通水平。零的倍数仍然是零"①。一个创意的产生,决不仅是个人的灵感,而是各种社会因素的集合。当你想到这个创意的时候,实际上它已经形成了一个社会需要。

  创意内容是文化产业项目的灵魂,富有活力的创意内容是文化产业项目持续运营的生命线,互动性、个性化体验的创意内容决定了项目能走多远。经营文

---

① 〔美〕凯夫斯:《创意产业经济学——艺术的商业之道》,孙绯等译,新华出版社2004年版,第7页。

化产业项目,首先就必须从提升创意内容上着力;没有创意内容,文化产业项目就成了无本之木、无源之水。

(三) 文化产业项目的传播至上

文化产业项目的主要产出物是文化产品(含文化服务),而文化产品具有媒介化的特质,即是说,文化产品本身既是产品更是媒介。因此,传播和营销应贯通于文化产业项目运作的过程始终。项目营销不应局限在初始产品本身,如电影、动漫、电视节目或体育赛事,而同时也应该关注那些通过使用或购买特许权而衍生的相关产品,最后形成一个文化符号和知名的文化品牌。假如所有渠道搭配得合理,每一项产品都应该能带来丰厚的收益。① 事实上,次级产品链上所创造的收益往往大于初始产品的收益。在传统文化产业产品的营销环节中,广告宣传的重要性比不上陈列展示,特别是生活用品或功能产品。而文化产品或服务对传播、传媒的依赖是决定性的,没有传播渠道、推广渠道、传媒渠道、品牌影响,文化产品或服务就没有预想中的市场效益。

从本质上看,文化产业项目营销所着重推广的是一种消费体验,而不是具体某件产品。目标消费者必须在体验之前购买参与该体验的许可权,而这种体验的提供者也必须在体验发生之前建立连接和传播的通道。譬如,在市场上形成的独特的"湖南文化现象",一方面是因为它给人们提供了许许多多内容丰富的文化产品,另一方面也是其注重营销传播的结果。以电视湘军为例,《超级女声》《快乐男声》《快乐大本营》《天天向上》《汉语桥》几乎妇孺皆知,有着极高的收视率。

文化产业项目营销要以消费者为导向、以消费者喜欢的文化产品为基本依托。"未来娱乐营销的真正症结在于关注消费者的选择权利。消费者用他们的腿和钱包来选择他们想要的娱乐产品,这一选择的结果直接决定了谁将成为未来娱乐业的真正的赢家。……在闲暇时间、可支配收入、技术进步等各方面条件都成熟的情况下,营销团队的任务就是打造品牌,提高观众的认知,挖掘消费者

---

① 〔美〕埃尔·李伯曼等:《娱乐营销革命》,谢新洲等译,中国人民大学出版社 2003 年版,第 9 页。

当前和潜在的需求。这一步骤是娱乐营销的核心。"①娱乐产品经销商和消费者之间达成的交易形式多种多样:消费者在当地的电影院购买电影票,观看录像,欣赏 CD,通过电视机顶盒选择各个频道,阅读电子图书,在亚马逊网站上订购最新的畅销书。除此之外,他们还可能参加音乐会现场感受音乐的魅力——在激光灯和高分贝音乐的双重刺激下,成千上万的音乐迷狂呼乱喊、群情激昂。

(四)文化产业项目重在商业模式的设计

能否成为"产业"项目,商业模式的思考和设计最为关键。也就是说,合理可行的商业模式是决定文化产业项目成功与否的至关重要的因素。每一部影片、每一张 CD、每一款游戏都是一件新产品,而且它们相互之间又各不相同:不同的内容,针对不同的目标人群,依赖不同的交易方法或模式,但是,它们所要达到的共同目标是尽快回收投资成本和实现利润回报。

例如,风靡全球的休闲游戏《愤怒的小鸟》通过商业模式创新,打破了人们认为的手机游戏生命周期很短的神话,它为游戏开发商进入发行领域以及扩张方面开辟了一条全新的品牌之路,它是游戏厂商把握住了时下的"游戏化"的趋势,把产品线向大众领域扩张的成功典范。该游戏让用过的人疯狂,让未用过的人渴望已经远远超出了游戏本身,它现在已经成为一种流行文化。再如,脸谱网不仅仅是一家新媒体公司,它也是一家平台公司。平台公司的盈利有传播内容、下载内容、交易内容、自制内容、延伸产品等多种方式。很多媒体都认为脸谱网成长将会乏力。其实,它的平台价值刚刚开始,以后的空间很大。它的高市值正是建立在投资人对它的成长性的期待上,比如虚拟产品、图片、专题会员制、应用软件、玩具、预告信息、植入式广告、定制服务、支付等延伸产品和增值服务都有待挖掘。

产业链经营是文化产业商业模式的基础。一个创意以及文化产品可以进行横向和纵向的产业链延伸。横向延伸就是把一个品牌做成不同的产品,如可以做成电视剧、电影、游戏等;而纵向延伸则是指在一个产业链条中,可以开发出产品授权(或艺术授权、品牌授权)、制造衍生品,比如动画片就可以授权给制造

---

① 〔美〕埃尔·李伯曼等:《娱乐营销革命》,谢新洲等译,中国人民大学出版社 2003 年版,第 9—10 页。

业，生产出文具、服饰、食品等。实现产业链经营的关键环节是必须打造出色的源头产品，同时制定产业链整体规划。例如，《武林外传》项目在当初剧本创作时，就在情节和人物设置上为未来动漫、网络游戏等衍生品开发留出空间，现在已成为一个品牌将产业链延伸到了漫画书、网络游戏、话剧等下游产品。正如其投资方代表郝亚宁所说，"作为产业链的掌舵者，我要考虑整个品牌的运作，在什么阶段做什么开发，我必须有一个非常清楚的规划"[1]。再如，《喜羊羊与灰太狼》的产业链模式同样引人关注，电影版推出后票房大卖，图书、网络游戏、人偶剧等相关产品也颇受市场青睐。

在音乐产业领域，我国已有的产业形态包括音乐唱片发行、音乐演出、无线音乐下载和在线下载、音乐SP（服务提供商）和CP（内容提供商）、卡拉OK、主题音乐酒吧、音乐餐厅、音乐选秀、音乐电视节目和广播节目、歌手经纪和音乐人的广告代言、音乐活动的赞助和广告、音乐发布和签售、音乐教育、音乐相关消费如音乐播放器和音乐手机等。在我国音乐产业链的整体形态结构中，音乐上游的收入低于中游的代理（SP和媒体平台）和下游的收入（卡拉OK、酒吧等）。各个商业模式设计可能会集中在无线下载、音乐餐厅、选秀、SP、艺人经纪、电视节目、广告代言、演出、体验活动、音乐新媒体经营等环节。

在各类音乐业态和项目中，近年来最突出的无疑是各种音乐选秀。音乐产业是一个由畅销歌曲支撑起来的行业，不管是电视节目还是现场活动，音乐选秀都是一种比较新的体验性、综合性文化活动。音乐选秀的一个重要特色是，明星和打造明星为核心的音乐及其相关活动快速发展，与传媒结合度很高的各种音乐相关活动等取得了很好的综合经济效益。我们强调音乐选秀为核心的、具有互动性的项目，主要由于其产业形态不仅容易获得消费者的参与，而且是目前最容易塑造品牌的形式，具有很大的产业价值，这也是音乐产业项目构成品牌的重要形态。例如，"超级女声"关键在于一个好的商业模式，能够将各种资源有效地组合起来。它突破了原有的电视节目在收视率和广告之间盈利的商业模式，形成了短信、广告、冠名、代言、演出、销售、活动、影视、唱片、图书、服装、食品、玩具等产业形成一个长长的娱乐链条（图3-1）。由此可见，国家应当允许有特色

---

[1] 李亮：《文化创意产业链发展成趋势》，《中国艺术报》2010年8月25日。

且符合相关规定的选秀类品牌节目做下去,因为这样才能有规模效益。

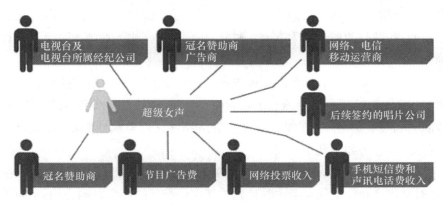

图 3-1　超级女声的产业链条

（五）精神属性和商品属性的双重属性

文化产业项目是以创意为核心、向大众提供文化、艺术、精神、心理、娱乐享受等的新兴项目,它改变了传统时代的产业发展的静态平衡和单维指向,而趋向于一种发展的动态平衡和多维指向。因而文化产业项目具有精神内容(含意识形态)和商品的双重属性,存在社会效益与经济利益两个方面的目标。文化产业项目策划与管理必须能够将两者结合起来。

我们前面说过,文化产品本身具有很强的精神属性。作为精神内容的载体,文化产品必然渗透某种价值观和生活样法。比如,2003年以来反腐、涉案作品数量猛增,在犯罪手法、腐败内幕的描写上不断升级,很多剧目中已经出现了腐败层次越来越高、范围越来越大、案情越来越"黑"的趋势。很快广电总局便出台规定,适当压缩了这一类剧目规划立项的比例。在项目监管时,对如《蜗居》等反腐、涉案剧目加大了管理力度。特别是在意识形态主导的新兴国家,由于文化产业是新兴产业,在政策上存在诸多限制,因而避免主题和内容方面的风险是项目经营与投资的重要选择。特别是对那些非规定动作,或者自选动作选题的表达空间,以及对"分寸""火候"的拿捏,都包含着专业的、技术的博弈智慧。

同时,文化产业项目的产出物本身又是用来获利的商品。特别是在全球化条件下,许多文化产业项目是以消费时代人们的精神文化娱乐需求为基础,以高科学技术手段为支撑,以网络等新传播方式为主导的,以文化艺术与经济的全面结合为自身特征的跨行业、跨媒体、跨领域的产业项目群。因此,对现代文化产业项目而言,商品的属性更为本质。对此,我们讨论文化产业要素时已经进行了较为细致的分析。

在实践中,文化产业项目的精神内容(含意识形态)和商品的两种属性问题一直交织在一起。坚持社会效益放在首位,实现经济效益和社会效益有机统一,需要回归到关于文化产业的文化属性和经济属性之双重属性的认识问题[1]。对此,具体需要思考如下几个方面。

首先,文化产业的从业人员尤其是决策者应当意识到,把社会效益放在首位,是对文化产业作出通盘考虑时首先关切文化产品的社会影响,而不是简单拿社会效益来与经济效益进行比重大小的对比。社会效益的优先性,是对文化内涵的思考应当优先于追求经济结果的实践。例如,作为电视节目策划者必须考虑经济效益与社会效益。节目没有社会效益,经济效益无从谈起;只抓经济效益,不择手段媚俗,把社会效益撇在一旁,经济效益也会好景不长。节目策划要做到效益双赢并不难,难在节目如何做得好看。在电视产业化的过程中,社会效益与经济效益总是结伴而行的。节目是做给观众看、要观众接受和消化的,策划者在策划时心中不装着观众、不考虑社会影响,节目就走进了死胡同。没有了受众就没了市场,没有市场就肯定不会有社会效益。所以,电视项目策划者在策划节目时主要精力应放在节目构思上。

其次,文化产业项目的产品具有经济属性之外的文化属性,其主要特性在于它是精神文化类的产品,对消费者的价值观和精神气质等方面会产生直接的影响。那么,这种产品所包含的文化内容或者文化的属性,就不能违背社会风俗的一般要求,包括不能包含渲染色情、鼓励暴力以及反社会、反人类等不良文化的内涵。这个考虑属于社会效益的考虑,是文化产品生产者在产品策划阶段就应当予以考虑的问题。

再次,文化产业的主流消费者是青少年,其中许多又是未成年人。某些适合成年人的文化产品,未必适合作为未成年人消费的对象。因此,这就需要单独考

---

[1] 参见陈少峰:《文化产业"两个效益统一"新解》,《中国青年报》2010年12月20日。

虑针对未成年人消费的文化娱乐产品应当具有较高的品位或者没有负面的元素。特别是从精神文化的角度来保护未成年人的成长,需要重视文化产品的内涵健康问题。

最后,多数"走出去"的中国出口的文化产品,也会负载某些内涵,也就是在消费者心中,它们代表着中国的国家文化形象的内涵。因此,在中国文化走出去的过程中,要注意弘扬中国文化中的精华元素,而不是不管不顾地一味考虑出口的数量。同时,为了增强对外出口的文化影响力,在推动文化产品出口时,应当更加重视生产和出口能够影响国外青少年消费者、体现中国文化优秀元素的文化精品。

(六)文化产业项目过程的复杂性

总体而言,一个文化产业项目要实现纯精神活动到准精神产品再到一系列文化产品的价值转化,是一个复杂的系统工程。从文化产业项目运作的全过程来看,查尔斯·兰蒂提出了五个阶段:第一阶段是开始,这表现了创造性过程本身,创造性过程必然是与版权、专利和商标联系在一起的。第二阶段是创造性到形成产品,推动生产过程的角色包括经理、生产商、编辑、设备供应商、电影和照片实验室、技师等。第三阶段是流通,即文化产品如何被传递到消费者,包括代理商、发行人及各种参与促进流通的中间人等。第四阶段是发送机构,发行的结构因素包括剧院、电影院、书店、音乐厅、电视频道、博物馆、杂志等。第五阶段是观众与接受,包括批评家的角色、市场营销和公开行业等。①

文化产业项目进入市场一般会经历个性化创意、标准化复制、网络化传播、即时性消费等过程。其中,尤其重要的是文化产品参与创作过程的复杂性,文化产品生产存在内容的创意以及从创意到产品化生产的过程。例如,一部电视连续剧首先由开发了电视剧的创作者、导演、制作人开始,他们是创意人或策划者,拥有知识产权;电视剧作为产品(节目)以其自身内容构成区别于其他作品的内容产品,其中也包括编辑、后期制作师,生产过程与管理的环节;接下来是产品的传播,广告推销商、促销人员和中介机构,通过电视台的物质基础结构(按次计费的广告、软广告)、报纸杂志等平面媒体,以及影迷会、见面会和辅助发行平

---

① 参见金迈克:《阿多诺的绝望:大众文化如何重振其创造性》,《文化研究》2003年第4期。

台,广泛传播以赢得眼球与注意力;然后是这一产品的贸易,进入流通、交易与销售,由代理商、销售商经销;最后是到达终端客户,产品被消费者、观赏者接受,进入文化内容的感受与体验。

并且,一个文化产业项目的产生,从简单的创意到立项审批,涉及方方面面的知识。比如,一次活动要想获得成功,不但要在相应的领域具有较高的艺术水准,而且需要考虑到目标受众的需求、赞助企业的需求、国家的法规政策及导向,以及本企业的优劣势等。它不像建筑项目,需求特别明显,较易识别,一个文化产业项目的目标确定可能要经过几个回合才能最终确定下来,需要经过一定的调研,经过各个利益相关方的目标整合才可以明确。

从项目实施和执行来看,文化产业项目管理不但要对项目运行过程中资金、成本、进度和风险进行管理,同时还要建立起完善的人才库、创意内容集成以及内容信息管理、版权管理与开发系统。例如,电影需要导演、明星、编剧等创意人才的劳动,这些通常称为线上部分。而电影创意要转化为电影产品,必须通过电影的摄像、道具、场务、化妆、后期制作等多个部门协同完成,这些生产部门通常成为线下部分。通过法律、金融和保险等环节的合作,获得项目的资金,通过发行环节进行电影营销。电影的失败可能是因为电影在制作过程中的成本投入和购买决策存在着很大的不确定性。

总之,文化产业项目的精神性、流动性、易逝性和组织结构与交易过程的复杂性,表明了项目运作必然超越过去时代的产业水平和产业模式,而在一个更高的层次上展开。它既要求项目运作建立在现代企业制度的构架之上,又具有自身对文化承传、精神创造、意境营造和可遇不可求的艺术天才及其灵感的追求。文化产品的品牌一旦培育成功,文化产业项目就会表现出财富的裂变效应。

(七)动态性和时效性

作为过程复杂性的延伸,文化产业项目还具有动态性和时效性,这当然也是由其构成决定的。一般说来,任何有助于形成最终文化产品的事物都可以称作娱乐内容,它包含以下四个方面:其一,注重创意,因为它是一切制作过程的开始;其二,充分利用一切可能的技术,尽快制作出文化产品;其三,要具备一定的天赋,使创意得以实现;其四,要意识到文化产品的易逝性,因为消费者所崇尚的潮流和品位随时都在变化。这也是文化产品区别于其他产品最明显的一个特征。① 实际上，真正优秀的文化产品往往都由创作者和消费者共同完成的，这需要他们之间的"共鸣"和"共谋"，甚至也需要一个"完成仪式"，比如阅读、演出、互动交流等都是如此。

　　人们对于文化产品的需求受时间维度的强烈影响，也就是说，它具有较强的时效性。在文化产品投放之前，几乎没有时间进行市场检测，也不可能等到产品具有了轰动效应之后才向全世界大范围投放。比如："电影不同于图书和磁带，它的发行时间是个十分敏感的问题。有效地推广和放映电影工作需要具有一定的规模底线，因此在一定时间内需要限制市场上发行能够盈利电影的数量。发行商的发行策略以及电影带来的现金回报主要取决于同期内新近推出电影的竞争情况，同时还取决于不同时间段的价格差异——最初放映时主要面对那些渴望看到电影的观众，此时的票价应该最高；然后面向那些观看欲望不是很强的观众（或家庭），电影票价可以逐渐降低；也可采用录像带、收费电视、网络免费观看或是有线电视播放的形式。电影发行商同时需要面临两个比较复杂的问题：一面要处理好与众多发行商的关系，一面要向电影的潜在消费者做宣传推广工作。"②只要出现电影票房不佳的细微征兆，就必须立即采取相应的措施以扭转不利的局面。这是因为通常一部影片的首映期一般都只能维持三四个星期。

　　并且，文化产业项目的产品不是基本的物质性必需品，而是更富于精神性、文化性、娱乐性、心理性的产品。随着人们生活水平的提高，对这种精神性的产品的需求在总体上日益提升，需求量越来越大，这是文化产业发展的根本动力。但是，对于每一个具体的产品如电影、电视剧、广告片、MTV、动漫、网络游戏来说，这种需求又有很大的动态性。每一个创意产品对于消费者需求来说，都存在着时尚潮流、个体嗜好、传播炒作、时机选择、社会环境、文化差异、地域特色等多种不确定因素，因而也大大增加了创意产品的风险。

----

　　① 〔美〕埃尔·李伯曼等：《娱乐营销革命》，谢新洲等译，中国人民大学出版社 2003 年版，第 2 页。
　　② 〔美〕凯夫斯：《创意产业经济学——艺术的商业之道》，孙绯等译，新华出版社 2004 年版，第 155 页。

文化产业项目的运作过程具有很大的动态性和时效性，如何成功地开展项目，如何把握商机，如何应对和规避风险，如何最大限度地实现综合效益？这是一个重要的课题。

（八）高风险和高不确定性

新的事物总是伴随着高风险，投资大、风险高必然存在较多的不确定因素。作为创造某种新事物的文化产业项目，其经营运作以知识产权作为产品和商业模式的核心价值来源，在投资方面往往具有高风险、高回报的特点。而其知识产权的价值体现方式也具有不确定性，其市场前景往往难以预测和评估。

与制造业比较，文化产业以知识创新与高新科技为支持体系，具有可能的高收益、高回报和高增长潜力的特性，但这种高收益也可能遭遇高风险。即使是十分成熟的好莱坞电影，同一个著名导演，他也无法保证他的每一部电影都能成功。就行业的特性来看，文化产业的总投入和产出可能不同于制造业的投入产出效益。尽管像《泰坦尼克号》《阿凡达》等这样高投入高产出的产品确实存在，但是，文化产业领域的高风险也一直存在，可以说，该领域确实属于高风险与高回报的行业。成功与风险并存，这就是文化产业项目的魅力。

文化产业是在高度不确定的环境中运行的，文化产品虽然得以生产，但是却很难知道哪种产品能够热销。尽管成功的项目运作依赖于适当的推广活动，但娱乐内容的创作则几乎完全取决于制作过程中创造力的发挥。文化产业项目的生产或服务过程依赖从业人员素养，产品或服务推广依靠消费者的回应，再加上提供的产品或服务又属非生活必需品，进行全过程风险控制的难度可想而知。因此，项目运营总是为社会中的各种不确定因素所影响。不无夸张地说，文化产品的生产和销售日期很可能会由于某明星的一个喷嚏而改变。[①] 总之，把文化产品成功推向市场往往需要运气和创造力两方面的高度结合。

另外，一般说来，文化产业项目已经确定或者一旦举办或者开展，其结果就具有不可修改性。比如，一个展览、一台演出，即使不是现场直播，可是对于直接现场的观众来说，其结果具有不可修改性。特别是有的大型活动不可能有预演、

---

① 〔美〕埃尔·李伯曼等：《娱乐营销革命》，谢新洲等译，中国人民大学出版社 2003 年版，第 5 页。

只能一次性取得成功,不像IT项目中软件开发,可以一次一次地模拟运行检验,所以其风险性比较大,一个疏忽可能就会造成不可弥补的损失。对于文化活动项目而言,其策划和控制尤为重要,它作为项目一次性的特征更为明显。

当然,从产业结构和商业模式差异化的角度来看,并不是所有的文化产业领域都是具有高风险、高回报的特点。例如,在人们的生活方式对文化消费具有依存度的领域,投资风险与其他传统行业是一样的,而其回报的特性一般高于传统行业。从一些过度竞争或者产业发育不成熟的领域来看,比如从民营投资网络视频领域的角度来看,可能只有高风险而没有高回报的局面;而从许多国有垄断企业的角度来说,却没有高风险只有高回报。

(九) 跨界性和融合性

从技术和内容的角度来看,整合无疑是最能代表文化产业未来发展趋势的潮流。要在整合大潮中独占鳌头,就必须具备以数码技术制造、传输和捕捉各种信息(包括电影、艺术、音乐、新闻等)的能力。一旦信息被简化成数字1和0时,我们就可以通过卫星和有线传送的方式把处理过的信息传递到手机、有线电视、光盘或个人电脑等接收终端上。不管是无线还是有线,一旦人类掌握迅速传递信息的能力,一个涵盖信息、娱乐、服务的全新世界就将展现在我们面前。① 随着网络、数字、信息技术的发展,动漫游戏、数字音乐、数字电影、网络视频、移动多媒体广播电视、公共视听载体、数字出版、网络出版、手机出版等新兴文化产业迅速崛起,拓宽了文化产业的领域。

当前,文化产业跨界和融合的特性吸引了投资者的目光,大量资本和人力资源涌进文化产业领域。譬如,以电子制造业和电子专业市场为主导产业的深圳华强集团,大规模投资文化产业,成为国内文化主题公园的新锐。其被称为"中国迪斯尼"的方特主题公园项目在全国复制扩展,并且整体输出到沙特、伊朗、南非、乌克兰等国,其成功背后是强大的技术创新支撑,数字电影拍摄系统、子弹时间拍摄系统、360度环绕拍摄等都拥有自主知识产权。再如,原来的化工企业广西维尼纶集团有限公司参与投资制作的全球第一部山水实景演出《印象·刘

---

① 〔美〕埃尔·李伯曼等:《娱乐营销革命》,谢新洲等译,中国人民大学出版社2003年版,第9—10页。

三姐》，成为广西文化旅游的名片。还有，以房地产开发为主导产业的大连万达集团，文化产业已上升为企业的四大支柱产业之一，旗下的电影院线公司拥有400块电影银幕，2009年电影院线票房收入居全国第一，现在又并购了全球排名第二的美国AMC影院公司。

三、以文化提升项目价值的方法

文化产业化与产业文化化是文化产业发展的双向路径，因而文化产业项目也是在这样两个方向展开的，甚至有些项目就是二者互动与相互融合的产物。以上我们侧重分析了文化产业化项目的一般特点，而产业文化化项目则更主要体现为一种提升产业自身价值的方法，从而获得共生共赢的良性格局。

（一）产业文化化的方法

产业文化化的运作要求我们重视以文化提升产业价值的方法论。就抽象的层面上说，要更加重视文化要素和创意设计的运用能力。其中，我们需要关注技术与艺术的融合，同时需要关注"应用美学""生活美学"以及"创意生活"的实践能力的提升。前者主要是与产业的内在提升、产品的完美性相结合，后者则与人们的生活方式、与人们对流行文化元素相关的产品和服务的消费趋势的把握相关联。例如，某种声光电的技术和艺术设计之间的融合，可以创造时尚并促进新的时尚产品（含电子产品）的消费规模。就具体的层面而言，每个行业的文化提升和融入的角度和方法又各有其侧重点。以传统的工艺美术提升为例，现代的高端工艺美术产业是以设计、文化艺术内涵、品牌等综合因素为主要的价值来源的，因此，要求研发和生产者必须在传统工艺、现代企业经营和聘请明星设计师等之间建立一种品牌化的文化系统，以此提升消费者对产品的美誉度和忠诚度。

在推动产业文化化的过程中，需要持续地对科技特别是信息技术和电子产品的文化融合、如何提升其中的艺术表现力进行系统化的研究。并且，让各类科技相关的产业从业人员对文化创意领域进行深入学习，或者接受文化产业领域的相关研究成果，对产业文化化的进展将起到十分重要的作用，因为这种融合已经成为一种基本趋势。无论是在电信领域还是电子产品领域，软硬件的审美化设计、互联网消费文化和文化内容的下载服务等的结合,已经成为一种价值实现和文化消费的新潮流。苹果公司在21世纪以来的创新性做法就是一个很典型的例子。乔布斯领导下的苹果公司之所以能够开发出一系列了不起的"i系列"产品,与他对艺术的敏感性和文化产业经营经验密不可分。更具体地说,苹果公司的电子产品既是文化内容下载的平台,也是一种艺术化的时尚电子产品,后者和乔布斯担任皮克斯公司的老板之间存在密切的关系。当然,乔布斯对技术与艺术的融合进行了深入的研究。他曾经说:"当我去皮克斯工作时,我开始意识到这个巨大的分歧。科技公司的人不懂创意,他们也不欣赏依赖直觉的思维方式,比如唱片公司的A&R部门听了100个人演唱之后就能感觉到哪5个人会成功。他们之所以认为创意人员只是整天窝在沙发里、自由散漫,是因为他们从来没见过在皮克斯这样的地方,创意人员是多么富有紧迫感和专业素养。另一方面,音乐公司也对技术完全没概念。他们认为他们总能从外面雇到一些技术人员。但是,这就像苹果公司去找人制作音乐一样。我们只能得到二流的A&R人员。就像音乐公司只能找到二流技术人员一样。我属于少数人,既懂得发明技术需要直觉和创造力,也知道制作艺术作品需要接受真正的专业训练。"[1]所以,苹果公司可以通过研究文化、艺术和信息技术、电子产品之间的关联,尤其是结合消费者对时尚性科技产品的需求,大大提升制造业产品的价值实现水平,甚至实现从制造产品向服务平台的转型。在这种新的环境下,科技界的人士应当更加深入地研究文化和文化产业,研究产品与生活方式的关联,研究人们消费的新趋势、新特点。

再如文化地产领域。其实,文化地产涉及的文化内容很多,包括环境的选择、社区的营造、室内的装修、建筑的样态等。随着房地产市场竞争的白热化和日趋艰难,过去单纯地靠广告、促销等手段推项目的日子已渐行渐远。许多有前瞻眼光的地产商已经从市场中认识到文化内涵、品牌、信誉、客户关系等是决定项目成功与否的关键因素。当房地产产品竞争、价格竞争达到一定程度之后,文化提升战略愈发被地产商所重视,即开发企业表现出深层次文化内容竞争战略需求。文化地产项目本身的内在品质已成为一种必然的素质,而性价比已不再

---

[1] 参见王静:《苹果之父》,青岛出版社2011年版,第137页。

是竞争中最重要的优势。因此,欲获得真正成功和持续成长的企业要更多地关心项目本身所秉持的价值,关注它们服务的消费者所重视的体验,借助文化的力量创造附加价值,并广泛地让顾客、住户和城市共同享用。

(二)用企业文化建设推动产业文化化

重视行业文化和企业文化建设,是推动"产业文化化"进程的基本支撑。任何行业及其机构的文化都涉及多种类别形态的文化、艺术表现及其之间的相互渗透。例如,企业文化是一种生态化的文化系统,它可以是在某个从业人员身上体现出来的组织整体的文化元素,也可以是价值观这样抽象的内容,或者是诸如质量文化意识等具体的要素,甚至还可以涉及对某种行业未来具有引导性的理念和方法等。通过企业文化来保障"行业美德"的落实,才能在诸如餐饮等领域体现卫生和安全文化,在诸如煤电煤化工等产业领域实现环保。当然,企业文化建设是多样性文化的集成,企业文化建设不仅可以为企业的战略发展提供价值观支持和凝聚力支撑,而且可以通过专业化、质量文化、职业道德、企业形象设计等不同的文化领域的完善,促进对行业文化系统化提升和对企业自身发展的文化提升。

既然要以文化、艺术和创意设计等角度来促进和提升产业,那么,产业文化化进程中的"文化意识"必须具有独立的地位,必须与"人本"理念相一致。换句话说,不能仅仅将文化、艺术作为商业价值和物质消费的附庸,不能仅仅将"文化化"作为一种简单的工具性考虑,而是要把它作为体验价值的来源和建立消费者满意度的来源,更要把它作为精神消费的源泉。或者说,要把文化化作为体现和提升产品和服务的物质消费和精神消费的双重价值的来源。由此,要求各个产业的从业人员和企业经营者很好地解决工程师文化和人文价值融合的问题。例如,日本的索尼公司曾经在工程师文化方面达到很高的水准,但是它在融合人文价值、审美价值方面却遇到了传统思维的挑战,结果在近20年中先后落后于三星和苹果,没有能够持续地创造消费文化的新热点,或者引领科技与艺术融合的消费潮流。因此,无论是文化产业领域还是其他产业领域,都离不开对人本文化的关切和具体文化管理的把握。总之,只有热爱文化艺术,切实从重视消费者对产品与服务的美誉度等角度着手,才能真正促进产业的文化化。

第二编　文化产业项目策划

从大的方面看,文化产业项目运作可分为项目策划(包括项目发起、策划、规划、论证等环节)和项目管理(包括项目执行、实施和收尾等环节)两个主要阶段,其中,项目策划是项目执行和实施的前提和基础。本部分是本书的核心或重点所在,主要详细分析讨论了文化产业项目策划的基本原理、方法和实践运用。其主要内容包括:文化产业项目策划的基本要素、基本原理和主要流程及方法,文化产业项目的可行性研究与评估,文化产业项目策划方案撰写,文化产品的开发及策划,以及文化产业园区策划等。

第 4 章
文化产业项目策划的要素和基本原理

文化产业项目策划是一般策划思想或方法在具体领域的运用或延伸,因而它既具有一般策划的基本要素,又同时具有自身的特点或特质。

一、策划与项目策划

策划的案例自古与之。中国古代历史上许多智者或谋士所谓"运筹帷幄之中、决胜千里之外"的故事尤为典型。比如《史记》记载的田忌赛马,在孙膑的精心策划下,田忌对马匹出场顺序进行重新组合,最后赢了齐王,这就主要得益于策划之功。而项目策划却是现代知识社会高度分工的产物,如现代的麦卡锡咨询公司4Ps、波特的五力模型等使策划更趋于理论化与系统化。

(一) 策划

1. 策划的一般概念

何谓策划?有一种观点认为,策划是一种准备过程,是对未来采取的行动做准备。如《哈佛企业管理》丛书的定义:"策划是一种程序,在本质上是一种运用脑力的理性行为。所有的策划基本上都是关于未来的事物,也就是说,策划是针对未来要发生的事情做当前的决策。换言之,策划是找出事物因果关系,衡量未来可采取之途径,作为目前决策之依据。亦即策划是预先决定做什么、何时做、如何做、谁来做。策划如同一座桥,它连接着我们目前之地与未来我们要经过之处。"①另一种观点认为,策划仅仅是一种构想或理性思维程序。如美国管理学家卡内基与梅隆大学西蒙教授认为,管理就是决策。而决策是通过策划之后作出的,因此可以把策划看成是管理手段或决策过程。

简而言之,策划就是一项立足现实、面向未来的运筹活动。具体来说,策划是根据现实的各种情况和信息,判断事物变化的趋势,识别现实的需求并创造潜在的需求,围绕某一活动的特定目标,全面构思、设计、选择合理可行的行动方式,从而形成周密而合理的决策方案和高效的工作方案。策划包括以下几个要件:

(1)在现实所提供的条件的基础上进行筹划

策划者要尽可能多地掌握各种现实情况,全面地了解形成客观实际的各种因素及信息,包括有利的与不利的因素,并分析研究收集到的材料,寻找到合理有效的创意和构想,再进行相应的筹划。

(2)按照特定程序运作的系统性工作

一般的策划活动都要经历以下几个步骤:策划前的调查和环境分析;确立或调整策划目标;拟定初步方案;方案评价与筛选;方案的调整与修正。策划的程序性保证把各方面的活动有机地组合起来,把各个子系统相互协调,形成一个合理的整体策划。

(3)比较与选择方案

围绕某一个目标,可以确定多个策划方案。策划者对多个策划方案可以权衡比较,扬长避短,选择最合理、最科学的一种。同时,策划也不是一成不变的,应在保持一定稳定性的同时,根据环境的变化,不断对策划进行调整和变化,以保持策划对现实的最佳适应状态。

2. 策划的基本特征

作为一项立足现实、面向未来的活动,策划是对活动所进行的事前性和全局

---

① 参见《哈佛企业管理》,转引自王甫:《电视节目策划》,中国传媒大学出版社2006年版,第3页。

第4章 文化产业项目策划的要素和基本原理

性的筹划与打算。因此,策划有如下几方面的特征:

(1) 行为的事前性

策划是创造性的活动。策划是对"未来之物"的设计和筹划,它或者是"无中生有"的,或者是"有中生优"的。这就要求策划者要永远面向未来,能够明确指出明天的方向。要做到这一点,就需要像乔布斯所言:"不要让他人的观点掩盖你内心的声音。最重要的是,要有勇气追随自己的内心和直觉。"①

策划是具有前瞻性的理性行为。策划是建立在对事物发展趋势或潜在可能性进行深入思考和分析基础上,进行逻辑推理甚至沙盘推演的活动。一个头脑清醒的策划者,需要深入调查,掌握客观的数据,严格分析论证,并严格依据事实进行策划。策划者要真诚、务实、缜密思考,否则就会出现失败或者悲剧性结果。例如,商界传奇人物史玉柱,前期因巨人大厦的不太现实的策划而导致自己成为中国"首穷",个人负债达2亿元。再如,1999年央视黄金段广告招标,"秦池"不合实际地投入人民币3.2亿,虽夺得中央电视台广告"标王",但缺乏对于自身发展的前瞻性分析,第二年秦池公司出现负效应,导致企业经营陷入困境。

(2) 行为的全局性

策划是一个过程。从时间维度上看,策划要注意处理眼前利益与长远利益之间的平衡,为保证长远利益有时需要牺牲眼前利益,策划要重视对长远利益的合理定位和执着追求。

策划是对"未来之物"的系统安排。从空间维度上看,策划要注意处理总体目标与具体目标的矛盾,总体目标始终都不能放弃,具体目标则可根据具体情况随时调整。对"未来之物"的系统安排,正所谓"胸有成竹"。策划方案以目标为指南,是实现目标的具体构架。例如,英特尔公司21世纪初在策划公司的发展战略时,果断决策核心业务的大转移,由原来生产电脑的储存条,转为生产电脑的核心处理器,目标一明确,就坚定地实施以生产CPU为核心业务。该公司的原总裁格罗夫说,英特尔不像其他公司什么都生产,它努力的方向是不断地使自己的CPU实行自我淘汰,尽管该公司现行的CPU在同业中仍是最先进的。

---

① 参见王静:《苹果之父》,青岛出版社2011年版,第128页。

(3) 合目的性与规律性的统一

策划具有明确的目的性。策划是指向一定目标的,任何策划活动都是为了实现特定的目标。策划工作一定要通过创意和构想,按照既定目标和方针,努力把各项工作从无序化为有序。但人类活动形式的丰富性决定了活动的目标是一个复杂的系统,所以在选择目标、制定目标和为实现目标而采取行动的时候,就常常遇到复杂问题。策划需要根据具体情况作具体的分类和考虑,如策划活动有总目标、具体目标,有近期目标、中期目标、远期目标等。在产业领域,经济目标的实现或经济效益的获得显得十分重要,通过策划以获取经济利益,可称为"谋利"活动,谋利是产业领域各种策划的主线。

策划通过合理性实现符合基本规律。策划一定要从活动主体的现实条件出发,根据主体所拥有的人力、实物、财力、信息、知识资源等,做出符合实际的可行方案。它必须符合自然规律和社会规律,符合历史发展潮流,符合社情民意,符合人民大众的利益,正所谓"见天光、接地气、得人心"。

策划所追求的是合目的性与规律性达到统一。人们所制定的目标、所制定的计划和规划必须能够符合发展趋势和规律才能获得实现,只有这样策划才算达到目的,所以,进行策划的一个十分重要的原则就是使自己的策划方案能顺应趋势、符合规律,做到既有前瞻性又有现实可操作性。

3. 策划与规划辨析

在实践过程中,策划与规划二者具有密切的关联,甚至在某些情境下可以相互通用。但从学理分析,同具有"计划"之共性的策划与规划,还是有一些细微的层次差别。策划是在动手做一件事情之前的方案和计划。策划近似于英文"strategy planning",具有"strategy"加"plan"相结合的含义,而规划则是英文的"plan"。策划更多地表现为战略决策,包括分析情况、发现问题、确定目标、设计和优化方案,最后形成具体工作计划等一整套环节。规划很大程度上只是策划的最终结果,比较多地表现为在目标、条件、战略和任务等都已明确的情况下,为即将进行的活动提供一种可具体操作的指导性方案。具体区别比较如表 4-1 所示。

表 4-1　策划和规划的比较①

策划(strategy planning)	规划(plan)
全局性、整体性战略决策	具体、可操作性的指导方案
掌握原则与方向	处理程序与细节
强调具有创新与创意	主要是常规的工作流程
侧重 Why to do(为什么做)和 What to do(做什么)	侧重 What to do(做什么)和 How to do(怎样做)
前瞻性	现实可行性
灵活多变	按部就班
挑战性大	挑战性小
长期专业训练的人员	短期培训的人员

(二) 项目策划

1. 项目策划的概念及意义

项目策划是项目运作的核心和关键,也是文化产业项目乃至整个文化产业健康、快速发展的重要因素。项目策划在整个项目运作流程中处于指导地位,涉及活动的各个方面。

何为项目策划?简言之,项目策划是通过创新、创意,实现项目目标和促进项目增值的动态过程。具体来说,项目策划是策划者针对项目决策目标进行分析和论证,通过周密的市场调查和系统的分析,在充分占有信息的基础上,利用已经掌握的知识、信息和技术手段,借助系统方法和创造性思维,合理而有效地布局项目活动的内容和进程,创意、设计并制定计划与行动方案的过程。从根本上讲,项目策划产出的不是物质产品,而是一种知识成果。

项目策划的意义主要体现以下几个方面:

使项目目标明确。项目策划方案是按照目标制定的,它运用科学的方法,集中了丰富的经验,在事先将各项活动做了筹划,可以有效避免项目活动的盲目性或随意性。

使项目的经济效益显著。通过项目策划,充分挖掘产业资源,优化资源配

---

① 参见邱菀华等编著:《现代文化产业项目管理》,机械工业出版社 2004 年版,第 153 页。

置,最大限度地扩展或提升项目的附加价值。

使项目及企业的竞争力增强。通过项目策划,自觉地构建和积累人力资源、知识产权、品牌、信息、人脉等无形资产,形成或增强项目乃至企业的核心竞争力,提高整个项目以及行业的服务水平。

2. 项目策划的形式与要件

项目策划需要编制切实可行的项目实施方案,并以实施方案为核心的反复论证、反复调整、不断优化。从项目自身的复杂程度来看,项目策划一般有两种形式:一种是单独性的,即为一个单一性的项目进行策划;另一种是系统性的,即规模较大的、一连串的、为达到同一个目标所作的各种不同的项目组合而进行的策划。不管是哪种形式,项目策划都需要进行全面综合的调查研究、项目构思、项目创意、计划编制、技术经济分析与评价工作。因此,项目策划的要件包括:

立足于市场和环境分析。

目的在于编制切实可行的项目实施方案。

以"未来之物"设计为核心的反复论证、反复调整、不断优化的过程。

项目策划的关键在于市场定位与亮点卖点设计。

项目的生命力是创意和创新,项目能否成功取决于创意者的创意水平和创新能力。

对以上要件,我们将在随后的文化产业项目策划过程中逐步展开分析。

3. 文化产业项目策划的概念与类型

文化产业项目策划拥有以上分析的项目策划之共性,又有某些特殊之处。具体说来,文化产业项目策划是以内容创意为核心,把一种点子或一种文化资源提炼为一组创意,设计成一个文化产品,或者整合为一个产品系列或者产业链,有时甚至集合为一个产业集群的过程。

文化产业项目策划随着利益相关方的增多和项目策划涉及领域的增多,策划需要众多学科知识的相互渗透和交叉,这些都使项目策划绝非一个人所能完成,而成为需要各种各样专家和人才参与的集体智慧活动。

根据项目的不同形态,文化产业项目策划的种类也具有多样性,具体可分为影视产业项目策划、动漫游戏等网络文化产业项目策划、图书出版发行项目策划、演艺项目策划、体育赛事项目策划、文化会展项目策划、节庆活动项目策划、

第4章 文化产业项目策划的要素和基本原理

文化产业园区策划、文化旅游项目策划、创意农业项目策划以及某一文化产品开发项目策划等。在后面分析中,我们将对某些类型通过举例适时展开讨论。

二、文化产业项目策划的基础性要素

虽然每种类型项目的策划各有其不同的特色,但是就策划自身性质来说,它们都有共性的东西,具有某些基础性要素。总体而言,文化产业项目策划要把握如下逆推的三个维度:致力于实现价值放大,特别是促进整体价值最大化;努力创造项目的竞争优势,重点在于形成差异化竞争;立足于自身条件、资源和环境的分析。由此,文化产业项目策划的基础性要素可以简要概括为:创造优势和价值扩展是目标,资源评价和环境分析是基础,文化创意是灵魂,科学技术是支撑,商业模式是关键,保障措施是根本。

(一)创造优势和价值扩展是目标

成功的文化产业项目策划,应该能够创造某种竞争优势,形成项目最大的产业价值。如果从一个文化企业的层面来说,其产业价值体现为多个方面,包括企业品牌的提升、无形资产的积累、资金的回流、更大的利润率等各种标准。但是,产业价值最大化需要通过创造内在的体验价值才能得以实现。

项目的产业价值需要通过充分满足顾客的体验价值获得其依据或根基。即是说,文化产业项目策划是研究市场的结果,应该充分考虑满足顾客的审美、逃离、娱乐、教育、超越等体验价值,在此基础上实现项目经济效益的最大化。顾客体验价值代表着项目亟待开发的市场空间,代表着创造和满足新需求的方向,代表着高利润增长的机会。真正的项目策划创造的价值,不应是一个零和博弈的游戏。项目策划者第一位的应该去寻找那些愿意并且能够付出高价的顾客,在整个的策划过程当中,并不是向所有的顾客都去获取高的溢价,而是要向愿意为你的产品和服务,去支出而且能够支出这种高价的顾客。

创造优势和扩展价值需要思考市场定位与卖点设计。对于一个产业项目来说,它必须有足够的市场,如何来探索这个市场,"安索夫矩阵"可以帮助我们进行思考。在整个项目运作过程当中,策划者面向的市场无非是两个方向:一个是产品的维度，一个是市场的维度。产品可以分成现有产品和新产品，而市场也可以分成现有的市场和新市场，这样就会有四个矩阵。① 所谓的差异化，就是要避免在现有产品和现有市场所组成的同质化的区域里竞争。如果要获得竞争优势，就得努力地去摆脱这种同质化的竞争。一个要生存下去的企业，就要寻找一个新的区域，就是能否用一个新项目或产品去供应现有的市场去形成项目的竞争力，或者说用现有的产品去满足一个新的市场，去拓展一个新的市场。也就是说，要形成项目的竞争优势，就要在策划项目的过程当中，能否能够摆脱这种同质化的竞争，能否用新的产品去面对现在的市场，或者拿现在的产品去捕捉一个新市场，或者干脆创造一个新产品去满足一个新市场，用一种新产品去满足一种新需求。

确立文化产业项目竞争优势的基本方向就是差异化。什么样的项目最有竞争力？其实，垄断最具有竞争力，所以也是每一个项目经营者梦寐以求的事情。文化产业是一个竞争化的市场，但在这里面，可以有一些虚拟的垄断，其实就是通过创意和创新的方式实现暂时的垄断。其一就是开发一种在文化创意和表现手段上都领先的、独一无二的新产品，如《阿凡达》《愤怒的小鸟》和骑马舞。其二是时间垄断，即是说，当差异化到了一定的程度，在某一定的时期，只有一家提供这样的文化产品，只有针对某一种没有被满足的需求，去服务于它。相对于这种需求来说，在这个时间段来说，这个产品是一个垄断的供应，就能获得更高的利润，就能够获得更强的竞争优势。其三是空间上的局部垄断，即在某一个地区或某一个大城市，只有这一种文化产品或服务。所以，在项目策划的时候，在思考如何确立项目竞争优势的时候，要思考能不能开发一种独一无二的新产品、有没有可能和有没有机会形成时间垄断和区域垄断，这样就会给项目带来某种竞争优势。

形成竞争优势的目的是实现项目的持续增值以及企业价值的提升。项目应以市场为导向，适应市场的变化，满足客户的需求，根据客户的需求提供相应的其他延伸服务，通过整合实现项目的持续增值。一般常规看法认为，一家企业要么以较高成本为顾客创造更高的价值，要么用较低的成本创造还算不错的价值。

---

① 参见〔美〕H. Igor Ansoff：《新公司战略》，曹德骏等译，西南财经大学出版社2009年版。

这样,战略也就被看作在"差异化"和"低成本"之间作出选择。但是,志在开创项目的长久发展的策划者则会同时追求"差异化"和"低成本"。例如,双管齐下地追求差异化和低成本就是太阳马戏团所创造的娱乐体验的核心所在。一般惯常的逻辑是:为一个给定的问题找到更好的解决办法以求超过竞争对手,反映在马戏上就是努力使马戏更有趣、更刺激。而太阳马戏团则同时为人们献上马戏表演的趣味和刺激以及戏剧表演的深奥精妙和丰富的艺术内涵。① 因此,太阳马戏团是把问题本身重新定义了。通过打破戏剧和马戏的市场界限,太阳马戏团不仅对马戏的顾客有了新的了解,也更加了解马戏的"非顾客",也就是那些光顾剧场欣赏戏剧的成年人。

(二) 资源评价和环境分析是基础

要获得项目的竞争优势、实现项目的持续增值,项目策划必须立足于自身现状以及所处环境。首先,文化资源分析和评价是文化产业项目设计的前提和基础。文化资源包括新创意的资源和历史文化资源,文化产业项目作为文化资源的载体,应该考虑这两类文化资源的要素。但是,在实践中,文化资源特别是历史文化资源经常被误解、误读、乱用、滥用;所谓保护、继承、挖掘传统文化资源的做法也就变成了思古、仿古、考古、复古。其实,文化资源评价是通过"创意+转化"对文化资源进行产业价值评价,主要包括对文化资源的体验价值的评价、对历史文化资源的创造性转化开发的评价等。对文化资源的体验价值的了解是进行文化产业项目设计的第一步。文化产业项目设计必须从文化资源的本体出发,根据不同的资源进行文化产业项目设计。对于那些高品质历史文化资源,文化产业项目的设计主要是如何突出资源的特色,通过各种途径增加其吸引力。另外,现有历史文化资源开发条件是文化产业项目设计要考虑的重要因素,它关系到所设计的文化产业项目是否能够顺利实施问题。为此项目策划时必须考虑这一因素。当然,在项目策划过程中,也可以根据文化产业项目的需要对文化资源进行各有侧重点的研究评价。这种有针对性的研究更有利于在项目的设计过程中,抓住文化资源的特色和要害,设计出独一无二的文化产业项目。

---

① 〔韩〕金、〔美〕莫博涅:《蓝海战略》,吉宓译,商务印书馆2005年版,第22页。

其次，文化产业项目策划必须立足于自身条件和所处环境。任何一个项目，在策划之前所面临的限制条件。项目策划并不是一种可以随意发挥的工作，它要在一定限制条件下进行创造，因此，项目策划是站在自身现有条件的桌面上跳舞。在策划任何一个项目的时候，策划者的创造力、想象力以及所能做的事情，现实给我们的真正舞台并不广阔，并不是有一个可以随意去进行挥洒的空间。尽管有些项目完全是在已有的产业边界以外创建的，但大多数项目则是通过在现有内部扩展已有产业边界而开拓出来的。

就现实而言，项目的自身条件是不可改变的。但是项目的自身条件到底是对项目有利还是不利，是优点还是缺点，是好的还是坏的，却是相对的、动态的、需要谋划的。这是在思考项目自身条件维度中一个非常重要的方法。一般每一个项目策划者都做过SWOT表，每一个企业家都看到过别人提交给的SWOT分析表。SWOT是对项目自身的条件进行优势、劣势、机会和威胁的分析。关键问题在于，大部分策划者在做项目策划的时候，可能只做一张SWOT表，这是不合理的。因为这样没有意识到项目的自身条件是一个变化的过程。其实，这种SWOT的分析是一个动态的过程，在不同的情况下，它的数据在改变。在项目策划的过程当中，必须善于运用动态SWOT原理，就是说，在什么样的情况下，在什么样的定位下，整个的SWOT结构，会有一个更好的表现，即自己的优点能够继续保持，而自己的缺点能够减少，受到的威胁能够减少，甚至有些缺点能够变成优点。整个的策划过程，要动态地看SWOT表，并且需要做多张表。当然，项目一定有很多特定的不可改变的条件，也有一些不可改变的优点和缺点，如果把缺点说成优点，就是在欺骗客户，或者夸大优点或者扭曲缺点，把缺点说成了优点，这不是我们提倡的策划之道。

（三）文化创意是灵魂

文化产业项目的生命力是创意及其内容。需要对项目进行文化内涵挖掘和情境设计，即以可感知、可触摸为原则，通过听觉、视觉、味觉、感觉、触觉进行立体化的体验设计，才能赋予项目某种灵魂。

为顾客创造体验价值作为一种价值创新，是文化产业项目策划的基石。在这种价值创新逻辑的指导下，策划不是把精力放在打败竞争对手上，而是放在全力为买方和企业自身体验价值飞跃上。价值创新是在降低成本和提升买方价值的交会区域得以实现①。策划者通过剔除和减少产业竞争所比拼的元素节省了成本;通过增加和创造产业未曾提供的元素,提升了买方价值。价值创新就是要压低成本,同时提升买方所获得的价值。这就是如何为项目自身和顾客获得体验价值的飞跃的根本所在。由于买方价值是由企业向买方提供的效用和价格二者组成,而企业一方所获价值来源于价格和成本,价值创新只有在企业对有关效用、价格、成本的活动都能适当地协调一体的情况下才能实现②。

文化创意源于建立在充分发挥想象力基础上的创新思维能力,这种能力有各种各样的表现形式。如发散思维侧重思维的多向度,逆向思维侧重思维的反常规的方向,另类思维另辟蹊径等。创意在方法论上经常表现为"出奇制胜"。孙子讲:"凡战者,以正合,以奇胜。"③奇由正出,正奇结合,善于反常规而出奇招,以新奇而制胜。比如,《感动中国》把节目理念定位为"用感性的方式表达,以细节的魅力展示,积聚震撼人心的人格力量,用国人的心路历程来见证重大的新闻事件"。这一定位恰当地体现了现代社会的人心所需。项目策划贵在创造这种根植于人心的、独树一帜的"出奇制胜"。

再如,《印象·刘三姐》实景演出项目把桂林山水文化资源和民间传说"刘三姐"的故事进行巧妙的嫁接,让自然景观与人文资源交相辉映,成为桂林文化产业发展的典范。《印象·刘三姐》源自编剧梅帅元的一次突发奇想。他在跟圈内朋友的一次闲谈中,突然灵感顿生:要是在漓江山水之间做一场实景演出,内容跟秀美山水和"刘三姐"息息相关,而且让张艺谋做导演……那将会是一场多么独特的演出!梅帅元说干就干,很快便做出了项目可行性报告,并上报到自治区有关部门。广西壮族自治区文化厅第一时间内拨出20万元作为"种子资金"推动立项和可行性研究,并协调桂林市及阳朔县各部门,就项目选址、建设用地、土地征用、周边环保、协调农民等下达了近百个文件予以落实。《印象·刘三姐》以方圆两公里的漓江水域为舞台,以12座山峰和广袤天穹为背景,

---

① 〔韩〕金、〔美〕莫博涅:《蓝海战略》,吉宓译,商务印书馆2005年版,第21页。
② 同上书,第25页。
③ 参见《孙子兵法·势篇》。

将壮族歌仙刘三姐的山歌、广西少数民族风情、漓江渔火等多种元素创新组合，融入桂林山水之中，诠释了人和自然的和谐关系。

（四）科学技术是支撑

在现代社会，文化产业项目要靠科技创新与文化创新"双轮驱动"，因而突出科技支撑是文化产业项目策划不可或缺的一个重要方面。文化内容传播离不开科技，每一次科技革命都会引起文化生产方式的深刻变革、文化生产力的空前发展。技术，尤其与文化创意内容相匹配的数字技术、网络技术以及新媒体技术，是文化产业项目拥有竞争力的必要条件。

随着网络、信息科技快速发展，数字化成为时代的主流。当前数字化建设把文化和科技的融合，从一般的号召变成了实实在在的项目，从文化资源到文化生产再到文化传播、文化消费，文化资源数字化、产品生产数字化、传播数字化、文化消费数字化等无处不在。就连2010年上海世博会也进入全面数字化时代，借助互联网的兴起以及数字化技术的迅猛发展，世博会被成功地"复刻"到网络上，实现了世博历史上首创的"网上世博会"。网上世博会，是通过互联网技术、三维技术、多媒体技术，将世博会的展示内容以虚拟和现实相结合的方式呈现在互联网上，从而搭建一个能够进行网络体验和实时互动的世博会网络平台。可见，网络信息技术的发展下数字化时代已经是势不可挡的趋势，随着科学技术的快速发展，数字技术已渗透到人类生活的方方面面，人们运用计算机技术、网络技术、信息技术等将文化内容以数字化的方式展示和传递给观众。数字化、集成化、网络化、智能化，已成为文化产业项目运作的必然趋势。

科技与文化融合在使用户欣赏高清电视节目的同时，还可享受"视频点播、卡拉OK、互动游戏、在线缴费及挂号、信息服务"等多种增值服务。融"人文、科技、绿色"于一体的科技成果积极推广，并以此作为推动文化产业项目的新引擎。例如，舞台剧场用LED灯具关键技术研究及应用项目，使得大功率聚光灯成为世界首个应用于舞台面光的LED光源。利用现有高科技产业园区，培育一批文化科技企业，促进一批科技支持文化重大项目落地，如4G移动通信技术、下一代互联网、物联网、高性能计算、空间信息技术等新一代信息技术手段等，这些广覆盖、高带宽的通信技术在惠及民生的同时，将进一步推动网络文化形

第4章 文化产业项目策划的要素和基本原理

态的发展。

（五）合理的商业模式是关键

文化产业是一个典型的扩张型行业,尤其是在闲暇时间和可支配收入日益增多的当今社会。不过,文化产业是一个机遇与压力并存的行业,譬如电影有定期的票房报告,出版方面有畅销书排名,电视节目每周要进行收视率调查。另外,还有来自零售商和供应商的巨大压力。因此,有没有合理的商业模式,直接关系到文化产业项目的成败。

从广义上讲,商业模式包含核心竞争力、业务组合和可盈利的方法三个部分。也就是说,广义的商业模式涵盖了将企业自身的核心竞争力即内在性优势和外部性优势转化为盈利方法的要素,对商业模式的把握离不开对于核心竞争力的理解。从狭义角度看,商业模式是以交易结构为基础的可盈利方法,是一种关于消费者服务的交易活动。以什么产品(含服务)满足消费者的需求,以及如何满足消费者的需求,是商业模式的一个基本要素。作为一种可盈利的方法,商业模式的基本流程是如何获得资本(融资方案),用资本做什么(市场需求产品或服务),为谁做(市场定位),用什么做(材料、采购、物流),怎么做(生产方式),做完之后通过什么方式(渠道或手段)提供给需求者(目标消费群),并获得利润的整体解决方案。① 比如,《印象·刘三姐》作为中国第一个实景演出项目,它带来了创造性的示范效应,开创了文化旅游演出新的商业模式,拉动了当地的经济发展的同时也给当地的社会文化一个跨越式的提升。据有关人士测算,《印象·刘三姐》演出给阳朔带来了1∶5以上的拉动,即乘数效应为5。②《印象·刘三姐》实景演出项目,公演当年就拉动当地GDP增长2%。《印象·刘三姐》演出人员超过700人,其中三分之二是当地渔民等非专业演员,他们白天干自己的农活,晚上演出,形成了"双作双收"的良好局面。

在文化产业项目策划中,能否选择合理的商业模式或者商业模式组合直接决定项目将来经营的成败。因此,把握各种文化产业领域的商业模式,了解商业

---

① 李振勇:《商业模式》,新华出版社2006年版,第21页。
② 参见李永文等:《旅游经济学》,中国旅游出版社2007年版,第235页。

模式的基本特点和方法,是项目策划者所应对的基本事项。文化产业领域的商业模式多种多样,但其中主要的商业模式可以提炼为若干种最基本的形态。我们归纳和提炼的文化产业领域比较成熟的商业模式[①],各个行业的文化产业项目可以在实际的经营过程中,结合自身的特点加以借鉴和扩展。

(六)保障措施是根本

保障措施是如何整合各种资源、有效实施项目的根本保证。没有保障措施,所有的计划和策划只能是空谈、只能是空中楼阁。文化产业项目策划更突出政策保障、措施保障,通过对相应的保障措施的筹划,整合人、财、物、信息、媒体、关系等各种资源,保障项目运作的有效实施。除此之外,在文化产业项目策划中,项目保障措施还需要特别考虑和注意如下几个方面:

首先,项目策划与企业战略相匹配。项目策划需要以企业发展战略为指导,促进企业整体价值提升,不能孤立地为了项目而项目。项目策划须与实施主体的能力、资源与发展战略相适应,坚持有所弃有所取、有所为有所不为。项目策划要致力于实现企业整体价值提高,通过营销等手段,促进人力资源、品牌等无形资产的积累和提升。

其次,项目策划包含营销策划、融资策划。项目策划是对市场判断的结果,其目的是要以自身的特色,以差异性和独创性的产品来赢得顾客,满足顾客的需求。这需要通过有效的营销手段传达给顾客,也需要通过自身的优势来吸引开发或运营资本。

再次,项目策划与项目管理相衔接。项目策划是项目执行和实施的前提和基础。项目的思路决定走向,项目策划将为其后的项目管理提供创意基础、管理理念、营销体系、人力资源保障甚至项目团队文化建设提供基本的思想资源和智力支撑。

---

① 我们把文化产业商业模式归纳为六大组共60种类型,具体内容参见陈少峰、张立波:《文化产业商业模式》,北京大学出版社2011年版,第151—168页。

第4章 文化产业项目策划的要素和基本原理

三、文化产业项目策划的基本原理

总体而言,文化产业项目策划的基本原理可以概括为九个字:见天光、接地气、得人心。所谓"见天光",就是视野要打开、思路要开阔,能够跳出项目来谋划项目,以国际化视野、前瞻性眼光以及企业(或运作主体)的发展战略来谋划项目的发展定位;所谓"接地气",就是注重从自身资源和所处环境出发,立足于现有条件、着眼于未来进行创意和创新,使项目具有持续成长性;所谓"得人心",就是顺应大众的愿望,满足顾客的现实或潜在需求,最大限度地为大众创造体验价值。出于分析的需要,上述九个字可以进一步结构化为如下若干方面。

(一)反向思考,定位市场

一个项目是什么并非由策划者或经营者决定,而是由顾客决定;不是靠公司名称、地位或规章来定义,而是由顾客购买某种产品或服务获得满足的需要来定义。所以想要弄清楚一个文化产业项目是什么,第一步是问:"我们的顾客是谁?谁是我们真正的顾客?谁又是我们潜在的顾客?这些顾客在哪里?他们如何购买?如何才能接触到这些顾客?以及顾客购买的是什么?"[①]由此文化产业项目策划需要解决定位问题,思考顾客是谁,项目的优势和亮点是什么,如何通过文化资源"创意"或"转化"吸引顾客,如何实现项目策划与执行之间的衔接等。

例如,策划一个文化地产项目过程中,假如在其中建一些类似三星级的酒店,还有没有前途?假如想进军某类创意酒店行业,如何思考这种项目的定位选择?现在有一种最快的办法,就是做像如家、锦江之星那样的经济快捷型的酒店,用连锁的方式快速扩张。用连锁的方式经营,就是要获取别人的投资,才有足够的资金快速发展,然后再拿去上市,再去融资,形成一种快速扩张的连锁经营模式。为什么经济快捷型的酒店可以这样做?因为经济型的酒店的规模比较小,只要有现成的房子一改造就可以了。如果要做五星级,那绝对是不可能的,

---

[①] 〔美〕彼得·德鲁克:《管理的实践》,齐若兰译,机械工业出版社2006年版,第43页。

单是征地就要很长一段时间，再加上论证过程和建筑活动持续时间，这样建一个五星级酒店的时间，就可以开上百家的经济快捷型酒店，所以有的经济快捷型酒店三年就上市了。也就是说，好多人能够抓住这个商机，然后快速地扩张和做大，这就叫好的项目定位。无疑，创意酒店项目也应思考和借鉴经济快捷型酒店的做法，然后找到自己的差异化定位。

顾客导向的定位首先弄清楚顾客是谁，这就需要对顾客进行细分。其实，顾客是一个复合概念，它包括发起者、决策者、购买者、消费者或使用者等多种角色。"绿色狗食"的例子就是一个重要启示。现在养宠物的人不计其数，宠物食品公司、宠物医院日渐繁盛。宠物的钱比人的钱好挣得多，经营与宠物相关产业的公司在改善自己产品上也是不遗余力。现在人们普遍提倡环保或者绿色食品，一家狗食公司就把这一理念运用到了狗食上，开发了一款绿色狗食。这款狗食开发出来以后，第一个月卖得非常好，几乎抢购一空。但第二个月开始，销售额就出现下滑，到第三个月就直线下降，投放到市场的产品几乎全部被打了回来。狗食公司的老板很纳闷，就请一个咨询公司做市场调研找原因。这个咨询公司在全国市场跑了一圈，整整花了两个月。之后给狗食公司提交了一份报告，上面只有四个字："狗不爱吃"。这里就出现了一个问题，狗食的顾客到底是谁呢？有的人说是狗，有的人说是狗的主人。二者都有道理，但都不够全面。其实，顾客至少由两个概念即购买者和消费者组成。人们一般说的顾客应该既能购买，又能消费。只能消费不能购买的，不是顾客；只能购买，不消费的，一般也不是顾客。所以在这个案例中谁是顾客？主人跟狗加起来才是完整的顾客，其中狗是真实的顾客，主人是代理顾客。狗食公司的老板的问题出在什么地方？就是他只打狗主人的主意，只想到狗主人会不会买狗食，却没有想狗是不是喜欢吃。所以虽然绿色狗食的理念很吸引人，狗的主人喜欢，可是狗的主人把东西买回去，狗一闻，这个东西虽然健康，但是它不喜欢吃，最后就积压在那里。在文化产品开发项目中也有一个和绿色狗食类似的情况，从中我们可以知道如婴幼儿娱乐产品开发项目、中小学教育培训项目的顾客多端性。一些动漫产品是针对儿童特别是低幼儿的，当动漫公司建立专卖店时就需要考虑让儿童的父母也喜欢这个品牌。所以经营专卖店的条件也和上面一样，它的顾客既需要有购买力，也需要喜欢这个品牌。低幼儿自身没有购买力，如果没法让家长喜欢的话，就不应该搞连锁。中国很多动漫品牌连锁都失败了,就是因为他们的动漫没有让家长也喜欢(至少放心)。

文化产业项目的顾客导向的定位,需要考虑进一步实现由以功能为导向到以情感为导向再到以体验为导向的过渡。由专注于产业既定功能导向下性价比的改善,转向重设产业的情感导向,再由专注于产业边界内将产品或服务的体验价值最大化,转向跨越互补性产品和服务看市场,由专注于适应外部发生的潮流,转向超越现在参与塑造未来发展潮流。这其实是一个围绕市场需求逐步明晰项目定位的过程。

顾客导向需要有一个反向思考的方法。最简单的反向思考就是善于问"假如我是消费者,我会如何如何"。现在好多人对某种项目的产品的优势和亮点讲得头头是道,就是不问一句:"假如我是消费者,我是否愿意购买和消费自己的产品?"比如,某一个城市策划国际小姐大赛项目,花几千万请国际小姐们来,策划这种活动有没有经济效益?因为没有消费者,去那个地方单单看一下国际小姐走个台步,花几千块钱,一般消费者不会采取这种行动。要是追问一句:"假如我是消费者,我买不买自己的产品?"很快就会得出不一样的结论。

反向思考还要做到超越现有需求和现有顾客群。文化产业项目策划需要挑战两种常规战略做法:一种是只关注现有顾客;另一种是过分追求市场细分,满足顾客间的细微差别。[1] 为使项目实现规模最大化,有时策划者需要反其道而行之:不应只把视线集中在顾客身上,还需要关注"非顾客";不应着眼于顾客的差别,而应基于顾客强烈关注的共同点来建立自己项目的业务结构。这使项目将来的发展能够超越现有需求,开启以往并不存在的新的大众顾客群。

有三个层次的"非顾客"可以转换为顾客。根据他们与现有市场的相对距离不同,可以依次分为现有市场的顾客、准非顾客、拒绝型非顾客、未探知型非顾客。[2] 第一层次的准非顾客离现有市场最近,他们就徘徊在市场的边界上。他们是出于必需而最低限度地购买产品和服务的买方,但从思想上来说却是产业的非顾客,只要一有机会,他们准备随时跳上另一只船,离开这个产业。然而,如

---

[1] 〔韩〕金、〔美〕莫博涅:《蓝海战略》,吉宓译,商务印书馆2005年版,第115页。
[2] 同上书,第116页。

果项目能提供价值的飞跃,他们不仅会留下来,而且还会更频繁地购买,从而使巨大的潜在需求得以开启。第二层次的非顾客是那些拒绝现有产业所提供的产品和服务的人。这种类型的买方明白现有市场所提供的产品和服务可以作为满足他们需求的选择之一,却拒绝使用它们。第三层次的非顾客距离现有市场最远。这些人从未把项目所在产业的产品和服务考虑在选择的范围内。通过着眼于这些非顾客和现有顾客的关键共同点,文化产业项目策划者就能悟出如何把他们纳入项目所要开辟或占领的新的市场。

(二) 创意为核,寻求差异

前面我们分析到,文化创意是文化产业项目策划的灵魂。项目策划能否有新的突破,有效的文化创意是其成败的关键。也就是说,只有通过创意吸引人们的兴趣,吸引人们参与其中,从而使项目产品力挫群雄,实现其自身的价值。通过价值创新,企业可以避免常规"差异化"战略下的高成本、高投入与高定价,从而实现买方与企业的双赢。企业需要做的,不是比照现有的产业最佳实践,而是改变产业格局,重新设定游戏规则;不是瞄准现有市场中的"高端"或"低端"的顾客,而是面向代表着潜在需求的买方大众;不是一味地通过细分市场满足顾客的偏好,而是通过合并细分市场来整合需求。

这就要求项目策划应以创意为核心,实现由顾客需求到创意、思路、运作方案一系列的贯通。创意不仅造就了项目的差异化,而且也为项目提供了一套连续性的运作思路,最终创造可持续的附加价值。即是说,有效创意的本质就是在功能价值之外提供更高的由文化内涵衍生出来的附加价值,从而大大提升项目的整体价值。

创意为核主要是为了实现项目的差异化或独特性。而差异化或独特性最重要的是寻找和设计文化产品创作和生产经营过程中的不可替代性元素。比如,一些电视频道开始通过专业化生产的方式,认真策划、精心制作具有本地域或本土化特征的电视节目(栏目),通过这些节目(栏目)逐渐形成自身的竞争优势。湖南卫视出台"三个锁定",即"锁定全国""锁定年轻""锁定娱乐";安徽卫视则凸显以电视剧为主的节目战略,倾力打造"剧星会";江苏卫视紧扣"情感"栏目做足文章;广州电视台、杭州电视台以方言类节目聚集人气,等等。总之,以"大众化＋本土化"的品牌栏目构成频道特色,将会是未来地方电视产业生存和发展的核心竞争力。

文化产业项目的差异化,我们需要重点关注三个维度:其一是看项目模式是否有创新之处,是否能满足大众的新鲜感;其二是看它的顾客体验如何,它的顾客愿不愿意再介绍给他的朋友,这是对口碑最直接的判断;其三最重要的是品牌,一个项目能否形成品牌影响力,就代表它的生命力能否持续延续下去。对此,"香格里拉"这一符号的经营和运作就是很好的例子(图4-1)。

图4-1　美丽的香格里拉

"香格里拉"一词,最初是1933年美国小说家詹姆斯·希尔顿在小说《消失的地平线》(Lost Horizon)中所描绘的一块理想的圣土,这部作品的伟大之处在于,为西方的价值观念植入了人间乐土的意境。由于人们普遍对这种理想境界的憧憬和向往,后来好莱坞某家电影公司便买下了《消失的地平线》的版权并将其搬上银幕,"香格里拉"一词更广为人知,电影主题歌《这美丽的香格里拉》很快唱遍了全球。由此,"香格里拉"成了一种永恒、和平、宁静的象征,成了人们不断追求寻觅的理想境地。在寻觅的过程中,人们发现云南迪庆藏族自治州中甸县惟妙惟肖地展示着詹姆斯·希尔顿书中描写的一切,更加巧合的是,"香格里拉"一词是迪庆中甸的藏语,为"心中的日月"之意,它是藏民心目中的理想生活环境和至高至上的境界。迪庆高原由此成为人们寻找了半个世纪的现实版的"香格里拉":雪山环绕之间,分布有许多大大小小的草甸和坝子,土地肥沃,牛马成群;在这片宁静的土地上,有静谧的湖水、神圣的寺院、淳朴的康巴人,一切都如人们梦想中的伊甸园。借此,这里很快发展成为著名的旅游目的地。后来,

"香格里拉"一词又被马来西亚嘉里集团郭鹤年买断,成为酒店的商号,进而成为风靡世界的、世界酒店品牌的至高象征之一。创意、寻觅和经营"香格里拉"的过程,虽然不是以同一个项目的方式来完成的,但它确实可以给文化产业项目的策划者及运营者对如何发掘和利用创意资源、如何最大限度地挖掘优秀创意资源所产生的符号价值等有诸多启示。

以创意为核,形成项目的差异性或独特性,对策划者的素质提出了很高的要求。首先,策划者具有深厚的人文底蕴和广博的学识,如文学艺术、天文、地理、历史、伦理学、心理学、管理学、营销学等知识素养,从而形成策划者的文化积累和沉淀,能够在这种厚积薄发之中进行创意。其次,策划者要有丰富的想象力和创造性思维能力。创意的关键在于丰富的想象力,能否打破固有的思维模式,能否摆脱单一的思维模式,跨入立体的思维空间,走向广阔的未来领域,这是策划者是否具有创意能力的试金石。再次,逐步把握一些文化产业项目创意的具体路径,以此实现创意的系统化和集成化。

(三)把握趋势,面向未来

时间具有一维性,是永远朝向未来流淌的。项目策划是对于"未来之物"的筹划与设计,必然要基于对未来的预测和理解。这就要求策划者具有战略性思维,善于对事物的发展趋势进行分析和前瞻性预测,从而"顺势而为"做出合乎逻辑的谋划。

文化产业项目策划必须具有前瞻性,也就是要包含战略性要素。为什么要包含战略性要素?因为所有项目策划和可行性研究都是面向未来的,没有一个面向现在的,更没有一个是面向过去的。如果没有前瞻性,没有对趋势分析,那么这个项目就没有任何价值可言。比如,一个人用作策划的东西都是现在的,他可能比较前一年《纽约时报》还在赚钱,第二年亏损了两亿美金。这是否算是策划中可行性研究?可能也算是。因为随着数字新媒体的发展,报纸的亏损是理所当然,根本就不在经营者的掌控当中;只有少数的报纸不会亏损,多数的报纸一定亏损,亏损是正常的,多数的报纸是会被淘汰的。但是,由于没有对报纸未来发展趋势进行分析,就不可能作为谋划其未来发展提供有价值的信息。所以,我们所说的战略性要素就应当包括前瞻性的分析、商业模式、发展模式、竞争模式、项目的重点等(我们在后面将逐步展开分析)。其中,特别是要重视趋势分析,因为策划项目如果违背了行业发展的趋势,就是逆潮流而动,一定不可行。所以一定要善于判断行业发展的趋势,形成一种前瞻性思维能力。其具体方法可以去持续追踪几种趋势,然后自己先去预测,再去检验,经过一个循环反复的过程,就会促使前瞻性思维能力的提升。

项目持续运作也要追求商业模式的创新。例如,凭借"偷菜""开心农场""抢车位"等在线小游戏红极一时的"开心网",在以微博为代表的新型社交平台的崛起竞争之下,一蹶不振,就告诉我们文化产业项目运作中把握产业趋势的变动是何等重要!

(四)以无摄有,整合资源

资源永远是稀缺的,如何实现资源合理配置始终是项目策划及管理的重要课题。从客观上说,绝大多数企业或组织所拥有的资源都十分有限;从动态角度看,资源的有限性与人的欲望无限膨胀之间的矛盾永远不能克服。因此,策划文化产业项目,关键不在于占有多少资源,而在于如何有效地整合资源,如何通过项目把人、财、物、土地、信息、关系等在特定的时间和空间进行合理配置,使人尽其才、物尽其用、货畅其流、各得其所。

文化产业项目策划的成功与否关键在于,如何通过创意、知识产权、品牌等对各种资源进行有效整合,即以无摄有。整合是把一些零散的东西通过某种方式而彼此衔接,从而实现项目系统的资源共享和协同,其精髓在于将通过无形的创意、知识产权、品牌等将零散的要素组合在一起,并最终形成一个有价值、有效率的整体。策划中可以具体考虑如下一些思路:

其一,明确性质整合资源。从具体形式上来说,资源可以分为自然资源、历史人文资源、概念资源、品牌资源、人力资源、物力资源、资金资源、土地资源、信息资源、关系资源[①]等。从形态上来看,资源可以分为显性资源和隐形资源。物质类的资源属于显性资源,品牌、知识产权、人力资源、关系资源(与合作伙伴、

---

① 我们所谓的"关系资源"特指与项目的合作伙伴、媒体、银行、政府等良好沟通和协调的关系。后同。

媒体、银行、政府部门的关系)等属于隐性资源。策划者需要对项目所涉及的各类资源进行整理和分类,明确各类资源的性质以及对于实现项目的重要程度,对各类资源进行组合使用,实现资源之间的协同效应。其中,特别需要考虑如何实现"虚者实之、实者虚之""化有形为无形"[①],最终达到"以无摄有"。

其二,围绕主题整合资源。任何一个项目都有自己特定的主题。围绕主题进行资源整合,可以实现稀缺资源得到有效利用和价值实现最大化。例如,一个好的博览会应让参与者满足三个方面的需求:思想的洗礼、专业的深化、创新的交流。这就是需要一种好的主题来统摄,如上海世博会的主题"城市,让生活更美好"对各种展览和活动的整合。

其三,充分挖掘隐形资源。在大多数项目中,创意、独到的主题、关系资源、品牌等大都是隐藏的,需要策划者去挖掘、提炼和创造。例如,在广告策划项目中,策划者要挖掘产品之于消费者的独特的销售主张,以扩展产品的价值,如动感地带的"我的地盘我做主"对于青少年心理的把握,再如公共关系策划要寻找的是特定的社会关系资源等。

(五)把握整体,系统制胜

策划本身是一个系统工程,强调活动的系统性,策划离不开系统论方法的指引。而系统论的核心思想是整体观念。系统论认为,任何系统都是一个有机的整体,它不是各个部分的机械组合或简单相加,系统的整体功能是各要素在孤立状态下所没有的性质。系统中各要素不是孤立地存在着,每个要素在系统中都处于一定的位置上,起着特定的作用。要素之间相互关联,构成了一个不可分割的整体。"整体大于部分之和"就是说明系统的整体性的功力。要素是整体中的要素,如果将要素从系统整体中割离出来,它将失去要素的作用。正像人手在人体中它是劳动的器官,一旦将手从人体中砍下来,那时它将不再是劳动的器官了一样。因此,要注重在统一的组织和秩序中发现各部分的动态的相互作用,发现整体中的部分具有孤立的部分所没有的因素,使整体目标得以优化。

任何项目都是一个系统,而项目系统是有层次的。对不同层次的系统,就有

---

① 参见张立波、陈少峰:《新中道的企业管理哲学》,北京大学出版社 2012 年版,第 11—12 页。

第4章 文化产业项目策划的要素和基本原理

不同层次的策划,就要体现不同层次的整体性。在考虑制定下一个层次的策划时,就应该同上一层次的战略要求相符合,而不能相背离或割裂。项目策划体现项目自身的系统性,应做到:其一,注意研究宏观发展趋势,由此确定项目的整体定位,局部服从整体,以整体带动局部;其二,立足眼前,放眼未来,合理处理项目愿景、中期目标和近期目标的关系,充分考虑项目近期效益与长远利益之间的平衡。

对此,不妨从诸葛亮的"隆中对"案例中受些启迪。其实,"隆中对"就是诸葛亮对于蜀汉发展蓝图的周密策划方案,生动体现了整体系统的策划原理。

"自董卓以来,豪杰并起,跨州连郡者不可胜数。曹操比于袁绍,则名微而众寡,然操遂能克绍,以弱为强者,非惟天时,抑亦人谋也。今操已拥百万之众,挟天子而令诸侯,此诚不可与争锋。孙权据有江东,已历三世,国险而民附,贤能为之用,此可以为援而不可图也。荆州北据汉、沔,利尽南海,东连吴会,西通巴、蜀,此用武之国,而其主不能守,此殆天所以资将军,将军岂有意乎?益州险塞,沃野千里,天府之土,高祖因之以成帝业。刘璋暗弱,张鲁在北,民殷国富而不知存恤,智能之士思得明君。将军既帝室之胄,信义著于四海,总揽英雄,思贤如渴,若跨有荆、益,保其岩阻,西和诸戎,南抚夷越,外结好孙权,内修政理;天下有变,则命一上将将荆州之军以向宛、洛,将军身率益州之众出于秦川,百姓孰敢不箪食壶浆以迎将军者乎?诚如是,则霸业可成,汉室可兴矣。""将军欲成霸业北让曹操占天时,南让孙权占地利,将军可占人和。先取荆州为家,后即取西川建基业,以成鼎足之势,然后可图中原也。"①

在这短短的对话中,诸葛亮为蜀汉将来的发展作了系统而周密的策划。他分析了当前的形势、发展趋势和各方的优势,预测了各方可能的前景,明确可依靠的力量和主要的竞争对手,从历史大势、地理、人心所向、人物性格、身世信义等各方面为刘备设计了可行性发展战略,同时说明蜀汉发展的近期目标和远期目标。这是系统策划的一个生动而又典型的例子。文化产业项目策划可以借鉴诸葛亮的"隆中对",使所策划的项目能够有序地实现,达到系统制胜的理想效果。

---

① 前者见陈寿:《三国志》,岳麓书社 2005 年版。后者见罗贯中《三国演义》第三十八回。

现代文化产业项目的规模越来越大，影响因素越来越多，项目策划的整体系统性显得就越重要。现代文化产业项目策划需要吸取系统论的基本思想，把项目作为一个系统工程，强调整个项目策划的有机性、组织性、有序性和反馈特征等。

（六）文化科技，融合创新

文化和科技的融合，大大增强文化内容的表现力、感染力和传播力，大大促进文化产业新业态和新项目的发展。时尚、艺术、电影、音乐和设计等并不是独立的个体，相反它们相互交融、创意共通，可以共享资源。比如，当年乔布斯和苹果公司开发的 iPod、iTunes、iPad、iPhone 等，几乎是一夜之间颠覆了传统的视听艺术样式，把新颖的视听手段与丰富的视听内容结合起来，满足了人们随时随地进行视听享受的要求，开发出一个全新的视听消费市场。今天，乐视网等新兴企业抢占先机，进入互联网电视市场，通过网上付费争夺新盈利点，给消费者带来更大的便利。在全球化的时代，文化与科技的融合创新，将会开辟出巨大的文化消费新市场。

随着科技的飞速发展，有更多新的文化产业项目在数字化的天空中闪耀。比如，"ERA 时空之旅"项目融杂技、舞蹈、戏剧、音乐和世界一流多媒体技术于一体，通过"中国元素＋国际制作"来打造全新舞台艺术样式，原创音乐、现场演奏、电子投影、数字舞台、超大水幕、巨型镜墙给人以超凡享受，堪称"中国娱乐第一秀"。"ERA 时空之旅"运用高科技手段打造充满惊奇和魔幻的神奇效果，ERA 采用特殊装置以及声、光、电、水幕、烟雾、特效等现代化手段，使舞台立体化、多维化，其独创的大型水幕、全息投影、多媒体应用等将带给观众穿越时空的独特经历，不断有参与感、愉悦感。

其实，深圳文化产业快速发展最主要的就是靠"文化＋科技"的合力。通过文化创意和科技呈现的融合，没有任何文化遗产和文化资源的深圳，开发出了锦绣中华、世界之窗、欢乐谷等众多知名项目品牌。华侨城的主题公园有很高的文化含量，整合了主题文化包装、旅游演艺、节庆策划、卡通形象及其衍生产品等文化元素，为顾客提供具有时代特色的文化体验与精神享受。华侨城坚持"内容为王"，以演艺、4D 电影、数字娱乐和儿童体验为主要突破口，扩大文化产业链的战略布局,构筑"主题公园+旅游演艺+主题节庆+动画+4D电影+3D舞台剧+儿童职业体验+主题商品"的文化产业大版图。在文化科技领域,深圳还涌现了华强、腾讯、迅雷、A8音乐、华视传媒、环球数码等大批企业和若干知名项目品牌。

值得一提的是,以制造业为主的文化产业项目,尤其需要创意和科技来提升。比如,玩具企业或以玩具制造为主的项目,过去以贴牌出口赚加工费为主的盈利模式变得难以为继,提高产品创意水平和科技含量,提升产品附加价值,成了唯一的途径。这就需要提升产品的文化和科技含量,寻找动漫创意设计人才,合作开发新产品,将原来的制造工厂变为智造工厂、创意工厂。

(七)形成核心竞争力

成功的文化产业项目策划的最终标准应是两条:其一,该项目能不能创造最大的价值。其二,它能不能获得一个非常明显的竞争优势。因为所有的项目策划完了之后,并不是有一个自以为美好的作品就足够了,它最终是要拿到市场上去竞争。所以,所有的项目最终是不是具有竞争能力,是不是在市场竞争上能够获得持久的竞争优势,这是文化产业项目策划需要反复考虑的关键。

文化产业项目策划要致力于确立项目在市场上的竞争优势。建立竞争优势,就是如何去寻找一个足够的尚未被满足的需求。创造竞争优势或者说差异化,实际上是我们如何去发现一个巨大的没有被满足的需求。如何获得竞争优势?波特提出一个关于获得竞争优势的基本原理:第一个方面是成本优势,如何通过降低成本,获得竞争优势。第二个方面是差异化,当你的产品或者服务在跟别人不一样的时候,你就能够获得竞争优势。第三个方面是集中化,就是你的产品或者服务在某一个领域专业集中,这个集中表现在成本集中和差异集中。①

要获得项目的竞争优势,项目策划就要着眼于项目核心竞争力的考量。我们认为,文化产业项目核心竞争力是定向要素、动力要素和支持要素所构成的统一体。具体来说,它是在顾客价值指引下的持续创意能力、产业链扩展能力、战略整合能力(以及相应的人力资源和企业文化)的所形成的合力。简化作公式

---

① 〔美〕迈克尔·波特:《竞争优势》,陈小悦译,华夏出版社1997年版,第3—6页。

可以表示为：文化产业项目核心竞争力 = 顾客体验价值 × f(创意能力，产业链扩展能力，战略整合能力)，见图4-2。

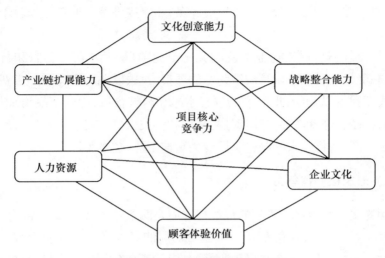

图4-2 文化产业项目核心竞争力模型

顾客体验价值。文化产业项目核心竞争力最重要的就在于它的价值取向：为顾客创造体验价值。只有为顾客创造体验价值，才能为项目及企业创造比竞争对手大得多的价值。一个文化产业项目竞争力的强弱，关键取决于项目运作主体是否有能力不断开发出适合顾客利益的体验产品和服务，是否不断为顾客创造体验价值。

创意能力。以顾客体验价值为导向的独特文化创意，形成文化产业项目的创意能力。文化创意在市场竞争与比较中必须具有独特体验价值，这种独特体验价值为产品、服务在市场环境中呈现差异性提供关键的来源。在图书报刊、音乐、动漫游戏、影视广播、主题公园、商业艺术表演、艺术交流推介、会展、设计、各类活动、体育赛事等产业领域，创意能力的强弱直接决定了文化产业项目竞争力的强弱。因此，创意内容和知识产权是文化产业项目的根本竞争力，在文化产业项目竞争力评估中，独特的文化创意、独有文化资源、版权资源、专利技术、授权资源、渠道资源等都是重要的评估指标。

产业链扩展能力。考评文化产业项目的最基础要素是项目要符合文化产业内在特性,必须具备规模效应、可复制性、产业延伸、商业模式、持续发展等特征。文化产业项目旨在通过为文化创意为顾客创造效用,企业必须衔接上下游相关环节的产业主体,以及横向的产业关联共同延展价值链才能创造更大的效用。一般说来,文化产品的初始研发投入成本高,但复制、生产、传播、衍生开发等后续的价值延伸增值的成本却非常低,因此,产业链条越长,文化创意的无形价值的开发和利用越充分,项目的利润就越大,回馈反哺内容创意研发的力度越大、积极性越高,项目的核心竞争力也越强。产业链扩展能力可以通过反复地利用和共享某些文化创意,并通过生产过程的专业化、标准化和有效管理来降低生产成本,使特定的文化产品和服务的供给具有稳定性和盈利性。

战略整合能力。一般而言,文化产业项目合理的发展战略应当包含专业化、品牌化、规模化和整合资源如上市融资并开展并购等。文化产业项目对无形资产的管理水平和创意的管理水平有很高的要求,这也意味着文化产业项目的管理比制造业企业的管理难度要大。战略整合能力,既包括纵向实现内容＋渠道＋衍生品的整合、文化与科技的融合,也包括横向实现人力资源整合、资本整合、品牌整合、业务整合;既包括在文化产业族群各行业之间的跨界整合,也包括对其他产业的渗透和延展。战略整合能力要着眼于文化产业项目的未来成长性,即具有良好的前景,能够持续保持较好的发展潜力。同时,要着眼于企业整体价值的稳定提升,包括在市场竞争中自然形成一定的进入壁垒,不易被竞争对手模仿,并且不会对企业带来大的财务、法律、政策等风险。战略整合能力需要包括优化配置的人力资源、富有活力和内聚力的企业文化等条件的支持。当然,不同企业运作的项目,可能会在不同的环节狠下功夫,其核心竞争力所体现的特点也不一样,如华强抓住了技术环节,迪斯尼抓住了技术、品牌和服务环节,许多互联网或新媒体公司则抓住了技术、营销环节。

四、文化产业项目策划的原则

项目策划是创造性工作,因而从根本上说,策划没有固定的程序,也没有固定的方法,更不可能有现成的策划套路和策划秘方。但是,总结前人的经验和对实践活动中成功策划案例进行分析,可以提炼出几个可供参考的基本的原则。

(一)整体价值最大化原则

文化产业项目策划要致力于实现项目乃至企业整体价值最大化。这就需把项目视为一个整体,策划工作是对整个目标进行综合分析、预测、评估,并把项目中复杂的层次组合成一个有序的、最优化的状态。项目必须考虑艺术性、文化内涵、经济效益和社会效益,既要考虑近期可见的效益,也要追求远期潜在的无形资产积累,促进整体价值的提升。

贯彻整体价值最大化原则,项目策划的关键在于整合各方要素和各种资源,达到协同创新的理想目标。协同创新是在一定的外部条件下,系统内部各子系统之间通过互相作用产生协同效应,这种效应表现为从混沌状态、无序状态向明晰状态、有序状态的转化。协同的各方既存在竞争又存在互利,竞争是实际存在的,真正的协同不是掩盖竞争,不是回避竞争,策划的目的在于找到超越竞争的协同机制,通过协同机制创造良性的竞争,将双方的竞争引向更大的竞争系统,并转化为联合对外的合力。项目策划要使各种资源协同作用,通过协同为合作的双方或多方带来优化的效果,最终实现项目利益相关者的"双赢"或"多赢"。

(二)独创性原则

文化产业项目策划所追求的独创性,主要是指前面说的差异性。只有差异性,才能构成对顾客或消费者的需求有效满足或引导,才能使项目被公众所认可。独创性的关键是以创意求得创新,创新以创意为前提,在项目中体现"人无我有,人有我优,人优我特"的常理。否则,就可能只是翻新,或者顶多是更新。当然,创意也要有实际的效果,要转化为创新的现实,否则,停留在思想和理念层面的创意也只能是想象中的空中楼阁。

项目策划十分重视独创性原则。这一原则可以分为几个层次:差异性、独一无二性、排他性、权威性。由差异性上升到独一无二性,然后在市场上形成排他性和权威性。"任何一个项目要提升出它的特异性出来,然后强化它与众不同的地方,就是排他性,从而赋予它一个权威的说法,才能在市场中处于引导地位。"①

(三) 时机性原则

俗话说,一招先,吃满天;招招先,坐江山。一般而言,对文化产业项目进行策划有三种争先的选择:或者是借势和顺势而为,所谓"好风凭借力,送我上青云";或者是平行进入做优,创造竞争优势;或者是首先进入,占领先机,创造先发优势。这三者其实都与时机性有关。

在项目策划中,策划方案的价值将随着时间的推移与条件的改变而变化,这就要求在策划过程中把握好时机,尤其是处理好时机与效果之间的关系。在日新月异的现代社会,各种情况的变化频繁、迅速,利益竞争更为激烈,时机往往是转眼即逝;时机与效果又具有紧密的联系,机不可失,时不我待,失去时机往往意味着没有效果。例如,亚马逊网站创始人杰夫·贝佐斯发现互联网的增长速率高达2300%,于是,他毅然辞去华尔街待遇优厚的副总裁职位,在自家的车库里开始了亚马逊网上书店项目运作,获得巨大的成功。因此,在项目策划过程中,要尽可能缩短策划到项目实施的周期,力图使策划发挥效用更快一些,长远效果更好一些。当然,重视时机也不是说策划活动以及从策划到实施越快越好,一方面,策划的周密性与时间的长短有关,另一方面,策划方案的实际效果还与客观条件是否成熟有关。只有当客观条件和主观条件成熟时,策划方案的实施才能取得预期的效果。

(四) 可操作性原则

任何策划方案都必须具有可行性和有效性,否则,这种策划将是无意义的或无效的。策划活动要在对策划对象的现实状况进行深入全面的调查,取得尽可能全面、准确的客观资料的前提下进行,把客观、真实的问题及其正确的分析作为策划的依据,在策划中努力寻找、把握项目的定位点,以提高策划的准确性和实效性。

---

① 王志纲:《策划旋风》,广东经济出版社1998年版,第315页。

文化产业项目策划是对项目实施和执行的系统筹划，策划的结果将成为项目实施和执行的蓝图或指导性方案，因此在进行每一环节策划时都应充分考虑所形成的策划方案的可行性。其中需要重点分析考虑：策划方案是否是在先进理念指导下，在进行了实际调查、研究、预测的基础上，严格按照策划程序进行创造性思维和想象而形成的；策划方案中各方面关系是否能够协同一致，是否能够高效率地实施策划方案；策划方案可能产生的利益、效果、危害情况的风险程度，综合考虑、全面衡量利害得失；策划方案是否符合以最低的代价取得最优效果的标准，力求以最小经济投入实现策划目标；策划方案是否经过一定的合法程序和审批手续，其内容及实施结果要符合现行法规规定和政策要求；等等。

必要时为了准确弄清策划方向是否具有可操作性，可对策划方案进行局部的可行性试验，以检查策划方案的重心是否放在了最关键的现实问题上，方案的整体结构和运作机制是否合理，实施结果是否有效等。

（五）定性和定量结合原则

与可操作性原则相对应，文化产业项目策划还需要坚持定性与定量相结合。所谓"定性"，就是策划理念前瞻先进，项目定位和发展目标跳一跳够得着[①]，行动方案符合实际，措施有力可行。所谓"定量"，就是提出的目标及方案要尽可能做到可量化、可考核、可检查、可调控。而所谓"定性与定量相结合"，就是"定性"的规定要尽可能与有"定量"的内容的衔接和考量，"定量"的内容要以"定性"的规定为指导。

比如，项目策划或可行性研究中的投资效益分析应由定性指标和定量指标构成。定性指标应以项目定位和发展目标作为财务管理基本框架，设计一级评估指标，建立健全的制度为二级评估指标，再以制度中不可或缺且容易发生管理偏差的内容为三级评估指标，作为关键测评点。在定量指标的选取上，由于制度是以各项获利相关流程的作业为基础的，作业消耗资源，而资源的流动信息是通

[①] 项目发展定位和目标不应是完全没有行动意义的，可望而不可即的东西。借用毛泽东的话说，"它是站在地平线上遥望海中已经看得桅杆尖头了的一只航船，它是立于高山之巅远看东方光芒四射喷薄欲出的一轮朝日，它是躁动于母腹中的快要成熟了的一个婴儿。"参见毛泽东《星星之火，可以燎原》一文。

过现金流来反映的。现金流的循环和周转状况,往往显示了项目经费运行的效率和效果。大量项目运作经验表明,项目财务管理失效与现金流枯竭密切相关。为此,项目策划的定量指标,应主要采用现金流指标进行评估,分别从偿债能力、盈利能力、资产营运能力、发展能力、社会贡献等方面反映项目财务管理的有效性。

(六)权变性原则

项目策划要随市场和消费者的变化而变化,如果客观情况发生了变化,项目策划的内容和形式就必须适应这种变化,从而能够增强对项目的动态管理。因此,权变性原则就是项目策划时要注意留有余地,在人力资源、物力资源使用、时间和空间设计上留有适当的弹性。

项目策划离不开有机性和系统性,而健康的机体和系统是随机和灵活的。权变性原则所强调的是策划活动因时、因地、因人而进行,特别是在策划中处理好机遇与规律的关系。《易传》讲"生生之谓易"。变化创造机遇,能顺应规律、随机应变,方能抓住机遇,获得成功。规律是必然的,而机遇是随机的、偶然的,二者要达到统一,就是要既充分发挥人的主观能动性,又要顺应趋势和发展规律,也就是说,在策划过程中,要善于掌握、利用、巧用规律,顺应必然趋势,及时抓住机遇。因此权变性原则关键要善于把握机会,顺应趋势,以便使项目策划方案能够"水到渠成",有利于有效地实施。

五、文化产业项目策划的方法

(一)基本方法论指导

我们在导言中讲到,文化产业项目策划首要的是用现代文化产业的理念和方法来思考问题。在此基础上,文化产业项目策划有三个维度的分析方法:其一,项目及企业整体价值最大化;其二,市场竞争优势的确立;其三,一切建立在自身条件的分析上。这三个维度的分析,都是着眼于项目其产业本质的实现,由此构成了项目策划"三位一体"的、核心的方法论。对此,我们在项目策划的基本原理中也已经分别进行了分析,在此不再重复。

文化产业项目策划要以现代文化产业的基本理念和"三位一体"的方法论为指导,依据具体项目的性质和特点,选择一些具体可行的方法。

(二)几种具体方法

文化产业项目策划的具体方法可以包括头脑风暴法、德尔菲法、灵感涌现法、原点放大法、灰色显白法、组合法、反向论证法、类比法、奇正分析法等。

1. 头脑风暴法

头脑风暴法是为了获取广泛的信息和创意元素,互相启发,集思广益,在大脑中掀起思考的风暴,从而启发策划者的思维,设计出优秀的策划方案来。它一般采用会议的形式,召集专家开座谈会征询他们的意见,把专家对过去历史资料的解释以及对未来的分析,条分缕析地组织和整理起来,最终由策划者做出统一的结论,在这个基础上,找出各种问题的症结所在,提出针对具体项目的策划思路。这种策划方法在举行会议时,策划者要充分地说明策划的主题,提供必要的相关信息,创造一个自由的空间,让各位专家充分表达自己的想法。为此,参加会议的专家的地位应相当,以免产生权威效应,从而影响另一部分专家创造性思维的发挥。

选择头脑风暴法进行集体创意时,需要召集一组人,一般5—12人为佳,可以由企业家、艺术总监、策划者、投资者等与项目有关的利益相关者共同讨论。专家人数不应过多,应尽量适中,因为人数过多,策划成本会相应增大。会议的时间也应当适中,时间过长,容易偏离策划案的主题,时间太短,策划者很难获取充分的信息。头脑风暴法要求策划团队的主持者具备很强的组织能力、民主作风与指导艺术,能够抓住策划的主题,调节讨论气氛,调动专家们的兴奋点,从而更好地挖掘专家们潜在的智慧。

这种策划方法的不足之处就是邀请的专家人数受到一定的限制,挑选不恰当,容易导致策划的失败。其次,由于专家的地位及名誉的影响,有些专家不敢或不愿当众说出与己相异的观点。

2. 德尔菲法

德尔菲法是在20世纪60年代由美国兰德公司首创和使用的一种策划方

法。所谓德尔菲法,是采用函询的方式或电话、网络的方式,反复咨询专家们的建议,然后由策划者作出统计,如果结果不趋向一致,那么就再征询专家,直至得出比较统一的方案。运用这种策划方法时,可以根据所构思项目的性质和特征,选择有关行业的专家参加。要求专家具备策划主题相关的专业知识和经验,熟悉市场的情况,精通策划的业务操作。专家的意见得出结果后,项目策划者需要对结果进行统计处理。

德尔菲策划方法的优点是专家们互不见面,不会产生权威压力,因此可以自由地充分地发表自己的意见,从而得出比较客观的策划案。但是这种方法缺乏客观标准,主要凭专家的个人判断,再者由于次数较多,反馈时间较长,有的专家可能因工作忙或其他原因而中途退出,影响策划的实效性。

3. 灵感涌现法

灵感涌现法是项目策划者收集有关文化产品、文化市场、文化消费群体的相关信息,进而对材料进行综合分析与思考,然后打开想象的大门,形成元创意和策划的初步轮廓,但不一定很快拿出具体策划,因为具体策划要点也许在策划者不经意时会从头脑中一个一个地跳跃出来。

其实,灵感涌现法并不是在短时间内一拍即完,而是经过一个长时间的提前准备工作,思绪积累到一定程度,然后妙手偶得,自然而然地流露出来,它需要策划者具有渊博的专业知识。策划者要像蜜蜂采蜜一样,从各种鲜花中一点一滴地采集最有效的成分,对收集的材料和想象的框架进行集中概括加工,这种集中概括的心理过程,正是项目策划所要经历的过程。

4. 原点放大法

原点放大法是在一个原初理念或元创意的"照亮"下,通过调查和思考对事物有一个较全面的认识,然后在这种认识的基础上对事物的发展作夸张性的设想,运用这种设想对具体项目进行策划。由于这种方法受到一定的个人素质、组织结构、时空以及人文条件的制约,具体操作要靠策划者自己来准确地把握。

"没有想不到的,只有做不到的",这是原点放大法秉持的原则。不过,这种策划方法也不是一味地往大处想,而是在现有的客观条件下,合理地考虑到项目如何落地和现实可操作性。也就是说,原点放大法是有一定风险的,太过于夸张原初理念或元创意,容易导致策划向反面发展,从而彻底改变策划的初衷。

5. 灰色显白法

一般而言，项目的整个系统是相互依赖的几个要素所构成的、具有特定功能的有机整体。项目系统可以根据其信息在策划者头脑中显示的清晰程度，分为白色、黑色和灰色三种子系统。白色子系统是指信息完全清晰可见的系统；黑色子系统是指信息全部未知的系统；灰色子系统是介于白色和黑色系统之间的系统，即有一部分信息已知而另一部分信息未知的系统。而在策划过程中，大量存在的是灰色子系统。灰色显白法就是利用一些已知的行为结果（白色子系统），来推断灰色子系统或未来模糊的不确定性的行为，使之逐渐转化为白色子系统，最终是整个项目系统明晰起来。

6. 组合法

组合法是在原有的不同项目中寻找可以借鉴的因素而进行"有中生优"的策划，具体可分为项目组合法和项目复合法。项目复合法是将两个以上的项目，根据市场需要，复合形成一个新的项目。项目组合法是指把诸多项目的不同元素在一个新框架下整合，形成一个新的项目。

7. 反向论证法

反向论证法是集中讨论项目构思中的不足问题并加以分析解决，而不是进行新的项目构思。它通常用来对已有初步策划方案的评估、调整、修正和完善，主要是利用发散或逆向思考，对信息进行定向的混合杂交从而产生新构思。因而反向论证法可以分为发散式创新和逆向式创新。发散式创新是从某一研究和思考的对象出发，充分展开想象，产生由此及彼的多条思路；逆向式创新则是反向思考、反其道而行之，分析和论证相反角度或方案的可行性。

8. 类比法

类比法是项目策划者通过自己所掌握或熟悉的某个或多个特定的项目，既可以是典型的成功项目也可以是不成功的项目，进行纵向分析或横向联想比较，从而挖掘和发现项目发展的新方向、新机会或新思路。譬如，有个叫"通州"地方用一副对联对本地主营项目的定位所作的类比描述就很有意思：南通州北通州南北通州通南北，东当铺西当铺东西当铺当东西。类比法的一般路径是"由此及彼""先比后推""触类旁通"，由此达到以旧带新、推陈出新。

第4章 文化产业项目策划的要素和基本原理

9. 奇正分析法

出奇制胜,核心在"奇"。奇在不意,意在达成某种突然性,这也是项目策划的一种方法。孙武认为,"凡战者,以正合,以奇胜。""战势不过奇正,奇正之变,不可胜穷也。奇正相生,如循环之无端,孰能穷之?"①一般来说,常法为正,变法为奇;奇正相互依存,相互转化。一切作战方式源于奇正变化设计,当然,奇正交互作用分析也可以作为项目策划的方法。以广告项目创意策划为例,在众多保健品广告策划中,最能代表"正"的可以首推太太口服液的广告——"十足女人味!"在各个阶段的传播,太太口服液都围绕着新鲜和时尚这个消费者永远追逐的热点,并努力引领当时的时尚和流行。而脑白金无疑更具备"奇"的特点:连三岁小儿都知道"收礼只收脑白金"。脑白金的"奇"表现了策划者对消费者研究的透彻,当把产品当作礼品时,知道消费者想什么。在饮品广告创意策划中,可以说,"农夫山泉,有点甜!"最能代表"正",而"怕上火,就喝王老吉!"则体现了"奇"的特点。

---

① 参见《孙子兵法·势篇》。

第 5 章
文化产业项目策划的基本流程

在文化产业项目中从提出设想、需求分析、预先研究、酝酿,到该项目正式列入可行性研究、形成项目建议书和审批程序前的阶段,都属于项目策划阶段。不过,这些流程仅是项目策划的外在流程,隐含在流程背后的却是项目策划的内在逻辑。

一、文化产业项目策划的内在逻辑

文化产业项目策划并不是高不可攀的神秘之物,它其实也是基于人们思考问题的常理即如何认识问题和解决问题而展开的。

(一)以问题为中心

项目策划的主轴线就在于解决问题的过程,而这一过程又依赖于各种变化,这些变化使我们发现前所未有的新问题或解决问题的新途径。我们前面在阐释项目策划的概念时,指出项目策划从根本上是解决"为什么—做什么—怎样做"的问题,并且其重心是"为什么"和"做什么"。这实际上蕴含着项目策划的本质,也就是说,项目策划的内在逻辑就是提出问题、分析问题和解决问题的过程。这一过程可以进一步做结构性细分为:发现问题、界定问题、收集数据、分析问题、提出假设(如果……那么……)、论证假设、设计方案、选择方案、项目决策等一系列环节。

提出问题、分析问题、解决问题的过程,也可以简称为 TFJ 思维。TFJ 思维是一种把握事物本质的思维方式,它可以用发问、分析、纠正、创新、综合等,把事物由混沌模糊状态到清晰细分状态再到新的综合状态,从而打破不能与时俱进的经验与模式,把握项目市场运作的本质。TFJ 思维运用到项目策划当中,就是对项目形成过程中出现的问题与现象,去粗取精、去伪存真、由此及彼、由表及里,把看似简单的问题"复杂化",再把"复杂化"的解决思路进行"整合化",不断突破原有的思维定式,以达到更好地创造和满足顾客的体验需求之目的。

项目策划所面对的是一个由事态、组织、人员等因素组成的问题集合。由于对项目"事态"存在不同的观点,项目策划者常常发现自己正在把人们引向对问题的共同理解,没有自己独立的判断和见解。而成功的项目策划需要具有有效地预测、识别和解决个别问题的能力。

(二)发现和界定问题

发现并界定一个问题往往比解决一个问题更重要。善于敏锐地捕捉或发现问题,是项目策划的第一要着。有了问题才能围绕问题展开研究,进而寻求解决之道。正如弗兰西斯·培根说:"如果你从肯定开始,必将以问题告终;如果你从问题开始,必将以肯定结束。"①这说明发现和提出一个像样的问题,比分析问题和解决问题更为重要。毫无疑问,项目策划须是"从问题开始,必将以肯定结束"。对于问题的敏感度,是对一个策划者的基本要求。不仅要求在平时注意搜集信息,更重要的是善于整理、分类、研究,从这些信息之中发现问题、界定问题、找到需要突破困扰的方向。

界定问题的关键在于确定市场对项目的真实需求,也就是说,理解真正的问题所在,弄清楚客户和顾客需求的到底是什么,而不是花费时间和精力对付表面症状。我们强调需求作为项目成功基础的重要性,因为需求是对问题的陈述,是不受设计约束的。换句话说,它首先描述了"是什么"和"为什么",而不是"怎么样"。打个比方说,你用的计算机拒绝执行一个子程序的命令,真正的问题可能

---

① 〔英〕培根:《培根论说文集》,水天同译,商务印书馆 2001 年版,第 2 页。

是一个过热的零部件,或是计算机程序中某一行代码不正确。你首先需要确定这些问题是什么,以及为什么会发生。

(三) 分析问题的具体角度

1. 分析问题的性质和条件

分析问题性质主要是弄清各种相关联问题形成的问题集合和它们的来龙去脉,即问题的结构、过程和演进态势,对问题获得一个详细、准确的描述。为此,项目策划者必须广泛地和决策者、利益相关者进行对话和沟通。弄清楚存在什么问题?为什么这是个问题?什么原因引起的?解决这个问题的重要性何在?可能解决的方式有哪些?谁能采取解决问题的行动?这类行动会带来什么结果和影响?等等。当扩大分析的范围时,要确保策划者正在解决的是恰当的问题。

2. 识别项目运作过程中的约束

约束是项目实践中的限制条件或限制因素,如时间的限制、人力的限制、资源的限制、信息的限制、组织体制的束缚、法规政策的界限等。项目策划面临着各类约束条件,如果任意选定,势必造成整个项目定位的混乱。问题分析要求在充分识别自身资源和面对环境等约束因素的基础上权衡利弊,从项目的整体发展角度分析问题,对项目定位进行适时、适度地调整,避免直接或间接违反约束的情况发生。

3. 确定项目的适当目标

项目的目标分为整体目标和局部目标。整体目标往往比较原则或抽象,实现时期长、范围广。局部目标比较明确具体,便于分析和管理,便于为更多的人所接受。但局部目标必须服从于整体目标,在整体目标的框架约束和指导下展开。问题分析要求全面分析项目的目标结构,选择适当的目标层次,并对同一层次的多个目标排出优先次序,以此作为解决问题的切入点,尽可能在不损害第一项目标的前提下实现第二项目标,以最优化实现项目的整体目标。

(四) 解决方案的提出

1. 提出初步设想

通常,当策划者渐渐找到问题的根本起因的时候,脑海里会快速蹦出一个或更多的解决问题的设想。有的人采用了首先映入脑海的解决办法,这就像从热油锅中跳出而跳到火里一样。必须承认的是,迅速找到解决方案确实为项目策划者带来巨大的庆幸和欣喜,但一下子到此就戛然而止,无疑会隐含着很大的风险。

2. 设计多个备选方案

胡适之有句名言:"大胆假设,小心求证"。在项目策划过程中,可以通过"大胆的假设"制定多个备选解决方案,并对其评估解决问题的优劣。因此,当问题出现且必须进行报告时,成功的项目策划者会说:"我们已经有一个可能的解决方案,但我会花费3—4天(或者是周,根据不同情形而定)的时间考虑其他的备选方案。"尽管这种做法会让决策者缺乏巨大的庆幸和欣喜,但这可以找到更好的解决方案。

因此,需要当心的隐患是满足于现有的解决方案、目光短浅地走捷径。通过扩大分析的范围,可以增加正确定义顾客需求的机会。项目通常需要重新制定或持续改进这些"满足"的解决方案。不应随便采用第一种可接受的方法,而放弃找出备选解决方案或者努力找到最好的解决方案。因为如果我们只剩一条路的时候,那么没有比这更糟糕的了。虽然有时第一个解决方案是最佳方案,但经验表明,通常可以经过略微的分析而找出更好的方案。

3. 选择最佳解决方案

问题的解决方案可以通过多种渠道寻求,除了策划者之外,项目决策者、专家的观点、问题提出人或系统分析人员的意见和设想等都是寻求问题解决方案的渠道。在研究解决方案的过程中,应尽可能地考虑各种因素,每个观点、机会和建议都不要放过。

当然,作为一位有效率的项目策划者,应在选择最佳方案时,留意和判断该方案是如何奏效的。随着策划者更多地了解所解决的问题以及所采用的方法,可能会出现一个更好的备选方案,分析审核备选方案可以展示解决方案是如何解决问题的,从而提高策划者解决问题的能力。一般而言,一个好的、有效的问题解决方案应满足以下特点:

适应性。由于项目运作充满不确定性,解决方案应能满足各种情形下对项目提供指导的需求,在项目实施的各个阶段,它应该都是有效的。

可操作性。解决方案应取得决策者的支持,同时该方案应便于在项目管理实践中操作。

延续性。项目策划一个很大的特点,就是采用模块化设计,每个模块策划人员流动大。因此,解决方案也应具有很强的延续性,在项目成员、管理体制发生变更时,应能不受干扰地继续指导项目的正常活动。

(五) 项目决策

当问题分析清楚、有了多个解决方案之后,就要进行项目决策。决策有个人决策和团体决策、定性决策和定量决策、单目标决策和多目标决策之分。好的项目决策来自良好的信息储备和沟通。优秀的决策者首先使用发散思维来扩大他们对问题本质的理解。

收集数据或信息对项目决策通常是有必要的。收集数据或信息,需要通过思考将事实从纷繁的数据或信息中分离出来。尽管要查找数据或信息来源可能要花大量的时间,但这是最大限度地降低决策风险的屏障。因为策划者从来不会有100%的把握获得所有的协同信息,必须学会判断何时停止查找更多的信息。

总之,项目策划过程实际上是一个发现问题、界定问题、分析问题、解决问题的过程,它涉及多个目标的平衡,是一个复杂的大系统。一个优秀的项目策划者,应该注重在项目实践中使自己的分析能力和综合能力得到同步提高,结合理论知识,形成一套行之有效的思维方法,并再通过实践来检验它的有效性。

二、文化产业项目策划的基本流程

作为以问题为中心的内在逻辑的呈现方式,项目策划在具体操作上必然是一系列的具体工作流程。

(一) 对 "5W + 1H" 进行思考

在一般情况下,文化产业项目策划主要应围绕五个"W"和一个"H"进行工作,其重心是"Why(为什么)""What(是什么)"和"Who(为了谁)"。具体内容如表 5-1 所列。

表 5-1　文化产业项目策划的"5W+1H"

Why(为什么)	What(是什么)	Who(谁)	When(何时)	Where(何地)	HOW(怎样)
创意策划和实施这个项目最具诱惑力的是什么?为什么要做这个项目?	该项目是什么性质的项目?其核心创意和核心文化产品可能是什么?	哪些人会从该项目中受益?期望体验该项目的顾客可能是什么样的人?	该项目将在何时实施?实施的日期和时间是否灵活掌握,还是要视变化而定?	项目实施地点、最佳结束终点在哪里?	对五个"W"作出回答后,确定如何对该项目进行有效的调研、设计和论证评估?

不过,不同的文化产业项目对于"5W+1H"思考的侧重点可能有所不同。比如,一个论坛项目其策划重点是主题选择、演讲嘉宾、营销传播、赞助、打造品牌、后续推广等。一个影视产业项目可能需要重点关注好的故事、创作团队、融资、商业模式等。单就电影项目策划而言,策划重点可能在于如下几方面:

影片的定位。一般来说,艺术影片和商业影片应该泾渭分明。前者可以是导演个人生活立场的真实写照;后者必须针对最广大的受众,明确为谁而做,并以利润最大化为前提。商业影片就需要从受众的需求出发选择小说或创意剧本。

剧本策划。根据影片的定位和题材挑选合适的编剧,购买剧本的版权,申报题材规划立项等。

融资策划。对电影项目成本进行概算,确立融资对象及融资方式等。

制作策划。搭建拍摄创作班子,确立运作体制和管理体制。

营销策划。包括宣传策略、价格策略、渠道策略等,同时还要制定出后续产品和衍生产品的营销计划。

上映策划。选择适当的首映时机,最大限度地占有市场,在取得社会效益的同时最大限度地实现经济效益。

(二)项目策划的基本流程

一个正规的文化产业项目,其整个策划的流程一般包括项目调研、提出策划思路、论证与评审等。如果进一步细分,项目调研又包括项目客户调研和项目市场调研,由此整个流程就包括项目客户调研、确定主题与初步构想、项目市场调研、项目市场细分与选择、撰写策划方案(含营销和融资策划)、可行性论证与评审等几大环节。在实践中,有些环节一般需要反复进行若干次。

例如,影视产业项目策划可以分为如下环节:市场研究、项目构思、构思筛选、选定题材、产品方案策划、市场营销策划、市场投资策略策划、分账制销售设计等。如图5-1所示。

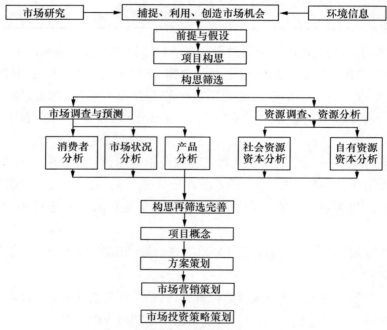

图 5-1　影视产业项目策划的基本流程

需要稍做说明的是,以上是就一般流程而言的,现实项目策划实践中肯定有一些特殊情况。有时,问题会在人们意想不到时突然出现,或者即使进行市场调研也不一定能发现这些问题,因而对有的"未来之物"的策划是无法进行市场调研的。也就是说,真正的新事物(如新产品、服务或技术)有时可能在策划者或企业家没有想到的地方找到了自己的市场和适用范围,用途也与策划者或企业家最初设计的用途大相径庭,而且新事物在刚出现时也不一定是受人欢迎的,这几乎也是一条"规律"。比如,乔布斯做新产品开发项目就不喜欢市场调

第5章 文化产业项目策划的基本流程

研,他认为,当消费者从没见过哪怕一丁点与它类似的东西时,他们很难告诉你想要什么。那么,乔布斯怎么知道顾客需要什么?答案大概是:天才对人性需求的卓越的洞察和对艺术的敏锐的感知。正如他所言:"我知道我要什么,我知道他们要什么"。无论如何,对于这种特殊情况和天才式的特例,是另当别论的。

对于以上基本流程,我们将在随后的几章中一一展开,进行具体分析。

第6章
文化产业项目策划的项目调研与数据分析

为了做好对于"未来之物"的合理筹划或谋划,文化产业项目策划必须建立在对现实(包括历史)的周密分析和深刻理解基础之上。这就需要进行项目调研和基础数据或信息的分析。

一、文化产业项目调研

一个文化产业项目的策划,必须预测未来行为的影响及其结果,必须对未来各种变化、发展的趋势进行预测,必须对策划思路进行事前、事中、事后的评估。项目策划要具有前瞻性和可操作性,必须进行深入的调查研究。没有调查,就没发言权,同样,没有经过深入细致的调查研究,文化产业项目策划就无从谈起。

(一)项目调研的概念

项目调研是指在一定的社会环境和市场环境下,系统地搜集、分析和研究有关项目的数据或信息的过程。策划要作出合理的方案和决策,就必须通过项目调研,准确及时地掌握社会和市场情况,使决策建立在坚实可靠的基础之上。只有通过项目调研,才能减少项目的不确定性,使市场决策更有依据,降低项目策划的风险程度,另一方面,项目策划在实施过程中,可以通过调研检查决策的实施情况,及时发现决策中的失误和外界条件的变化,起到反馈信息的作用,为进一步调整和修改决策方案提供新的依据。

根据对象的不同,文化产业项目包括业务项目(由专业性咨询机构为特定的客户所完成的项目)和自我开发项目(项目团队为自己的企业或组织所完成的项目)。自我开发项目的调研主要是市场调研,而业务项目拥有双重客户,即项目的客户和项目的市场客户,因而它的调研包括项目的客户调研(简称客户调研)和项目的市场调研(简称市场调研)。客户调研主要通过访谈了解客户的需求和意愿;市场调研则主要对项目进行资源和环境状况分析、市场前景分析和预测。

下面我们以业务项目为主体,分析项目调研的过程。

(二)项目客户调研

业务项目首先需要进行客户(或甲方)调研。客户调研主要通过访谈了解客户的需求、期望以及发展愿景,明确客户意图或意愿,形成对项目的初步构想。

1. 明确的客户需求

弄清客户需求和真实意愿是项目策划的前提和基础。对项目客户(或甲方)的需求进行调研,包括深入了解和把握客户需求的产生、识别、表达。

(1)需求的产生

了解客户需求产生的背景、过程以及需求与现有市场的衔接程度等。

(2)需求的识别

把握客户的真实意图或意愿,特别是在拥有杂音或相对模糊的交流信息中,想方设法使客户的真实想法充分展现出来,并在策划者头脑中明晰起来。

(3)需求的表达

在调研过程中,尽可能引导客户把需求充分和明确加以表达,使模糊的想法变得清晰,为此需要注意的问题是:

直接访谈对项目具有决策权的核心成员或团队。

让客户尽可能清楚地说明和描述他们的需求。

及时提出一系列问题,帮助明晰认识和细化需求。

做一些必要的研究工作来更好地理解需求。

尽可能听听多个客户的看法,不断交流修正。

2. 形成项目初步构想

在明确项目客户意图或意愿的基础上,需要整理思路,形成项目的初步意向和较笼统的轮廓,由此形成项目初步构想,初步确立项目的定位、目标和思路框架。当然,对于缺乏该类项目经验的策划者来说,此时的构想可能还是模糊的、笼统的。

(1) 明确项目的目标

文化创意的目标,包括解决什么问题、打造什么样的文化产品等。

效益要求,包括项目的短期效益、长期效益和社会效益等期望。

功能要求,主要是项目的整体定位和子项目的具体功能定位。

技术要求,包括项目主要产出物的技术指标要求等。

(2) 初步分析并筛选项目

收集信息并规整管理。

承接客户相关指令和任务要求。

接受客户委托建议。

根据委托合作意向,确定主题方向,筛选项目。

(3) 需注意的问题

阐述要求明确、详细,项目策划者和相关利益方对已议定事项签字认可。

对可能发生误解的地方做好充分的准备,定位尽可能现实一些。

要认识到项目目标决不会自始至终保持一成不变的,要及时进行调整。

在阐述要求时,尽可能使用图形、图表和物理模型等直观手段。

建立一个更改和监督机制。

3. 谈判与合作

文化产业项目的策划过程中,会涉及与风险投资商、合作伙伴、媒体、政府等多方的合作问题。可以要求客户采取谈判、项目洽谈会、项目招商推介会等方式确定初步合作意向。在这方面,策划者可以协助客户收集和整理如下一些主要信息:

捕捉收集国内外同行、文化机构信息。

收集相关的传媒、娱乐、历史、艺术、考古、体育等专家或明星的信息。
收集相关文化企业及个人文化经营者的信息资料。
跟踪和收集政府有关文化产业的政策及相关的文化信息。
关注国内外文化市场动态,并收集有关文化艺术机构经营的信息资料。

二、项目市场调研

市场调研是文化产业项目调研的重点和中心环节,它是在明确客户意图和愿景的基础上,对项目资源和环境状况进行周密的分析、对市场前景进行分析和预测。

(一)项目市场调研内容

作为项目决策的依据,市场调研涉及项目活动的全过程,具有丰富的内容。常见的项目调研包括调查和研究项目市场的特点、项目市场的潜力、项目销售分析、项目经济趋势研究、相关竞争产品研究、项目行情研究、项目竞争力研究等。

任何项目都有自身从属的环境系统。进行项目资源和环境状况分析首先要进行环境界定。对一个文化产业项目而言,环境系统一般包括:其一,由政治、经济、社会文化、技术等组成的大环境系统;其二,由竞争对手、替代品、买方、供方和潜在进入者组成的产业竞争系统;其三,由企业或者项目的资源、战略、价值链等构成的内部管理系统。

市场调研中对于资源与环境的层次的分析可以分为微观、中观、宏观趋势分析等不同层次。相应可以分别选择不同的分析工具,具体分析工具我们将在本章第四部分专门做介绍。

(二)项目市场调研程序

项目市场调研是一种有计划、有组织的活动,必须遵照一定的工作程序。具体来说,市场调研程序包括确定调研专题、确定调研目标、制定调研计划和方案、实施调研计划、实地调研和数据收集、资料整理分析和研究、撰写项目调研报告等环节。

1. 确定调研专题

市场调研的问题很多,不可能通过一次调研就解决所有的问题,因此,在组织每次项目调研时应找出关键性的问题,确定调研的侧重点和专题。调研专题的界定不能太宽、太空泛,以避免调研的问题不明确具体。选题太宽,将会使调研者无所适从,不能发现真正需要的信息;选题太窄,不能通过调研充分反映市场的状况,使调研起不到应有的作用。由此,调研专题选择要适当。

2. 确定调研目标

在确定调研目标时,应当努力使问题定量化,提出明确具体的数量目标。根据项目调研目标的不同,调研项目可分为探索性调研、描述性调研和因果关系调研等类型。

探索性调研。探索性调研一般是在调研专题的内容与性质不太明确时,为了了解问题的性质,确定调研的方向与范围而进行的搜集初步资料的调查。通过这种调研,可以了解情况、发现问题,从而得到关于调研项目的某些假定或初步设想,以供进一步调查研究。

描述性调研。描述性调研是一种静态调研,是对所面临的不同因素、不同方面现状的调查研究,其资料数据的采集和记录,着重于客观事实的静态描述。

因果关系调研。因果关系调研是指为了查明项目不同要素之间的关系,以及查明导致产生一定现象的原因所进行的调研。通过这种调研,可以清楚外界因素的变化对项目进展的影响程度,以及项目决策变动与反应的灵敏性,具有一定程度的动态性。

3. 制定调研计划

项目调研专题与目的确定之后,紧接着便是调研计划的制定。调研计划的内容主要包括确定资料来源、调研方法、费用预算等。

(1) 确定资料来源

项目调研计划制定必须要考虑资料来源的选择。调研资料按其来源不同,可分为第一手资料和第二手资料。第一手资料是为了特定目的直接调查采集所得的原始资料。调查采集第一手资料的费用比较高,但由于这种资料常常来自现场或田野的调查,资料的可信度高、价值大。第二手资料是为了策划需要而采集的现成资料。在现代文化产业项目调研中,很大一部分内容往往采用第二手

第6章 文化产业项目策划的项目调研与数据分析

资料的形式来进行,这样比较方便,而且成本也比较低。调研者可以从内部资料中获取,也可以利用外部资料间接获取。常见的内部资料来自企业的财务报表、资金平衡表、销售统计以及其他报表档案;外部资料常来自政府的文件、书籍、报纸、期刊以及其他各种出版物。项目调研的起点应来自第一手资料,并且第一手资料必须精确、可靠并且真实。

(2)确定项目调查方法

市场调研的方法多种多样。按照方式的不同,可分为观察法、访谈法、抽样法和实验法等。

观察法。观察法是一种单向调研活动,主要是由项目调查人员通过直接观察,进行实地记录,以获取所需的资料。这种方法可以采取跟踪观察的形式在不同的地点连续进行,以获取动态的数据记录,供调研者利用;也可以从不同角度对调查对象进行观察,从而对调查对象作整体评价。

访谈法。访谈法是一种双向互动沟通的调研活动,一般分为口头询问法和书面询问法,主要包括问卷调查、电话访谈、座谈会、深度访谈等。

抽样法,包括任意抽样、判断抽样和滚雪球抽样,通过问卷、随机抽查等方式获取资料。

实验法。实验法是将调查对象随机地分成若干组,通过有意识地控制实验条件中的若干变量,以此来观察条件变化后的各种反应,从中找出各种反应的差别。它包括彩排、预演、试映、样书、沙盘推演等多种形式。这种方法可以控制实验条件,排除其中非可控因素的影响,从中找出因果联系,所以运用比较广泛。

(3)确定项目市场需求预测方法

由于策划的项目尚属"未来之物",项目的市场需求是潜在的或隐形的,需要采用相应的预测方法,具体包括:

直接调查法,包括购买者意向调查法和市场试销法等。

经验判断法,包括个人判断法、集中意见法、专家意见法等。

时间序列法,包括算术平均法、移动平均法、加权移动平均法、指数平均法、季节波动分析法等。

回归分析法,即在掌握大量观察数据的基础上,利用数理统计方法建立因变量与自变量之间的回归关系函数表达式。

(4)确定调研费用预算

项目调查需要一定的费用支出,这样便要合理地制定费用预算。尽可能确保调研费用支出小于调研后产生的收益。

4. 调研计划实施

在调研计划制定出之后,就到了计划的实施阶段。这一阶段又可以细分为数据资料的收集、加工处理和分析研究三个步骤。

(1)数据资料的收集

数据资料的收集阶段往往费用很高,但对整个项目活动的开展具有重要意义,调研团队主管人员必须监督现场的工作,采取相应的措施防止失真信息的出现。

(2)数据资料的加工处理

收集的数据资料要经过一个去伪存真、去粗取精的加工处理过程,从而保证分析工作的客观可靠,以更好指导整个策划项目活动的顺利进展。

(3)数据挖掘与分析

数据资料经过搜集、加工、处理之后,要对基础数据资料进行分析。数据挖掘与分析方法主要有定量分析与定性分析两种。随着网络技术以及计算机技术的发展,出现了数据处理软件,这为项目调研工作带来了便利,从而缩短了分析的时间,提高了工作效率。由于数据挖掘与分析对项目策划尤为重要,我们将在下一部分专门展开讨论。

5. 撰写调研报告

调研报告是将调研数据分析结果书面化的形式,也是对整个调研工作的总结。调研报告的具体内容见下一部分。

(三)项目调研技术的运用

与观察法、访谈法、抽样法和实验法等调查方法相对应,项目调研技术主要包括抽样技术、询问技术和分析技术等。

1. 抽样技术

项目调研往往采用随机抽样法,它是指随机从总体中选出一部分作为调查样本,从而推断总体特征。根据抽样技术的差别,常用的随机抽样可分为简单随

第6章 文化产业项目策划的项目调研与数据分析

机抽样、分层随机抽样和分群随机抽样等方式。

简单随机抽样,是在调查对象总体中不做任何主观的选择,纯粹用随机方法抽取样本,使每一个个体被抽作样本的机会均等。具体做法是将调查总体逐个编号,然后决定样本的大小,根据随机数表抽取样本。

分层随机抽样,是借助于辅助资料,把总体按一定标准进行分层,然后在每一层中用简单随机抽样方式抽取样本进行调查。这种方法可以增加样本的代表性,避免样本集中于总体的某个层面。

分群随机抽样,是把调研对象总体划分为若干群体,以简单随机抽样法选取一定数量的群体作为样本,然后对抽取的样本群体进行普调,以推断总体特征。

2. 询问技术

作为一种双向互动沟通的活动,项目调研访谈需要掌握一定的询问技术,它包括口头询问技术、书面询问技术和调查表设计技术等。

口头询问技术。采用口头询问法时,项目调研者可以直接与访问对象进行交谈,从交谈中获取所需要的信息,也可以采取座谈会的形式。这种方法简单、快速、灵活,但要求询问者的思维敏捷,能及时捕捉有价值的信息资料。访谈时要注意技巧,包括做好充分准备,写好访谈提纲或询问表;注意聆听和引导,态度友善亲切;适时提问,善于启发和引导调查对象回答问题。

书面询问技术。采取书面询问法时,需要调研者事先制定出一份与项目构思相关的主要问题的问卷(调查表),以当面填写或邮寄填写的形式收集信息。它要求每个人在一定的时间内将问题的解决办法,以及对项目投资的某些设想、看法,记录在问卷上,然后将问卷收回,汇总整理并总结。书面询问速度比较慢,但是成本比较低、资料比较丰富。

问卷调查表的设计技术。一般来说,调查表由五个部分组成:被访问者状况、调研的内容、调查表填表说明(目的、意义、要求等)、调查者项目(姓名、单位、时间等)、编号等。项目调查表设计的一般程序包括:依据项目调查目的需要,列出调查内容;归纳出相关的问题;确定调研的方式;确定询问方式;确定询问次序;斟酌提问方式;进行小规模效果测试;根据测试结果,调整调查表等。在问卷调查表设计时,要注意问题的提出方式、在问卷中不重复出现同一个问题等。

3. 分析技术

分析技术过程主要包括：

编程，即编制工作日程、安排工作步骤、确定计算分析方法以及计算机软件的配备等。

归类，即把收集到的资料按性质分类，以便于分析。

编校，即对归类的数据资料，进行检查、修正等编校工作，去粗取精、去伪存真。

计算，即对归纳、编校的数据资料的量化，例如数据资料的总计、比例分析、平均分析、动态分析等。

列表，经过整理计算的数据资料，编成统计表，以便项目策划利用。

三、数据挖掘与分析

调研往往从收集、整理、加工数据或信息开始，有效数据或信息是策划者进行项目判断和策划创新的基础。

（一）数据挖掘与分析的概念与作用

数据挖掘与分析是按照项目的策划目标，从大量的、不完全的、有噪声的、模糊随机的数据或信息中，提炼和揭示隐含在其中的有用的或未知的信息，将其用于项目战略、营销和管理决策的过程。数据挖掘与分析的作用主要在于：

1. 为问题的结构化分析提供严格的事实基础

策划必须在深入调查研究的基础上，占有大量真实、全面的信息资料。一般来说，大的企业或机构都设有专门的信息分析中心。除了利用内部资料之外，还可以有效利用外部资料，如在社会分工系列中，已经形成诸如普华永道、埃哲森、麦肯锡、标准普尔、北大纵横、北大三方、易观国际等第三方专业咨询机构。

2. 在"信息过剩"中找到"黄金信息"

面对纷繁复杂的信息，调研者不要成为纷繁复杂的信息的奴隶，更不要试图煮沸整个海洋。必须对已收集的多种多样的数据或信息资料进行去粗取精、去伪存真、由此及彼、由表及里地处理和分析①,以把握其内在逻辑和实现对问题的本质还原。

（二）数据挖掘与分析的步骤

1. 占有大量信息资料

在市场调研中收集的信息资料丰富多样,可能有政策环境、经济环境、社会环境的信息,有文化市场基本状况的信息,有现有和潜在用户的人数及需求量、市场需求变化趋势的信息,还有对产品价格、影响销售的信息等。调研过程中,要以多多益善为原则,尽可能占有充分的信息资料,为后续工作提供良好的储备基础。

2. 建立属于自己的数据库

占有了丰富的信息资料之后,必须建立一个相对有序的数据库,把这些资料分门别类地理顺起来。建立数据库要力求做到：

原始信息力求全面、真实可靠。直接收集一手资料,以一手资料为基础。同时,充分利用二手资料,其中既可以免费利用如国家统计局等政府机构的资料,也可以购买专业数据,如专业咨询机构的统计资料。

信息加工准确及时。可以借鉴大量的研究报告和专家意见,也可以雇佣专门人员进行数据收集和行业研究。

信息收集系统连续。比如进行数据的统计时,可以将调查数据输入计算机后,经 Excel 软件运行,获得已列成表格的大量的统计数据。

3. 进行数据挖掘与分析

信息资料经过搜集、加工、处理之后,要对基础数据资料进行挖掘和分析,从中取得具有普遍意义的规律性认识。

（1）数据挖掘与分析的基本方法

数据或信息不等于有效的项目策划依据,要将数据或信息转化为有效的项目策划依据,调研者需要做好两件事:剔除与所需无关的数据或信息;分析和解释数据或信息,根据获得的数据或信息采取相应对策以及恰当的行动。为此,除

---

① 有兴趣者可以参阅毛泽东《实践论》一文提出的方法。

了掌握上一部分所讲的信息或数据的具体分析技术之外,还要重视以下数据挖掘与分析的基本方法:

关键事件的分析,即把握对项目发展影响最大的核心问题。哪些事件是关系到能否完成其余工作的"转折点"？关键事件可能是技术事件,如研究项目圆满完成；也可能涉及向重要客户提供新产品或新服务,或者涉及争取到新的客户。

发生概率的分析,即及时获得不同寻常的事件的信息。只要某种事件在正常的概率分布区间内波动,我们就不需要采取行动。但是,超出可接受的概率发布范围的异常事件,它要求我们必须采取对策或行动。

(2) 项目关键变量的分析

以上两种基本方法其实都涉及对于项目关键变量的分析,而项目关键变量的分析可以细分为若干具体类型:

对项目关键变量的分类预测,如进行顾客群体细分,针对市场需求,确定项目的顾客定位。

对项目关键变量的聚类分析,如确定项目目标或者对项目风险特征的把握,需要进行综合归纳,把零散的有效信息聚拢起来。

对项目关键变量的关联分析,如寻找问题之间的因果联系,把握内在运行规律。

对项目关键变量的概念描述,如提炼项目的主题或者进行项目的形象设计,需要找到恰当的方式和语言表达出来。

对项目关键变量的趋势分析,如把握行业或产业发展趋势和走向,对项目发展前景进行预测和评估。

(三) 撰写调研报告

在进行深入数据挖掘与分析的基础上,就可以着手撰写项目调研报告。项目调研报告就是将调研数据挖掘和信息分析结果进行书面化、系统化。

1. 调研报告的形式

一般来说,项目调研报告包括两种形式:

一种是技术性报告,着重报告市场调研的过程,内容包括调研目的、调研方法、数据资料处理技术、主要调研资料摘录、调研结论等等。报告面对的对象主要是调研者或策划者。

另一种是结论性报告,着重报告调研的成果,提出调研者的结论与建议,供项目的客户(甲方)和上级决策者进行决策参考。

2．调研报告的格式

项目调研报告的基本格式一般包括:

前言。用简明扼要的文字写出调研报告撰写的依据,报告的研究目的或主旨,调查的范围、时间、地点及所采用的调查方法、方式。

报告主体。主要包括对于项目所拥有的资源和面对的竞争环境的分析;文化市场需求与市场前景分析,如项目产品销售对象的数量与构成,消费者消费心理和实际购买力,潜在需求量及其购买意向,消费者需求层次和需求程度的变化情况,进入国际市场的前景等。

结论与建议。综述整个报告重申观点或是加深认识,通过对拟建项目的文化产品(或文化服务)市场需求、竞争对手等研究,在此基础上提出相应的建议。需注意的是,客户并不会对调研报告上华美的图表付费,他们感兴趣的是能使项目增值的建议。

四、项目调研中的几种分析工具

进行数据挖掘与分析、撰写调研报告都需要相应的分析工具。根据项目的规模和涉及内容层次的不同,可以相应分别选择合适的分析工具:项目宏观环境的 PEST 分析;项目竞争环境的五力模型分析;项目运行环境的 SWOT 矩阵分析;项目的市场定位的安索夫矩阵分析;项目微观系统的价值链分析;等等。

(一) 项目宏观环境的 PEST 分析

PEST 分析是项目策划中常用的宏观环境分析工具。它通过政治、经济、社会和技术四个方面的因素分析,从总体上把握宏观环境,并评价这些因素对项目战略目标制定的影响(见图6-1)。

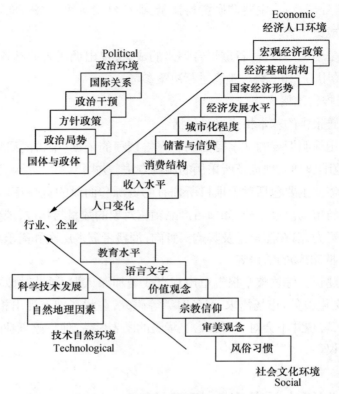

图 6-1 项目宏观环境的 PEST 要素

1. 政治要素

政治要素 P,即 Politics,是对组织经营活动具有实际与潜在影响的政治力量和有关文化以及文化产业的法律、法规等因素。当政治制度与体制、政府对组织所经营业务的态度发生变化时,当政府发布了对企业经营或文化产业发展具有约束力的法律、法规时,项目的经营战略必须随之做出调整。

2. 经济要素

经济要素 E,即 Economy,是一个国家的经济制度、经济结构、产业布局、资源状况、经济发展水平以及未来的经济走势等。构成经济环境的关键要素包括 GDP 的变化发展趋势、利率水平、通货膨胀程度及趋势、失业率、居民可支配收入水平、文化消费能力、汇率水平、文化走出去情况等。

3. 社会要素

社会要素 S，即 Society，是组织所在社会中成员的民族特征、文化传统、价值观念、宗教信仰、教育水平以及风俗习惯等因素。构成社会环境的要素包括人口规模、年龄结构、种族结构、收入分布、消费结构和水平、人口流动性等。其中，人口规模直接影响着一个国家或地区市场的容量，年龄结构、青少年群体所占比重则决定文化产品的种类及推广方式。

4. 技术要素

技术要素 T，即 Technology，不仅仅包括那些引起革命性变化的技术发明，还包括与项目生产有关的新技术、新工艺、新材料的出现和发展趋势以及应用前景。在当今社会，最迅速的变化就发生在技术领域，像微软、IBM、苹果、Facebook、腾讯、百度等高技术公司的崛起改变着人们的生活方式，同时创造出许多新业态和新产品。

（二）项目竞争环境的五力模型分析

所谓"五力模型"包括同业竞争者的竞争程度、供应者的议价能力、购买者的议价能力、替代产品或服务的威胁、潜在进入者的威胁（见图6-2）。

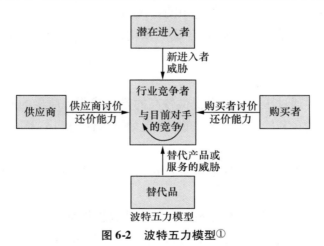

图 6-2　波特五力模型①

---

① 〔美〕迈克尔·波特：《竞争优势》，陈小悦译，华夏出版社1997年版，第4—6页。

1. 同业竞争者的竞争程度

大部分文化产业领域中的项目,相互之间的利益都是紧密联系在一起的,作为企业整体战略一部分的项目竞争战略,其目标在于使得自己的项目获得相对于竞争对手的优势,所以,在实施中就必然会产生冲突与对抗现象,这些冲突与对抗就构成了现有企业或项目之间的竞争。从产业周期来看,当下中国文化市场已经由高速增长的成长期后半期进入到"同质化"为主要市场特征的成熟期前期。现有项目之间的竞争常常表现在创意能力、产业链扩展能力、整合能力、营销、售后服务等方面。

2. 供应者的议价能力

供方主要通过其提高投入要素价格与降低单位价值质量的能力,来影响行业中现有项目的盈利能力与产品竞争力。一般来说,满足如下条件的供方会具有比较强大的讨价还价能力:

供方行业为一些具有比较稳固市场地位而不受市场激烈竞争困扰的企业所控制(如电信行业),其产品的买主很多,以至于每一单个买主都不可能成为供方的重要客户。

供方企业的产品各具有一定特色,以至于买主难以转换或转换成本太高,或者很难找到可与供方企业产品相竞争的替代品。

供方能够方便地实行前向联合或一体化,而买主难以进行后向联合或一体化。

3. 购买者的议价能力

购买者主要通过压价与要求提供较高的产品或服务质量的能力,来影响行业中现有企业的盈利能力。一般来说,满足如下条件的购买者可能具有较强的讨价还价能力:

购买者的总数较少,而每个购买者的购买量较大,占了卖方销售量的很大比例。

卖方行业由大量相对来说规模较小的企业或机构所组成。

购买者所购买的基本上是一种标准化产品,同时向多个卖主购买产品在经济上也完全可行。

购买者有能力实现后向一体化,而卖主不可能前向一体化。

4. 潜在进入者的威胁

潜在进入者在给文化产业某一行业带来新生产能力、新资源的同时,将希望在已被现有企业瓜分完毕的市场中赢得一席之地,这就有可能会与现有企业发生文化资源与市场份额的竞争,最终导致行业中现有项目盈利水平降低,严重的话还有可能危及企业的生存。竞争性进入威胁的严重程度取决于两方面的因素,这就是进入新领域的障碍大小与预期现有企业对于进入者的反应情况。

其中,进入障碍主要包括规模经济、产品差异化、资本需要、转换成本、政府行为与政策、不受规模支配的成本劣势(如商业秘密、产供销关系、学习与经验曲线效应等)、自然资源(如创意农业对自然生态的拥有)、地理环境(如游艇项目只能建在海滨城市)等方面,这其中有些障碍是很难借助复制或仿造的方式来突破的。

5. 替代品的威胁

一般而言,文化产业项目主要有三种基本类型的竞争。"首先,同一类产品之间存在着竞争,地区性的市场之内存在着这样的竞争,譬如不同的博物馆提供的展览。其次,不同种类的文化产品之间也有竞争,例如一场古典音乐会和一场舞蹈表演之间的竞争。再次,文化产品和其他休闲产品之间也可能存在竞争,比如电影和滑雪之间存在着对于消费者的竞争。"①

两个处于同行业或不同行业中的项目,可能会由于所生产的产品是互为替代品,从而在它们之间产生相互竞争行为,这种源自替代品的竞争会以各种形式影响文化产业项目的竞争战略。替代品价格越低、质量越好、用户转换成本越低,其所能产生的竞争压力就强;而这种来自替代品生产者的竞争压力的强度,可以具体通过考察替代品销售增长率、替代品厂家生产能力与盈利扩张情况来加以描述。

(三)项目竞争环境的 SWOT 矩阵分析

按照竞争战略的概念,项目策划应是一个企业"能够做的"(组织的强项和

---

① 〔加〕弗朗索瓦·科尔伯特:《文化产业营销与管理》,高福进等译,上海人民出版社 2002 年版,第 109 页。

弱项)和"可能做的"(环境的机会和威胁)之间的有机组合。SWOT方法自形成以来,成为竞争环境研究的常用分析工具。

1. SWOT组合分析法

SWOTS组合包括项目内部的优势(Strengths)、项目内部的劣势(Weaknesses)、项目外部环境中的机会(Opportunities)、项目外部环境中的威胁(Threats)以及它们之间的组合。

(1)竞争优势

竞争优势是一个项目超越其竞争对手的能力。竞争优势可以是以下几个方面:

创意和技术优势,包括独一无二的文化资源、独家拥有的版权、独特的生产技术、低成本生产方法、领先的革新能力、雄厚的技术实力、完善的质量控制体系、丰富的营销经验、上乘的客户服务、大规模采购技能等。

有形资产优势,包括先进的生产流水线、现代化办公条件和设备、丰富的自然资源储存、充足的资金、完备的资料信息等。

无形资产优势,包括自主的知识产权、有影响力的文化品牌、良好的商业信誉、优秀的企业形象、积极进取的企业文化等。

人力资源优势,包括关键领域拥有专长的人才、积极上进的团队、很强的组织学习能力、丰富的经验等。

组织体系优势,包括高质量的控制体系、完善的信息管理系统、忠诚的客户群、强大的融资能力等。

竞争能力优势,包括产品开发周期短、强大的经销商网络、与供应商良好的伙伴关系、对市场环境变化的灵敏反应、市场份额的领导地位等。

(2)竞争劣势

竞争劣势是某个项目缺少或做得不好的方面,或指某种会使项目运行处于劣势的条件。可能导致项目内部劣势的因素有:

缺乏具有竞争力的文化资源、知识产权以及其他无形资产。

缺乏数字化和网络化技术条件和融合能力。

缺乏有竞争力的有形资产、人力资源、组织资产、企业文化等。

关键领域里的竞争能力正在丧失,同质化明显。

(3) 市场机会

市场机会是影响项目策划的重大因素。策划者应确认每一个机会，评价每一个机会的成长和利润前景，选取那些可与项目财务和组织资源匹配、使项目获得的竞争优势的潜力最大的最佳机会。项目潜在的市场机会一般包括：

客户群的扩大趋势或产品细分市场。

文化创意和技能技术向新产品新业务转移，为更大的客户群服务。

文化企业的前向或后向整合。

文化市场进入壁垒降低和国家对于文化产业的倾斜政策。

获得某种并购竞争对手的资源和能力。

文化市场需求增长强劲，可快速扩张。

出现向其他地理区域扩张，扩大市场份额的机会。

(4) 外部威胁

外部威胁是在项目的外部环境中，总是存在某些对项目的盈利能力和市场地位构成威胁的因素。项目策划者应当及时确认危及项目未来利益的威胁，做出评价并采取相应的战略行动来抵消或减轻它们所产生的影响。项目的外部威胁一般包括：

出现将进入市场的强大的新竞争对手或替代文化产品。

原来的主要产品市场增长率下降。

文化产业政策、汇率和外贸政策等的不利变动。

社会人口特征、文化消费方式或娱乐方式的不利变动。

客户或供应商的谈判能力提高。

相关文化市场需求减少或萎缩。

2. 项目竞争实力的SWOT分析步骤

好的SWOT分析的前提是正确判断和识别出优势、劣势、机会与威胁因素。而评价项目某种因素优劣与否，也取决于企业的生存环境，而企业的生存环境主要由行业背景与主要竞争对手构成。考察项目竞争实力的SWOT分析步骤包括：

(1) 罗列项目及其运作主体(企业)的优势和劣势，可能的机会与威胁。遵循Mutually Exclusive, Collectively Exhaustive(相互独立，完全穷尽)原则进行组合分析。

（2）优势、劣势与机会、威胁相组合，形成 SO、ST、WO、WT 竞争战略或策略（见表6-1）。

表6-1 项目竞争环境的SWOT矩阵

SWOT 战略分析矩阵：

	优势（Strengths） S1. S2. S3. S4.	弱点（Weaknesses） W1. W2. W3. W4.
机会（Opportunities） O1. O2. O3. O4.	SO 战略组合： SO1. SO2. SO3. ……	WO 战略组合： WO1. WO2. WO3. ……
威胁（Threats） T1. T2. T3. T4.	ST 战略组合： ST1. ST2. ST3. ……	WT 战略组合： WT1. WT2. WT3. ……

（3）对 SO、ST、WO、WT 策略进行甄别和选择，确定企业目前应该采取的具体战略与策略。

（4）制定 SWOT 矩阵（见表6-2）：SO 战略（增长性战略）；WO 战略（扭转型战略）；ST 战略（多种经营战略）；WT 战略（防御型战略）。

表6-2 SWOT矩阵的战略选择

		外部环境	
		机会	威胁
内部环境	优势	增长型战略	多种经营战略
	劣势	扭转型战略	防御型战略

（5）做多张 SWOT 表，进行动态 SWOT 分析。寻找对于优点敏感而对于缺点不敏感的方面，突出优点，弱化缺点。克服单一 SWOT 表不可避免地带有精度不够的缺陷，通过动态分析项目的 S、W、O、T 的各种表现，形成一种相对精确的项目竞争地位描述。

（6）策划项目的定位。充分发挥自身的优势，尽可能回避自身的劣势，实现机会最大化、风险最小化。

（四）项目市场定位的安索夫矩阵分析

安索夫矩阵由美籍俄裔管理学家安索夫于1975年提出，是应用最广泛的项目市场定位分析工具之一。

1. 安索夫矩阵

安索夫矩阵是以产品和市场作为两大基本维度，区别出四种产品和市场组合和相对应的策略（见图6-3）。

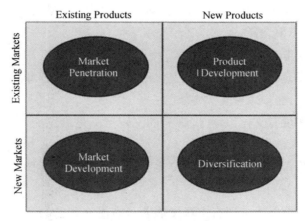

图6-3　安索夫矩阵①

（1）市场渗透

市场渗透（Market Penetration）是以现有的产品面对现有的顾客，以其目前的产品市场组合为发展焦点，力求增大产品的市场占有率。采取市场渗透的策略，借由促销或是提升服务品质等方式来说服消费者改用不同品牌的产品，或是说服消费者改变使用习惯、增加购买量。

（2）市场开发

市场开发（Market Development）是提供现有产品开拓新市场，企业必须在不

---

① 参见〔美〕H. Igor Ansoff：《新公司战略》，曹德骏等译，西南财经大学出版社2009年版，第9页。

同的市场上找到具有相同产品需求的使用者(顾客),其中往往产品定位和销售方法会有所调整,但产品本身的核心技术则不必改变。

(3) 产品延伸

产品延伸(Product Development)是推出新产品给现有顾客,采取产品延伸的策略,利用现有的顾客关系来借力使力。通常是以扩大现有产品的深度和广度,推出新一代或是相关的产品给现有的顾客,提高该项目或企业在消费者中的占有率。

(4) 多元化经营

多元化经营(Diversification)是提供新产品给新市场。此处由于企业的既有专业知识能力可能派不上用场,机会大风险也大,因此多元化的失败概率很高,需要周密调研、审慎选择。

2. 安索夫矩阵分析的关键步骤

产品市场多元化矩阵可以帮助文化产业项目科学地选择战略模式,但在使用该工具的时候,必须掌握其关键步骤:

(1) 考虑在现有文化市场上,现有的文化产品是否还能得到更多的市场份额,可以考虑选择市场渗透策略。

(2) 考虑是否能为其现有文化产品开发一些新市场,可以考虑选择市场开发策略。

(3) 考虑是否能为其现有市场发展若干有潜在利益的新产品,可以考虑选择产品延伸策略。

(4) 考虑是否能够利用自己在知识产权、技术、市场等方面的优势,根据产业趋势和资源流动方向,可以考虑选择产品多元化经营策略。

(五) 项目微观系统的价值链分析

价值链分析就是考察项目在产业链条中处于何种地位,以及项目根据自身的资源条件和发展战略所具有的定位。

1. 价值链的构成

根据波特的价值链理论,一个项目的竞争优势,是项目在价值链上某一特定的战略环节上所具有的优势,这些战略环节是项目利润的来源。只要控制住这些关键的战略环节(特别是微笑曲线两端),就控制住了整个价值链,也就获得了持续的赢利。

在波特看来,一个项目的生产经营活动可以分成基础活动和支持活动两大类:主体活动是生产经营的实质性活动,一般可以分为原料供应、生产加工、成品储运、市场营销和售后服务五种活动。这些活动与产品的加工流转直接相关,是项目的基本增值活动。支持活动是用以支持主体活动而且内部之间又相互支持的活动,包括企业投入的采购管理、技术开发、人力资源管理和企业基础结构。①

文化产业项目的基础活动是创意、文化内容和渠道或平台,它们决定着整个价值链的运行。例如,文化 Mall 价值链是以文化 Mall 开发商、运营商为中心,以入驻文化 Mall 的书城、影城、青少年娱乐厅、咖啡茶饮馆、文化乐园以及文化商贸的广大商户为主力店,以及由若干周边服务企业组成。分析文化 Mall 价值链,其中的关键战略环节就是内容提供领域和客流。书城即是这一价值链的关键环节,通过免费阅读体验,可以吸引到大量客流。作为文化 Mall 的开发商和运营商可以利用书城为文化 Mall 聚客,大力拉升店客流量,通过复合业态留住消费者,使其得到全新、全面的文化消费体验,通过充分挖掘并全面满足消费者的全方位需求,建立多种收益方式,从而实现项目整体赢利。对于文化 Mall 企业而言,其价值链上的关键点在于内容和渠道,内容上的竞争可以吸引受众的注意力,培养受众的忠诚度;而渠道的竞争则有利于扩大受众的覆盖面。

2. 价值链分析的步骤

(1)把整个价值链分解为与战略相关的活动、成本、收入和资产,并把它们分配到"有价值的单元"中。

(2)确定引起价值增值变动的各项活动,并根据这些活动,分析形成活动成本及其差异的原因。

(3)分析整个价值链中项目各节点之间的关系,确定核心文化产品与顾客和供应商之间的相关性。

(4)利用分析结果,重新组合或改进价值链,以更好地控制成本动因,产生可持续的竞争优势,使价值链中项目的重要节点在激烈的市场竞争中获得优势。

---

① 〔美〕迈克尔·波特:《竞争优势》,陈小悦译,华夏出版社 1997 年版,第 36—38 页。

第 7 章
文化产业项目的营销策划

文化产业内容与渠道融合发展的趋势和文化产品的媒介化特点,决定了营销已成为文化产业项目不可分割的一部分。相应地,文化产业项目策划应当与项目营销策划同步进行,并把项目营销自然嵌入到项目策划方案之中。

一、文化产业项目的市场细分

文化产业项目策划把满足顾客的需要作为基本理念,即"顾客需要什么和喜欢什么,我们就策划什么。"在此理念指导下,文化产业项目的营销策划应以满足顾客的差异化需求为中心进行,具体包括项目市场细分、项目市场的选择、确定项目的市场定位等。

(一)项目市场细分的概念及特点

文化市场是个大概念,它分为整个行业市场、地区市场、单个文化产品市场等不同层次。其具体因素包括文化产品的市场密度,文化市场结构和供给的满足程度,市场空隙,各个竞争者的策略、手段和实力,同类文化产品的制作、传播、成本、价格和利润情况,广告和促销投入的比较,有关地区文化产品的差别和供求关系以及属性趋势,整个文化市场的收益水平和未来趋势,最适于文化消费者接受的文化内容的性质和定价水平,文化产品接触渠道的整合和竞争情况等多种因素。

项目市场细分是策划者通过市场调研,依据消费者的需要、购买行为和购买习惯等方面的差异,考虑以上相关要素,把某一项目的市场整体划分为若干消费者群的市场分类过程。项目市场细分是选择目标市场的基础和前提,通过市场细分,有利于明确目标市场,通过市场营销策略的应用,有利于满足目标市场的需要。

一个文化产业项目在市场细分的基础上,根据自己拥有的文化资源优势,结合文化市场竞争环境情况,可以选择一个或多个子市场,作为自己的目标市场。市场细分要按照项目消费者的差异性把文化市场划分为若干层和若干个子市场。例如,在影视产业项目策划中,我们可以把市场按照"大市场—小市场—子市场"不断地细分,把它分成电影市场和电视剧市场,电视剧市场又可以分成主旋律剧、情感剧、肥皂剧,情感剧里面我们又可以把它分成城市情感剧和农村情感剧等。市场细分的最终链条可能是:影视市场—电视剧市场—情感剧市场—都市情感剧市场—青春偶像南国之歌市场等。

不过,在进行市场细分时,还需要考虑文化产业项目服务市场的本质特点:

过程流动性,即项目进入市场一般经历个性化创意、标准化复制、网络化传播、即时性消费等过程。

无形性和可变性,如信息、娱乐、乐趣、享受等,不同的项目提供的不同服务或者不同消费者对同一消费体验经历会做出的不同反馈。

不可分性,如演艺项目中娱乐产品与产品提供者之间、消费者与创作者之间具有不可分割的关系。

(二)项目市场细分的作用

1. 有利于集中使用资源

对市场进行细分,深入了解每一个子市场,衡量子市场的开发潜力,然后集中投入人力、物力、财力、信息、关系等资源,形成相对的能量集聚,从而优化资源配置,减少费用,提高效益,降低风险。

2. 有利于更好地满足消费者需求

市场细分充分关注了相关产业项目消费者的需求的差异性,以消费者为中心来进行市场理性思考。因此市场细分的直接效果是相关行业消费者的精神文化需求得到满足,在项目开发中获益,从而营造起项目的口碑、影响力和美誉度,达到项目的可持续发展。

3. 有利于挖掘更多的市场机会

通过对市场进行细分,可以全面了解项目市场广大消费者群体之间在需求程度上的差异,而在市场中,往往满足程度不够;或者满足出现真空时,市场便有可获利的余地,市场机会也就随之而来。抓住这样的时机,结合自身拥有的文化资源优势,推出特色的项目产品,占领市场,取得效益。并且,对消费者市场进行细分,增强市场调研的针对性,市场信息反馈较快,文化企业能够及时、准确地规划相关项目活动。

4. 有利于提高项目的市场竞争力

在市场细分的过程中,不仅要对消费者需求进行细分,而且要对竞争对手进行细分,由此能够清楚地知道,哪个子市场上存在竞争者,哪个子市场上竞争者比较少,哪个子市场竞争压力大,哪个子市场竞争比较缓和,清楚此种情况,制定合理的项目竞争战略,可以增强项目的竞争力。

(三)项目市场细分的依据和方法

项目市场细分的客观基础是消费者需求的差异性。对项目消费者细分,一般要考虑地理因素、经济因素、人口因素、心理因素、行为因素等。项目策划者应清楚项目的细分市场区间在哪里,然后根据消费者的特点和消费需求情况来设计相应的项目内容,进行有针对性营销。具体分析及举例见表7-1。

表7-1 项目市场细分的因素及相应策划举例

细分依据	具体因素	相关策划举例
地理因素	地域、地形、气候、城乡差异、城市规模	如南方的人比北方人喜欢出行旅游,文化旅游企业可以推出针对南方人的文化旅游项目,如冰雪冰雕游等;再如体育项目中的足球在巴西比较流行,足球产业项目在巴西有较大市场空间。
经济因素	收入水平、消费水平、社会阶层、闲暇时间、支付角色	项目开展要充分注意到经济因素影响,如可以针对高端消费者的注重生活品质的特点和修养身心的需要,策划出一系列太极健身项目。

(续表)

细分依据	具体因素	相关策划举例
人口因素	人口分布、年龄、性别、职业、家庭、民族、宗教信仰、文化程度	一般说来,通俗文化或大众文化是文化产业项目的构建基础,而40岁以下的年龄段是文化产业项目的主要消费群体区间。如可以普通的年轻人为主要定位,策划百姓舞台和文化主题公园项目。
心理因素	价值观、生活方式、精神需求、购买动机、消费习惯、兴趣爱好	项目与消费者心理因素的关系十分密切。可以根据消费者喜爱表现自我和成名的心理,推出一系列的音乐选秀活动项目,这也是"超级女声""星光大道"等成功的主因。
行为因素	时机、利益、使用率、对产品的态度	人们逐渐从传统的文化消费方式向网络文化消费方式转变,网络电视、电子图书、在线电影、网络下载音乐等多种多样的消费形式慢慢向普通大众渗透,因此策划某些数字内容产业项目可能会更有发展前景。

值得重视的是,仅是按照以上某一个因素进行细分,就会使文化消费群体变得支离破碎(因为每一个具体消费者的需求特点具有多维性),无法把握项目的真正市场所在。因此在以上细分的基础上,需要一步一步地归纳消费群体的综合特征,并加以识别和判断,逐步在头脑中形成新的整合的市场。① 其具体包括如下几方面:

文化消费者的社会特征,包括年龄、性别、学历背景、职业状况、收入水平、消费以及决策地位和能力等。

文化消费者的文化产品接触行为和偏好特征,包括接触文化产品的总体时间、享用文化产品的满意度水平、对文化产品价格的心理承受水平、对销售和发行渠道的接触习惯、对内容资讯的偏好、对文化产品的改进要求、文化产品接触习惯的变化趋势等。

文化消费者的空间特征,包括人口总体规模、人口结构变化、目标人群在人口结构中的地位和影响力、目标人群的规模和结构变化等。

例如,某一个音乐产业项目,可以在根据以上因素进行市场细分的基础上,对其消费群体进行综合识别:

A. 目标消费者。年龄在3岁到45岁之间的消费者,是音乐,电影,主题公

---

① 只有完成从混沌到细分再到新的综合,才能对文化产业项目营销策划与实践有指导价值。

园等的主流消费人群。这个群体具有年轻化和热心参与具有体验性、参与性的文化活动和文化消费的特点。从区域消费群体的变化来分析,项目的定位是一开始的时候本地消费者占八成左右,外地消费者(游客等)占二成左右。在一年之后,外地消费者即游客占到四成左右。

B. 核心消费者。年龄在10岁到33岁左右的年轻人群,他们的消费占到总消费的85%—88%左右,是音乐和电影的核心消费者。这个群体是在生活方式和产品选择上追求文化内容的可体验性、互动性、时尚性(跟明星结合)和参与性,讲究品牌和创新。

C. 核心消费者的特点归纳。其一,青少年群体在文化产品的消费方面注重产品和服务所具有的娱乐性、体验性、参与性和时尚性的要素及其组合。其二,青少年最具代表的生活方式是在音乐当中体现出来的,决定项目的内容设计目标应当符合青少年的文化体验的这些特点,即核心产品围绕主体消费者打造,商业配套也主要围绕核心消费者打造。对于扩展的消费者如中年以上的消费者,也应当保留过去年代的流行音乐和怀旧音乐,以及在风格上比较安静的音乐。其三,青少年对音乐具有依赖性。音乐体验对各种消费具有拉动性,由此可以形成综合经济效益。

(四)项目市场细分的步骤

项目市场细分是一个连续的过程,具体要经过选定细分范围、确认细分依据、权衡细分变量、调查潜在顾客(非顾客)的需求、评估细分市场、选择目标市场、设计项目策略等步骤。

1. 选定项目市场范围

明确项目在某行业中的产品市场范围,并以此作为制定项目市场开拓战略的依据。细分范围取决于多种因素,其中主要包括项目实施主体的人力、物力、财力,项目的目标与任务,项目的目前行业发展状况等。

2. 权衡细分变量

从地理因素、人口因素(包括性别、年龄、收入等)、心理因素、行为因素等方面列出影响产品市场需求和顾客购买行为的各项变量。明确这些细分变量对项目市场细分起着重要的作用。细分变量使用不当,有可能使细分结果与市场的实际情况相差甚远,可能导致项目决策的失误。

3. 调查潜在顾客(非顾客)的需求

对不同的潜在顾客进行抽样调查,并对所列出的需求变数进行评价,了解顾客的共同需求。在项目调研中,已对项目市场状况进行了数据的收集、整理、分析,可以说大致掌握了整体情况。为了进一步了解细分市场,也为了检测项目调查的效率,可以安排小规模的市场调研,分析潜在顾客即现实"非顾客"的不同需求。根据他们与现有市场的相对距离不同,可以依次分为准非顾客、拒绝型非顾客、未探知型非顾客三个层次。项目策划者通过分析这些非顾客和现有顾客的关键共同点,确定哪些潜在的非顾客可以成为将来项目的现实的顾客。

4. 评估细分市场

根据潜在顾客(非顾客)的小型市场调查,对各个子市场进行评价、分析。影响文化市场吸引力的因素包括竞争对手、替代品、文化消费者的市场地位和相对购买力、上游市场供应商等。当然,即使某个目标市场具有合适的规模和成长性,也具备结构性吸引力,仍需要考虑根据目标市场和企业自身战略目标、资源和能力水平的匹配性程度来确定是否值得进入该市场。

5. 选择目标市场

选择目标市场是综合的结果,即通过评估,从众多的现实的子市场和潜在的市场中整合出所策划项目的市场。最好按加权平均方法综合考虑各相关因素。文化产业项目选择目标市场应当优先选择将具有适当现实规模和相当市场潜量的子市场作为备选市场。

6. 制定相应的营销策略

调查、分析、评估各细分市场,最终确定可进入的细分市场,并制定相应的营销策略。目标市场确定后,相应地制定出价格策略、产品策略、渠道策略、营销组合。对此,我们将在本章第三部分中详细分析。

二、项目市场的定位和选择

项目市场细分化之后,存在着众多的子市场(包括现实的和潜在的),如何在子市场中整合出项目自己的目标市场,是一个重要的课题。

(一)选择目标市场

文化产业项目的市场包括文化产业自身的生命周期、文化行业竞争结构和上下游相关产业结构。选择目标市场总体上要遵循"成本最小、能力匹配、风险最低、受益最大"的原则,一般要视项目的不同情况选择以下策略:

1. 集中性策略

集中性策略是在细分后的市场上,选择一个或少数几个细分市场作为目标市场,实行专业化生产和销售,在个别少数市场上发挥优势,提高某一文化市场占有率。项目不是面向整体文化市场,而是将主要力量放在一个子市场上,为该市场开发具有特色的项目,表现为项目用单一文化产品对某一特定目标市场予以满足。这种策略主要适合于短期的文化产业项目,成本小,能在短期中取得效果。

2. 无差别策略

无差别策略是把整个市场作为项目的目标市场,只考虑市场需求的共性,而不考虑其差异,运用一种文化产品、一种价格、一种营销方法,吸引尽可能多的消费者,以期对行业整体市场的全面占领。如美国期刊《电视指南》是实施无差异战略的典型,这份杂志上面有电视节目目录、介绍、评论以及有关歌星、演出和行业方面的时事文章,每周售出 1400 万份,最高时曾达到 1800 万份。

无差别策略的优点是文化产品的品种、类型统一,便于实现标准化与大规模制作的传播,有利于降低文化产品生产成本。这种策略应配以强有力的促销活动或广告宣传,但是促销成本比较大,时间比较长,一般适合于大型的文化产业项目。

3. 差别性策略

面对不同消费群体,项目策划可以考虑提供满足他们各个层次需求的文化产品。差别性策略就是把整个市场细分为若干子市场,针对不同的子市场,设计不同的文化产品,制定不同的营销策略,满足不同的消费需求。例如,游戏项目按生活方式把游戏产品开发分成三种类型:时髦型、古典型、朴素型。再如,AOL 时代华纳公司针对大众市场出版《时代》和《人物》刊物,同时还为更具体的细分市场出版《财富》和《儿童体育画报》等刊物。

差别性策略的优势在于能够扩大文化产品的整体消费者规模,提供项目综合竞争实力;各个市场之间可能形成协同互补效应,有利于形成连带优势。这种策略配置的促销活动应有分有合,广告宣传应针对各自的特点应有所不同,从调动各个子市场消费者的消费欲望。主要缺陷是会使文化产品的制作成本较高。

不管选择哪种营销策略,文化产业项目策划者应当清楚细分市场区间在哪里,明确项目应主要为哪一类顾客(核心顾客)服务,满足他们的哪一种需求。一般说来,通俗文化是文化产业项目的构建基础,35岁或者40岁以下的年龄段是文化产业项目的主要消费群体区间;而35岁以上的年龄段属于理性化消费群体。例如,音乐产业项目可以充分发挥文化活动和内容体验驱动商业性收入的策略和方法,在创新方面形成独特的音乐形态体验如"天籁馆""台湾流行音乐馆"等,同时通过数字音乐来形成各创新之间的联通。另外,可以充分吸收本地文化元素,注重在内容制作、体验方式和建筑设计中体现本地化的特点。

(二) 项目市场定位

项目市场定位是企业根据所选定的目标市场的竞争状况和自己的优势,确定项目品牌和产品被目标顾客认同的与众不同的地位或者某种形象或某种个性特征,从而取得竞争优势。

1. 项目市场定位的内容和原则

(1) 项目市场定位的内容

在文化产业项目策划之初,需要依据市场研究确立项目(产品)属性特征、消费群体、价格等基本因素。项目市场定位主要包括如下几个层面:

项目顾客定位,即确定项目目标消费群体。

项目形象定位,即给项目设计独特的、有影响力的形象,以及由项目产品、品牌、实力、形象所形成的公司的公众影响,具体包括亮点、品牌、推广以及促销等的设计。

产品定位,主要是根据市场需求策划开发差异化的产品。

在本章中我们先讨论前两个层面,产品定位我们将在文化产品一章结合产品开发进行深入、细致分析。

(2) 项目市场定位的原则

需求导向原则,即所有的定位依据、定位取向均来源于市场、来源于消费者的精神文化需求。

大众化原则,即为大多数消费者接受信息的思维方式和心理需求所牵引。

差别化原则,即追求与众不同,把你的产品与其他品牌产品区别开来,占据消费者心中一隅。

个性化原则,即赋予产品或品牌独有的个性以迎合相应的顾客个性。

动态调整原则,即及时调整市场定位策略,以适应不断变化的市场环境。

2. 项目顾客定位

项目顾客定位,是项目市场定位的核心和基础。不管怎样,项目营销策划就是要满足顾客的现实或潜在需求,让顾客满意。例如,电影、图书、软件游戏项目主要就是迎合消费者的某种情感需要,它们能够引导消费者进入一个遥远的主观世界,神游万里;而在文化旅游项目中,顾客的满意来自旅游能帮助他们逃离日常生活的羁绊,向顾客提供一次真正的空间转移,因为文化旅游可以被描述成一个向消费者提供假期和"逃离体验"(为放松、休闲而实行真正的逃离)的行业。[1]

在策划项目的时候,顾客是谁,一定要首先清晰明确,笼统的顾客定位是没有任何意义的。这就需要对顾客概念进行细分,顾客可分为决策者、跟随者、影响者、购买者、使用者(消费者)等。虽然有时购买者也是使用者,但很多时候二者却并不一样;虽然在大多数情况下决定活动的人也是购买者,但在有些情况下他的决策可能受到他人的影响。上述决策者、跟随者、影响者、购买者、使用者(消费者)等通常对某一文化产品或活动的期待不同,并会对其作出不同的评价。例如,如果一个少年想去参加一个音乐会,他会向其父母施加影响来为自己购买入场券,这时双方的需求都得到满足。由于孩子们都不希望家长参加这类活动,音乐会的促销计划应确保家长们得到的信息是:音乐会在安全的环境中举办。

其次,同一个项目可能对顾客群体的定位也不一样。例如,一个文化产业园

---

[1] 〔美〕埃尔·李伯曼等:《娱乐营销革命》,谢新洲等译,中国人民大学出版社2003年版,第215页。

区要思考其产品究竟是本地消费、产品卖到外地、打造平台不分地域、还是吸引外地人来本地消费四个关键点,不同的关键点对策划的要求是完全不一样的。再如,"女子十二乐坊"最初定位是国内市场,而观众对这种表演方式并不买账,没有达到预期目标。而随后确立的日本、欧美市场则取得了不俗的市场绩效。尽管同时打入海外,在日本和美国的宣传策略和市场定位却截然不同。

在日本,女子十二乐坊的目标人群是40岁以上的人。从历史发展、地缘影响等因素来看,中日两国的顾客的音乐审美思想和民族审美趣味有一定的交集。加上日本对中国传统文化的追崇以及日本音乐市场的成熟宽松,日本应该更易于接受和理解女子十二乐坊的新民乐。该项目主要策划者王晓京认为,因为发现专门针对40岁以上人群的音乐几乎没有,而这些人恰恰具有很强的消费能力,并在年轻时就养成了购买唱片的习惯。为此根据这些人的需求,大量参与录制家庭主妇们喜欢的谈话类节目,并尽量将演奏会的时间安排在中午或下午场,以方便主妇们观看。同时,还推出了"治疗音乐"的概念,告诉人们"乐坊"的音乐可以放松身心、有益健康,以迎合这些中年人注重健康的心态。[1] 而在美国,根据市场调查结果显示,在美国人眼中,中国即代表了东方,美国人对中国传统音乐充满神秘感切知之甚少。因此,在美国的定位目标为所有人群。制作公司通过街头、路牌平面广告、电视广告直接宣传等直截了当的方式向美国人推广女子十二乐坊。

明确的顾客定位使女子十二乐坊在不同地区的发展有了更明晰的路线。一个成功项目策划的顾客定位应该是有极强针对性的。"针对不同地域听众的审美习惯而出发的,他们在演奏中增加了很多的其他音乐元素,削弱了某一特定地域的听赏习惯或是说削弱了某一个地域的音乐风格,都能够使不同地域的听众在欣赏的过程中找到他们自己喜欢的音乐元素和风格。"[2]

再如,成都东区音乐产业项目基于青少年顾客的全方位体验,形成流行音乐产业链的整体化经营和部分细分市场的专业化经营。从吸引顾客的角度,项目注重本地消费与外来消费的结合,特别是通过园区的品牌建设和活动(含明星

---

[1] 陈思仰:《刍议"女子十二乐坊"》,《大舞台》2011年第7期。
[2] 同上。

见面等),形成旅游目的地,可以吸引远方的游客和周边城市的顾客。

3. 项目形象定位

项目形象定位策划一个重要方面是思考项目的亮点是什么。所谓亮点,既是项目的优势,也是指项目闪闪发光最吸引人的特色。吸引消费者,需要思考项目的优势在哪里。因为该项目可能是原创的新东西,但是在这个世界上,所有东西都有可能很快被替代。如果"那个"不能被替代,一定要有持续的独特优势。如果没有独特的优势,就很可能被替代,既然可能很快被替代,这件事最好不要做。比如,画廊就很容易被替代,因为它很难持续创造自己的独特性优势。

其实,亮点是"核心理念+实力"的综合结果。亮点通过策划、提炼、总结、提升和营销突破的方式来体现,这是一个很重要的方法。如《21世纪经济报道》把自己的核心理念概括为"新闻创造价值",《经济观察报》把自己的亮点提炼为"理性、建设性",《财经》则把自己的亮点提炼为"独立、独家、独到",他们很长一段时间以来分别具有自己鲜明的形象定位。

项目形象定位策划另一个重要方面是致力于打造品牌。比如,"宝格丽"随便做个什么东西,价格都很高,因为它有知名品牌。但是,作为没有知名品牌的企业或项目,一定要首先突出自身的亮点,并逐步把亮点发展为品牌。项目营销策划,有必要研究红娘俱乐部做婚姻广告的方法,学会通过包装和锤炼来形成自己的品牌形象。

例如,成都东区音乐公园根据园区的资源基础和创新要求,将核心理念提炼和确定为全景式音乐体验、全品牌联动。全景式音乐体验包含6个主要角度的音乐体验和音乐活动的参与体验:其一,可体验产品的丰富性,含国内和国外的音乐,各种风格的音乐,并且实现个性化选择的丰富性;其二,体验方式的多样性,包含自助、联动和互助式,可以充分体现参与性;其三,体验载体的立体性,包括在场、在线和无线等形态,也包括声音、多媒体、动作表演等形态;其四,天天新体验,即一年365天,天天有音乐相关的活动和(或)明星见面活动;其五,体验品牌的集聚性,包括明星、音乐商业机构、音乐艺人经纪公司、音乐硬件制造商、音乐传媒等音乐相关性全品牌的体验;其六,参与和提升相结合,即在参与体验的同时,可以获得公益化的讲座和商业化的培训,提升音乐欣赏水平,并有机会成为受到栽培的歌星。全品牌联动,即品牌集聚及其联动包括吸纳已有品牌进驻、合作以及本项目中创建品牌之间的联动,具体包括:其一,引进知名音乐和媒体品牌;其二,打造系列自主品牌,并形成与入驻品牌之间的联动;其三,注重综合性的跨媒体的音乐体验形态的活动品牌;其四,园区内和东区文化公司合作的各个品牌之间存在互动关系;其五,所有品牌之间相互联动,形成品牌为核心的音乐文化和文化产业的集聚。

由此,确立东区音乐公园的总体形象定位为综合型、特色化的流行音乐文化主题公园和音乐文化产业集聚园。以音乐文化内容体验、相关商业配套、时尚文化辅助与音乐产业的企业集聚为内涵,在产品形态和商业模式选择上具有以下几个大的特色:其一,音乐内容和音乐体验具有全景性,即具有可以让消费者"全景体验"音乐内容的特性,强调音乐类别和体验形式的丰富性、多样性、参与性和互动性;其二,其经营和资源开发是以"品牌先行"为导向的,具有全品牌的互动性;其三,它是流行音乐领域目前国内唯一的细分产业链结构的产业经营,同时体现"细分产业链"领域专业化的特性。

三、项目策划的营销组合及策略

有了清楚的顾客定位,还要研究如何吸引顾客。一般而言,任何项目都含着市场营销策略的思考,凡是没有营销手段作支撑的,项目往往就是属于白忙。比如,要举办个论坛,有没有人给赞助?要找到赞助,营销手段是什么?在目前的条件下,往电视上面砸广告,有很大可能获得成功。凡是不能够成功的,大都是因为顾客定位不准或者产品定位不准。所以,考虑营销组合或模式很重要。

(一)项目营销组合

项目策划者可以根据项目的性质及特点,从不同角度来选择和设计营销组合。一般说来,4Ps是以产品为核心的分析框架;4Cs是以顾客为核心的分析框架;4Rs是以构建关系为核心的分析框架;4Vs则是以差异化为核心的分析框架。从4P到4C到4R到4V,体现了一个营销由产品导向到顾客导向、再到竞争导向的演变过程。

1. 4P

产品（Product）、价格（Price）、渠道（Place）和促销（Promotion）的组合，是以产品为中心进行传播和推广。其创立者麦卡锡认为，一次成功和完整的市场营销活动，意味着以适当的产品、适当的价格、适当的渠道和适当的促销手段，将适当的产品和服务投放到特定市场的行为。4P 是站在项目自身的角度来看营销，既使市场营销理论有了体系感，又使复杂的现象简单化。

当然，4P 是由上而下的运行，重视产品导向而非消费者导向，它宣传的是"消费者请注意"，满足客户的相同或相近需求。因而 4P 的弊端主要表现在：其一，营销活动着重内部，对营销过程中的外部不可控变量考虑较少，难以适应文化市场变化。其二，随着产品、价格和促销等手段在企业间相互模仿，在实际运用中很难起到出奇制胜的作用。

2. 4C

消费者（Consumer）、成本（Cost）、便利（Convenience）和沟通（Communication）的组合，是以追求客户满意为目标。它重视顾客导向，以追求顾客满意为基本目标，这实际上是当今消费者在营销中越来越居主动地位的市场对项目的必然要求。

4C 以"请注意消费者"为座右铭，强调满足消费者的个性化需求。这就要求首先要了解、研究、分析消费者的需要与欲求，而不是先考虑项目能生产什么产品。其次，需要了解消费者为满足需要与欲求愿意付出多少钱，而不是先给产品定价，即向消费者要多少钱。再次，考虑在消费者购物等交易过程中如何给消费者方便，而不是先考虑销售渠道的选择和策略。最后要考虑如何与消费者沟通，即以消费者为中心实施沟通，通过互动等方式，将项目及企业内外营销因素不断进行整合，把消费者及项目利益相关者的利益无形地整合在一起。

4C 组合的不足主要表现在：其一，以消费者为导向，而市场经济还存在竞争导向，策划项目不仅要看到需求，而且还需要更多地注意到竞争对手。冷静分析自身在竞争中的优劣势并采取相应的策略，才能在激烈的市场竞争中站于不败之地。其二，被动适应顾客的需求，往往令项目或企业失去了自己的方向，为被动地满足消费者需求付出更大的成本。

3. 4R

关联(Relativity)、反应(Reaction)、关系(Relation)和回报(Retribution)的组合,是以建立客户忠诚为目标。它强调项目与顾客之间应建立长期而稳定的关系,从实现销售转变为实现对顾客的责任与承诺,以维持顾客再次购买和顾客忠诚。首先,要与消费者建立关联,提高消费者的忠诚度,赢得长期而稳定的市场,要通过某些有效的方式在业务、需求等方面与消费者建立关联,形成一种互助、互求、互需的关系。其次,要提高市场反应速度,对经营者来说最现实的问题不在于如何控制、制定和实施计划,而在于及时地倾听消费者的需求,并及时答复和迅速作出反应,满足消费者的需求。再次,要抢占市场的关键已转变为与消费者建立长期而稳固的关系。最后,要以为消费者及股东回报为目的,营销目标必须注重产出,注重企业在营销活动中的回报。

4R 较之 4C 更明确地立足于消费者,满足客户的感觉需求。4R 营销的最大特点是以关联为导向,根据市场不断成熟和竞争日趋激烈的形势,着眼于项目与顾客互动与双赢,不仅积极地适应顾客的需求,而且主动地创造需求,通过关联、关系、反应等形式与客户形成独特的关系,把项目与客户联系在一起,形成竞争优势。

4. 4V

差异化(Variation)、功能化(Versatility)、附加价值(Value)、共鸣(Vibration)的组合,是以提高项目核心竞争力为目标。4V 营销的最大特点是以创新为导向,着眼于产品、形象、市场、服务等的不同,以"新"来创造消费者,形成竞争优势。因此,这种组合最适合于中型和大型的文化产业项目。

在具体设计中,差异化所追求的"差异"是在产品功能、质量、服务和营销等多方面的不可替代性,因此也可以分为产品差异化、市场差异化和形象差异化三个方面。功能化以产品的核心功能为基础,提供不同功能组合的系列化产品供给,以满足不同客户的消费习惯和经济承受能力。附加价值包括品牌、文化、技术、营销和服务等因素所形成的价值。共鸣是项目为客户持续地提供具有最大价值创新的产品和服务,使客户能够更多地体验到产品和服务的实际价值效用,最终在企业和客户之间产生利益与情感关联。

（二）项目营销模式的策划

项目营销模式是项目向客户提供什么样的体验价值和感受（包括品牌和产品等），以及如何向客户传递业务和信息。项目营销模式策划主要包括以下几方面。

1. 在本质还原基础上整合

从本质上看，文化产业项目的营销模式不外乎两种：一种是发现当前流行的潮流，采取跟进策略；另一种是独树一帜，引领市场潮流。在市场竞争日益激烈的今天，各企业不断推出新的营销模式以争取顾客，而市场则是以更多的冷静给予回应。并且在现代信息社会，公众接受信息的渠道千差万别，对不同的信息来源其信任度和认知反应也不尽相同。单靠任何一种传播手段都不足以覆盖绝大多数目标受众，而且任何一种传播手段都有其传播方式和效果上的局限性。因此，要想更好地塑造和提升项目形象，必须整合运用各种传播手段，开展整合营销传播活动。根据项目的品牌形象、发展战略需要，选择利用传统媒体和新媒体开展品牌传播，形成相对稳定的营销模式。

2. 实施品牌战略

营销是项目产品或服务实现市场竞争优势的必要方式，而品牌是项目在创意、技术、整合等能力的凝结和外化。品牌必须以文化产品为基础，通过产品定位来实现，并且品牌一旦成功便可以作为一项无形资产，可以与文化产品脱离而独立存在显示其价值。比如，营销与品牌是支撑体育产业项目的筋骨。营销令公众对某个重大赛事朝思暮想，而品牌的力量恰恰来自体育比赛结果的不确定性。目前，从增值业务运作的实践看，必须实施品牌战略，这对于提高顾客忠诚度和体验价值有着重要意义。

3. 注重人性化设计

人性化设计主要是让消费者的精神文化需求都可以以非常便利和舒服的方式得到满足。比如，文化 Mall 通过设置少儿洗手间、育婴室等服务设施，空间设计更趋人性化。在书城为青少年开设读者喜欢的水果吧，提供果汁、小食品等，并引入手工、拼图玩具等经营项目。提供适合成年读者的咖啡、台式简餐等。为书店的消费者提供舒适的休闲体验，可以提供具有文化特色的咖啡馆、茶艺馆，

第7章 文化产业项目的营销策划

以及特色中西餐饮服务,以契合文化 Mall 的文化氛围。

4. 实施体验式营销

对文化产品的消费,顾客选择购买的过程比一般物化产品复杂得多。因此,必须为顾客提供充分的体验机会,主要包括:视觉体验,通过精心策划品牌和消费环境,让用户有视觉体验;听觉体验,如果顾客在情感上接受了某种业务,就会以较好的口碑向亲朋好友、同学、同事传播;现场体验,让顾客有充分的机会去尝试,是促进购买欲望有效的方法等。体验式营销还应注重以情感人。"问世间情为何物,直教人生死相许!"营销策划可以充分利用亲情、爱情和友情等,来凝聚新老顾客。

5. 实施整合营销

整合营销就是通过多种业态形成相互的营销互动来培育和经营文化市场,使文化产业项目成为内容和渠道资源的整合体。对此,孙健君认为文化产业项目有三个环节,第一个环节是作为内容即源头;第二个环节是传播,包括传播内容的媒体形式和渠道;第三个环节是营销,即一切可以开放的收益模式。如何整合这三大环节,正是文化产业项目发展的关键。而派格太和采取的跳棋战略,追求的是"1+1+1>3"的整合之道:在内容制作之初,就要进行整体规划,考虑传播和营销手段的多元化,贯穿市场化原则,任何一个内容都要尽可能做到减少投入,延长盈利期,扩大盈利面。① 例如,要开发和制作一个电视节目,就会找到其他的书、刊、报、电台、音像、网络等传播媒体,以项目为基础,采用战略联盟的合作方式,让派格太和开发出来的内容在联盟的不同载体上进行传播,形成传播模式的多元化和放大的传播效果,进而可以形成这个内容的书、报、刊、影视剧、网络游戏等多种最终产品,从而达到营销模式就是商业模式的作用。

再如,体育产业项目的营销策划可以从内容(活动或赛事本身)和渠道(将该赛事展示给公众的媒介、现场、广播电视、有线电视、按次付费的有线电视或者互联网)两个方面来把握。

---

① 参见花建等:《文化产业竞争力》,广东人民出版社 2005 年版,第 250 页。

6. 注重渠道策略

除了整合营销，还需要梳理和理顺渠道分类，优化渠道结构和资源配置，强化渠道组合。例如，2001 年 1 月 1 日，AOL 和时代华纳合并，分别实现了进入对方业务领域目标市场的愿望，起到了传统媒体和网络传播之间的有效互补。

文化 Mall 的营销策划，应有针对性地设计出符合其需求的多元渠道组合。针对青少年消费者，可以建立青少年活动城，集中科技展馆、体育活动、科普讲座、动漫展示等内容，举行 cosplay 表演、玩家体验、机器人展示等活动，以吸引青少年消费者。为延长文化 Mall 产业链，可以进行文化商贸城的招商，将数码产品、动漫产品、文化周边产品引入 Mall，建成文化产品的展示基地和商贸中心。建立文化主题公园，可将会展、游艺、演艺等因素融入其中，使文化 Mall 成为集文化消费、阅读、学习、休闲服务为一体的一站式文化休闲场所。建立文化教育培训中心，应根据不同年龄、不同专业和类别的培训需求分别设立教育培育班和课程，开设报告厅、讲座厅和演示厅等，建设创意产业基地，建设文化、影视、创意、动漫、广告、出版人才的培育基地。

（三）项目营销策略的策划

1. 把握新异

追求新异或者对于新异的事物比较敏感，是人们的共通的心理。由此，文化产业项目营销策划要在新异设计上下功夫。例如，从新角度出发立意，创造鲜明的形象；或者利用独一无二的文化资源或符号，如埃及的金字塔、中国的长城等；或者采取比附方式，对没有占据原有形象的最高阶，而情愿屈居其次，如"东方夏威夷"（三亚）等，或者采取重新定位方法来促使新形象替换旧形象，从而占据一个有利的心理位置。

在文化市场成长期，由于市场进入的资本和能力门槛较低，文化企业往往采取"跑马圈地"的方式快速建立起独树一帜的文化产品体系。例如，《羊城晚报》和《新民晚报》在 20 世纪 80 年代初期复刊时的启动资金仅仅只有几十万元。在文化市场比较成熟的阶段，文化产业项目要拥有较强的市场竞争力，必须更要注重差异性，从文化产品创作、包装、复制、传播、销售（如软硬广告、签名售书、见面会、媒体曝光等）每一个环节进行精雕细刻。

2. 善于造势

营销造势的目的是要造成一种"势差",这种势差就是在客户心中树立起关于产品的一种高度,让客户对产品产生期待心理与渴望购买的欲望,这种期待的心理其实就是促使购买行为的潜在力量,项目的热销由此而生。比如,文化旅游项目开发成功的关键因素就是造势营销,准确地定位及强大的营销造势是决定项目在市场上的地位。造势的立足点一开始要站在高屋建瓴的高度上,从宏观层面如城市规划、社会结构、区域经济状况、发展前景等优势入手,层层引导,营造一个对项目良好发展的外部环境。

再如,电影项目营销造势的典型方法包括:影片试映,秘密预演,电视广告,平面广告、地铁高铁广告,电影预告片(针对男性观众的预告片注重动作、战争和暴力;而针对女性观众的预告片则更偏重展现无限浪漫和爱情主题),电影热线,奥斯卡盛典,互联网微博,空中电影等。

3. 名人效应

名人效应是名人的出现所达成的引人注意、强化和扩大项目影响的作用,名人效应相当于一种品牌效应。影视节庆活动是影视明星、名人聚集的场合,也是媒体报道聚焦的地方,同时还是大众一时关注的中心。因此,可以说影视节庆活动是富集"眼球"效应的传播资源。另外,自从微博成为大众,尤其是年轻人生活的一部分之后,影视宣传也迅速跟进盯上了这块阵地。《让子弹飞》的照片在微博风传,王小帅新片通过微博选演员⋯⋯通过名人效应、制造话题、网友互动等方式,新生的微博已成为影视营销的新宠。

城市形象营销借助名人之口,往往效果更佳。例如,康有为先生对青岛可谓情有独钟,他对青岛有段著名的评价:"红瓦绿树、碧海蓝天、不寒不暑、可舟可车、中国第一。"这20个字从最切身的感知角度概括了青岛的宜居、宜游、宜业的特点,可以作为青岛进行城市营销最佳的代言。

4. 重视口碑

文化产品和关于文化产品的文化消费可能是人们最恰当的谈话素材(如影视、图书等),这对文化产业项目营销具有重要的意义。其一,口头交流是文化产品的一个强有力的宣传媒介,它远远胜于那些缺乏威望的社会宣传。其二,从众行为具有一种动机,这种动机与提醒消费者在购买之前对产品进行了解无关。读畅销书、看最流行的电影可以帮助你积累聊天素材。其三,超级明星效应会得到强化。最后,不太流行的文化产品的价值取决于对该产品有着共同兴趣的人们相互交流的容易程度。①

5. 精准营销

根据文化产业主流消费群体——青少年的特点,可以对一些项目进行精准营销设计。例如,《失恋33天》利用了社会化媒体的互动传播模式,把电影话题转化为社会话题;不断创新,从"失恋物语"到"失恋博物馆"再到移动终端应用的设计,都使得整个项目在富有体验性、参与性的同时,不间断地制造亮点和卖点,有效地整合资源。因此策划团队选择了跳过传统媒体(电视、报纸、杂志等),借助社交媒体,发布信息,直接与目标消费者对话、互动,以更直接的方式传递信息。该片利用微博、人人网等社会化媒体,很好地运用了SOLOMO模式,成为一种典范。

无疑,文化消费者的培育、涵养、组织(如歌友会、影迷会、社区团体、俱乐部),则是项目顾客导向的精准营销的必修功课。

6. 事件营销

重大事件对于文化产业项目品牌建设具有巨大而广泛的影响。重大事件是改善项目形象、提高项目竞争力的最佳机会,并富有改变公众心理的神奇魅力和吸引全球传媒的威力。借助重大事件的目的就是塑造和延伸项目形象,特别是针对目的地区域或吸引主题来塑造形象。事件的强大号召力可以在短时期内促进事件发生地的口碑爆发性的提升。

事件营销是文化产业项目营销造势中最好的传播载体,事件营销通常以项目的主要活动节点(如开机仪式、首映式)或者大型事件(如炒作明星绯闻、危机公关)为主题,通过活动的形式,借助新闻媒体进行持续报道,对项目进行爆发性、持续性、系统性的宣传。

---

① 〔美〕凯夫斯:《创意产业经济学——艺术的商业之道》,孙绯等译,新华出版社2004年版,第173页。

7. 全媒体营销

全媒体营销有两个理解的角度：一个是包括纸质媒体、广播媒体、电视媒体、户外媒体、移动(定势)媒体、互联网媒体、手机媒体等传播学的主要媒体；另一个是无处不媒体，即文化产业项目所有的环节都是传播的介质，包括内容、物体、身体(服装)等。随着对于文化产业特点和运行规律的深入把握，后者将成为今后文化产业项目营销的发展趋势。

第8章
文化产业项目的融资策划

资金是文化产业项目得以运行的"血液",文化产业项目策划必须包含着融资的思考和设计。文化产业项目具有可交付成果以无形产品或软件为主、过程复杂性、高风险和高不确定性等特点,因而融资策划需要从文化产业项目的特点出发,整体地把握其投融资的特点和规律。

一、文化产业项目融资的概念及其结构

要进行文化产业项目融资策划,首先必须了解项目融资的概念和项目产权的结构。

(一)文化产业项目融资的概念

文化产业项目融资是为项目运转而进行的资金筹措行为,通常有广义和狭义两种理解。广义上,文化产业项目融资是指为一个新项目、收购一个现有项目或对已有项目进行债务重组所进行的一切融资活动和方式,即为了项目的创作、开发、建设所进行的所有融资活动。狭义上,文化产业项目融资仅指具有无追索或有限追索形式的融资活动,通常是以项目未来收益的资产为融资基础,由项目的利益相关者分担风险的特定融资方式。

从具体项目运作实践看,一般说来,文化产业项目融资是文化企业以文化产

业项目本身的知识产权、无形资产、预期收益或权益作抵押取得的一种无追索权或有限追索权的融资或贷款活动。

（二）文化产业项目的产权结构

项目的产权结构，即项目的资产所有权结构，它表示项目的投资者对项目资产权益的法律拥有形式和项目投资者之间的法律合作关系。不同的项目投资结构中，对版权、文化产品、项目现金流量的控制程度以及投资者在项目中所承担的债务责任和所涉及的债务结构存在较大的差异。

1. 项目公司型结构

公司型结构的基础是有限责任公司。项目公司型融资是投资者通过建立一个单一目的的项目公司来安排融资的一种模式，具体有单一项目子公司和合资项目公司两种基本形式。

（1）单一项目子公司

单一项目子公司是通过一个单一目的的项目子公司的形式作为投资载体，以该项目子公司名义与其他投资者组成合资结构安排融资。这种融资形式的特点是项目子公司将代表投资者承担项目中全部的或主要的经济责任。

（2）合资项目公司

合资项目公司是通过项目公司安排融资的形式，也是最主要的一种项目融资形式。具体而言，它是由投资者共同投资组建一个项目公司，再以该公司的名义拥有、经营项目和安排项目融资。公司由两个或两个以上的投资者共同出资，每个投资者以其认缴的出资额对公司承担有限责任，公司以其全部资产对其债务承担责任。投资者通过持股拥有公司及项目，并通过选举任命董事会成员对公司的日常运作进行管理。采用这种模式时，项目融资由项目公司直接安排，涉及债务主要的信用保证来自项目公司的现金流量、项目资产以及项目投资者所提供的与融资有关的担保和商业协议。

公司型结构的优点包括：有限责任；融资安排比较容易；投资转让比较容易；股东之间关系清楚；可以安排非公司负债型融资结构。当然，公司型合资结构也有一些不足之处，如对现金流量缺乏直接的控制、税务结构灵活性差等。

2. 非公司型结构

非公司型结构又称为契约性结构，是在文化产业项目实践中一种大量使用并且被广泛接受的投资结构。该结构是通过每一个投资者之间的合资协议建立起来的，其主要特征有：

（1）根据项目的投资计划，每一个投资者需要投入相应比例的资金。这些资金的用途包括项目的前期创作和开发费用、项目的固定资产投入、流动资金、共同生产成本和管理费用等。

（2）非公司型合资结构中的每一个投资者直接拥有项目资产，直接拥有并有权独立处置其投资比例的项目最终产品。

（3）在非公司型合资结构中，没有一个投资者可以作为其他投资者的代理人，每一个投资者的责任都是独立的。

（4）由投资者代表组成的项目管理委员会是非公司型合资结构的最高决策机构，负责一切有关问题的重大决策。

（5）投资者同意他们之间在非公司型合资结构中的关系是一种合作性质的关系，而不是一种合伙性质的关系。

3. 信托基金型结构

作为非公司型结构的一种特殊形式，信托基金型结构也是以契约型基金为基础的项目投资结构。契约型基金又称信托型基金，它是由基金经理人与代理受益人的权益的信托人之间订立信托契约而发行收益单位，由经理人依照信托契约从事对信托资产的管理，由受托管理人作为基金资产的名义持有人负责保管基金资产。

契约型基金将受益权证券化（如艺术品份额化），即通过发行受益单位，使投资者购买后成为基金受益人，分享基金经营成果。契约型基金设立的法律性文件是信托契约，而没有基金章程。基金管理人、受托管理人、投资人三方当事人的行为通过信托契约来规范。

（三）文化产业项目的权益投资

文化产业项目的权益投资是投资人以资本金形式向项目或企业投入资金。投资人通过权益投资对项目或企业产权取得所有权、控制权和收益权。与上述产权结构相对应,文化产业项目的权益投资方式有三种:股权式合资结构、契约式合资结构和合伙制结构。

1. 股权式合资结构

按照我国的《公司法》,主要的股权式合资企业分为有限责任公司和股份有限公司。有限责任公司的设立要有 2 个以上 50 个以下的股东;股份有限公司的设立要有 5 个以上的发起人股东。股东可以用货币出资,也可用知识产权、个人名气、实物、土地使用权等可以用货币估价并能依法转让的非货币财产作价出资,但法律、行政法规规定不得作为出资的财产除外。全体股东的货币出资金额不得低于公司注册资本的 30%。这种结构比较适应于大型文化产业项目。

2. 契约式合资结构

契约式合资结构是公司的投资人为实现共同目的、以合作协议方式结合在一起的一种投资结构。在这种投资结构下,投资各方的权利和义务依照合作契约约定,可以不严格地按照出资比例分配,而是按契约约定分配项目投资的风险和收益。这种投资结构在影视、体育、会展等项目中使用较多。

3. 合伙制结构

合伙制结构是两个或两个以上合伙人共同从事某项投资活动建立前来的一种法律关系。合伙制结构适用于一些小型文化产业项目及短期的高风险项目。

(四)文化产业项目融资的参与者

1. 项目发起人

项目发起人一般为股本投资者,即项目的实际投资者,它通过项目的投资活动和经营活动,获得投资利益和其他利益,通过组织项目融资,实现投资项目的综合目标。

2. 项目公司

项目公司也称项目的直接主办方,是为了项目的建设和生产经营而专门成立的独立经营、自负盈亏的经营实体。项目公司直接参与项目投资和项目管理,并直接承担项目债务责任和项目风险。其作为一个独立的法律实体,将项目融资的债务风险和经营风险大部分限制在项目公司中,主要有合伙制、合资企业、公司制和信托制等几种类型(如前所析)。项目公司的资产、资信状况必须符合贷款人的要求。

3. 贷款机构

商业银行、非银行金融机构（如租赁公司、财务公司、某种类型的投资基金等）和一些国家政府的出口信贷机构，是项目融资债务资金来源的主要提供者，统称为"贷款机构"。

4. 信用保证实体

由于项目融资的优先追索，在项目融资中非常重要的一个环节就是必须为项目贷款提供必要的信用保证体系。一个成功的项目融资，可以将贷款的信用保证分配到与项目有关的各个关键方面，主要有项目产品的购买者或者项目设施的运作者、项目创意者（知识产权所有者）以及项目设备、能源和原材料供应者。

5. 项目管理公司

在大多数文化产业园区类项目中，项目的发起人在项目的发起、开发建设和融资阶段起到主要作用，而当项目进入经营阶段则往往指定一家独立的公司代表项目发起人负责项目的日常经营管理事务，这一公司通常被称为项目管理公司。

二、文化产业项目基本融资方式

文化产业项目融资方式包括通过自筹或者资本市场筹资的直接融资和通过银行筹资的间接融资。直接融资又可以细分为内部融资、债权融资和股权融资。直接融资是由项目投资者直接安排项目的融资，并直接承担起融资安排中相应的责任和义务的一种方式。从理论上讲，直接融资是结构最简单的一种项目融资模式。采用直接融资模式，投资者可根据其投资战略的需要，灵活安排融资结构。如选择合理的融资结构及融资方式、确定合适的债务比例，灵活运用投资者信誉等，这就给了投资者更为充分的余地。由于采用直接融资模式时投资者可以直接拥有资产并控制项目现金流量，这就使投资者直接安排项目融资时，可以比较充分地利用项目的税收减免等条件，在一定程度上降低融资成本。

一般而言，按照融资成本的高低，项目融资遵循的先后顺序是：直接融资优于间接融资,内部融资优于股权融资,股权融资优于债权融资。

(一) 内部融资

内部融资主要是公司或机构的自有资金和在生产经营过程中的资金积累部分,相当于公司内部直接拨款做某个文化产业项目。当投资者本身的公司财务良好并且合理时,这种模式比较适合。直接融资不需要实际对外支付利息或股息,不会减少公司的现金流量。

假如项目由两个或两个以上的投资者共同出资,每个投资者以其认缴的出资额对公司承担有限责任,公司以其全部资产对其债务承担责任;公司是独立的法人,在法律上具有起诉权也有被起诉的可能。如在风险较大的影视行业,对于影视企业来说,一部片子投资额动辄几千万,不可能每部片子都做100%的投入,很多电影大片合作融资模式可以降低制片方的投资成本、分散投资风险。

例如,在电影《赤壁》中,中影集团为了分散风险,吸引了中国的橙天娱乐、北京紫禁城影业、北京春秋鸿和日本艾回和美国狮子山等10多家影视企业的加入,采取共同投资、分地区销售的合作方式,总投资6亿元人民币拍摄完成,最终使中影几乎达到100%的投资回报率。再如电影《画皮》,吸引了国有、民营、社会资本、国际资本共8家共同参与制作完成。此外,与政府资金结合的方式在《唐山大地震》1.2亿元的总投资成本中,唐山市政府参与投资了6000万元。

(二) 股权融资

股权融资是投资商投入一定的资金,换取其在被投资公司或者项目的股份。它又可以细分为私募股权融资、公开上市融资等。

私募股权融资(PE)是投资人对文化企业(非上市企业)通过私募形式进行的权益性投资,通过出售持股获利或者获取回报。在国内文化企业中,华谊兄弟吸引私募投资最早,次数最多,从这个角度也可了解其作为国内首家上市的影视文化企业成功的原因所在。早在2000年3月,太合集团便出资2500万元,对华谊兄弟广告公司进行增资扩股,太合集团与王中军兄弟各持50%股份,这是华谊兄弟的第一次私募。2004年12月,王氏兄弟出让了35%的股权,成功向香港上市公司TOM集团募集资金1000万美元。2005年马云以旗下公司中国雅虎的名义以 1200 万美元接手华谊兄弟 15% 股份。此外还有华友世纪对华谊兄弟旗下的华谊兄弟音乐公司进行超过 3500 万元的投资，以此获得 51% 的股权；分众传媒联合其他投资者向华谊兄弟注资 2000 万美元换取股份；信中利 70 万美元的注资。最近腾讯对华谊兄弟进行战略投资人民币近 4.5 亿元，成为华谊的第一大机构投资者等。

公开上市融资是文化企业通过上市获得融资，在资本市场公开募集资金用于项目发展，扩大企业规模。在影视企业中，先后有华谊兄弟、光线传媒、华策影视、橙天嘉禾、博纳影业等一批民营影视企业在国内外上市，这些企业均在公开市场募集了资金，用于企业下一步战略的实现。如华谊兄弟上市发行 4200 万股，融资金额约 6.2 亿元人民币；光线传媒上市发行 2740 万股，融资金额约 14.4 亿元人民币；华策影视上市发行 1412 万股，融资金额约 3.2 亿元人民币；橙天嘉禾上市融资金额约为 5 亿港元；博纳影业上市融资约 9400 万美元等。另外，在国家政策的扶持下，中影集团吸引歌华有线等 8 家国有企业参与发起设立中国电影股份有限公司，注册资本为 14 亿元，志在国内 A 股上市。

不过，在股权融资过程中，由于文化产业的特有精神内容和意识形态属性，在一些行业，股权融资尤其是外资的进入受到一定的限制。

（三）债权融资

债权融资是指项目法人以其自身的知识产权、品牌、盈利能力和信用条件为基础，通过发行债券筹集资金，用于项目建设的融资方式。债权融资一般包括企业债券融资、可转换债券融资、融资租赁等。

1. 企业债券融资

债券融资是文化企业作为资金赤字单位，在市场上向资金盈余单位发售有价债券募得资金，资金盈余单位购入有价证券，获得有价证券所代表的财产所有权、收益权或债权。在 2010 年发布的《国务院办公厅关于促进电影产业繁荣发展的指导意见》中提到："支持具备条件的电影企业通过发行企业债券、短期融资券、中期票据和利用银行贷款等多种融资手段，多方面拓宽融资渠道，扩大规模，壮大实力。"我们这里说的债券融资是一种直接融资，可以从资金市场直接获得资金。债券融资者为了吸收社会闲置资本，通常发行利率要比同期的银行存款利率要高。大企业的信誉好,债券利率通常比同期银行的贷款利率低,而中小企业资信度低,通常要高于同期银行的贷款利率。

在债券融资方面,国有影视企业早有尝试。例如,2003年长影集团借鉴好莱坞环球影城模式建设的长影世纪城,是国内第一家大型电影主题公园。长影也因此获得了国家文化产业体制改革相关政策的支持,得到了2亿元国债、中央财政5000万元和吉林省1000万元的启动资金的支持。中影集团早在2004年就获得1.5亿元国债资金支持,2007年更率先发行5亿元企业债券。

2. 可转换债券融资

可转换债券是发行人依照法定程序发行,在一定时间内依据约定的条件可以转换成股份的公司债券。在有效期限内,可转换债券只需支付利息,债券持有人有权将债券对定价格转换成公司普通股,如果债券持有人放弃这一选择,融资单位需要在债券到期日兑现本金。例如,2004年7月,新浪宣布发行总面额达8000万美元的无利息可转换债券,该债券以私募形式发行,在特定条件下可转换为新浪普通股,转换价格约为每股25.79美元。

3. 融资租赁

融资租赁也称金融租赁。当文化企业(承租人)需要更新或添置大型设备时,不通过自行购买而是以付租形式向租赁公司(出租人)借用设备的交易。通常由出租公司按照企业选定的设备进行购买或租赁,再出租给企业,是一种常用形式。例如,出版印刷行业中,印刷设备具有使用寿命长、通用性强而且不易移动,非常适合融资租赁,通常可以采用融资租赁的方式;再如,演艺和影视产业中,也有很多大型的摄影道具器材的融资租赁等。

(四) 信贷方式间接融资

信贷方式间接融资,简称信贷融资,是指项目业主从银行或其他非银行金融机构,以贷款方式获得项目建设所需资金。文化产业项目的主要贷款资金来源可以分为信用贷款、政府的专项资金贷款和抵押贷款等。

1. 商业银行贷款

文化产业项目通常是通过银行这一快速便捷的信贷市场,获取发展所需的资金。例如,在演出领域,上海文化发展基金会与上海大剧院、中国建设银行上海分行签署"百场世界经典音乐剧《狮子王》演出项目"扶持贷款合作协议；光大银行上海分行对上海城市舞蹈有限公司的杂技芭蕾《天鹅湖》国际巡演项目扶持贷款；上海时空之旅文化发展有限公司的舞台剧《呼唤》《梦幻西湖》获得了中国银行的 2000 万元授信；陕西华清池旅游有限责任公司的实景舞台剧《长恨歌》得到了中国银行 3000 万元贷款等。

获取银行贷款一般采取担保融资形式。担保融资主要是由第三方融资机构提供信用担保，从而使文化产业项目顺利得到银行的授信。以往由于金融机构很少参与文化企业金融事务，担保公司作为第三方主体参与文化产业的案例寥寥无几。由于银保监会和文化部联合制定的《关于保险业支持文化产业发展有关工作的通知》政策的出台，使保险公司能作为一方主体参与文化企业融资过程。这种模式减少了文化企业与银行之间的烦琐沟通，为文化产业项目融资开辟了新的模式。例如，2006 年 8 月，中国出口信用保险公司与华谊兄弟达成了我国首次影视产品海外发行与政策性出口信用保险的合作，为文化产品的出口提供了范例。中国出口信用保险公司采取了"出口信用保险＋担保"的支持模式，为《夜宴》的海外发行提供为期一年的短期出口信用保险服务，及为《夜宴》拍摄的资金需求给予担保支持。

投资项目使用商业银行贷款，需要满足贷款银行的要求，向银行提供必要的资料。银行要求的材料除了一般贷款要求的借款人基本材料外，还要有项目投资的有关材料，包括项目的可行性研究报告、策划方案等前期工作资料、政府对于项目投资核准及环境影响评价批准文件、与项目有关的重要合同、与项目有利害关系的基本资料等。

不过需要说明的是，目前，信用担保机构还不能对影视著作权等知识产权做出评估，多数用融资人的房产，甚至法人代表个人的无限连带责任作为抵押物。北京银行对保利博纳、华谊兄弟、光线贷款的贷款，也是在对公司的尽职调查，资产状况做了评估之后，不仅将版权、销售收入作为担保，还把法人代表个人的无限连带责任作为抵押才获得，同样，《画皮》向北京银行贷款的一千万元，《金陵十三钗》用了张伟平的房产进行了担保。

2. 政策性银行贷款

国家为了支持文化产业的发展，扶持重点文化产业项目，可以通过国家政策性银行提供政策性银行贷款。政府通常会制定一些专项的贷款政策,经常采用的方式有银行贷款贴息、配套资助、奖励、项目补贴、出口信贷等方式。其中,出口信贷是项目建设需要进口设备,设备出口国政府为了支持和扩大本国产品的出口,提高国际竞争力,以对本国的出口提供利率补贴并提供信贷担保的方法,鼓励本国的银行对出口商或设备进口国的进口商提供优惠利率贷款。2009 年 8 月,天创国际演艺公司向北京银行抵押贷款 100 万美金,与加拿大伟大艺术家公司共同投资 150 万美金,将《功夫传奇》带入了西方最高端的演艺市场之一——伦敦西区,在著名的伦敦大剧院连续上演 27 场,为中国演艺产品"走出去"创造了新的模式。由此,该项目获得相应政策性贷款支持。

3. 版权质押贷款

版权质押融资是指以知识产权即版权作为抵押,来获得银行贷款的一种融资方式。目前版权质押融资是当前文化企业与金融业之间最为主要的合作模式,因为这种模式要求文化企业在约定的期限还本付息即可,避免了项目融资、股权融资等需要以利润分账方式分红给投资方,从而使文化企业可以独享利润。

例如,在 2006 年 8 月,招商银行在经过两个多月的尽职调查后,给《集结号》贷款 5000 万元的报告最终通过了终审并放款,贷款性质为无第三方公司担保。这也是华谊兄弟首次以版权作质押来吸收贷款。2007 年 10 月,交通银行北京分行与北京天星际影视文化传播公司的电视剧《宝莲灯前传》签订了一份以版权作为质押的贷款合同,发放贷款 600 万元。2008 年大业传媒将公司在电视剧、动漫、电视节目等领域的 13 项版权作为质押,获得交通银行 5000 万元贷款。

随着国家政策的不断支持,影视企业也越来越多的习惯于采取此种融资模式。诸如广州发展银行为《功夫之王》提供 6500 万元版权质押贷款;北京银行以版权质押方式为华谊兄弟提供 1 亿元的电视剧打包贷款、为《画皮》提供的 1000 万元版权质押贷款、为光线传媒近 40 部电影制作和发行提供的 2 亿元人民币贷款;俏佳人传媒集团以股权质押、"俏佳人"商标专用权质押和房产抵押等方式获得中国进出口银行的 1225 万美元贷款,如愿收购美国国际视听传播有限公司;北京银行以"版权质押+打包贷款"的方式,向《龙门飞甲》提供 1 亿元的贷款;《金陵十三钗》通过版权质押的方式向民生银行贷款 1.5 亿元,刷新了之前《唐山大地震》等四部影片获得的 1.2 亿元贷款纪录;等等。

值得一提的是，文化企业很多时候是因为特定的项目而产生融资需求。比如，好莱坞的电影产业采用独立的制片人制度，制片人就是整个项目的核心，每个电影项目通常都是依靠剧本和制片人的名气，由保险公司提供担保，向银行贷款，获得项目的资金来源。

4. 过桥贷款

过桥贷款是一种通过投资银行获取临时过渡贷款的方式。在公司并购过程中，未完全筹集到资金的时候，先由投资银行向其提供过渡性贷款，以使得收购活动能够顺利进行。

对于投资银行来说，提供过桥贷款存在一定的风险，所以，投资银行对过桥贷款都有一定的数量限制。在主题公园、城市文化综合体、文化旅游建设等大型项目，以及文化企业的并购中，通常会利用过桥贷款筹集资金。

5. 银团贷款

所谓银团贷款，是指多家商业银行组成一个集团，有一家或数家牵头安排银行，负责联络其他的银行参加，研究考察项目，进行谈判和拟定贷款条件，起草法律文件，并制定统一的贷款协议，按照共同约定的贷款计划，向借款人提供贷款的贷款方式。这是用于如世博会、奥运会等超大型的文化产业项目的贷款。如果项目需要使用外国政府贷款，需要得到我国政府的安排和支持。

三、文化产业项目其他复合融资模式

所谓文化产业项目复合融资模式，是在项目融资过程中采取何种形式使得项目的经济强度达到各方投资者要求的融资模式，也是一种对项目融资要素的具体组合和构造。

（一）植入式广告融资

植入式广告是把别的产品的品牌符号融入影视剧目等文化产品中的一种广告方式，以达到营销的目的。植入式广告是随着电影电视产业化的逐渐深入而产生的一种新型营销形式，也是影视产业项目投资人回收投资成本、降低风险的有力融资手段。据悉，在电影产业运行娴熟的美国，电影业20%的收入来自票房,80%来自非银幕所得(广告、版权及后产品等)。许多制片公司甚至设有专门的代理机构,其职责就是寻找植入电影的机会。

《唐山大地震》广告植入收入达一个亿,创下了中国电影广告植入的纪录,中小投资成本的《杜拉拉升职记》《非诚勿扰Ⅱ》《天下无贼》《爱情左右》通过植入式广告回收了大部分或全部成本。从《手机》创意开始,华谊兄弟就和手机厂商签约,研究手机怎么植入到剧情中去,结果该片获得摩托罗拉、中国移动、美通通信和宝马的高额赞助,仅从摩托罗拉投资、贴片广告、DVD 光盘版权三个方面得到的总收入约 2200 万元,扣除约 1500 万元的拍片投入及 500 万元的营销费用,在没上市之前,片子已经赢利 200 万到 300 万元。最终《手机》的票房以5500 万元大获全胜,在商业运作上取得了巨大的成功。

(二)预售版权融资

预售版权融资,即文化产业项目在实施之前,项目所有方将版权出售以获得目标市场发行方的预售资金。这种模式加快了文化产业投资资金的周转速度,可以为图书、影视、演艺、游戏、新媒体等项目顺利实施提供资金保障。这种模式常见在一些大制作的影视产业项目中。比如,电影《夜宴》《墨攻》《梅兰芳》《英雄》等都进行过预售版权融资,其中《英雄》欧美版权卖了 2000 万美元,国内音像版权拍卖出了 1780 万元,创了电影预售版权的纪录。

在电视剧领域,有的地方卫视积极投资拍摄的新四大名著,就是在看好电视剧的预期前景后,以投资入股的方式把购片资金提前投入电视剧的生产,采取以购带投的融资方式。同样,在新媒体视频领域,酷 6 网与搜狐建立的国内首个"国际影视版权联合采购基金",设立宗旨也是为中小影视产业项目融资提供前期资金保障。

(三)信托融资

信托融资是通过金融机构的媒介,由信托公司向最后贷款人进行的融资活动。当信托公司介入后,文化公司把作品版权信托给信托公司,信托公司再以这部分信托资产做抵押物,协助申请贷款。由于在资金出现问题时,信托公司对信托资产有全权处置权,这样就降低了银行的风险,也降低了贷款的门槛。而版权交易中心在这个过程中则起到征信平台的作用,协助银行和信托公司审核企业背景,搭建银行与项目之间对接的桥梁。

例如,在艺术品项目中,2009年1月,杭州市文化创意产业小企业集合债权基金的"宝石流霞"正式发行,此后又推出了1亿元规模的第二期文化产业信托产品"满陇桂雨"均取得了良好的效果。又如2009年6月,国投信托推出的国内首款艺术品投资集合资金信托计划——"国投信托·盛世宝藏1号保利艺术品投资集合资金信托计划"成功设立。该产品计划募集资金规模4650万元人民币,期限为18个月,信托资金主要用于购买著名画家知名画作的收益权。产品一经推出便得到了投资者的踊跃认购。金融工具成功实现了艺术品资产的流动性,为收藏家、艺术家和投资人构建了一个相互融通的平台。

(四)期货融资

期货融资是配资公司提供期货投资账户与资金,以项目资产的未来收益为保障,委托客户进行交易与操作。一般来说,为了确保配资公司的账户与资金安全,客户在交易前必须向配资公司提交总资金的15%—20%作为风险保证金。账户交易赢利部分全部属于客户所有,同样,客户应承担全部交易风险。客户交易如果产生亏损,则在客户向配资公司交纳的风险保证金里扣除。这种模式可以用于影视、艺术品以及其他具有知识产权的项目。

在国内,由深圳世纪领军影业出品的古装动作悬疑片《大唐玄机图》,创新产生了电影期货的融资模式,即拿电影未来的权益进行份额化发行融资。其资产包标的物包括两部分:一是电影的未来盈利;二是电影版权的预期盈利。这种"权益共享"的融资模式有两大亮点:一是在电影筹拍前期,已经进行过目标市场分析,就像推出一款全新消费品那样;二是这种融资模式投资者分散,不会像以往那样对出品人施加非专业影响。假设拍摄某一电影的预算是1亿元,那么将其拆成10万份,每份的价格是1000元,分别由自然人、机构、出品人认购,3年内可以自由买卖。其中,自然人和机构属于优先受益人,即影片如果达不到预期或出现亏损,将优先保证其资金安全,并优先获得收益;出品人则是一般受益人,须保证优先受益人的资金可靠和安全。在整个项目结束之前,各方认购的电影收益权均可在金融资产交易所的平台上进行转让。

（五）产业政策投资与文化产业基金

产业政策投资，是政府为了优化产业结构，促进文化产业化而提供的政策性支持投资。政策性支持投资种类，可以分为财政补贴、贴息贷款、优惠贷款和税收优惠政策等。中小文化企业从事文化产业的各个产业和行业，每个产业和行业的发展处于不同阶段，有其特定的规律和特点，政府为了促进文化产业发展，分别有针对性地给予了优惠性政策支持。

其中，从面上来看，中央和地方政府大都设立了文化产业基金。截至2011年11月，我国已有111只文化产业基金，总规模折合达1330.45亿元人民币，111只文化产业基金可以分为综合类文化产业基金与专项类文化产业基金。专项类文化产业基金包括影视专项投资基金、艺术品专项投资基金、动漫专项投资基金、网游专项投资基金及其他专项投资基金。

一般而言，专项类文化产业基金是投资于某类文化产业项目的资金，是国家为了增强文化产业竞争力，出资设立针对特定项目的专项资金。这对于某一领域具有一定竞争力的文化企业来说，是内部项目获取融资、为企业长远发展扩充资源的良好机会。

文化产业基金的支持方式主要包括：项目补助，对符合支持条件的重点发展项目所需资金给予补助；贷款贴息，对符合支持条件的申报单位通过银行贷款实施重点发展项目所实际发生的利息给予补贴；保费补贴，对符合支持条件的申报单位通过保险公司实施重点发展项目所实际发生的保费给予补贴；绩效奖励，对符合支持条件的申报单位按照规定标准给予奖励。[①] 就当前来看，文化产业基金的支持方向主要是：

推进文化体制改革。对经营性文化事业单位改革过程中有关费用予以补助，并对其重点文化产业项目予以支持。

培育骨干文化企业。对政府确定组建的大型文化企业集团公司重点发展项目予以支持，对文化企业跨地区、跨行业、跨所有制联合兼并重组和股改等经济活动予以支持。

---

① 参见《财政部关于印发〈文化产业发展专项资金管理办法〉的通知（2021修订）》。

构建现代文化产业体系。对国家文化改革发展规划所确定的重点工程和项目、国家级文化产业园区和示范基地建设、文化内容创意生产、人才培养等予以支持,并向中西部地区、特色文化产业和新兴文化业态倾斜。

促进金融资本和文化资源对接。对文化企业利用银行、非银行金融机构等渠道融资发展予以支持;对文化企业上市融资、发行企业债等活动予以支持。

推进文化科技创新和文化传播体系建设。对文化企业开展高新技术研发与应用、技术装备升级改造、数字化建设、传播渠道建设、公共技术服务平台建设等予以支持。

推动文化企业"走出去"。对文化企业扩大出口、开拓国际市场、境外投资等予以支持。

(六) BOT 模式

BOT 模式即"建设—经营—移交",实质是一种债务与股权相混合的产权。它是由项目构成的有关单位(建设方、运营方及用户等)组成的财团所成立的一个股份组织,对项目的设计、咨询、供货和施工实行一揽子承包。项目公司在特许期内拥有、运营和维护该项设施,并通过提供产品或收取服务费用,回收投资、偿还贷款并获取合理利润。特许期满后,项目无偿移交给东道主。

BOT 项目是一种特许权经营,只有经过政府颁布特许的具有相关资格的企业才能通过 BOT 项目进行投资和融资。例如,国际知名创意酒店管理集团通过 BOT 方式进行的酒店建设与管理,在大型文化旅游项目开发中采用对外 BOT 融资方式等。

与 BOT 模式相一致的还有 TOT 模式,即"移交—经营—移交",它是通过出售现有运营项目在一定期限内的现金流量,从而获得资金来开发或建设新项目的一种融资模式。这种模式可以用于具有滚动性发展特点的大型文化综合体项目。

四、文化产业项目融资策划流程

在弄清文化产业项目基本融资方式和复合融资模式的基础上,文化产业项目融资策划还需要对投融资发展趋势和一些具体技术方法有所了解和掌握。

(一) 把握文化产业项目投融资的发展趋势

在我国,与文化产业发展相伴生的文化产业投融资也是一个新兴事物,项目策划需要了解其发展的基本趋向。

1. 金融与文化产业趋于深度融合

文化与资本具有不可分性,没有资本的运作和推动,文化是形不成产业的。当今,金融与文化的深度融合包括了两个方面:一方面,金融界越来越多的人士开始主动关注文化产业。从具体实践来看,资本市场对文化产业呈现出前所未有的关注和热情,而文化企业及项目与金融的融合也越来越紧密。另一方面,文化界人士开始有目的、有意识地利用金融工具来更好地从事文化产业工作。这些不仅体现在以银行为代表的金融机构对于文化企业的扶持的增多,还体现在文化产业投资基金、PE、VC 等投资事件的增多。另外,各种文化金融资本形式如金融租赁、金融担保、各种债券、中期票据、文化产业银行等,会逐渐成形和成熟。

2. 跨界整合型项目更受青睐

由于文化产业内部以及与其他行业间的界限越来越模糊,随着这种趋势的发展,文化企业的业务范围也会相应随之扩张;业务项目的扩展必然要求进行更多的投资和并购。这表现在内容和平台领域的相互扩展、产业链上游和下游的相互扩展、行业间的协同效应扩展等。例如,影视制作企业到发行放映环节的投融资,橙天娱乐收购香港老牌电影公司嘉禾娱乐后开始进军内地影院建设;华谊兄弟、博纳影业、华策影视、万达上市后均开始介入影院市场。再如,互联网企业到媒体经营和无线增值方向的投融资;搜狐畅游相继宣布收购第七大道、上海晶茂等企业,打造跨媒体营销平台;腾讯、网易、盛大、完美等企业布局完善的游戏+新媒体产业链。此外,还有出版企业到新媒体领域的投融资,大型文化企业开展产业园区综合运营开发等。

从 PE、VC 角度来考察文化产业项目投融资,一个明显的特征便是 TMT 行业备受青睐。这与文化产业的发展趋势密不可分。TMT(Technology, Media, Telecom)行业本身属于一个跨行业的领域,如今 TMT 行业也与传统制造业、电子商务、物流贸易行业结合得越来越紧密，而这种跨行业的投融资成为重点领域。在电信、媒体、互联网、信息技术等行业相互融合的趋势下，以移动互联网、社交网络、新媒体和电子商务为主要代表的互联网应用，不仅成为未来社会沟通的中心桥梁，而且也在逐步改变着人们的生活方式。其中，移动互联网将成为众多文化产业投资人相互追捧的一个价值洼地。

同时，随着科技的发展，科技逐渐深入到文化领域，对于文化产业的改造和提升已是质的变化，内容制作公司不仅要考虑利用科技手段去提升制作水平，更要考虑利用新型传播手段和渠道去营销产品。

3. 平台类项目是重点投融资领域

在我国当前体制下，做平台和渠道的业务比做内容类的业务，其风险相对要小很多，内容可以使之成为小康，平台却可以使之成为巨富，这也是绝大多数上市的内容型文化企业在募集到资金之后开始向平台领域扩展的原因之一。

当然，并不是平台类的公司就是好公司。以视频网站为例，没有具体清晰的商业模式和未来发展方向的视频网站到了发展的瓶颈期。然而，来自 China Venture 的统计数据显示：2002—2011 年，包括软银集团、IDG、红杉中国、三井投资在内的多家投资机构，分 76 次向包含优酷、土豆、乐视网、聚力传媒在内的 38 家视频网站投资 10.18 亿美元。其中，投向土豆网、优酷网、酷 6 网及乐视网这四家已上市的视频网站资金达 4.51 亿美元，另有 5.67 亿美元资金仍押注在"在野"视频网站上。

4. 核心内容类项目将逐步成为资本追逐的热点

在"内容为王"逐步推进之下，好的内容产业项目永远不缺市场和投资者。比如，在影视行业名导演、明星则成为核心的内容资源，资本追逐下的名导演、明星不缺资金，同样其所在的文化企业发展也会顺利很多。华谊兄弟能成为第一家上市的民营影视企业，无不与冯小刚的核心品牌资源有关。据媒体报道，在小马奔腾最近的一次募资中，有超过 40 家的公司参与竞争，可见资本市场对于拥有优秀内容资源项目的"偏爱"。再如，弘毅投资快速布局凤凰传媒，云锋基金投资张艺谋的"印象"系列，无不看重其核心内容资源。

(二) 进行项目融资结构分析

了解了文化产业领域投融资的基本趋向,还需要掌握一些项目资金分析、成本分析的技术手段,以实现融资结构最优化。

1. 项目资金结构分析

项目的资金结构是项目筹集资金中股本资金、债务资金的形式,包括项目资本金与负债融资比例、资本金结构和债务资金结构。

(1) 项目资本金与负债融资比例

资本金(权益投资)与负债融资比例是项目资金结构的一个基本比例。在项目总投资和投资风险一定的条件下,资本金比例越高,权益投资人投入项目的资金越多,承担的风险越高,而提供债务资金的债权人承担的风险越低,反之贷款利率越高。

当项目资本金比例降低到银行不能接受的水平时,银行将会拒绝贷款。合理的资金结构需要由各个参与方的利益平衡来决定。在对偿债能力的评估中,可以选取资产现金流量回报率、现金流量比率、销售现金比率、每百元净资产担保额等经营活动现金流量的指标。

(2) 项目资本金结构

项目资本金结构包含投资产权结构和资本金比例结构。参与投资的各方投资人占有多大的出资比例,对项目的成败有着重要影响。对项目的产权结构,我们前面已经进行分析。

各方投资比例需要考虑各方的利益需要、资金及技术能力、市场开发能力、已经拥有的权益等。不同的权利比例决定着各投资人在项目及公司中的作用、承担的责任义务和收益分配。

(3) 项目债务资金结构

债务资金结构分析要考虑各种债务资金所占的百分比,包括负债的方式和债务期限的配比。合理的债务资金结构需要考虑融资成本和融资风险,合理设计融资方式、币种、期限、偿还顺序及保证方式。

项目负债结构中,需要合理搭配长短期负债借款。由于短期借款利率低于长期借款,适当安排一些短期融资可以降低总的融资成本,但如果短期融资过多,会降低项目公司财务的流动性,使项目的财务稳定性下降,从而提升了财务风险。长期负债融资的期限应当与项目的经营期限协调。因此,大型基础文化产业项目负债融资应以长期融资为主。

此外,还要考虑偿债顺序安排。偿债顺序安排包括偿债的时间顺序及偿债的受偿优先顺序。通常,在多种债务中,对于借款人来说,在时间上应当先偿还利率较高的债务,后偿还利率低的。受汇率风险的影响,通常应当先偿还硬货币的债务,后偿还软货币的债务。

2. 项目资金成本分析

资金成本是项目使用资金所付出的代价,包括资金占用费和资金筹集费。资金占用费是使用资金过程发生的向资金提供者支付的代价,包括借款利息、债务利息、优先股股息、普通股红利及权益收益等;筹资费用是指资金筹集过程中所发生的各种费用,包括律师费、资产评估费、公证费等。

(1)资金成本作用

资金成本是选择资金来源和融资方式的主要依据。企业融资方式多种多样,采用不同的融资方式筹集资金的成本是不同的,资金成本的高低可以作为比较各种融资方式优缺点的依据之一。资金成本也是投资者进行资金结构决策的基本依据。企业的资金结构一般是由权益融资和负债融资结合而成,这种组合有多种多样的形式,如何寻求两者最佳组合,一般可通过计算综合资金成本作为企业决策的依据。

(2)资金成本计算

资金成本通常以资金成本率来表示。由于在不同条件下筹集资金的数额不相同,成本亦不同,因此资金成本通常以相对数表示。企业使用资金所负担的费用同筹集资金净额的比率,称为资金成本率(一般通称为资金成本)。其定义式为:

$$资金成本率 = \frac{资金占用费用}{筹集资金总额 - 资金筹集费用} \times 100\%$$

由于资金筹集费用一般与筹集资金总额成正比,所以一般用筹资费用率表示资金筹集费用,因此资金成本率公式也可以表示为:

$$资金成本率 = \frac{资金占用费用}{筹集资金总额 \times (1 - 资金筹集费用率)} \times 100\%$$

(3) 借款资金成本计算

选择债务融资时,首先应分析各种债务资金融资方式的利率水平、利率计算方式(固定利率或者浮动利率)、计息(单利、复利)和付息方式,以及偿还期和宽限期,计算债务资金的综合利率,最终选定适合的债务融资方式。为了使债务资金成本和其他形式的资金成本具有可比性,必须将债务资金的税前成本换算成税后资金成本,

即 $K_d = K_0(1-T)$。其中,K_d 为税后资金成本;K_0 为税前资金成本;T 为所得税税率。

3. 实现融资结构最优化

项目的资金结构和成本分析是为了更好利用融资杠杆有效配置项目资源。

(1) 融资方式种类结构优化

文化产业项目融资有多种方式,各有各自的优点和不足,项目策划者需要提醒筹资人适当选择,如采取股权融资与债务融资的适当组合,确立最合适的融资模式,使资金来源多元化、资本结构优化。

(2) 融资成本的优化

项目筹资人在选择何种融资方式的同时,要熟悉各种不同金融市场的性质和业务活动,以便能从更多的资本市场上获得资金来源。在同一市场上向多家融资结构洽谈融通资金,增加自己的选择余地。要贯彻择优原则,争取最低的筹资成本,降低融资成本。

(3) 融资期限结构优化

要保持一个相对平衡的债务期限结构,尽可能使债务与清偿能力相适应,体现均衡性。具体做法包括:

控制短期债务。短期债务通常应主要用于融通贸易支付,或短期手头调剂,对短期资金应严格限制其用途。如果把短期融资用于抵付长期债务的本息偿还,则债务机构必然恶化,因此通常把短期债务控制在总债务的 30% 以内比较合适。

债务融资偿还期与投资人投资回收期衔接。

聘请项目融资顾问。项目融资过程的许多工作需要具有专门技能的人来完成,而大多数的项目发起人缺乏这方面的经验和资源,需要聘请专业融资顾问。

(4) 以影视产业项目为例看融资结构优化

资金参与到影视领域,一般有两种运作模式,一种是投资公司股权,另一种是投资项目。投资公司大致又包括两种,一种是投资影视制作公司,另一种是投资播出渠道公司,如影院院线公司。这两者考验的都是投资人对公司价值的判断能力。一旦该企业在创业板上市,则获益颇丰。投资项目就是直接投资于电影本身,好处是一旦成功,回报丰厚。业内最为津津乐道的是刘德华投资的《疯狂的石头》投资 300 万元,产出 3000 万元。这种投资方式多见一些小成本制作的电影如《失恋 33 天》《二次曝光》等,或者是大导演的电影如张艺谋、冯小刚等。

投资项目与投资公司股权不同,真正考验的还是投资人对特定影视产业项目盈利能力的判断。例如,一壹影视文化股权投资基金和汇力星影影视基金是以项目投资为主,主要是因为他们的团队中有着经验丰富的影视行业投资人。其投资的《叶问 2》更是以 3000 多万的投入博得了 2 亿多元的票房回报。

(三)明晰项目融资策划过程

文化产业项目融资策划过程大致分为四个阶段,即融资决策分析阶段、融资结构设计阶段、融资谈判阶段和融资执行阶段。每一阶段主要工作如图 8-1 所示。

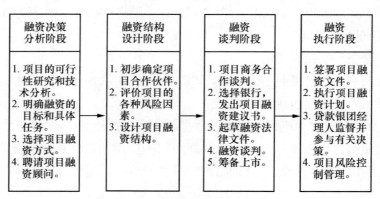

图 8-1 文化产业项目融资策划过程

第一阶段是融资决策分析阶段。这一阶段的主要内容是项目所有者将决定采用何种融资方式为项目开发筹集资金;项目可能面临多个可以融资选择的方案,需要对项目进行分析和评价,确定最佳的融资对象。项目策划者需要对一个项目进行相当周密的投资决策分析,包括宏观经济形势的判断,项目的行业、技术和市场分析,以及项目的可行性研究等标准内容。融资决策分析的结论是融资决策的主要依据。项目融资方式主要取决于项目的预期收益、时间、融资成本、债务责任分担以及债务会计处理等方面要求。

第二阶段是融资结构设计阶段。这一阶段的重要步骤是对与项目有关的风险因素进行分析、判断和评估,确定项目的债务承受能力和风险,设计出切实可行的融资方案和抵押保证结构。

第三阶段是融资谈判阶段。在项目融资方案初步确定,项目融资进入谈判阶段。比如,《印象·刘三姐》项目,梅帅元负责筹集所需资金。桂林市政府将此项目纳入自治区旅游重点项目,着力宣传和推介;项目最终于2001年5月被介绍到广维集团,广维董事会仅用了一个月时间便做出了对《印象·刘三姐》项目投资3000万元资金的决定。经过两年的打造,演出在2003年的国庆期间进行了成功的试演,经过半年的修改完善于2004年进行公映。

第四阶段是融资执行阶段。当正式签署了项目融资的法律文件以后,项目融资就进入了执行阶段。这实际上就进入项目管理阶段了。

五、文化产业项目融资面临的问题及对策

由于我国文化产业发展处于初级阶段以及文化产业项目自身的特点,当前项目融资还有一些特殊的困难。这里面不仅有现实操作问题,也有相关制度方面有待完善的问题。项目策划者也需要予以了解,起码做到心中有数。

(一)文化产业项目融资的关键问题

对于银行等金融机构以及从投资者的角度而言,为文化企业或项目提供贷款或融资,是一个全新的业务领域,再加之文化产业业务特殊性,缺乏可依据的经验和风险评估体系,致使文化产业投融资一直处于探索阶段。

1. 文化产业投融资风险相对较高

据统计,在我国文化产业中,中小企业比重达到95%以上,这些中小文化企

业由于经营管理等问题往往难以达到银行的现有信贷支持标准,从而会增加银行的成本,并不符合商业银行追求利润的初衷。另外,由于文化产品的特殊性,也相对缺少抵押品和有效的担保,再加上双方信息不对称等问题,造成银行不愿意冒风险给文化企业发放贷款。

例如,在动漫领域,一集动画片的制作成本在2万元以上,一部动画片总投资成本动辄就是上千万。据了解,国内90%以上的从事原创动画制作的企业,注册资金却在人民币500万—1000万元之间,动漫领域的融资需求可见一斑。如在动画片《魔角侦探》的项目融资上,北京银行对于500万元的贷款,足足审核了3个月,而办理一般性贷款的周期则是半个月。

2. 无形资产难以进行抵押

商业银行一般都以不动产等实物作为信贷担保,而文化产业项目多以无形资产为主,这种轻资产结构的特点导致了文化企业不能像其他传统企业那样以土地、房产、厂房、设备等传统的资产作为与银行对接的基础。因此,商业银行望而却步便是常态了。

例如,在艺术品领域,国内保险公司还不敢轻易承保艺术品,根源在于艺术品估价太难,国内还没有非常权威的专业机构来认定古董、字画等艺术品的真伪和价值。同样在影视制作领域,由于个人审美不同、认识不同,使得作品是否能得到预期的市场回报存在很大的风险,保险机构一旦承保,则可能要承受巨额的风险损失。比如动画电影《阿童木》,意马国际付出了4.4亿元人民币的制作成本,算上全球其他地方的开销,总开支高达8.2亿元,而最终这部电影全球总票房只有1.9亿元,直接导致意马国际旗下的动漫工作室清盘。文化产业项目的特殊性可见一斑。

3. 文化产权缺乏有效评估体系

金融机构经营的目标是追求利润的,并不是所有的文化产业项目都可以从容地获得银行等机构的支持,而且无形资产难以评估和保值空间的不确定性导致了版权转让、交易、抵押、融资等一系列资本运作的不确定性。其实,版权只是银行创新的一个题材和外表,是银行向文化产业项目开放绿色通道的一个借口而已。银行真正押的,还是对文化企业的信心。这个信心的来源便是品牌或预期价值的支撑。但并不是所有的文化企业都有品牌知名度和美誉度,这便要求要有一个相对客观的价值评价体系,即无形资产评估体系。目前,一般会从企业的赢利能力、偿债能力、成长能力、产品质量信誉、历史合作过往等方面进行评估,也只有客观可量化的评估体系的建立,才可有效提高文化企业的信息透明度,让金融机构对文化企业充满信心。

(二)促进文化产业项目融资的对策

文化产业属于朝阳产业,在这个巨大的市场机会面前,社会、政府和金融机构不仅要积累文化金融经验,还要为文化产业项目量身定制一些金融产品,提供专业化的风险管理解决方案。

1. 建立无形资产评估体系与文化产权交易平台

通过版权经济与文化交易、权证、资产、资本评估与认证,开发权利质押贷款的金融产品,并进一步开发收益权质押贷款的金融产品。抓紧制定和完善专利权、著作权等无形资产评估、质押、登记、托管、流转和变现的管理办法,根据《中华人民共和国物权法》修订有关质押登记规定。积极培育流转市场,充分发挥上海文化产权交易所、深圳文化产权交易所等交易平台的作用,为文化企业的著作权交易、商标权交易和专利技术交易等文化产权交易提供专业化服务。进一步加强对文化市场的有效监管和知识产权保护力度,完善各类无形资产二级交易市场,切实保障投资者、债权人和消费者的权益。总之,要建立文化产业项目无形资产评估体系,为金融机构处置文化类无形资产提供保障。

2. 建立多元化融资渠道

2009年至今,国家陆续出台了《文化产业振兴规划》《关于金融支持文化产业振兴和发展繁荣的指导意见》及《国务院关于鼓励和引导民间投资健康发展的若干意见》等,为金融资本和民间资本进入文化产业领域提供了政策保障。但是文化产业融资渠道仍然有待于进一步打通和拓宽。

打破市场准入堡垒,开放私营资本进入金融服务领域。金融机构数量不足,业务模式的严重同质性,信贷政策的"一刀切",意味着中小文化企业的合理融资需求无法得到有效满足。同时,不合理的法律法规继续严格地限制了私营资本在金融服务领域的"市场准入"。开放私人资本进入金融服务市场,成立更多地区性、专业性私营银行与非银行金融机构,是缓解文化产业项目融资困境的长远之计。

为文化产业项目量身定制一些金融工具。比如,对于具有稳定物流和现金流的项目,可发放应收账款质押、仓单质押贷款。对于租赁演艺、展览、动漫、游戏,出版内容的采集、加工、制作、存储和出版物物流、印刷复制,广播影视节目的制作、传输、集成和电影放映等相关设备的项目,都可发放融资租赁贷款。对于具有优质商标权、专利权、著作权的项目,可通过权利质押贷款等方式,逐步扩大收益权质押贷款的适用范围。对于融资规模较大、项目较多的文化企业,鼓励商业银行以银团贷款等方式提供金融支持。探索和完善银团贷款的风险分担机制,加强金融机构之间的合作,有效降低单个金融机构的信贷风险。对处于产业集群或产业链中的中小文化企业,鼓励商业银行探索联保联贷等方式提供金融支持。

3. 加大利用金融对文化产业的扶持

目前我国对文化产业项目的投入,依然主要依赖国家。据统计,政府财政投资占62%,而社会投资较少,其中民营投资占27%,外商投资占11%,尚未形成政府、银行、企业和社会多元化的投融资格局。在政府财政投资方面,目前政府对于文化企业的扶持多体现在每年固定额度的扶持资金上面,而这种简单的做法往往会导致产量的快速增长,却忽视了产品质量。改变这种粗放型的扶持方式需要政府加强对金融工具的运用,如成立政府引导,吸收国有民营文化企业和金融机构认购,由专门机构进行管理,实行市场化运作,通过股权投资方式,推动资源重组和结构调整的科技研发基金、文化创新基金、风险投资基金、创业投资基金等等。

加大文化产业信贷业务发展方面,有必要对商业银行开展文化产业融资业务给予政策支持。具体来说,一是政府进一步加强文化产业企业政策性担保机构或再担保机构的设立和引导,对商业银行为文化产业企业的融资提供担保,与银行共同承担文化产业企业融资风险;二是设立一定的文化产业风险补偿基金,对于金融机构在文化产业融资上的损失,由基金进行一定比例的风险补偿。

4. 建立和完善相应的文化产业金融工具

文化产业金融是产业与金融的相互融合、互动发展,共创价值。文化产业金融的基本原理可以称之为文化资源资本化、知识产权资本化、未来价值资本化。

它是利用金融为文化产业服务,产业是根本,金融是工具,利润是目的。

(1) 完善版权质押融资

目前虽然版权质押融资案例屡见不鲜,但版权本身不具有排他的市场价值,版权质押融资往往伴随着融资人的固定资产担保。从这个角度来说,这个金融工具的存在多少有点尴尬。因此,建立相应的法律法规体系,简化审核程序,缩短审核周期,以及加快建立相应的版权价值评估体系和第三方担保机构担保体系则显得尤为重要。

(2) 完善信托融资

除了信贷支持外,还可引入信托等渠道,来解决文化企业发展中的问题。例如,可以允许单一信托计划作为法人在当地运作文艺演出、电影电视制作项目,并给予税收优惠,避免全国信托投资人将来到当地二次纳税;挑选国有龙头企业负责运作一个行业的特定信托投资计划;打造文化产业相应信托平台,允许其他地方企业发行文化产业信托,给予一视同仁的优惠政策。

(3) 完善保险融资

文化产业保险领域,尽管出台《关于保险业支持文化产业发展有关工作的通知》明确了11个险种为首批试点险种,但总的来看,与文化产业相关的保险业务种类不多、总量不大,相对于发达国家,保险业在整个文化产业中的覆盖面和渗透度还明显不够。

在文化产业保险方面,除现有的传统财产保险业务之外,可以开发适合文化企业特点和文化产业项目需要的保险产品。在财产保险方面,除现有的传统财产保险业务之外,可以进一步研究开展知识产权侵权保险,演艺、会展、动漫、游戏、各类出版物、印刷、复制、发行和广播影视产品完工保险、损失保险。在责任保险方面,开发适合演出场所、电影院线经营特点的火灾公众责任保险、公共场所人身安全责任保险等。在人身保险方面,可开发适合文化企业高管和员工的团体意外伤害保险,以及养老保险、健康保险等新型险种。通过创新保险产品和服务,有效分散文化产业项目运作风险。

5. 发展和壮大 VC 或 PE 行业

VC 或 PE 的介入对文化产业项目运作具有明显的正能量。首先是管理理念变化。从事文化产业 VC 或 PE 的管理者往往具有较丰富的文化产业领域从业经验,同时又具备金融背景。他们会对项目全程进行监督,帮助创作部门合理调配资金,提升制作环节的流程管理,避免资金滥用,做到比较精细化的成本控制。几乎所有私募基金参加的文化企业,都感受到了财务制度带来的深刻变化。其次是对项目团队建设的帮助。很多情况下艺术家对于公司运作不尽熟悉,需要基金帮助他们搭建团队。例如,"印象创新"是张艺谋、王潮歌和樊跃三位导演联合创立的公司,主要业务就是制作和推广"印象"系列大型山水实景演出。基金和他们的合作模式是由投资者出管理团队和资金,全面负责项目运营和推广业务,艺术家只负责创意部分,由此整体效益明显提升。再次是对整个企业资本运营的正面影响。VC 或 PE 除了提供资金之外,对于文化企业治理结构、并购重组、上市筹划等方面发挥了积极作用。许多文化企业获得 VC 或 PE 的支持后,文化产品的产出质量稳定、并且少了资金断裂的危险。未来该领域将成为更多私募基金的关注点。

我国近年来兴起的 VC 或 PE 热,初看之下似乎 VC 或 PE 过剩了。其实,无论是 VC 或 PE 资产管理规模,还是 VC 或 PE 实际投资额,相对于中国的文化产业产值与股票市值,还是非常狭小。真正的天使融资与早期 VC 融资尤其远远落后于美国。这些多种形式的股权投资,可以在中小文化企业不同的发展时期为其增加资本金,从而为争取银行信贷融资,创造了更好的条件。

另外,文化产业创业投资中的非投资业务主要是参与策划、辅导企业、引进资源、整合产业链、完善创业企业商业模式、企业重大业务决策。当然,在文化产业项目投融资中,企业的规范化经营、清晰的战略和商业模式、团队和成长性等也是得到投资机构关注的关键要素。

第 9 章
文化产业项目可行性研究与评估

文化产业项目策划的主要环节包括项目调研(客户调研和市场调研)、提出策划思路、可行性研究与评估、撰写策划方案(含营销和融资策划)、项目立项等。其中,项目可行性研究与评估应当在具有项目基本策划思路(或者策划方案)的基础上,循环反复进行若干次。

一、文化产业项目可行性研究的作用与过程

文化产业项目可行性研究又称为项目可行性分析,是在项目立项决策之前,通过对项目所涉及的行业领域、有关的文化市场、文化资源、环境情况、技术可行性、投资、政策支持、经济效益、社会效益等方面进行全方位的论证和评估,从而确定项目是否可行或选择最佳实施方案。

(一) 文化产业项目可行性研究的作用

在时间维度上,文化产业项目可行性研究处于项目正式立项之前的策划阶段;在逻辑维度上,它对应于项目全过程中的解决问题方案提出以及项目初步评估阶段。项目可行性研究对项目成败及投资的收益将产生直接、巨大的影响。具体说,其作用主要体现在以下几个方面:

为项目立项提供依据,决定项目立项与否。经过调查了解,能够立项的项目

仅占所有考察项目的30%以下,绝大多数项目将被取消。

为项目投资者进行投资决策提供依据。

为项目申请金融贷款提供依据。

为商务谈判和签订有关合同或协议提供依据。

为文化企业上市提供基本资料和数据。见图9-1。

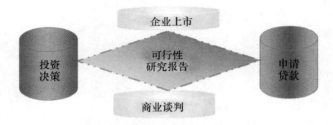

图9-1　文化产业项目可行性研究的作用

（二）文化产业项目可行性研究的阶段及方法

根据文化产业项目的大小与不同类型,从宏观到微观,从浅到深,项目可行性研究可以进行机会研究、初步可行性研究和详细可行性研究等几个阶段（见图9-2）。

图9-2　项目可行性研究的阶段

1. 机会研究

机会研究的任务是提出项目投资方向的建议,主要研究投资的可能性,鉴别投资机会,提出相应的备选方案。因而它主要适用于大型文化产业项目。

机会研究可以进一步细分为一般机会研究和特定机会研究。一般机会研究是鉴别与发现投资机会、形成投资意向,提供可供选择的项目发展方向和投资领域,包括地区研究、行业研究、资源研究、政策研究等。特定机会研究主要用于筛选项目,提出项目建议,包括市场研究、外部环境分析、优势分析、论证结论等。特定机会研究比一般机会研究更深入、更具体。

机会研究的一般指标是:

精确度:比较粗略,误差要求是±30%。

时间:一般为1—2个月。

费用:一般为总投资额的0.1%—1%。

2. 初步可行性研究

初步可行性研究主要是对于项目前景的分析和预测,其任务是确定是否进行详细可行性研究,确定哪些关键问题需要进行辅助性专题研究。具体说,对项目进行初步的论证和估计,主要回答项目的必要性、时间周期、资源需求、资金筹措、利益、合理性、风险等问题,其内容包括资源投入量分析、市场前景预测、经营渠道、关键技术或管理与制度问题、进度、投资额、收益估算、场地选择、项目总设计、相关研究与工作确定等。初步可行性研究适用于所有文化产业项目。

初步可行性研究的一般指标是:

精确度:介于机会研究与详细可行性研究之间,误差要求是±20%。

时间:一般为3—5个月。

费用:一般为总投资额的0.25%—1.25%。

3. 详细可行性研究

项目详细可行性研究又称为项目论证,它是在项目决策前对项目有关的资源、技术、环境、政策等方面的条件和情况做详尽、系统、全面的研究、分析与评估,对各种可能的方案进行充分的比较论证,对项目完成后的经济效益和社会效益进行预测和评价。详细可行性研究适用于所有类型的文化产业项目。

项目详细可行性研究的目的是为项目决策提供技术、经济、商业等方面的评价依据,为项目的具体实施提供基本支撑。项目详细可行性研究是以上初步可行性研究的延续,具体包括环境和资源分析、市场前景分析、技术可行性研究、财务可行性研究、社会环境可行性研究、组织机构可行性研究等。

详细可行性研究的一般指标是:

精确度:误差要求±15%。

时间:一般中小型项目为3—5个月,大型项目为5—8个月。

费用：一般为总投资额的 1%—3%。

4. 项目可行性研究的方法

（1）定性分析法

定性分析法包括调查问卷法、头脑风暴法、德尔菲法、SWOT 分析、专家评估法等。具体内容与前面讨论的项目调研方法类似。

（2）定量分析法

定量分析法包括确定性分析和不确定性分析。确定性分析方法包括净现值法、内部收益率法、投资回收期法、要素加权分析、效益分析等。不确定性分析方法包括盈亏平衡分析、敏感性分析、概率分析等。对此，我们将在后面结合案例适当提及。

二、文化产业项目可行性研究的要素与报告

项目可行性研究创造的知识与信息量在整个项目运作中占有相当大的比重，必须重视对关键要素的思考，最后拿出翔实的书面成果。

（一）文化产业项目可行性研究的要素

了解了以上项目可行性研究的过程，我们再来探讨项目可行性研究或论证所包含的几个基本要素。

1. 顾客定位及产品定位

我们前面提到，顾客的概念比消费者的外延要宽广得多。顾客可以细分为某一消费行为或消费对象的发起者、影响者、决策者、购买者和消费者等。一般情况下，顾客是这些角色的复合体，但在某些情况下，这些角色可能是分离的，不同的角色起到不同的作用。有时，作为购买者的顾客购买产品但是自己不消费，比如儿童产品、宠物产品以及少儿培训等。从盈利角度看，直接与项目盈利相关的是购买者，只有愿意付钱的用户才是项目的现实顾客，也就是说只有购买者和消费者角色统一的人才是项目的盈利对象。

在研究项目的产品定位时，顾客作为一个整体概念是思考的对象，而不仅仅局限于对消费者的思考。顾客定位要分析思考产品究竟是本地消费、卖到外地、

第9章 文化产业项目可行性研究与评估

打造平台不分地域还是吸引外地人来本地消费等关键点,不同的关键点对商业模式的要求是不一样的。由顾客定位进一步延伸分析产品的定位,需要同时思考企业的顾客是谁、顾客的商业价值、顾客生活方式的变化、个性化、忠诚与服务的长期化、双重顾客或多重顾客等多种因素。

顾客生活方式的变化对产品提出了不同的需求。"什么是好的项目"这个问题牵涉到如下问题:首先,人口结构的变化、市场潜力和市场趋势如何?其次,经济发展、流行趋势和品位的变化,或竞争对手的动作,分别会导致市场结构发生什么样的改变?再次,哪些创新将改变顾客需求、创造新需求、淘汰旧需求、创造满足顾客需求的新方式、改变顾客对价值的看法,或带给顾客更高的价值满足感?最后,今天还有哪些顾客需求无法从现有的产品和服务中获得充分满足?[①]

现在人们的生活方式在变化,其中有一种重要的表现就是人们对技术的依赖。从数字化技术发展来看,下一步3D技术会对人们的生活产生很大影响,人们有这个需求,把3D创造出来,结果3D创造出来以后推动人们有更多的需求,如《泰坦尼克号》。3D技术更多决定人们的行为、欣赏习惯。人们看惯了3D,其他没有推3D的产品,看起来就很平淡,或者表现力比较苍白,人们可能就会不满意。当然,不要把3D误解为戴着眼镜看立体的电影,我们所谓的3D就是电影当中表现丰富性的技术手段,不一定是立体的,就像在一个普通影院看《阿凡达》电影,感觉表现力很丰富,虽然不是立体的。

从空间角度看,生活方式的多样化追求经常体现为顾客的个性化需求。人们对于个性化需求经常有误解。例如有的人认为,惠普有多少款的电脑,那么个性就多少种,或者说全球60亿人口,惠普就要开发60亿款,其实那是对个性化需求的一种误解。其实,所谓个性化需求,是指有相近的爱好和趣味的一群人所喜欢某类特性产品。由此,有个性化需求的顾客是一大批人,不是仅仅一个人。个性化需求的满足可以采用定制的方法。从传统做法来看,定制的规模比较小,因而商业价值比较低。长期以来,企业一直无法解决满足顾客个性化需求与大规模低成本生产之间的矛盾。但是,现在企业在互联网和IT技术的帮助下,可以同时化解以上矛盾,即用低成本、大规模生产的产品来满足顾客的个性化需

[①] 〔美〕彼得·德鲁克:《管理的实践》,齐若兰译,机械工业出版社2006年版,第47页。

求。例如戴尔公司通过对顾客信息采集、供应链管理和成本控制等，致力于拓展以满足个性化需求为目的的大规模定制模式。

产品定位还要考虑如何培育忠诚的顾客群体。一般来说，开发一个新顾客的成本是留住一个老顾客的 5 倍，而流失一个老顾客的损失只有争取 10 个新顾客才能弥补。保证顾客对产品或服务的忠诚，企业就要能够实现顾客价值最大化。企业长期为顾客着想，顾客每次都买该企业的产品（如 iPhone），对企业来说就是好的事情。为此，就要关注产品与顾客的结合度。就产品的特性来说，顾客体验、产品设计本身的特点、符合产业的趋势非常重要。比如，什么功能和造型的手机符合这个产业的发展趋势，决定了手机的市场前景。这种以产品为基础的商业模式，就是商业模式建立在产品的基础上。以产品为基础的商业模式需要考虑产品的未来升级、形而上学的感受和审美艺术创意的提升等，才能不断满足顾客，培育老顾客的忠诚。

双重顾客或多重顾客也是产品定位思考中的一个重要方面。举例来说，迪斯尼举办专卖店，之所以吸引人，因为它同时吸引家长和儿童。国内的动漫艺术授权的专卖店多数都办不下去，因为它不吸引家长，只是吸引低幼儿童。从某种意义上说，吸引双重顾客或多重顾客是儿童产品连锁经营商业模式的关键。

另外，产品定位还有必要分析对于艺术性产品的需求。所谓的艺术性不是艺术家理解的艺术性，而是由"艺术家 + 评论人 + 顾客"共同认可的产品。比如，我们要推广一个艺术性产品的时候，它一定是三方共同认可的艺术品。这就需要区分纯粹的艺术品和消费类的艺术品等不同概念。可以说，如果艺术家创作一个产品自己欣赏，这是他自己的纯粹艺术品；如果艺术家创作的东西要给大家看，这个艺术品就不是艺术家决定有没有艺术，那是大家共同决定有没有艺术，因为这是一个指向——艺术品的艺术是有特定内涵的指向，消费类的艺术品是在"艺术家 + 评论人 + 顾客"之间的互动当中形成的。

最后，产品定位必须进行前瞻性分析，特别是要重视趋势分析。因为你违背了行业发展的趋势，逆潮流而动，一定不可行。所以一定要善于判断行业发展的趋势。

2. 以创意作为项目的亮点与卖点

项目的顾客定位确定之后，要通过对目标市场的细分开发出相应差异化产品,然后再通过营销组合等手段来突出这一定位。创意是文化产业项目的灵魂和生命力之所在,当然也是项目产业运作和营销的亮点与卖点。比如,"女子十二乐坊"的亮点和卖点可以从演出内容、演出形式方面理解。在内容方面,女子十二乐坊大胆的创新,突破传统固有的表演形式,使整个项目有了灵魂支撑。女子十二乐坊将民族音乐进行重新包装,在民族乐曲中混入拉丁、爵士、摇滚、HIP-HOP等众多流行音乐的节奏和元素,创造了一种全新的、更贴近现代生活的民族音乐表现方式。与传统民乐不同的是,她们强调的是音乐中的多元化融合,用流行音乐的写作方式和技巧,重新赋予民族民乐以新的生命,使之增添了无限的感染力。音乐题材和体裁也是尽量多样化,尽量做到雅俗共赏,迎合各种听众的口味,如《敦煌》和《丝绸之路》专辑,突出神秘的异域风情和历史沉重感,而由中国民歌改变而成的《康定情歌》,则为了喜爱中国歌曲小品的听众。在演出形式方面,十二个女孩以潇洒的站姿演奏着古老的民族乐器,激情四溢的奔放演出代替了正襟危坐、含蓄内敛的传统民族音乐演奏,而且不时随着乐曲的节奏舞动身体,颇有现代摇滚乐队的风格,整个舞台将民乐的宁静演绎得充满了梦幻般的色彩,使传统文化赋予了时代的色彩。① 例如,二胡固定在腰间,站立演奏,乐器上还加上了扩音设备,为现场观众带来了更强烈的视觉和感官刺激;再如,服装款式上既有中国传统的旗袍、礼服,也有前卫现代的露脐劲装,传统与现代,东方与西方,时尚简洁地融合在一起。

传统产业项目也需要思考以创意作为亮点和卖点。以文化地产项目为例,一方面,文化地产项目定位表现出鲜明的地域性文化特质。当房地产项目被赋予文化的灵魂时,其与地域文化间的互动关系将被充分发掘,并通过对项目的物质实体的创造来表达对地域文化的理解、传承与突破,使其具有鲜明的地域文化特色和艺术气质。另一方面,文化地产项目运营表现出以多种文化行动为载体。文化地产项目在运营阶段,通过源源不断的文化活动和品牌推广,持续不断地创造故事和事件,使其成为城市文化行动和标志的体现。文化创意依托于开发项目的经济基础和表现空间,有效展示其智慧和思想,显示出文化作为项目价值提升的经营潜能,成为项目更加重要的一种资本。

---

① 参见秦翠:《浅谈流行音乐和民族音乐的结合——以"女子十二乐坊"为例》,《大众文艺》2011年第14期。

3. 突出项目的重点

不同行业的文化产业项目，其重点也会有所不同。比如，一个论坛，项目的重点是主题选择和提炼、演讲嘉宾、营销传播、赞助、后续推广等；一个电视剧，项目的重点是好的故事、创作团队、融资、商业模式等；一个演出，项目的重点是有好的创意以及在创意基础上形成有影响力的品牌，如"女子十二乐坊"就是在创新传统民乐的基础上打造国际性品牌。

一个好的图书项目策划，其重点既要有好的图书选题和内容，还要有好的图书加工、媒体推广，同时也要了解社会风尚和心理。只有各个环节都能有机协调，形成整合力量，才能在激烈的图书市场竞争中立于不败之地；只有读者、媒体、市场、社会大环境都能对图书产生认同，图书才能真正畅销。例如，在世界图书出版公司的项目策划组成功策划了《富爸爸，穷爸爸》一书之后，能够借助已有的影响力，立即推出九本"富爸爸"系列丛书，既减少了后九本书的宣传成本，又能形成"富爸爸"的品牌，并凭借这一品牌开发相关游戏玩具甚至是"财高教育"，进一步延长了产业链，从而获得了空前的经济效益，很值得同行业学习和借鉴。

4. 商业模式设计

我们反复讲到，文化产业项目必须要有合理的商业模式。作为一个项目，其可盈利方法是什么？可能经常被很多人所忽视。例如，地级市城市搞一个庙会，是有可行性的，因为在很短的时间能集聚数十万人来这里，这里面有商机，就有商业模式可言。近几年北京龙潭湖春节庙会的摊位收入600万元，入园人次110万，收入1100万元，合计1700万元以上。所以，进行项目的可行性研究，考虑合理的商业模式至关重要。

对顾客的深入理解可以帮助我们进一步思考商业模式的可行性。比如，中国的消费市场和顾客特点有一个特性——年纪越大文化消费越少，主要的原因中国缺乏老年人消费的文化产品，以及储蓄的习惯和为儿童支付的习惯等。再比如，对于年轻人而言，虚拟产品的比重越来越大。虚拟产品不仅是一种商业模式，也是满足顾客需求的一个新的产业增长点。

商业模式涉及对顾客商业价值的考察。以财经类的报刊策划为例，其商业模式的要素与顾客定位直接相关。从内容与消费群体关系的角度看，面向专业顾客和普通投资人如股民等的内容要求有很大的差距。一般而言，其内容要么针对专业性的行业人士，要么针对大众投资者。假如缺乏准确的定位，试图脚踏两只船，同时兼顾这两类特定人群，则容易产生内容不对应的缺失，进而没有可行的商业模式来支撑自身的盈利。如果比较《21世纪经济报道》和《第一财经日报》，就可以看到前者比较合理，而后者则存在顾客细分定位不准确的问题。从经营的结果来看，特别是从《21世纪经济报道》的盈利情况和《第一财经日报》长期的亏损结果来看，也可以印证顾客细分所带来的具体影响。

再举一个例子。阳光卫视的项目或产品是电视节目，很长一段时间其节目基本形态是20世纪初期的人文，还有一部分对话节目，但是围绕人文的内容为多。这种节目适合年龄偏大的人，或者比较喜欢怀旧的人，或者想了解历史的人，或者是有历史情怀的人。这样，这些电视节目的商业价值就不大。商业价值就是看你的节目有没有人给打广告，打广告要分析你的节目是给谁看的。给哪些顾客看的节目有较高的商业价值？一般来说，一类是女性，一类是商人，一类是青少年，给这些顾客看的东西比较有商业价值。有历史情怀的人没有什么商业价值，所以广告一定很少。相比较而言，凤凰卫视也是很人文，只不过它是人文娱乐，不是人文历史。人文娱乐的商业价值比人文历史的商业价值要高。

5. 项目成长性分析

进行项目成长性分析，主要包括"五力模型"分析和"动态SWOT"分析（前面作为分析工具讲过）。随着市场竞争的多元化和环境的不确定性的增长，进行与竞争对手的分析，现在确实越来越难了。

举例来说，如果你要开一个体育网站，投10亿元砸一个足球网站，你要把现有的体育网站做一个SWOT分析。第一天做完SWOT分析，人家第二天就做出一个巨大的足球网站出来，但是不在你的分析视野当中。所以，我们认为，SWOT往往成为一种静态的分析，静态的分析对于不断在变化的竞争环境而言，显得有点削足适履，远远不足以透辟地解决项目下一步发展的问题，必须要加上趋势的分析、成长性分析和挑战分析。一定要预测，今天虽然没有一家专门体育网站，可能过几天就会出现一个很大很有实力的足球网站，要把这种情况假定为理所当然。然后再考虑你自己项目的成长性是在哪里，如何与你的对手进行竞争？

你的方法是什么？如何确保项目的成长性？这里面包括你的资源的整合方法、营销方法、合作渠道以及改善商业模式的方法等。其实现在很多策划或者战略规划当中，最缺的就是方法，最缺的是针对项目如何持续成长的方法。结果它就会停留在仅仅是静态的分析，导致分析结论和实际的发展情况相去甚远。

项目成长性的考量，要在符合和保证实现企业发展战略的条件下，在充分利用环境中存在的各种机会和创造新机会的基础上，确定企业同环境的关系、企业从事的经营范围、成长方向和竞争对策，合理地调整企业结构和分配企业的全部资源。

6. 投入产出分析

项目可行性必然包含投入产出分析。不过，分析投入产出的时候，可能会出现一个巨大的区别，即企业家的投入产出和投资家或叫商人的投入产出。其实二者完全是两个概念。企业家的投入产出概念是什么？企业家追求的是企业整体价值的提升，也就是说只要项目最终有回报就行了。投资人的回报不仅要回报而且是大回报，而且在短期内快速的回报。

投资人追求的短期内利益最大化和企业家长期的利益最大化，两者之间在价值观上有巨大的区别。就像有战略眼光的人是比较追求长期利益最大化的，因为他（或她）想年轻的时候不管怎么辛苦都可以，但老了的时候不能给人家甩到一边去，老了的时候要想办法占有一席之地，否则的话将来老了就会很难受。而投资者的投入产出模式主要包括现金流量和利润来源等，往往都是近期的。所以，企业可能有两种可行性方案：一种为了投资人的可行性方案，一种为了企业自我发展的可行性方案，这是完全不一样的方案，项目可行性分析时需要从不同角度分别进行考察。

7. 创业与退出机制

如果项目处在企业投资或者创业的时候，可行性分析还要思考一种退出机制。这就是说，我们不仅要考虑大家怎么把钱投进来，还要考虑过某一段时间以后，大家怎么分道扬镳，把这个退出的途径和方法事先设计好。打个比喻，其实婚礼搞得越盛大的人越有问题，因为当他们离婚的时候造成的严重后果就越大。许多人在搞婚礼时搞得那么壮观，他们为什么没有想过他们有一天要离婚？既然把婚礼搞得那么盛大和隆重，向众人庄严宣布他和她彼此相爱，为什么不好好地维护婚姻？好好地维持婚姻不考虑，好好地善后处理也不考虑，好像就靠隆重的结婚典礼来孤注一掷地赌一赌了。同样道理，在做项目的时候要知道如何进，还要知道如何退，并且退要充分考虑妥当。特别是以政府为主体投资人的项目，未来的退更要充分考虑，要找到一种办法，最好全身而退。有的时候退出是必要的，否则会对项目的持续发展造成很大的障碍。

（二）文化产业项目可行性研究报告

项目可行性研究是项目立项阶段最重要的文件，也是项目决策的主要依据，具有相当大的信息量和工作量。

1. 项目可行性研究报告的地位

一般来说，能够决定项目是否立项的关键性文件是项目可行性研究相关报告。项目可行性报告与项目总结报告并称为项目知识与信息的两大仓库，对组织知识库的扩大与充实具有重大意义。可行性研究报告是对项目的全面深入的论证，主要任务是为投资决策提供科学的依据。

文化产业项目可行性研究包含着丰富的内容，要尽可能做到全面、客观、公正、翔实。可行性研究报告的编制者必须要有专门的知识结构和从业经验，并且还应有专门咨询资格证书。以政府为主体投资的项目必须委托有资质的文化产业咨询单位编制项目可行性研究报告，以民营企业为主体投资的项目也应委托有资质的咨询单位提供客观、公正的第三方研究报告。

2. 项目可行性研究报告的主要内容

在体现前述可行性研究基本要素的基础上，项目可行性研究报告的主要内容应包括如下几个方面：

（1）项目的资源和环境分析

项目的资源和环境分析主要包括项目背景、拥有的资源（包括有形资源和无形资源）、项目的SWOT分析、项目的依据和范围等。需要从经济社会发展层次在资源配置、行业发展、城市规划、环境保护、可持续发展、国家产业政策和技术政策等方面进行符合性论证。这其中，SWOT分析需要进一步明晰：

项目运作主体的强项是什么？如何利用这些强项？

项目运作主体的弱项是什么？如何减少这些弱项的影响？

市场为项目发展提供什么样的机会？如何把握这些机会？
什么威胁着项目的成功？如何有效地对付这些威胁？
有无国家产业政策或财税政策"支持"或者"限制"？
有无地方政府（或其他机构）的"扶持"或者"干扰"？

（2）项目的市场前景分析

项目的市场前景分析包括项目的国内外需求、产品竞争力、销售预测、价格分析、进入国际市场的前景等内容。通过对拟建项目的文化产品（或服务）在国际、国内市场的供需、销售、价格、竞争对手的调查研究，建立在市场调查的基础数据上，确定目标市场、市场份额、营销策略和市场风险识别、评估。其中，需要重点明晰如下方面：

分析项目目标市场发展历史与发展趋势，说明项目产品处于市场的什么发展阶段。

本产品和同类或相关产品的特色和竞争力分析。

统计相关竞争对手所占的份额，分析项目产品将能占多少份额。

细致分析产品消费群体特征、消费方式以及影响市场的因素。

（3）项目的基本定位分析

在以上资源、环境和市场前景分析基础上，需要充分考虑项目的竞争优势，初步确定该项目的基本定位（特别是亮点与卖点）、发展方向和目标，并进行描述性定义。

（4）项目的技术以及人力资源分析

项目的技术以及人力资源分析包括对拟建项目的规模、项目实施条件选择、产品方案和发展方向的技术经济比较分析，以及对项目所可能拥有的知识产权和人力资源分析。其中，需要重点明晰如下方面：

从技术角度分析拟开发的文化产品"做得出吗？""做得好吗？"

按照正常的运作方式，开发本产品并投入市场还来得及吗？

预算中的软件、硬件能及时到位吗？

是否已经存在某些版权和专利将妨碍本产品的开发与推广？

本产品能否创造新的知识产权？如何获得相应知识产权保护？

项目实施的组织结构、运作团队、机构设置、人员招募与培训等能否及时到位?对外主要合作方的合作形式是什么?

(5) 项目的经济效益和社会效益分析

项目的经济效益和社会效益分析,需要重点明晰如下方面:

进行项目的商业模式分析,具体包括核心文化资源、赢利模式、收入来源、现金流量、整体价值最大化等方面预测和判断。

进行项目的投入产出分析,预测项目可实现的财务成果、判断项目的财务可行性。

从资源有效配置的角度,对项目的直接和间接经济价值全面识别和判断,分析项目对经济所做的贡献、消耗的资源的合理性、可能造成的环境污染等。

对社会影响较大、公众关注度高的文化产业项目,必须站在社会和公众的角度,对项目的合理性进行评价,预测项目对社会主流价值观的影响、公众可能的反应、对社会环境的影响等。

(6) 项目风险分析

项目风险分析主要包括风险预测、解决的方案和备选的方案。需要对市场风险、政策风险、财务风险、项目自身组织过程风险等方面进行全面分析与预测,提出相应对策性思路。

(7) 分析的结论与建议

分析的结论与建议是可行性分析的归宿点。需要根据项目调研和以上分析,对于项目未来的蓝图进行描述,提出项目开发或建设的相关建议。

以上是项目可行性研究报告的一般内容。需要说明的是,由于具体项目的性质和现有条件各不相同,可行性研究报告需要根据具体情况突出某些重点方面,并不一定非要面面俱到。

三、文化产业项目的评估

根据提供对象的不同,文化产业项目可行性的相关研究可分为项目可行性研究报告、项目评估等阶段。其中,文化产业项目评估是项目策划的必要环节,也是进行项目可行性研究的重要方面。

（一）文化产业项目评估的概念及程序

一般而言，文化产业项目评估是由文化产业专业人士（第三方）根据政策、法规、方法、参数和条例等因素，从项目的经济效益和社会效益出发，对项目的必要性、条件、创意、市场、技术、环境、收益等进行全面评价，判断其是否可行，审查可行性研究报告的可靠性、真实性和客观性，为审批项目提供决策依据。

文化产业项目评估主要有项目必要性评估、条件评估、方案实施评估、进度评估、效益评估、费用评估、风险评估等内容。其评估的依据包括项目的初步策划思路、项目可行性研究报告、项目策划方案、项目建议书、批准文件、申请报告、初审意见、有关协议文件等内容。评估程序主要有成立评估小组、资料审查分析、调查分析、专家论证会、编写评估报告（包括项目概况、详细评估意见、总结建议等内容）等步骤。

（二）文化产业项目评估要素及标准

项目评估指标体系是由若干个单项指标所组成的整体，它反映了策划所要达到的目标和功能。文化产业项目评估与策划一样，要考虑整体价值最大化、形成竞争优势、立足于自身条件三个基本维度（参见第4章的分析），由此综合考察得出评估结论。在这三个维度的基础上，需要充分考虑文化产业项目的特性，进一步细化为以下基本要素或一级指标。

1. 社会性指标

法律政策。文化产业是与价值观、意识形态密切相关的产业，经营者所从事的项目必须符合国家法律法规、文化产业政策导向和限制等。法律政策，包括宪法、法律、法规以及政府的方针、政策、发展规划等方面的要求，它对项目的宏观策划和中观策划尤为重要。在项目评估中要重点关注此点，文化产业项目不能存有侥幸心理和打"擦边球"的路线设计，否则项目面临的风险可能不是一般的商业风险，许多项目被中途叫停或强制下线就是惨痛教训。

社会影响。社会影响是文化产业项目生存的土壤，主要包括对社会主流价值观的影响、项目公众可能的反应以及项目的文化取向、宗教信仰、道德观念、民族文化、民俗民风及文化时尚等。这需要站在社会和公众的角度，对项目的社会合理性和社会责任进行评价。

共同价值。判断项目质量高低的根本标准是看有没有共同价值作为其内涵和基础,如尊重生命的价值、促进人的自由而全面发展的价值等,并能通过个性化的形式来表达。即是说,能够用个性化的方式,表达普遍性的人类共同情感、共同追求、共同理想。如何提炼文化产品或服务的共同价值,如何通过个性化或差异化方式来展现,如何达到无障碍传播,决定了该项目能够走多远。

2. 产业化指标

市场导向。文化产业项目提供的产品或服务需要顾客创造某种体验价值,体验价值越丰富,消费群体的认知度越高。在无法做到市场全覆盖时,比较合理的选择就是做明确的市场细分,再通过综合找到项目的目标市场。同时,文化产业提供的产品或服务在很大程度上受到消费者文化素养的制约,有战略眼光的文化产业经营者在服务现有顾客的同时,还会注意兼顾培养潜在顾客或非顾客。

产业链扩展。今天的项目竞争已经不仅仅是产品的竞争,更是一个前所未有的产业链竞争。评估文化产业项目的最基础要素就是看项目是否符合产业链扩展模式,是否具备规模效应、可复制性、产业延伸、盈利模式、持续发展等特征。所谓产业链扩展,就是将创意拓展或增加更大范围的各种各样的应用空间,由创意产品变成延展为一套以产业链为形态的服务方案,其途径包括开发新的消费领域、开发新的服务形式、开发新的产业形态等。以芭比娃娃为例,产业链扩展在产业升级中具有不可忽视的重要作用。芭比娃娃是中国加工出口玩具中的一种,价值 1 美元,在美国的零售价是 9.99 美元,这中间近 9 美元的价值来自产品设计、原料采购、物流运输、订单处理、批发经营、终端零售等。尽管这几个环节是整条产业链中最有价值的部分,但是却无法由位于产业链低端的中国企业所分享。在国际分工中,缺少创新意识和创意能力的中国企业大多都分布在产业链中附加价值最低、消耗资源最多的环节,而最能体现价值的环节却常常掌握在处于产业链高端的西方发达国家手中。对文化产业项目经营者而言,这就是一个教训。

营销推广。我们专章分析过,市场营销是文化产业项目实现生存发展的关键环节。一个文化产业项目,除了要具备传统的渠道推广能力之外,还要有整合营销、事件营销、体验营销、娱乐营销、互动营销等特殊能力。

规范管理。主要考察项目对包括有形资源（如人、财、物等）、无形资源（如创意、版权、信息、品牌等）在内各种资源的配置程度。文化产业项目组织因其特性较难推行规范化、标准化管理。例如，人员和创意、设计等成本很难标准化，生产时间很难规范化，销售难以模板化等。但是，产业化管理的要求则是必须最大程度实现模板化、程序化、标准化、规范化。一个文化产业项目的规范管理程度对其产业化发展、获得资本支持和企业上市等有重大影响。

3. 项目核心竞争力指标

知识产权积累。核心创意内容和由此形成的持续利用的知识产权是文化产业项目的核心竞争力。在文化产业项目评估中，独特的创意、独有的文化资源、拥有或可能拥有的版权、专利技术、平台与渠道、内容与渠道的整合都是重要的评估指标。

符号价值。符号价值是项目的品牌、明星、影响力等无形资产所产生的溢出价值。其中，明星是一种重要的符号，需要作为项目评估的重要方面。例如，作为明星的邓丽君，从形象角度看，长得好看、唱得悦耳，举手投足潇洒利落，多种语言流水行云，听众用什么语言提问她就用什么语言回应；从社会的角度看，邓丽君无疑是个独特演技的垄断者，给她的所值回报是社会公众的收益（获得某种愉悦享受），不尊重她的选择社会会受到损失，任何试图约束邓丽君的政策或方法都不能使社会整体得益。项目评估需要考虑项目可能拥有哪些符号价值。

高新技术。文化产业项目进入市场一般经历个性化创意、标准化复制、网络化传播、即时性消费等过程。规模化、批量化、流程化、标准化等是产业化的标志，这需要应用互联网、多媒体、声光电、3G、防伪等多种应用技术。是否拥有高新技术条件也应当成为项目评估的重点。

合理的团队。与创意内容、知识产权和符号价值等相一致，作为其载体的人才和团队是文化产业项目的核心价值所在。评估人员和团队主要考虑的因素包括主创人员的素质、团队成员结构、创意能力、管理能力、专业能力、团队稳定性、拥有的人脉资源、历史合作等。此外，在项目特点、技术应用、政府专项支持等方面的优势，也是评估中应关注的。

4. 自身条件方面的经济性指标

资金保障。文化产业项目因其培育期相对传统产业要长、风险控制困难，故而对资金保障的要求就更为迫切,因而企业注册资本、固定资产规模、知识产权获利能力、筹集资金能力、银行借贷能力是文化产业项目评估的重要依据。

风险掌控。主要评估对市场风险、政策风险、财务风险、项目自身组织过程风险等方面进行全面分析和相应对策。由于文化产业的每个行业都有一定产业规律,只要用心掌握这些规律和市场手段,就可以量化风险控制系数。

投入产出分析。主要评估项目的成本、效益、投资额和投资利润率分析及其可行性等。前面已经做过分析。

投资效益。评估投资效益,可以参考如下评价指标体系(见图9-3):

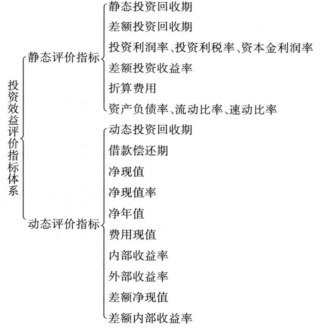

图9-3 文化产业项目投资效益指标体系

5. 时间性指标

项目时效。时间维度是文化产业项目的一个重要组成部分,需要对项目产品推出的时机、运行周期、市场反应度等进行相应评估。

项目进度。与项目时效相一致,需要对项目开发时间和进度的控制、时间节约、时间安排是否合理、是否与市场机遇有效衔接等进行评估。

(三)加强对项目无形资产评估的研究

文化产业项目多以无形资产为主,而无形资产难以评估和保值空间的不确定性导致了版权转让、交易、抵押、融资等一系列资本运作的不确定性。在资本与文化产业对接的过程中,如何合理有效地评估文化产业项目价值的问题仍然没有得到解决,以至于资本进入文化产业的局限性仍然很大。这便亟须有一个相对客观和完善的无形资产评估体系。

目前,文化产业项目一般会从企业的赢利能力、偿债能力、成长性、产品质量信誉、人力资源、历史合作等方面进行评估。例如,北京文化创意产业投融资价值评估服务平台主要包含三个系统内容,分别从信息与咨询服务、评估服务、交易服务三个方面(见图9-4)。

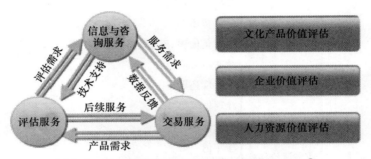

图9-4　北京文化创意产业投融资价值评估模型①

但是,这种评估体系仍然比较笼统,需要在我们以上列出的评估要素和基本标准的基础上,针对各行业文化产业项目的具体特点进一步细化、量化和规范化。只有建立起细化、量化和规范化的评估体系,才可能有效提高文化产业项目的信息透明度,让社会和金融机构对文化企业充满信心。

---

①　源于北京文化创意产业投融资价值评估服务平台,http://www.cbex.com.cn/,2020年1月1日访问。

第10章
文化产业项目策划方案撰写

文化产业项目策划最终要形成完整的策划方案,提交项目实施部门实施。有了周密的市场调研和对项目的基本定位以及具体执行的思考,特别是进行了初步可行性研究论证之后,就可以着手撰写项目策划方案。

一、文化产业项目策划与规划

文化产业项目策划是从提出问题、形成项目初步构想开始,先进行概念性策划,然后从具体内容上进行策划,最后在此基础上对项目主体如何实施或执行项目进行细致设计,因此它实际上包含狭义的项目策划和项目规划两个阶段。

(一)文化产业项目策划

文化产业项目策划是在对所拥有文化资源和所面对环境状况深刻认知的基础上,探讨如何创生适合的文化内容或活动经济形态,从而设计创新计划、整合各种资源、实现预期目标的过程。狭义的项目策划重点回答"为什么"和"做什么"的问题,对于"怎么做"一般采取粗线条的方式勾勒。它主要根据客户期望项目团队提供什么样的交付物的诉求,重点进行资源环境的分析、提出创意和总体概念方案设想等,同时初步设计两个或更多方案进一步研究与论证。其主要步骤及内容包括:

调研分析相关信息和文化市场需求。见前面项目调研报告。

依据提议或委托提出策划思路。承接政府、企业以及相关机构的提议、要求和委托，或者承接合作单位或意向合作单位的提议和委托，依据提议、要求和委托，结合市场调研分析，提出初步设想和进行可行性研究。

依据项目的构思和提议进一步调研、咨询、可行性研究，完善项目策划的思路。

撰写提交合作方和意向合作方的项目策划案。

（二）文化产业项目规划

而项目规划就是在项目策划基础上，即明确回答"为什么"和"做什么"之后，对"怎么做"进行相对精细的设计和筹划，为项目实施和执行提供更为具体化的蓝本。因此，文化产业项目规划是项目策划的具体化。

文化产业项目规划是具体确定解决问题的有效方案、措施和手段的过程。项目规划必须从现实出发思考、谋划，进而确定和安排实现项目目标所必需的各种活动和工作成果。在项目策划基础上，进一步涉及总体布局、规模、各部分功能设计、子系统的联系、风险、周期比较，以及技术、政策措施保障等。

如前所析，项目策划和规划侧重点不完全一样。策划重点在于预测未来，提出创意，无中生有，确定欲达到的目标，估计会碰到的问题；规划则重点在于在已有策划的基础上对资源的使用方式的梳理，变成具体实施和执行方案。虽然项目策划与项目规划二者各有侧重、粗细有别，但它们又是一脉相承、思路同一的贯通体，故我们后面分析时不准备专门区别来讲，而是以项目策划涵盖项目策划和规划这两个阶段。

二、文化产业项目策划方案撰写

文化产业项目策划方案是策划过程的书面成果，是实现项目策划目标的蓝图和具体路径。作为可行性研究的延续与实施的依据，项目策划方案需要根据项目的目标与功能要求，进行总体规划与设计。

（一）策划方案的主要内容

根据项目策划的实践经验和研究思考，我们认为，一个规整的文化产业项目策划方案其主要内容应包括如下十个方面。

1. 策划的背景

主要交代项目背景、项目的必要性、项目的依据和范围等。具体说，项目提出的背景（改扩建项目要说明现有概况）、投资的必要性和经济意义等，要分析项目在实现企业自身发展、满足市场和社会需求、促进国家或地区经济社会发展等方面的意义。

2. 资源基础与竞争环境分析

项目的资源基础和环境分析主要包括现有资源状况（如文化资源、知识产权、人员、能力、技术、装备等的优势和劣势）、环境状况（如外在的机遇和挑战）和市场前景等。

其中，项目的市场前景分析包括项目的国内外需求、产品竞争力、销售预测、价格分析、进入国际市场的前景等内容。通过对拟建项目的文化产品（或文化服务）在国际、国内市场的供需、销售、价格、竞争对手、产能分布的调查研究，建立在市场调查的基础数据上，通过数据挖掘和分析，确定目标市场、市场份额、营销策略和市场风险评估机制。

3. 项目发展定位与目标

在以上资源、环境和市场前景分析基础上，思考项目未来的竞争优势何在，由此确定该项目的基本定位（特别是亮点与卖点）和发展目标。主要包括项目定位与目标分析、总目标、分目标、经济指标、技术指标、环境指标等。

4. 项目的基本框架或内容方案

项目的基本框架或内容方案需要根据不同项目特点确定，由于项目性质及特点各不相同，如某种文化产品开发项目、主题活动设计项目、园区建设项目等，具体框架也不一样。

基本框架一般包括具体子项目的功能定位、产品方案、建设规模、工艺方案、人员与设备供应、空间布局、项目实施进度安排和辅助生产条件的确定等。

5. 项目组织方案

项目组织方案即项目运作的组织架构与对外合作方式，包括项目实施的组织结构、运作团队、机构设置、人员招募与培训计划等，还包括对外主要合作方的合作形式与机制等。在项目管理部分我们将进一步进行分析。

6. 项目营销方案

项目的营销方案主要是项目的文化品牌定位与营销策略，包括如何建立一种清晰的项目品牌，以及在品牌定位的基础上，如何利用各种内外部传播途径形成受众对项目及其产品在精神上的高度认同。具体内容见第7章。

7. 项目商业模式设计

项目的商业模式设计包括核心资源或核心产品、赢利模式、收入来源、收入预测和支出预测等。为了更好地指导项目活动的开展，需要把项目预算作为一部分在策划书中体现出来。

8. 项目投融资策划以及效益分析

项目投融资策划包括投资估算与融资方案等。其中，投资估算包括项目投资决定、投资测算预算、利息和流动资金等；融资方案包括资金筹措方案、资本金构成、融资成本分析、合作方式等。具体内容见第8章。

项目效益分析主要包括项目的财务效益和经济效益分析。财务效益分析主要是进行项目的投入产出分析，预测项目可实现的财务成果、判断项目的财务可行性。经济分析主要是对现金流量不能真实反映其经济价值的项目，从社会经济资源有效配置的角度，对项目的直接和间接经济价值全面识别和分析，分析项目对经济建设所作的贡献和项目消耗资源的合理性。

9. 项目风险分析与控制

项目风险分析与控制主要是风险预测、对策方案和备选方案，包括对市场风险、政策风险、财务风险、项目自身组织过程风险、环境性风险等分析以及解决的方案等。其中，环境性风险分析主要是预测项目对环境的影响，提出环境保护、环境评价的初步方案等。

10. 实施项目的保障措施

主要是构建组织管理、政策法规、资金融资、人力资源支撑、资源整合等多方面的保障体系。

（二）撰写策划方案的一般要求

一个优质的文化产业项目策划方案必须符合以下要求：

1. 言之有物、内容充实

通过初步策划思路的进一步优化，资料数据的进一步核实和挖掘，形成一个成熟的策划总体构思，重点要充分表达清楚"5W＋3H"：

WHY——策划的依据是什么？

WHAT——项目的定位和目标是什么？

WHO——项目的对象是谁以及顾客是谁？

WHERE——项目实施的物理空间以及虚拟空间何在？

WHEN——项目的时间安排及其进度如何？

3H——如何表现、如何营销、如何融资？

2. 主旨清晰、言简意赅

语言表达要主旨清晰、逻辑严密、简明扼要。让读者感到项目策划方案是经过周密的调查研究之后提出来的，使用的词汇也是他们所熟悉的，以便他们能够迅速理解和把握策划的主旨和核心思想。可以使用递进法和逐条列举法来体现，注意句子的顺序及结构，文笔要流畅，语言要明白易懂。

项目策划方案针对不同阅读者（如投资人、运营方、政府官员等），可以撰写不同的版本（详本、简本、图件本、动画示意等）。

3. 形式多样、表现直观

为了使项目策划方案达到更好的效果，也为了便于策划方案的实施，在表现形式上，除了文字表达之外，可以用直观性强的、形象性好的图表、图形、图案（图片或插图）、照片、多媒体动画展示等来进行辅助说明。例如，逻辑顺序和结构可以用流程图来表现，效果比用文字表现好得多。流程图制作尽可能做到简单而实用、重点突出，能够确切地表现策划者的逻辑思维。

策划方案需要用数据说话，数据是策划者调查研究的最好凭证，数据的说服力有时是其他表现手法所无法比拟的。但是，与数据的精确性相伴的是它们的索然无味和带给人们的视觉疲劳感。为此，可以把枯燥数据图表化，选用合适数据表现的图表，不失为解决这一问题的一种好办法。适合表示数据的图表主要有：

柱状图(或坐标图)，适用于表示数量的变化。

带状图，适用于对数值进行比较。

雷达图，适合于表示组织中各种各样因素的综合表现。

网状图，适用于对地理性分布的因素进行比较对照。

散布图，适用于统计数据的零散分布。

绘画图，这是最具视觉化的一种图表，适合于向不太习惯看统计图表的人进行数据说明。

4. 保障监督、切实可行

项目策划书编写出来之后，应制定相应的实施细则，保证策划方案的有效实施。具体需要设计好三道屏障：

监督保证措施。应从上到下各环节环环相扣，责、权、利明确，只有监督才能使各个环节少出错误，以保证项目活动的顺利开展。

防范措施。项目在其运营过程中有许多不确定的因素，只有根据经验或成功案例进行全面预测，发现隐患，防微杜渐，把损失控制在最低程度内，从而推动项目的开展。

评估措施。项目发展到每一个阶段，都应有一定的评估手段以及反馈机制，从而总结经验，发现问题，及时更正，以保证策划的事后服务质量，提高策划成功率。

（三）撰写策划方案的具体技术要求

依据项目的构思和提议进行调研、咨询、初步讨论等一系列前期工作之后，应着手编写项目策划方案。

1. 项目策划方案的主要构件

封面和扉页。有策划主办单位、策划组人员、日期、编号等。

前言。阐述此次策划的目的、主要构思、策划的主体层次等。

目录。策划方案内部的层次排列，给阅读人以清楚的全貌。

主体内容。即策划创意的具体内容，这是策划方案的主干，一般包括前面讲的十项。

项目实施进度表。包括策划方案实施的时间安排以及项目活动本身进展的时间安排。时间在制定上要留有余地,具有可操作性。

策划书的相关参考资料。例如,项目策划中所运用的二手信息材料最好要有索引,以便查阅。

2. 撰写策划策划方案应注意的事项

文字简明扼要。

逻辑性强、程序合理。

主题鲜明、层次清晰。

数字准确无误,运用方法科学合理。

运用图表、照片、模型来增强项目的主体效果。

三、文化产业项目策划方案的延伸文件

根据所提供对象的不同,由文化产业项目策划方案可以延伸出一些相关文件,包括项目可行性研究报告(上章已分析)、项目投资价值分析报告、项目商业计划书、项目建议书、项目立项报告等。

(一)项目商业计划书

一般说来,项目商业计划书要在项目可行性研究、项目策划方案、项目投资价值分析报告等基础上撰写。因而我们先谈一下项目投资价值分析报告的写法。

1. 项目投资价值分析报告

投资价值分析报告是在项目策划方案的基础上,由项目立项方为潜在投资者或授信部门提供的、旨在吸引投资或贷款的项目推介报告。其主要内容包括:

项目的产业机会,主要包括行业、市场、政策、区域等。

项目运营主体的素质,主要包括经营、财务、人才、管理、文化、技术等。

竞争优势分析,主要包括知识产权、项目组织结构、人力资源、技术、文化产品等。

项目潜在价值,主要包括项目竞争力、盈利能力、市场前景等。

风险预测,主要包括技术、经营、行业、市场、政策等内容。

结论和建议。

2. 商业计划书

商业计划书是明确表述项目提供的产品或服务、有利或不利条件、进度、风险、计划等信息,为项目管理提供分析基础和信息交流依据,指导今后项目实施工作,增加利益相关方的信心与兴趣。商业计划书主要包括以下几个方面:

导言。

计划摘要。

行业分析和市场预测。

项目主要内容,含拟开发的文化产品或服务介绍等。

文化产品创作开发计划。

营销计划,含经营策略等。

组织计划,含人员及组织结构等。

风险应对及评估。

融资和财务计划。

附录。

(二) 项目建议书

项目建议书是由项目投资方向其主管部门上报的文件,目前广泛应用于项目的政府或企业立项审批工作中。项目建议书的呈报可以供项目审批机关作出初步决策。它可以减少项目选择的盲目性,为更为详细可行性研究打下基础。

由项目实施方案文本而得到的项目建议书是一种"商业文本",目的在于说服投资人、促进项目的实施或推广,因此要符合"投入—产出"原则,即用最低的代价获取最好的结果。项目建议书要从宏观上论述项目设立的必要性和可能性,把项目投资的设想变为概略的投资建议。项目建议书的主要内容包括:

项目投资方名称,生产经营概况、法定地址、法人代表、主管单位。

项目的必要性和可行性。

项目产品或服务的市场预测和分析。

项目主要内容,包括项目定位与目标、规模、产品方案等。

技术支撑和主要设备,说明技术和设备的先进性、适用性和可靠性,以及重要技术经济指标。

主要资源、场地、运输等需求量和解决方案。

项目团队构成、来源、组织结构。

投资估算,需要说明需要投入的固定资金和流动资金。

投资方式和资金筹措。

经济效益初步估算等。

(三) 项目立项报告

项目立项报告是用于项目立项审批的文件,其基本内容与项目计划书和项目建议书相类似,故不再重复列出。

1. 项目立项报告的技术要求

项目立项报告的具体技术要求包括几个方面:

字数。正文字数 3000—5000(投资人或决策者没有那么多时间来看长篇大论),未尽事宜可作为"附件"附于正文后面。

页数。总页数 10—20 页(少则显得单薄,多则让人生畏)。

分段。每段 200—300 字。

排版。简洁、清晰、美观。

标题。恰当地运用多级标题,最好分为三级,既有层次感又不致凌乱。

图表。恰当地使用图片和表格,与正文配合。

数据。慎重地使用数据,一方面要使用权威来源的或经过核实准确无误的数据,另一方面数据不宜太多,防止成为数字的堆砌。

2. 政府审批所需材料:以大型文化活动或会展项目为例

项目立项过程中,有时需要政府审批,相应需要相关材料。下面以大型文化活动项目或者会展项目为例,列举需要政府审批的材料或文件:

国家主管部门或地方行政主管部门的批准文件(批准文件应注明举办时间、地点规模、内容、主办单位、协办单位和承办单位)。

大型活动登记表(一式三份)。

法人资格的证明材料(身份证复印件、企业营业执照复印件)。

场地出租单位出具的场地出租方及主办方的租赁协议。

举办大型文化或会展活动的场地平面图。

举办活动的主办单位安全保卫工作方案、安全责任制度、安全保卫责任人的材料。

市局消防或分局消防对该活动验收的消防安全审查意见书。

举办活动的内容及简介。

举办活动的申请书。

两个以上单位联合举办,应提交举办单位联合签发的举办活动的通知。

在文物保护单位内举办,提交文物和消防机构出具的批准文件。

举办文艺演出、体育比赛、珠宝展览、人才招聘等,应分别提交行业主管部门出具的批准文件。

临时搭建舞台或在现场悬挂物品的,应提交消防部门的证明文件。

主办单位须提交与活动有关的证件样本,由公安机关予以核准和认可后,方可印制。

第 11 章
文化产品的开发及策划

文化产品是文化产业项目的基本要素,也是文化产业项目策划的主要产出物和可交付成果。任何文化产业项目都是为了满足人们特定的文化精神需要而确立的,而这就要通过项目所提供的文化产品或服务来实现其目的。

一、文化产品的特征概说

我们所谓的文化产品,是文化产业项目的最终"产出物"或者"产出物"的组合。[①] 文化产品一般是以"生活样法"为核心的,是人的精神、价值观等的具化表现。策划和开发文化产品,必须了解文化产品的基本特征。

(一) 文化产品的基本特征

文化产品与一般制造业的物质产品相比,无论是在功能和表现形式上,还是在需求、生产、消费等方面,都是有很大不同的。

1. 文化产品的价值主要源自无形的精神创造

文化产品不是单一要素的产品,其完成需要多种技能。很多产品需要各种不同技能的专业人员合作,每个人都可以把个人品位倾注于产品的质量与形态

---

① 从表现形式来看,文化产品包括狭义的文化产品和文化服务。除特别区分之外,本书提到的"文化产品"都包含"文化服务"在内。

中。比如,电影拍摄工作就是很多艺术人员共同努力的结果,他们每人的专攻不同,审美观点不同,喜好也不同,导演的工作就是负责协调和整合各种差异。

从总体来看,文化产品生产处于技术创新和研发等价值链的高端环节,具有较高附加价值。不论文化产品表现为有形的物质产品,还是无形的服务活动,它们都是文化的载体,只有以精神、创意等为核心的文化艺术内容的注入,才能使它们成为真正高附加价值的文化产品。文化产品的价值构成中,科技和文化的附加价值比例明显高于普通的产品和服务。精神创造的无形资本可能比有形资本的成本要高得多,而且由于精神要素是无形的,文化产品的生产需大量的创造性投入,加之它失败的风险很大,所以文化产品的初始创造成本往往会非常高。但是,由于文化创意的无形资本是以信息码、数字符的方式存在的,它的复制、传播成本却越来越低。

当文化产品表现为文化商品时,文化产品基本上属于私人产品,具有消费中的竞争性与排他性,但在现代技术条件下,其可复制性是很强的,如形形色色的盗版文化复制品。由于文化产品这种特殊性,在其生产过程中更容易出现一些不正当行为,如剽窃、盗版等侵犯知识产权的行为。因此需要一些专门收入分配规则来保障创作者的权益。例如,"书的原作者得到10%的提成,电影制片公司得到30%的发行利润,剧作家得到总收入10%的提成。"①这些版权的认定和保障以及法定有效期决定了原创作者、表演者可以获得版税的期限,版税就是原创作者的赢利。这其实是对于文化艺术的无形精神创造的尊重。

2. 文化产品具有需求的不确定性

在很大程度上,文化产品是否会得到顾客的认可,具有很大的不确定性。"创意产品具有需求的不确定性。没有人能确定消费者如何评价新推出的创意产品。"②确实,创新产品的市场机遇不好把握,人们对文化服务创新的理解和接受通常有一个过程,是形成新的消费热点还是受到冷遇,难以预料。从横向来看,对于文化产品的需求经常源于某种审美趣味。虽然影响一般物质产品需求

---

① 〔美〕凯夫斯:《创意产业经济学——艺术的商业之道》,孙绯等译,新华出版社2004年版,第113页。
② 同上书,第4页。

的因素如消费者收入、商品自身价格、消费者的喜好等也影响文化产品的需求,但还有一个特殊的因素决定文化产品的需求,即是文化消费者的审美趣味或艺术趣味。在创意行为中,创意者(艺术家、作家、演员等)非常注重产品的原创性、卓越的艺术表现以及艺术的和谐统一。同时,人们对音乐、文学、戏剧及表演的欣赏及其消费而愿意付出的代价决定于人们对该种艺术所具备的知识与理解。

从纵向来看,时间因素对于一个文化产品的传播与消费具有重大意义。时间上的协调问题与时间对产品价值的影响问题相互作用。例如,音乐会的发布与筹集工作必须在规定的时间内完成;电影的摄制需要一连几周,按部就班,其间所需要的各种创造性投入都必须完全到位。创意行为的经济利润与出品过程中的时间上的紧密协调与资金的迅速回笼密切相关。"每一部影片、每一张CD都是一件新产品,而且它们相互之间又各不相同:不同的内容,针对不同的目标人群,依赖不同的交易模式。每周都可能有两三种,甚至十余种类型的娱乐产品投放市场,它们所要达到的共同目标是尽快回收投资成本和实现利润。……但娱乐内容的创作则几乎完全取决于制作过程中创造力的发挥。因此,它总是为人类社会中的各种不确定因素所影响。"[①]

3. 文化产品的供求弹性较大

与需求上的不确定性相一致,相对于一般物质性产品,文化产品的供求弹性要大得多。从马斯洛需要层次论来看,文化产品属于人类较高层次的需求,它在某种程度上属于非刚性的需求产品。也就是说,文化产品主要是满足精神性的直接消费需求或者提升附加价值的生产需求。前者比如音乐会、戏剧演出、电影等文化产品,后者比如广告促销、建筑设计、工业设计等。一般物质性产品的供求曲线是,价格越高,需求越小,供给越大,供给曲线与需求曲线的交叉处是其均衡点。文化产品虽然也是在这个一般规律中找寻自己的均衡点,但是,文化产品的需求弹性高于其他产品,其原因在于:其一,公众对文化产品的需求变化大,文化产品的需求受意识形态、经济因素、审美观念、时尚、其他生活方式变化影响巨大;其二,公众文化消费的选择性强,一般文化产品特别是文化娱乐服务,互相取代、彼消此长的情况经常发生;其三,特别是人们对于文化产品的需求还有逆势

---

① 〔美〕埃尔·李伯曼等:《娱乐营销革命》,谢新洲等译,中国人民大学出版社2003年版,第8页。

上扬的特点，越是在经济危机或经济萧条时期，人们对于内容产品的需求反而越强烈。

文化产品供求的高弹性，带来文化产业项目经营的高风险，这是必须时刻警惕的。文化产品要作为商品走向市场，成本核算与价格制订是必须的。文化产品因具有突出独一无二性、突出创新的特点，个别劳动时间在价值决定中常常起主要作用。这样一来，文化产品的价值弹性和价格灵活性就相当巨大。这就要求文化企业要重视对于生活方式变化的研究和产业发展趋势的分析，强化市场意识，改变只管耕耘、不问收益的习惯。

4. 文化产品大多具有公共品的特点

当文化产品表现为文化服务时，文化产品属于半公共品，即具有消费上的非竞争性和一定程度的非排他性。因此，文化产品无论在生产时还是在消费时，都具有某种外部效应。所谓非竞争性就是一部分人对某一产品的消费不会影响另一些人对该产品的消费，一些人从这一产品中受益不会影响其他人从这一产品中受益，受益对象之间不存在利益的冲突。例如，在网上听音乐，多一个人听或少一个人听，不会影响其他人的收听，大家同时收听同一台节目也不会因此产生利益竞争。所谓非排他性是产品在消费过程中所产生的利益不能为某个人或某些人所专有，要将一些人排斥在消费过程之外，不让他们享受这一产品的利益是很难的。文化产品消费的非竞争性和非排他性，主要通过强制性的知识产权立法保护来克服。当然，在实践中也可以通过一定的措施和技术手段来规避，比如通过收取门票来获得竞争性消费，通过设置无线接收密码等手段来实现排他性收益。

5. 文化产品消费具有循环累积效应

人的想象力和创造力是取之不尽、用之不竭的资源。文化产品的核心要素是源于人的想象力和创造力的文化创意。一般说来，人们对文化创意的利用和消费不但不会消耗，反而具有某种累积效应，会使社会文化资源越来越丰富。从文化产品的市场需求来看，人们对文化产品的需求，一旦启动，便一发而不可收，而且处于永不满足状态。这是因为，人们对文化的需求，随经济与社会发展而动，经济越发展，社会越进步，人们对文化的需求越强烈。文化产品的消费需要消费者具备特定的文化修养能力，文化供给往往是文化消费的前提条件。比如对于交响乐消费来说,只有对那些懂得欣赏交响乐的人们来说才有价值,交响乐的市场需要从交响乐的普及和教育开始。因为审美趣味具有积累性,这种趣味要通过教育与经验而获得。随着交响乐教育的深入,喜欢这类文化产品的人群主导的文化市场才会繁荣。文化市场的繁荣会进一步推动文化产品的需求。因此,文化产品的供给培养了专业、忠诚的消费者,培养了市场,使得文化产品的消费需要不断增长,文化产业的从业者和经济效益与社会效益进一步扩大。

文化产品的这一特点在实践中经常被运用。比如,当中国人还不熟悉日本、美国、韩国的动画游戏产品的时候,大量的动画游戏产品如《聪明的一休》《米老鼠与唐老鸭》《传奇》等,以免费或极低的价格向中国电视观众倾销式传播,很快就培养了大批热衷日本动漫、好莱坞动画、韩国游戏的消费群,从而成功进入了中国动漫游戏消费市场。

6. 文化产品市场竞争具有多维性

由于文化产业本身是一个跨界的产业族群,因而文化产品市场竞争也具有多维性或多端性。在文化产品市场上,除了产品质量、价格、经营管理人才等一般性竞争之外,还有一些特殊性的竞争。首先,他们既有同行业的竞争,又有不同行业的竞争。例如,艺术表演、戏曲、歌舞、杂技等,同一消费者在同一时间只能有一个选择。因此,第一位的是不同行业的竞争,究竟哪一个行业的产品能吸引消费者,然后才是业内哪一个企业或产品获胜。其次,文化产品的生命力在于不断创新,而创新的竞争从选题开始到产品问世,无处不有出奇制胜的思考与行动。再次,文化服务既有人类基本要求的共性,也有反映和表现不同社会制度的意识形态的特性,意识形态的竞争和斗争,集思想性和艺术性于一体,是高层次的竞争。

另外,文化产品的国内外文化市场联系密切。文化传播和文化产品的市场是没有疆界的。一般地说,不同区域的文化各有千秋,但都是在相互交流中取长补短、共同发展的。现代科学技术在文化传播中广泛运用,使各民族、各地区的距离日益缩短,相互间的文化交流更加频繁。各种音像制品、广播电视、书刊报纸、演出团体,都可以在国内外市场上进进出出。这样,一个国家或地区的文化产品,在满足本国、本地区居民需要的同时,也可以为国外居民服务。因此,本国文化产品走向世界,国外文化产品进入本国市场,随时随地都在进行。

（二）成功文化产品的要素

文化产品进入市场一般要经历个性化创意、标准化复制、网络化传播、即时性消费等过程。一个在市场竞争中获得成功的文化产品，除了体现了以上基本特点之外，还有整合化、媒介化、大众化、智能化等共性要素。

1. 整合化

从总的来说，内容、传播渠道、消费和整合，这四个因素（所谓4C）构成了一切文化产品的基本结构。文化产业以创意为基础，通过版权保护将行业凝结在一起；同时，版权又使得内容拥有者可以行使授权、接受赞助等权利，从中获得巨大的经济收益。① 虽然内容提供商负责授权或针对特定的观众生产出原创性的节目内容，拥有硬件设备的运营商站在渠道一方，但好的文化产品可以通过以消费者导向，使内容和传播渠道实现融合。

2. 媒介化

好的文化产品本身既是产品更是媒介。一方面，文化产品往往都是最好的传播的载体，即文化产业项目所有的环节无处不是传播的介质，包括内容、渠道、场景、服装等。另一方面，大众传播往往既是文化产品生产的过程，也是文化产品消费的过程。并且，许多文化产品（如演艺产品）的生产过程，其实是一个创造文化产品同时也创造文化消费者的过程。

在当今传媒时代，文化产品推广一般都要靠媒介的影响力，产品和媒介的融合或文化产品媒介化日益成为一种自觉。譬如，奥运会的许多体育项目的赛制以及规则的演变，都体现了产品媒介化的基本趋向。

3. 大众化

一个好的文化产品通常是四种特性的组合，即娱乐性、体验性、互动性和时尚性。其实，这"四性"正是文化产品大众化的基本要素。简言之，所谓娱乐性就是让人产生一种赏心悦目的乐趣，感觉好玩；体验性就是对人的感受的冲击力比较大，给人留下身临其境的深刻印象；互动性就是让消费者直接参与到产品之中，成为其中的一个分子；时尚性则是体现新潮和个性化要素。时尚是"集体选

---

① 〔美〕埃尔·李伯曼：《娱乐营销革命》，谢新洲等译，中国人民大学出版社2003年版，第15页。

择"的过程,更为准确地说,"时尚与其说是由权威人士确定的,不如说是集体对不远的未来的探索"①。

从这"四性"来看,中国传统的杂技和魔术都有很大的改进空间。例如,中国对外文化集团和上海文广集团搞了一个时空之旅投资了3000万,一年就回收回去了。再如,中国出了这么多的魔术师,就刘谦一上台一举成名,韩寒说他在演魔术的时候就像表演话剧,他从发型到上台到他的表情,通过不断地吸引观众的眼睛和心灵,跟他产生互动,像刘谦那样的人,具有非常强的明星气质或者明星气场,整个过程就是跟这"四性"有很密切的关系,所以才会一下子就把他的产品推到成功的位置。传统的文化产业项目及其产品,其实都可以通过这些特点来创新和改造。

4. 智能化

当今,数字化和网络化技术的发展影响着文化产品的供给与消费。计算机与信息技术的发展,特别是多媒体技术、互联网及计算机与通信技术的发展,改变着文化产品的生产与消费方式。文化产业与信息技术、传播技术和自动化技术等的广泛应用密切相关,呈现出高知识性、智能化的特征。例如,影视、演艺、网络文化产业等产品的创作和生产是通过与光电技术、计算机仿真技术、传媒等相结合而完成的,具有很强的渗透性和辐射力。策划和开发各种文化产品必须要研究数字化和网络化的应用以及新技术的发展动向及其对文化产业的影响。

二、文化产品的质量标准

我们在第二章分析到,文化产业的经济属性和文化属性并存,是一种相对特殊的产业。就文化产业的产品而言,需要双重的产品质量标准,即作为商品形态的一般质量标准和作为精神文化属性的最低标准。

(一)文化产品具有双重的质量标准

文化产品包含价值观等精神要素、故事或符号、物质载体等。广义的文化产

---

① 〔美〕伊丽莎白·科瑞德:《创意城市》,陆香等译,中信出版社2010年版,第151页。

品是人类创造的一切满足人们精神需求的产品,既包括有形产品也包括无形产品,这就有我们一般说的文化产品与文化服务之分。文化产品一般是以物质作为文化的载体体现的,表现为物态形式,如影视、图书、报纸、期刊、绘画、唱片、工艺品等;而文化服务则一般是以人的活动作为文化的载体体现的,表现为非物态的活动形式,如舞台表演、信息服务、教育培训、现场咨询、展览解说、许多非物质文化遗产等。其实,文化产品和文化服务是相对而言的,比如,电影光盘可认为是一种文化产品,而正在上演的舞台戏剧对消费者而言,则被认为是一种文化服务。

　　文化产品的生产不同于一般物质产品。普遍认为,文化产品的生产包含两个相对独立的过程,一种是文化本体的生产过程,另一种是文化载体的生产过程。文化本体的生产属于人类的精神生产活动,主要表现为人类的脑力劳动,它是以人类已经掌握的知识、技术以及人类所拥有的智力为主要生产资源,生产出人类所需要的无形的精神产品——文化内容。文化载体的生产又包括两种方式:当文化产品表现为文化产品时,文化载体的生产基本上属于物质生产活动,它与人类从事的其他物质生产活动没有什么两样,以消耗物质资源为主,生产出具有"一定效用"的有形的物质产品,当然,这里的"一定效用"主要是指它的承载文化的作用。作为文化产品,它的生产、销售和消费的过程一般能够被清晰地区分开来,同时表现为多组织联合的产业形态。如报刊图书出版业,就属于此种典型的产业形态。当文化产品表现为文化服务时,文化载体的生产一般表现为人们的文化活动的开展。这时,文化载体的生产过程也表现为文化消费的过程,消费者通过观赏或参与服务提供者所组织的某种活动或表演,完成文化消费过程,并得到精神需求满足。如文艺演出、教育等就属于此种类型的产业形态。

　　从产品最终形态来看,文化产品包含两个相互依存的部分:文化创意内容与硬件载体。文化产品区别于大多数一般物质产品的特殊性主要在于它的文化创意内容,这是文化产品的核心。文化产品无论表现为有形的物化产品,还是无形的服务活动,都渗透着无形的精神活动(或思想内容)的注入,因而无形的精神活动更能反映文化产品的本质。但文化创意内容很难独立存在,经常要依靠具体的硬件载体而存在。因而,文化产品主要是由两个部分的价值组成的:一是硬件载体的成本,另一个是文化创意内容的精神与情感价值。一般来说,纯粹以功能价值为导向的实用的生活器具、能源资材等,不称之为文化产品。

因此,文化产品具有精神价值属性与经济价值属性的二重性。精神价值属性是指文化产品所表达的人类精神活动内涵及其影响。文化产品通过定价和售卖,把无形资本转换为有形的货币价值,带来直接和间接的经济增长和就业增长,这些经济效益的总和就是文化产品的经济价值。从横向的角度来看,文化产品具有双重的质量标准,即物化的表达形式质量与精神内容质量。文化产品是以物质产品为载体的精神消费产品,文化产品的这种价值构成使得文化产品的质量评价具有了一定的特殊性。因此,文化产品的质量标准是双重的:既有物质形态的产品质量评价,也有非物质形态的精神内容质量评价。后者往往更为重要,更被消费者所重视。比如,消费者购买一本书,对于这本书的质量评价,主要是要看这本书的内容是否对于阅读者有价值(比如教育价值、理论价值、情感价值等),纸质、印刷、装帧等物化的表达形式显然对书籍质量评价的次要方面。

这样,文化产品的质量高下的判别标准就至少包含如下两个方面:第一,精神效用标准。一般物质产品的本质具有物质属性,主要是满足人们衣食住行等物质生活的需要。而文化产品的效用主要不是取决于其物质载体的自然属性,而是决定于其精神或思想内容的属性;不是取决于对人们物质需求的满足,而是决定于对人们精神的满足。虽然有些文化产品具有物质形态,但其物质形态只是人们所需求精神的物质载体,如人们购买光盘,需要的不是光盘本身,而是光盘中所包含的音像内容;人们购买书籍,也不是需要书籍本身的纸张,而是书籍中记录的内容。总之,作为商品的文化产品,可能会有多种效用,但精神效用却是文化产品的标志性效用,不具有精神效用或者精神效用不是该商品的最主要效用的商品,绝不是文化产品。第二,交换对象标准。文化产品或文化服务只有在作为人们的交换对象时才能成为文化商品。从现实性来看,当人们以生理与生存为主的物质需求基本得到满足后,在追求更高水平的物质生活的同时,也在追求更高层次的精神生活。正是这种需求领域的发展趋势,为文化产品和文化服务奠定了现实的市场基础。

(二) 大众文化与精英文化

从总体上说,文化产业的产品需要符合文化产业发展的内在要求,这种内在要求既包括经济的属性,也包括文化的属性。从经济属性来说,产品的消费者是大众即普通百姓,他们必须愿意为某种文化属性支付费用,才能使产品具有经济价值。从文化属性来说,它既包含着是否符合文化价值要求的好坏的评价,也包含着是否具有"产品价值"即对消费者而言的体验性的评价。因而,文化产业中的产品的文化属性也必须符合大众的文化消费取向和文化理解能力。

从文化消费能力和文化理解能力来说,这里的"大众"所属的文化或者所消费的文化就是我们所谓的大众文化。在第二章我们已经对精英文化和大众文化做了区分:所谓的精英文化就是需要经过专业训练才能理解的文化,所谓大众文化就是不需要专业训练、只要依靠直观就能理解的文化。大众文化要足够通俗,普通百姓才能欣赏。但是,假如站在精英的立场上,就会认为某些文化产品太低俗。事实上,通俗和低俗之间的界限往往也具有很大的争议性。当然,精英阶层所欣赏的文化也不一定是优秀的文化,因为他们也具有文化消费的特定习惯,也可能具有偏执和偏激的趣味。再者,由于大众文化具有较高的经济价值,有些精英文化只能在象牙塔里甚至无人问津,由此某些精英阶层的人士对于大众文化也可能产生非理性的排斥和对抗情绪。就此而言,社会文化的健康与否也不是要按照精英阶层的趣味来制定标准。

由此,精英阶层和普通大众阶层对于文化产品中的文化价值的判断水平和标准是不一样的。精英人士需要有文化担当、追求理想价值,但是不应当以理想价值作为标准来衡量大众文化。为大众文化服务的做法以及创作大众所喜闻乐见的文化产品不是"迎合大众",而是以人为本,也就是以普通百姓的娱乐需求为旨归。通俗文化一般不具有专业化的学术价值,往往受到精英阶层的忽视乃至鄙视。其实,拥有文化话语权和传播权的精英人士也具有责任参与推动大众文化的繁荣,或者至少不去打击和排斥大众文化。

精英文化和大众文化并存并重,彼此互补和互动,恰好构成繁荣和发展中国特色社会主义文化的两翼。在经济发达国家,精英文化与大众文化是并行不悖的。将精英文化意识形态化并强制作为审视大众文化产品文化属性的标准,是目前我国文化产业发展的基本障碍之一,需要予以改变。

（三）评价性标准与限定性标准

从文化产品监管者的角度来看，由于缺乏具体的文化产品质量标准，他们也存在监管上的困惑。一方面，可能存在一种悖论性的监管难题：如果标准过低，可能不符合意识形态和核心价值观的要求，也与监管者自身利益不一致；假如标准过高，就可能扼杀创新和创造力。另一方面，不同监管者和评价者的文化意识和监管、评价标准也不一样，容易产生冲突。不过，就政府层面和宣传部门层面的选择而言，"宁高毋低"似乎比较符合他们的诉求，但是这样不符合文化产品生产者的利益。就此而言，如何界定文化产品的文化属性，同样寓含对于大众文化产品是否低俗的不同视角和判断。要解决这个最具有争议性的问题，我们需要思考和界定以下几个不同层次的问题。

文化产品中的文化属性必须制定一个"质量标准"。目前我国只有评价性标准，而没有限定性标准。评价性标准具有太强的主观性和臆断性，因而不能作为真正的标准。这也是目前我国对文化产品进行合理监管和质量检验的主要政策障碍。制定限定性标准的文化产品质量监管的要求，就是看产品是不是与社会核心价值相对立。

所谓社会核心价值是指引导社会民众建设良好价值观的，具有基础性、重要性和引导性的价值。社会核心价值应当包括三个层次：其一是人的基本价值如道德意义上的人权如生存权；其二是人在社会中实现其价值即以人为本所必要的制度保障和价值观支持，如政治上的人权，社会合作中的法治、道德、民主、自由、爱国、仁慈等；其三是独特社会制度中的社会价值，如社会主义制度、科学发展观、和谐、社群主义等。由此，文化产业产品的文化内涵也包括几个层次：一是普适的价值；二是合理非极端的娱乐和健康生活的要求；三是政府的意识形态和政府所提供的公共服务能够保障文以载道、寓教于乐。文化产品生产的基本标准是第一、第二两个层次的标准，政府文化宣传的标准是第三个层次的标准。

符合健康文化属性要求的产品的最低标准就是该产品不能与社会核心价值直接对立，如不能包含渲染色情、鼓励暴力以及反社会、反人类的价值取向等。这里的"对立"是指在性质上相反。例如，在影视中渲染残虐人类的详细动作和血腥镜头就是与提倡以人为本的价值观背道而驰的做法，其产品属于对抗社会核心价值、反人类的不合格产品。也就是说,文化产品的限定性标准是一个基本的要求,主要是不能与社会核心价值对立,即它可以与社会核心价值不一致,但是不能对立或者对抗。举例来说,在娱乐时可以谈马路上的飙车特技如何精彩,但是不能认为违背交通规则是正确的做法。

一般的文化产品的生产者不必要承担政治教化的功能,其产品的文化属性只要不与社会核心价值对立,或者说只要符合道德与法律的规定,也就符合政策上的限定性标准。当然,反过来说,认为文化产品不需要承担教育功能,并将不需要承担教育功能等同于不受任何文化属性质量标准限制的想法也是错误的。虽然文化产品不需要承担教化的功能,但是,文化产品的公共传播就使产品具有公共性或外部性,并对未成年人带来相应的影响,不健康的产品就会产生"误导"或者"教唆"的结果。换句话说,未成年人不具备辨别能力,很容易受到不健康内容产品的误导和教唆。

由于消费者层次的不同,有些符合限定性标准的内容对于儿童等未成年人而言是不适宜的,或者不利于他们的成长要求,因而亟须采取产品的分类分级管理措施,这是对限定性标准的细化措施。文化产品的消费者不同,要求所具有的属性也不一样。

对于文化出口而言,以上的要求同样是有效的。易言之,对于文化出口也需要采取限定性标准。当然,这里还包含对于文化产品的其他要求,即在文化产品代表中国形象,如该产品作为参与国际文化交流的主要产品时,文化企业和有关机构就应当主动结合政府宣传的要求。因此,在国家制定对外文化产品出口扶持政策和文化营销时,需要关注两个部分:必须更加注重文化属性的"一般性要求"和传播中国社会核心价值观的"提升性要求"的结合。易言之,我国社会核心价值的传播要通过某种政策激励体现在文化出口中,如通过强化当代励志文化,以具有比限定性标准更加积极的文化属性的产品来重新塑造"中国龙"的形象等。就已有的文化出口产品的内涵而言,由于目前为止主要是针对成年人,因而在对外推广文化时,需要针对境外未成年人实施推动更加健康的文化产品生产和内涵提升。符合以上要求的文化产品,在走向国际市场时将能够反映一定程度的健康内涵要求,又符合任何价值观中所有群体的消费标准,因而也是今后中国文化出口企业的基本文化内涵要求。

第11章　文化产品的开发及策划

对于传统文化或者中国现当代文化的弘扬,不能简单化地认定"只要民族的就是好的"。因为传统文化中也有糟粕,特别是有许多鼓吹皇权专制和暴力的内容,也需要加以甄别。此外,在文化属性符合社会核心价值要求的情况下,对外弘扬中国文化时应当包含"一定数量"的当代文化要素和相对应的文化内涵,否则就会造成境外人士对于中国当代文化的误判,或者说误以为当代中国文化是古代文化的直接延伸,或者毫无成就可言。易言之,这里对于当代文化元素和内涵的数量也可以视为文化属性的补充性要求。

对于传统民俗类和娱乐民俗类的文化产品的质量管理,也需要采取两个层次:一是要检查其是否符合限定性标准,一是要解决面向未成年人的问题。以"二人转"为例,无论是一般标准要求还是针对未成年人的要求角度来说,都需要进行适当的内容健康化改造。就是说,对于成年人而言,应当适当减少原汁原味的"二人转"中的自虐性表演成分;对于未成年人来说,除了应当减少其中的自虐性成分外,还应当消除其中的色情笑话内容。

所谓百家争鸣和百花齐放,主要是指符合限定性标准之上的自主和自由的创作、创造与创新,而不是条条框框的限制。当然,对于争鸣的文化产品,就需要尽早制定限定性政策。对于创新文化中的一些探索,需要组成有关专家来审核,而不是任由某些特权人士的判断和批评就予以取缔。否则,将没有创新可言。

从功能性的角度来说,或者从顾客导向的角度来说,不同行业的文化产品的文化内涵要求是不一样的。例如,从动漫产品的角度来看,符合打造产业链要求好的产品必须同时符合家长和儿童的兴趣,否则,就难以激发家长带领儿童消费动漫衍生产品的意愿。当然,由于面向低幼儿的产品具有"双重顾客"的特点,假如动漫企业要开展动漫衍生产品的专卖连锁经营,其产品的文化内涵更需要获得家长们的认可,否则专卖店就会没有顾客。就此而言,大众文化产品的创作者需要针对市场需求来把握文化产品的文化属性。这既不是主观性的文化理念,也不是一味迎合低级化的趣味,而是一种对最低要求理解基础上的适当的提升要求。易言之,从标准的角度来说是符合限定性标准;从产品的营销来说,它们必须是真正受到大众欢迎的健康化而且娱乐性强的产品。

从细分市场的文化产品来说,面向成年人的电影、面向少儿的电影和面向所有消费者的电影,其产品的具体文化内涵和审美方式的要求是不一样的,这里既有符合政策的要求，也有满足消费者的要求。二者的完美结合就需要创作者具有一定的文化素养和技术表现能力。

从文化产业的发展趋势来说，随着信息技术的普遍应用，互动性和自助性文化产品的内涵表达呈现丰富性和互动性的结果，但是在产品质量即文化属性控制上出现了难度。就此而言，在互联网上和手机上的产品传播中实行实名制是必要的措施。这些措施的目的不是为了限制言论自由和创作自由，而是要落实责任归属。

政府对文化产品的文化属性的引导，除了体现引导性的要求即鼓励人们朝向某种目标之外，还必须保障文化产品能够满足丰富文化市场的要求，因而不能随意以引导性的策略作为某些特定的标准来限制创作自由。同时，要将政府具有宣传功能的文化产品和企业具有营销价值的文化产品区别开来，因为后者的文化产品中的文化属性不能脱离经济属性的考虑。

提升文化产业从业人员的文化素质和经营管理水平即产品的研发能力，是保障文化属性健康的基本要求。同时，文化企业的从业者必须具有良好的社会责任意识，才能保障官产学在创作、研究、引导和市场开发的一体化进程，也才能解决顾此失彼的难题。

在以上的分析中，我们除了强调限定性标准之外，还表达了一个基本的观点，即应当以宽容的心态来看待满足百姓文化需求的问题。如果过于拔高产品的文化属性标准，很多百姓将被排除在消费者之外。同样，不能把说教等同于"合理"，因为假如说教意味太强，将把广大的青少年推向境外具有大众娱乐性的产品，使他们进入海外文化产品的消费者行列。

三、内容为王与故事第一

文化产业有时被称为"内容产业"，就是突出创意内容在整个产业链中的核心地位。确实，"内容为王"和"故事第一"是文化产品开发的根本要求。重视内容和故事的核心地位也就意味着要探索内容创意的商业规律，从而提高形成内容产业商业模式的能力。

（一）内容为王

文化产品固然基于内容创意，但并不是所有的内容创意都和文化产业有关，也不是所有的文化内容的创意都具有商业价值。这需要对"内容为王"进行深入理解和把握。

1. 内容为王的含义

我们前面提到，所谓的"内容为王"是一个通俗的说法，意指创意、故事、音乐、节目、信息、活动、明星以及各种文化艺术的知识产权构成了文化产业的核心，决定着产品和服务的高附加价值。例如，在当代音乐家创作的无数歌曲中，只有极少数歌曲一直传唱下去；有些歌曲在网上的点击率极高，有些则乏人问津。这也反映了文化产业领域"内容为王"的特点。

当今，包括电信、无线通信、互联网等行业，其最大的增值业务都是娱乐内容。从短信、彩信、彩铃、手机报、手机视频、网络游戏、音乐下载等所占的比重，可以明显看出，信息产业正在通过消费者对内容产业的旺盛需求而获得快速增长。或者说，文化娱乐内容正成为信息产业增值业务的主要来源之一。中国虽然拥有市场规模及内容产业需求增长的优势，但企业能否把握商机、创新商业模式、提升品牌和高附加价值，既是自身成长的机遇，也将是一个必须面对的考验。

对内容的依赖是文化产业项目以及产品的本质。以中国移动为例，它在2008年的短信是4000多亿条，其中许多是娱乐内容。而中国的数字电视和有线电视难以真正快速的发展，其主要原因是缺乏知识产权和节目内容的积累。因此，从2006年起，各类媒体和企业正在花费越来越多的钱来购买国外的好作品，包括好的体育活动的内容。在国际上，对内容的争夺是十分激烈的。2004年，索尼公司继1989年以37亿美元收购哥伦比亚电影公司之后，再次以48亿美元收购了米高梅电影公司，收购之后，索尼将拥有超过8000部电影，掌握美国超过50%的影片资源，其中包括007系列和蜘蛛侠系列等。此外，索尼公司得到的还有超过43000小时的电视节目。今后，各类数字媒体对内容的需求将更加旺盛，而内容的制作能力也将决定企业能否具有很好的商业模式和核心竞争力，并形成"马太效应"。

2. 内容的类型分析

我们所说的内容,其基础是创意,而对创意加以丰满和完善,形成各种内容形式:一类是故事,一类是活动,一类是形象性的知识产权,一类是附载在明星身上的品牌魅力。

讲故事要有想象力和创造力,故事题材要广泛,情节要吸引人。讲故事是不是吸引人,决定了该内容在继续进行产业化时的商业模式是不是可行。以电影故事为例,中国到现在为止,显然没有多少电影是可以重复看上三遍依然不让人厌烦的。出现电影故事内容和剧本缺口的原因在于,用于提供制作内容的基础材料本来就比较少,电影、电视的内容题材基本上就只有几类:一类是言情的,一类是家庭伦理的,一类是古装的,一类是武侠的,再一类就是主旋律的。而很多好莱坞的好电影,题材却相当广泛,包括科幻的、历史的(包括别国的历史)、侦探的、言情的、新编卡通故事的、考古的、宗教的、人物传说的、现代战争的、灾难的、演艺的、政治的等;素材来源也非常多,从卡通、流行小说、人物传记中都可以得到优秀素材。由此我们认为,中国人真正要做大电影电视产业的话,内容生产商就必须成立自己的故事创作中心,分门别类地来寻找和改编好的素材。总之,创意内容本身具有广阔的需求,因而内容产业拥有非常巨大的发展空间。

活动也是重要的内容资源。活动内容的设计和创意,需要以产业链的形态才能体现其商业模式的完整价值。"超级女声"就是典型的例子。"超级女声"本是从英国借鉴到美国然后绕道而来的。在英国叫作"超级偶像",然后英国把这个授权给美国人做,美国就做出了一个很具有轰动效应的节目,叫"流行偶像"。湖南卫视的"超级女声"也是这样的大众造星运动。这个"超级女声"本来是一个逗笑的节目,谁都可以来演的,最后演变成像歌手比赛了。这种"歌手比赛"的商业模式在中国早就有之,但是这个超级女声的成功超乎人们的意料之外,最后形成了一系列的庞大收入:电视冠名赞助(其广告收入超过了中央电视台任何一档的收入)、短信的收入、演出经纪还有图书的收入等。同样,借鉴"流行偶像"开发的"超级女声",突破了原有的电视节目在收视率和广告之间盈利的商业模式,实现了一个传媒从吸引受众注意力到开发消费者购买力的过程。随着超级女声品牌的扩展,短信、广告、冠名、代言、演出、销售、活动、影视、唱片、图书、服装、食品、玩具等产业形成一个巨大的、长长的娱乐产业链。这是一种很有代表性的商业模式。

重视"内容为王"意味着,好的内容应当获得很高的知识产权回报。这就要求文化企业经营者改变思维方式,注重寻求作为"源头活水"的故事创意和内容创意,需要投入较多的资金把故事和策划做好,而不是将钱仅仅花在导演、明星、制作流程上,在内容上的合理投入可以减少在其他环节上的损失或者开支。

重视内容也意味着要重视明星的培养。在影视、演艺、传媒、体育等许多领域,假如缺乏明星,就不可能成就规模化的产业收入。例如,电影的情节、主要明星以及导演是预测电影票房收入(不包括利润)的重要依据。"对电影项目投资商而言,明星们通常被认为是'颇具号召力的',明星的出演可以增加电影预期总收入,如果明星同意大部分报酬与电影收入挂钩,他的出现就会降低利润回报风险。银行家和其他电影项目投资人认为有明星出演的项目更容易回收成本,所以他们愿意投资这样的项目。"[①]针对中国的国情,华谊兄弟公司注重与明星长期签约和明星经纪,是有见识的做法,也因此具有比较合理的商业模式。而体育领域缺乏大牌球类特别是足球、网球和高尔夫球明星等,极大地制约着中国体育产业的发展。

培养众多优秀的内容创意人才是文化产业人力资源开发的重任。所谓内容创意人才,其实可以分两种:其一,内容创意人才;其二,将内容产业化和市场化的人才。而应试教育和文化管理方式中过分注重理想化和教条化的内容严重制约了国人的想象力和创造力,需要各类继续教育领域加大培养具有想象力和创造力的人才。例如,日本宫本茂自1977年以来便在著名游戏开发公司任天堂旗下工作,创造了风靡一时的"马里奥兄弟"等热门电玩游戏,设计超过100款电视游戏,是世界上最具影响力的游戏设计师。宫本茂是主导教育性和建设性游戏革命的设计师,他在创作中排除暴力因素,创新出能从多个层面锻炼头脑的程式,从教育观点来看非常有价值。宫本茂凭借自己丰富的想象力,创造出允许所有年龄层数以百万计的人进行互动的虚拟之梦,并由此产生了能跨越意识形态、民族和地域限制的新的沟通和联系方式。实际上,中国政府应当注重奖励各类

---

① 〔美〕凯夫斯:《创意产业经济学——艺术的商业之道》,孙绯等译,新华出版社2004年版,第106页。

大众文化领域的文化内容创意人才,包括优秀的小说家、作词作曲家、艺术总监、游戏内容策划者和编剧等,而不是养着专业作家和歌舞剧团。至少,应当积极支持大众文化的创造者。

(二) 故事第一

无论从哪个角度来看,在文化产业领域,文学形式的故事以及故事性强的文学作品,特别是文学畅销书,都是创意活动延伸和产业商业模式得以形成的基础条件。

1. 故事的力量

故事是文化产业的基础资源,因为故事能够把人的生命内部的各个通道打通。故事内容最好是老少皆宜。当然,在特定的情况,某些年龄层次的消费者形成了独特的故事内容体验的群体,他们和以往的文学故事选择有着很大的差别。例如,在武侠领域,玄幻小说已经逐渐取代了传统式的武侠小说。

故事与文学创作具有密切的联系。文学与故事结合就是文学故事(小说)。文学故事是比较系统化的故事,其重要性要求我们国家应当培养全民讲故事的能力。创意故事要有想象力,它既来自良好的教育和培养,也是一种自主性的行为。文学故事的繁荣和编剧人才队伍的壮大是文化产业发展的坚实基础。不过,现在流行的文学故事可能更突出故事的精彩纷呈而不仅仅是思想和表达的深度。

故事与文学创作要基于人性的共同需求和个性化表达。人类的普遍情感和共同追求,需要表现和传达;而这种表现和传达,又必须非常独特,非常个性化。这是一切文学艺术共同的本质特征。显然,这里有两个必要条件:一是共同情感的普遍传达,二是艺术表现的个性独特。人类有共同情感,比如爱、对幸福的追求、对压迫的反抗,以及求之不得的郁闷和烦恼、反抗不能的愤怒和悲怆等。这些共同情感,因为"人同此心,心同此理",能普遍传达。而且,正因为能够传达,才会有诉说和倾听。好莱坞的电影故事,就有很多引起人性共鸣的题材。尽管诉说和倾听的权利属于每一个人,但一般人的听和说,传达的普遍性和感染力,可能是有限的。然而人类的共同情感,却要求最大限度的普遍传达。这就需要文学家和艺术家。真正的文学家和艺术家,总是能说出人们最想说的话,又说得不同凡响。也就是说,他们传达的情感是最普遍的;表现的方式则是最独特的。因为最普遍,所以引起共鸣;因为最独特,所以让人惊叹。人们的情感是共通的,而体验却必须是个人的,是共同情感的个人体验。这样,才能实现共同情感的独特传达和表现,才能给人们留下超越时空任意想象的不尽空间。可以说,善于讲故事和表现故事,是文化产品创意者毕生要修的功课。

不过,有些故事仅仅是为了某个影视作品所需,可以是导演或者编剧作者的一个故事梗概。在影视创作中,故事内容可以借助于广泛收集的故事题材,或者其中的某些元素,如各国历史故事、动漫故事、对今天讲述故事有启发的元素和启迪等。就内容产品的制作者而言,能够讲述和编写故事,或者对于故事的商业判断力,是故事转变为商业价值的重要条件。

最重要的是,好的故事可以形成巨大的产业增值的价值链。真正有意义的表达,实际上应该依靠故事的力量,而不是依靠单一语言的力量。这种故事是如何去建构其中的相关人物、相互关系,在这种关系里呈现出一种深刻。要寻找复杂的、有张力的、用丰富社会内涵的关系去表现。故事的力量是可以改变某个事件的深刻程度的,也可以改变产业增值的走向。如故事可以出版图书,可以改编成影视、游戏作品,可以进行艺术授权开发主题公园和玩具等。《哈利·波特》是十几年来最成功的文学故事,也是最大的产业增值的价值源泉。

2. 畅销书与故事的扩展

许多故事或者文学故事与作者的知名度密切相关,或者说,明星作家是故事获得关注的一个重要方面。畅销书作家和畅销书(故事)之间存在对应关系,应当作为重视故事内容的组成部分来考虑。畅销书作家的经纪是经纪业务中最重要的事项之一,而这种经纪在国内刚刚开始,还缺乏金牌经纪人。

电视剧主要是以故事取胜不是以明星取胜。明星取胜的话,明星号召力最强的是舞台剧,接下来是电影,而电视剧可以起用新人,甚至每次都启用新人是没问题的,因为好的故事可以造就新的明星。

善于讲故事的人中,首屈一指的无疑是台湾地区言情小说家琼瑶。从 20 世纪 80 年代到现在,中国大陆地区一直都涌动着一股琼瑶热。从家庭妇女到大学生、中学生,几乎各个阶层的人,都为琼瑶的爱情故事所迷醉。琼瑶认为,"人类的故事就是男人和女人的故事。"①凭着这样的理念，在她那闪耀着七彩光环的想象世界中，塑造了一个个动人、凄婉的爱情偶像。据统计，自1965年起，她的小说拍成电影电视剧的达到49部，有32部长篇小说和16部中篇小说被改编，如《庭院深深》《窗外》《情深深雨蒙蒙》《几度夕阳红》《在水一方》《海鸥飞处》《心有千千结》《我是一片云》《一帘幽梦》《人在天涯》《青青河边草》《聚散两依依》《匆匆，太匆匆》《月满西楼》《却上心头》《问斜阳》《梅花三弄》《还珠格格》等。琼瑶作为当代最畅销、最多产的小说家，她抓住了人之共通的情感——爱情，正如她自己所说："我是一个标准的梦想家，我美化一切我能美化的东西，更美化感情，有时甚至是天真的、不成熟的。"②除了对于爱情这一核心主题的传达，琼瑶的小说作品中还蕴含有浓郁的古典文学意蕴，显示了她深厚融贯的古典文学功底。譬如，《一帘幽梦》电视连续剧主题曲："我有一帘幽梦，不知与谁能共？多少秘密在其中，欲诉无人能懂！窗外更深露重，窗内闲愁难送，多少心事寄无从，化作一帘幽梦！昨宵雨疏风动，今夜落花成冢，春去春来俱无踪，徒留一帘幽梦！谁能解我情衷？谁将柔情深种？若能相知又相逢，共此一帘幽梦！"这种随处可见的个性化的表达方式无疑促进了共同情感——爱情主题的表现和传播。

　　琼瑶的作品改编的影视剧一直在华语影视圈占有一席之地，而且她每出一招都会在影视界掀起不小的波澜。四十多年来，琼瑶影视剧经久不衰，在聚拢了一代又一代的观众的同时，也捧红了一批又一批的明星。20世纪60年代的归亚蕾、柯俊雄、唐宝云、王莫愁、杨群、何莉莉，20世纪70年代的甄珍、林青霞、林凤娇、秦汉、秦祥林、邓光荣、夏玲玲，20世纪80年代的刘德凯、刘雪华、俞小凡、岳翎、陈德容、金素梅、马景涛、王诗槐，20世纪90年代的金铭、苏有朋、林心如、陈志朋、周杰等，可以说都是在琼瑶的影视作品中脱颖而出的。值得一提的是，琼瑶选角主要以角色合不合适人物的身份、性格作为第一标准，因此不少当时已算一线的女星并不是在剧中担任主角，而是出演配角。这样也就给新人的涌现创造了大量的机会。能大胆起用新人，这也是琼瑶的魅力所在。与此同时，琼瑶

---

① 参见王剑丛：《姻缘道上的现代想象》，《世界华文文学论坛》2006年第4期。
② 同上。

系列影视剧的主题曲、插曲也捧红了许多歌手,像邓丽君《在水一方》,蔡琴的《庭院深深》,高胜美的《天若有情》,李翊君的《雨蝶》《总是》,姜育恒的《从不后悔爱上你》,钟镇涛的《回忆》……这些演员、歌手都是凭借琼瑶的电影、电视剧登上自己演艺事业的高峰,琼瑶剧造就和成就了这些明星。同样,他们也使琼瑶的电影、电视以及歌曲更广泛地流传。

与琼瑶一样,金庸小说也四十余年长盛不衰(见图11-1)。"金庸热"之所以构成一种奇异的、令人注目的阅读现象,不仅由于拥有读者之多,还因为它持续时间长。文学作品的"热",通常能保持两三年就算不错,而金庸则不同。《射雕英雄传》20世纪50年代在报上连载,许多人争相转告,报纸发行量一下子增加很多。从那时起,可以说港澳地区就出现了"金庸热"。随着《神雕侠侣》《天龙八部》《笑傲江湖》等作品出现,金庸武侠影视作品不断拍了又拍,可以说堪与四大名著的翻拍相媲美。

图11-1　金庸与琼瑶

张艺谋则善于借力小说讲电影故事。我们回眸张艺谋的电影,会发现这样一个事实:这位导演所执导的很多影片,都是根据小说改编而来的。如《红高粱》改编自莫言的小说《红高粱家族》,《大红灯笼高高挂》改编自苏童的小说《妻妾成群》,《活着》改编自余华的小说《活着》,《山楂树之恋》改编自艾米的小说《山楂树之恋》,《金陵十三钗》改编自严歌苓的《金陵十三钗》等,张艺谋一再向小说"借力",把目光投向那些常态的人和事以及由人和事演绎出的故事。

除了由畅销书作家讲故事,今后可能很多影视的题材都会来自网络小说。

比如,《步步惊心》做成电视剧就很有观众。网络小说跟电影观众是同一群受众,有一些女性写的生活类的东西又跟中老年妇女喜欢的题材很相近,所以如果有一定的网络小说基础,或者倒过来有一些畅销书基础的话再来改就会更好。根据这个经验,我们可以发现好莱坞很多故事都是历史上有传播基础的,像《泰坦尼克号》,或者倒过来说用的都是畅销书,因为美国人的畅销书产业跟他的电影整个是一体的。这就是文化产业的"一意多用"原理。

所以,好的故事资源是可以重叠利用的,创意出来的一个好东西不要轻轻放弃,可以把它一直往下做,这是一个很重要的基础。也就是说,在选题上策划者要有一些思考,怎么样能够在已有基础上来做。比如,一个公司做了一本《穷爸爸,富爸爸》的畅销书,结果做完以后就做成了商标,想做一系列的理财培训。结果这个商标不适合做,穷爸爸富爸爸跟理财品牌不对应,但思路是对的,既然做了一个畅销书,就把这个思路做得透一点,这其实是一个很好的办法。

回到我们的核心点,就是故事第一。做文化产业除了严肃的选用表现手法之外,从内容的角度来讲主要就是会讲故事,会讲故事才能塑造形象,会讲故事才具有娱乐性。以前的文学家都想表现严肃主题的,而西方的畅销小说家都是要让大家快乐的,不要总是给自己限了很多框框,限得很紧。而西方很多普通人都试着写小说,最后写出很多畅销书,如写《失乐园》的渡边淳一是医生,写《哈利·波特》的罗琳是家庭主妇,还有一些畅销书作者是律师、教师、服务员、搬运工等。

有必要再强调一下,并不是所有吸引人的内容产品都是好产品,或者说,只有从商业模式可行性的角度来衡量的内容才有意义。因此,需要着重关注两个方面对内容的审慎处理:一方面,由于政策的限制不同,适合某些国家的好内容不一定适合我国的国情;另一方面,有些产品渲染色情、暴力、反人类等,不能污染未成年人的视听。由此而言,对于一些大腕创作的作品,也需要按照核心价值的标准或者限定性质量标准来审核其是否适合公开发行。

好的故事内容需要满足一定的条件,特别是为了达到产业扩展的最大化,需要针对更加广泛的人群。以好莱坞的电影大片为例,只有吸引家庭消费的大片才是最卖座的大片。由此,好莱坞的电影在近年就以真人结合动画和动画电影为主流。相比中国的电影,主要还是给成年人看的,缺乏老少皆宜的内容,因而难以出现真正有国际影响力的大片。

四、文化产品的内容创意及其扩展

一个文化产业项目的产品策划需要放在一个大的市场范畴上进行宏观分析考量。在对市场大势把控的基础上，明确项目在其中所处的地位和作用后，才能对具体的核心文化产品和相关衍生产品进行设计。

（一）以内容创意取胜

文化产品的内容创意不是随意和随机的一般创意，而是在战略和商业模式思路引导下的创造力的发挥和拓展。

1. 内容创意重在质量：以皮克斯为例

文化产品最核心的要素是创意以及创意丰满化形成的内容。内容创意重在质量而不是数量。例如，多年来，美国皮克斯动画公司每年制作的动画短片和长片加起来不会超过160分钟，2—3年专攻一部电影，而每一部新片都让忠诚的影迷翘首以盼。皮克斯动画公司的创作团队提出一个创意后，会不停地完善、修改、优化，每一帧画面力求做到极致，既生动逼真又不失风趣幽默。皮克斯电影的受众从6岁到96岁，可谓老少咸宜。以最近出品的《料理鼠王》为例，可以窥见皮克斯的制作流程：创意者先提出一个不可思议的角色，再用电脑和纸板表达，反复讨论，集思广益完成每一个场景，将无数个不可思议的故事和场景串联起来，构成一个合理的故事。

"创意比技术更重要"，一直是皮克斯公司奉行的理念。皮克斯公司动画片票房数据充分显示，只有追求高品质，才能产生高效益。首先，皮克斯的领导很有战略眼光，能够把握发展趋势。该公司现有三位高层管理者中，除了精于管理之外各有侧重：一个擅长科技、一个擅长数学、一个擅长创意，但都重视从战略和发展趋势研究动画的设计。其次，公司员工不要求动漫专业出身，富有想象力和创造力是先决条件，员工都可以尽己所能表达独特的想法。再次，皮克斯公司近乎疯狂地追求动画作品品质，折射了美国公司中较为普遍的品牌意识，即他们不在乎短期的量有多大，涉足的产业有多广，唯一追求的就是作品要"叫得响"，要成为观众的期待。反观中国公司，表面看起来热闹，但是短期行为太多，不大注重品牌培育，哪样来钱就做哪样，重复抄袭，简单模仿，基础不牢靠，这样当然很难产生具有高附加价值的精品。

2. 内容创意的一般要求

文化产品的内容创意需要按照一定的适宜于商业模式的规律来进行，才能达到事半功倍的效果。

(1) 从消费者的角度来审视创意

有了创意，关键是把创意转变为可行的创意产品。从产业的角度来说，仅仅有好的创意只是个开端，需要将各个不同的创意整合集成为创意的产品，才算达到初步的要求。从创意到内容再到创意产品，是创意实现自身丰满和完善的过程。创意产品的管理者必须指导创意发明者的工作，使他们注重如何思考创意产品中的创意表达。

因此，从消费者的角度来审视创意及其文化产品生产，就需要反向获得的创意，产业经营中的创意是为了给顾客带来享受和增值效益，并且通过服务顾客而发展企业。例如，日本动漫产品的创作者和消费者之间有良好的互动，一部新的动漫作品多数会经过漫画试刊的检验过程，如果市场反应不好，就会修改甚至最终放弃。因此，创作者很清楚产品推出和市场认可二者间的风险关系，形象可爱、贴近人性、成为偶像、深入人心，是多数动漫创作者追求的目标。假如没有采取反向的思考方式，就容易陷入自我中心主义、孤芳自赏或者产品导向，不符合市场竞争的规律。应当进行必要的调查研究和市场检验工作。为了使作品顺利被市场接受，需要在创意和创意作品生产的某些阶段进行市场调研，包括听取文化艺术批评和消费者的意见等。在某些时候，可以将故事作为开放性结构，让消费者参与构思和展开。

(2) 实现有效的创意集成

创意是整体的，是点子集成(ideas)。也就是说，在作品创意中，包括内容的各个方面、形式与内容、包装、宣传与营销等是一体的。在开始将作品创意转变为产品创意的时候，需要全面把握各个方面的相互联系和如何集成的方法。不论其品位变化和创新灵感的源泉来自何处，风格上的创新都会改变创意产业中普通资源的配置格局。其中所凭借的载体，如艺术画廊、出版商、唱片公司等，以其新兴的风格为创新活动带来了巨大的利润,哪怕只是暂时性的。

产品创意是集体智慧的结晶。创意是个人性的,但创意产品却经常是集体智慧的结晶。例如,一部影视产品不仅仅是艺术总监或者导演个人的理念,一定是参与作品开发和产品生产的团队各自高水平的创意的集成化。一些创造性活动是多种创造性投入的集合体。一部电影需要演员、编剧、导演、摄像、道具、制片、化妆、音响、作曲以及编辑等。在这项工作中,每个人投入的技能都不相同,他们可以在工作中实现自身价值,提出自己的创作见解。每个人的职责应该事先确定下来,同时应该做好各项工作的协调工作。同样,舞台剧也需要一支具有创造技能的团队,歌剧、交响乐演出需要精心挑选的音乐人能够在舞台上默契配合。也就是说,要能够把各个部分都做到位,特别是同等水平的到位。

因此,创意人才的持续培养十分重要。由于创意需要经验积淀,因而不能临时凑合人才,而是要对人才以及人才团队做不断的培养和提升,包括总结经验和接受新知识等方面的培训、能力提高的培训和实践中相互促进的提升等。

(3) 注重文化内涵与人性的挖掘

文化产品的创意和其他的创意不同,它一定要有文化艺术的内涵或者形式的魅力。"创意"不是所有行业的创意,而是文化艺术和娱乐、品牌等的创意,因此,创意产业实际上是文化艺术与传媒娱乐界的活动,而不是所有有创意的产业的活动(如科技发明)。把文化创意整合为创意产品,需要综合考虑顾客体验、产业趋势、产品形而上的感受、审美艺术创意的提升、产品的领先性与超越性、产品的未来升级等。

文化产品创意要基于对人性的洞察和挖掘。文化产品应当从人性的视野和深度来展示其普遍相通的魅力。特别是在国际化时代,创意和创意产品不能局限于对区域人群或者少数文化特性人群的理解,还需要理解和洞察人性,了解不同国家的人们共同的喜好和文化感受。试想,为什么中国的功夫片在国外比其他类型的电影成功?恐怕不是因为像有的人所说的那种"击打或者抗击打能力",主要是因为动作表达戏剧冲突、娱乐和情感的方式比较容易理解,也比较容易超越具体文化的限制。

(4) 遵循各类文化产品的特有规律

每个类别的创意产品都有一定的规律,创意必须遵循各类的创意产品自身特有的规律。以电影为例,电影大片的主题需要贴近人性或者贴近现实生活,故事情节曲折,包含爱情、友情、亲情因素,面向家庭消费者,需要大制作和大牌明星,需要针对国际化市场,需要内容创新等。再如,皮克斯公司很少涉足与动画电影本身无关的项目,专心致志围绕一个目标做事。好的创意需要遵循创意产品自身特有的规律,通过合乎商业逻辑的运作,转变为一种可行的商业模式。

当然,有些创意可以通过借鉴或者改造而来。好的创意不等同于全部原创,也可以吸收借鉴其他的创意。例如,千古文人侠客梦,各种"侠"类的作品之间是可以相互借鉴的,侦探中的技法也是可以相互启迪的。什么东西都靠自己从头来的做法,是不可能的,也是不可取的。当然,借鉴和模仿要以不能侵犯知识产权为底线。

(5) 企业家作为创意产品开发的最终决策人

保障有产业经验的人作为内容创意各种要素的集成者,非常关键。没有产品制作经验的人也可以很有创意,但是,只有有产业经验的人才能把握创意产品的整体价值,并且通过协调各个部分来完成一个目标。例如,有时候,一些杰出的创意点可能与作品创意的整体风格不协调,就需要果断予以舍弃。企业家是把关者,是检验创意有效性的基本环节。可能某些企业家仅仅依靠商业直觉,但是,这些直觉对于判断产品的市场未来前景是很重要的。"任何行业的艺术家对业内人士的评定都具有一定的标准,如通过对某个艺术家的艺术造诣、可信度和适应性可以判断出艺术家的等级排名。"①但是,如果一味放任艺术家的工作,有时就会因为创意脱离实际太远而造成重大损失。因此,企业家应作为创意产品开发的最终决策人和选择判断者。

(二) 内容价值最大化

内容价值最大化是文化产品策划者实现发展战略和完善自身商业模式的基本要求。从总体上看,这里存在一定的规律或者方法可以借鉴和使用。

1. 保障创意以及创意产品的持续性

评价好的创意和创意产品,其中一个重要的方面是看它是否具有可持续性

---

① 〔美〕凯夫斯:《创意产业经济学——艺术的商业之道》,孙绯等译,新华出版社2004年版,第123页。

开发的潜力。例如,一个热播的电视连续剧不如常年播出的连续剧。特别是,连续制作同一创意的能力越强,商业规模就越大,其中的品牌和知识产权就越具有高附加价值。所开发产品或者经营主体的企业要借此达到品牌的高度。检验内容制作水平的标准是内容整体而不是内容中的一部分,只有形象达到品牌影响力的高度,才能体现知识产权的价值,也才能帮助和促进产品的营销。

2. 重视产业增值价值链的打造

同一种内容资源,可以通过延长产业价值增值链条,即开发艺术授权或者后续产品,形成价值增值或更大的附加价值。比如,动画电影的内容可以内置广告、票房、DVD、开发衍生产品和进行艺术授权等。

在创意产品中必须思考可以打造产业链或者生产衍生产品的一些要素。一般说来,在创作作品之初,就需要考虑怎么销售、怎么延伸开发。为了开发衍生产品,就需要前置今后在作品之外加以开发经营的创意产品设计。几乎所有的美国动画电影都很注重衍生产品的前置设计。

实现内容使用的行业多样化。这就要将好的内容资源应用在文化产业各个行业进行资源的延展开发,使一种资源产生多种效益或者系列效益,也是文化产业最本质的特点。把内容与平台进行紧密合作,并且持续扩大内容的影响力,从而产生稳定和可持续的效益,比如将足球联赛通过电视和网络视频进行转播并且持续开发该内容。

3. 形成内容与品牌结合的模式

以品牌为导向,将内容的影响力上升为品牌的影响力,并且通过品牌实施增值服务,建立品牌与内容结合的可持续化模式。如《哈利·波特》由图书转化为影视、游戏、主题公园的做法,它可以启发我们开发品牌化的其他项目内容。

明星是内容与品牌共同增值的纽带,或者说,通过明星可以有效提升内容的影响力,通过明星和内容可以提升品牌的知名度和忠诚度。明星包括演艺明星、体育明星、传媒明星、学术明星、政治明星等多种类型。明星不仅是大众文化的创造者和传递者之一,也是文化产业领域产业链经营的核心环节,因此各种明星越多越好,特别是大牌明星越多越好,因为他们不仅丰富了文化娱乐和文化艺术,对拉动文化娱乐消费和其他消费也具有重大的价值。影视产业、演艺产业、体育产业甚至出版传媒产业等,都可以通过明星演出内容或比赛内容来提升明星品牌,并且通过代理明星的广告代言和商务活动来获取代理收入等。

(三) 内容与平台融合发展

在中国,内容为王的时代尚未全面到来,主要的原因一方面在于缺乏有效的知识产权保护,另一方面则在于媒体的垄断性经营特点决定了内容受制于传媒运营商。

虽然媒体的改革一直在推进,但是,这种改革不会彻底到体现一般市场竞争的程度。原因在于,一方面,传媒被视为执政党和政府传播政策和引导舆论的工具(即使传媒开放也一样能成为这种工具),另一方面是利益集团利用各种政策限制来不断获取或者加强自身的垄断地位。

既然理论上的内容为王受制于传统传媒垄断的限制,那么,就应当重视互联网形成的内容提供与平台经营之间的依存关系,因为互联网新媒体领域一直以来具有比较充分的竞争,没有垄断力量的主导。此外,应当重视 IT 终端产品,因为数量庞大的终端产品可以构筑新的传播平台。易言之,传播渠道是一个平台,终端集成产品也可以是一个平台。拥有平台资源或者平台合作伙伴的内容提供商,才能让内容产品或者服务的价值最大化。例如,百度公司将搜索推广和关联广告等网络营销手段作为其主营业务,在搜索结果呈现页面中将自己的产品(文库、百科、音乐、知道、贴吧等)与相应的作者创作的内容连为一体,必然会造成对相应内容的版权问题的强烈争议,内容提供者和平台运营商如何实现共享和共赢,成为必须要解决的重要问题。

当然,各种已有的渠道和传播平台之间也存在利益冲突,它们各自也需要内容方面的合作伙伴。但是,由于内容方面的收入较低,而平台和传播渠道对内容的缺口很大,因此,有时表面上看起来内容提供商的地位在上升,但应当防止这里存在的表面重要、事实上收益很低的现象造成企业风险过大。易言之,与渠道和平台运营之间的合作,应当以商业模式是否可行为主要考虑,以及以政策可能变动带来的风险预测为重要的考虑,而不能停留在表面上看起来的"平等"的合作上。

对于渠道和平台的企业而言,制作属于自有知识产权的独立内容,将带来巨大的收益。因此,需要在内容基础上形成内容与平台合作的稳定方式。许多电视台出资制作或者参与制作大的系列化节目,就是平台和内容相互需求的反映。

(四)内容驱动作为一种方法

当前,产业文化化运作是经济发展的新理念与新方法,也是现实生活中最具提升潜力的产业升级方式。产业文化化包括两个部分:首先,它是以文化产业的方法来促进文化元素和文化艺术创意的跨界应用,其中的一个具体领域也可以称为文化产业的跨界化转型。比如,通过举办专业会展来提升创意、设计水平,可以促进传统产业特别是制造业提高附加价值。另外一个领域是以专业化的文化产业来带动传统产业的产品和服务营销,包括可以用动漫、影视来反向带动传统的玩具产业,以主题公园和影视植入式广告来促进旅游产业发展等。其次,则是以文化和创意的要素来改造和提升某个行业,促进产业升级并走向高端产业。其中很重要的一个例子,是通过把握文化要素的应用,包括建设良好的企业文化,达到能够生产奢侈品等高端产业的水平。因为奢侈品等高端产业的附加价值主要是通过文化创意和品牌管理来提升的。再比如,农业文化产业也是一种对农业产业进行文化化提升的形态,通过文化活动的设计和创意消费的提升,它就不再仅仅是农业产品乃至一种农业观光和农家乐,而是将农业资源和文化体验作深度结合,形成真正具有高附加价值的现代农业的新产业形态。就此而言,产业的文化化可以在很大程度上克服诸如产能过剩、资源过度消耗和同质化恶性竞争等低端制造业发展的瓶颈。

文化产业作为方法,最关键的要素是内容产业的发展及其驱动其他产业发展。因此,我们需要以"内容为王"的理念来发挥文化产业的引擎作用。例如,影视节目内容和会展可以带动旅游,游戏和社交活动可以带动智能手机、平板电脑和宽带服务,卡通形象可以促进玩具和文具的规模化开发和价值提升,新闻出版可以带动印刷业,体育娱乐带动场馆、体育设备、广告、球衣和各类消费。此外,电影和游戏等内容可以带动产业高端化和国际化。因此,内容驱动是一种文化产业及其作为引擎的基本方法。

当然,并不是所有文化产业都是内容产业。我们可以把我国目前的文化产业分为内容产业、传媒与平台产业、延伸产品和一般文化制造业等3个大的部分。目前,我国文化内容的生产和激励存在着结构性的问题。其中,传媒和平台产业的企业获利最多,而且多数是实力较强的企业。由于新媒体的发展,从收入结构和商业模式上看,传媒和平台产业的范围还包括了电信运营商与网络技术公司的多数业务。其中的网络技术含门户、搜索技术、视频、社交、微博、硬件等都是媒介化的内容、内容下载平台、交流和消费的终端平台等。显然,从事文化内容产业的生产企业需要具备打造品牌的资金实力。由此,在道理上,最好是由大型的传媒企业和平台企业来做内容产品会更为合理。

但是,目前的文化内容产品和服务主要由中小民营文化企业提供,而由中小文化企业提供文化内容产品和服务,必然存在着心有余而力不足的情况。特别是因为内容产品的首次收入(如动画电视剧的播出授权收入)较低,做好产品的后续价值实现(如实现产业链形态的价值)很重要,但是它需要通过塑造品牌来实现;而塑造品牌需要持续化经营,持续化经营需要资金实力的保障和能力的积累。从现状来看,多数的民营文化内容生产企业因为资金实力不足等原因而做不到持续化经营,由此也就不能保障内容产业的质量提升要求。就此而言,解决内容产品的生产机制问题对提升文化产业竞争力十分关键。要解决这个问题,必须加大对从事文化内容生产的中小民营文化企业的扶持力度,加大对于内容大制作和品牌化运作的扶持力度。然而,目前各级政府对于文化产业的支持主要集中在大型文化传媒企业,支持的资源主要流向平台和国有传媒企业以及少数较大的民营文化企业。这里存在着内容创作与内容经营主体激励不足的难题。

因此,文化产业的结构合理性是很重要的。解决内容为王与平台为王的统一性,以文化内容作为引擎来提升文化制造业的附加价值,是发挥文化产业驱动力的必要条件。

五、文化产品开发策划

文化产品开发的策划要有创意,其核心是要把文化创意和文化资源转变为具有产业规模价值的商品。这就要求开发策划者立足现有的文化创意和文化资源，了解文化产品开发的内在规律，既善于深挖文化内涵、张扬本土个性，又善于把握市场需求、形成规模效益。

（一）注重研究主流消费群体的特点

1. 关注生活方式的变化

人们生活方式以及娱乐方式的不断变动，就提出了文化产品创新的要求，而产品创新需要符合市场导向或者顾客导向的原理。虽然一定程度上的消费引导是必要的，但顾客被塑造不是主要的，因为顾客在一种生活环境，在一种技术，在一种产品的塑造当中会变形，并且顾客没有固定的。比如，我们现在要明确电影的顾客是什么，那就搞不清楚，必须当下地去了解他们要求什么，这里面需要顾客导向，但是这个导向要顺着潜在需求来引导，特别是了解和把握人们生活方式的变化和消费主体的变化。

中国在今天发生最大的变化，就是传统文化被年轻人颠覆了，传统文化相对退居到边缘的位置。以前由于受农耕文明的影响主要是面向过去，看重经验的积累，年纪大的人都是尊者，现在都倒过来了。过去讲尊老爱幼，其实传统都是尊老没有爱幼，现在只有爱幼，没有尊老。青少年消费者是文化潮流的创造者，意味着年纪大的人只能当配角。消费者的变化就是青少年成为主流消费人群，这个变化非常大。

2. 青少年作为主流消费者

产品定位是将具体产品落实于消费者心目中的过程。当前在我国，青少年是最重要的文化消费群体，不仅决定文化产业规模，还决定文化产品开发的基本走向。青少年到底喜欢什么，什么就是朝阳产业，这是中国文化消费中最突出的特点。因而青少年生活方式的变动中孕育着系列化的商机，需要文化企业特别加以重视。

中国的青少年主要以独生子女为主，消费能力相对较强。现在青少年跟20世纪七八十年代的孩子有非常大的消费差别。那个时候的孩子除了吃饭和买书（有的连吃饭钱都不够），就基本没有多余的钱了。当前消费者群体可以分为三种人，一种人是自己有钱，或者是自己有钱也不舍地进行消费；一种人是已经工作的人,赚钱自己花,叫作月光族;还有一种就是大学生以下的人自己不挣钱但有钱消费,花的都是家长的钱。这体现了中国有一个趋势,即收入权和收入支配权的分离。现在的青少年在文化消费中投入的钱很多。因为独生子女在青少年时期,得到父母和长辈的爱护和消费支持,由此造成的青少年敢消费。在"四二一"结构的家庭中,没有收入的孩子后面还有6个以上的赞助商——父母、爷爷、奶奶、外公、外婆。因此他们敢于并善于消费。比如奢侈品领域,在国外40岁以上的人买了70%的奢侈品,中国是40岁以下的人买了70%多的奢侈品。十五岁至三十五岁的青少年的消费支出占据文化产业消费的75%以上的份额。

作为主流消费者,青少年追求互动体验的文化生活形态的变化趋势值得重视。消费者的需求变动,文化企业需要不断研究这种变动趋势。比如,人们越来越依赖互联网、手机,依赖于一些比较互动的体验,这些方面未来是一个很大的趋势。照搬传统的方式,基本上都缺乏市场。像旅游行业当中光靠"看"是没有市场的,都要变成互动的东西参与。墨西哥《宇宙报》2008年4月30日报道了青少年(包括儿童)与过去的十个不同:木质玩具 VS 尖端科技;热汤 VS 快餐;郊外野餐 VS 网络聊天;童话故事 VS 电视节目;玩具弹弓 VS 军用武器;经典偶像 VS 超现代偶像(不再崇拜父母,他们会变得更加物质、好斗和任性);蒙昧无知 VS 万事皆通;缓慢 VS 迅速;被遗弃 VS 被关心;共同点:充满希望。① 这一定程度反映了他们文化生活形态的变化。

重视速度、节奏等因素就要求文化企业在制作文化内容产品时,一定要考虑故事情节演进的节奏,以及音乐的快节奏等。青少年喜欢跟新技术结合起来的东西,他们喜欢的东西内容丰富且节奏感要强——要有感觉,要有新技术,要比较时尚,要有明星,有好多种元素都是以前没有的,并且所喜欢的东西要表现出来。

作为主流消费者,青少年已经不是传统意义上的被动接受的消费者,而是属于要求参与和高度体验的消费者,因而要求传统娱乐的节目形态进行调整。善

---

① 转引自《参考消息》2008年5月2日第6版。

于把握参与性体验性的商业模式,也将获得持续的成功。例如,周杰伦的音乐长期获得追捧,也是和善于把握这种文化体验潮流有关的;而传统的曲艺年轻人都不喜欢,其中一个主要原因是节奏太慢。8岁到12岁的人就有辨别能力,看到动画的节奏太慢,或者是故事没有吸引力,就会马上敬而远之。青少年消费者的变化会让我们很难适应,这里面也是一个非常大的挑战。假如忽视了这种速度、节奏等要求,就会失去青少年这个主流消费群体。

不过,青少年文化娱乐与家长的态度关系很密切,因此,重视内容健康的产品的企业,必定更容易得到家长的支持。中国电影还有很大的发展空间,这个空间就是假如电影公司能够制作家长和孩子都喜欢的电影,就可以扩大电影票房的规模。

文化产品针对青少年,一定要分成几个层次去思考,不能仅仅是一个概念。我们比较强调两个概念,一个是强调未成年人,另外一个就是"没有脑袋的人"和"有脑袋的人"。所谓"没有脑袋的人",就是他没有辨别能力,你给他什么他都能接受。另外,就是"有脑袋的人",即青少年群体,这就需要研究哪些东西比较具有参与性、互动性、体验性、时尚性,怎样设计比较好玩等。

总之,在读图的时代,在视频化娱乐的时代,在娱乐无边界的时代,在共享文化产品无国界的时代,青少年的生活方式的变化对于传统文化产业经营者是个很大的挑战,但是对于创新而言则提供了巨大的商机。

(二)善于在变动中把握商机

在开发和创新产品过程中,善于把握商机非常重要。所谓商机是在现实当中发生诸如生活方式、生产方式、技术、环境等发生变化等包含着新的获利机会。文化产业的主要商机大都与人们的需求及需求的变化密切相关。根据我们的多年研究,在以下一些领域存在着或隐藏着新的或者大的商机,需要各界人士结合自身的特点来把握。①

---

① 参见陈少峰、张立波:《文化产业商业模式》,北京大学出版社2011年版,第46—49页。

1. 生活方式变化中包含着商机

我们的生活方式总是在不断变化,变化是生活的常态。而生活方式变化当中最主要的一种倾向就是生活用品、生活环境等的审美化的追求,人们的生活有一种审美化的趋势。现在大家都希望生活各个方面都很漂亮,所有东西都要求酷,不管身上穿的、还是脚下踩的、还是头上顶的都要酷一点、绚一点。苹果公司把这些产品设计成引领潮流的酷和炫。因为人们的生活审美化了,只要见到酷的东西,手就要伸过去摸摸,摸摸以后就想买,这就是商机。什么样的产品对应着这种商机?换句话说,只要能够对所有产品加上一点设计,那么产品附加价值必定要提升,而且更吸引人。矿泉水只要好好设计一定会更吸引人,设计一种漂亮的东西跟矿泉水放在一起,保证比现在卖得好,现在矿泉水设计得太土了。现在如果在生活用品、生活环境等东西加上一点点设计和审美元素的话,就无形之中增加了附加价值,而人们从衣食住行各个方面都需要有一种审美化的提升。另外一个生活方式的变化就是我们前面提到的"娱乐无边界"。现在人们特别是青少年喜欢各种各样的体验,娱乐无边界就是不受时间和空间限制,随时随地地娱乐。无线新媒体如手机的发展已经使"娱乐无边界"由想象变为了现实。此外,还有各种休闲娱乐和健身的需求的变化等,这些都是生活方式带来的商机的变化。最后,现实生活不断创造出新的领域,相应地就创造出许多的商机。

2. 文化产业链拓展和延长中包含着商机

文化产业的产业链多是不同行业之间结合的产业链,不是仅仅指某个产业上下游的产业链。或者说,当我们讲文化产业链时,大多数时候是讲电影、电视、游戏、影星等各自延长的产业链,或者是文化产业族群中不同行业之间的横向产业链。除了任何行业都具有的上下游的产业链之外,文化产业还有三种产业链。一种叫作内在的产业链。所谓内在的产业链就是"内容为王"和"一意多用",其他的产业共享同一种内容。比如,《三国演义》《哈利·波特》或者金庸的武侠小说,虽然就是某一个故事,但是很多门类的媒体都可以共享这个内容资源,甚至通过里面的形象还可以生产门类繁多的各种衍生产品。这就是一种叫内在的产业链,即一种共享同一个故事资源的产业链。第二种产业链叫作协同的产业链。

所谓协同的产业链就是不同产业或产业要素在时间和空间上形成协调配合、相得益彰的关系。像长沙、成都等地方,游客可以白天去旅游,晚上去歌厅,然后去其他娱乐,也就是说白天和夜间各种各样的产业,他们到旅游地能够购物,白天能够通过参观体验进行消费,晚上能够通过各种娱乐活动进行消费,各种消费形式然后进行产业的整合,就形成了协同的产业链。第三种叫作整合的产业链。整合的产业链不仅要求各个产业之间的协同,而且还要求产业的配套经营,包括资本、人才、政策、资金和环境等方面。总之,无论是一般上下游产业链,还是内在、协同和整合等特殊产业链,其拓展或延长都包含着某些商机。

另外,随着文化产业人才需求的扩大和人才结构的调整,与之相关的人力资源开发也会拥有很大的市场规模。无论是职业技术培训、企业家培训、文化产业领域的专业培训、中小学教育培训、各种应考培训、私立学校,还是企业内部的人力资源培训、境外中文系列教材和教育等,都是隐藏着巨大商机的领域。

3. 产业与市场变动中包含着商机

众所周知,网络内容产业这几年发展相当迅猛,每年都以平均35%到70%的速度增长,也就是说,互联网的网络内容产业已经有三百至五百亿的市场规模。现在手机内容产业也在快速发展。近些年来,我们中国人每年至少要发送四千亿条短信,单此一项每年至少有四百亿收入。而这些短信有多少是讲段子的,讲故事的,讲问候的,几乎都是文化内容,手机内容产业今后在五年左右时间里面将会至少有十几个公司上市,并且每个上市公司的市值都在30亿元及以上,所以这里面就显示了一种新的市场变动和机会。另外,现代无线网络可以放电视,就可以开一个频道了,或者承包一个频道,这就是商机,这就是新产品。最典型的是手机报,2009年体育的手机报有3300万户,一年下来就有11亿元的收入。

消费者本身的变化往往孕育着许多商机。国外有一个调查显示,欧美等国家的奢侈品70%是由40岁以上的人购买的,而我们中国正好相反,70%的奢侈品是由40岁以下的人购买的。我国现在新一代青少年的消费能力非常强,他们是主流消费者,这些主流消费者一般都喜欢各种娱乐性强、体验性强的活动,喜欢高水平艺术设计的产品。苹果各种产品的持续走俏,就是一个善于抓住主流消费者的典范。当然,消费者还有喜欢个性化的服务,比如说现在的财经专业媒体、老外对中国文化的需求等,都说明消费者的结构在发生变化,他们的特点在发生变化,这里面就隐藏着许多商机。

另外,市场国际化也可以带来的商机。国际化对于文化市场的推动是双向的,一方面,更多的投资者进入中国文化产业市场,另一方面,许多文化产品的出口让企业有更多的盈利。以电影商业大片为例,在境外的收入往往占到总收入很大的比重,并且比重还有继续提高的趋势。再比如,女子十二乐坊曾经在日本等国家取得空前的成功,姚明等加盟 NBA 也给经纪人和国内体育产业带来巨大的收入,都是与国际化运营密不可分的。

4. 城市发展与政府推动带来的商机

我国现在政策变动当中最大的特点就是政府要积极鼓励大型的文化企业发展,扶持产业基地建设,并且扶持企业上市。每个地方都有一个、几个、几十个文化产业聚集园,地方政府希望这些文化产业聚集园实现良性发展,出台许多相关政策,这里面就可能有很多商机。例如,现在政府鼓励动漫产业,政府出台许多支持发展的补贴或优惠政策,这里面有很多发展机遇;对外文化出口里面也有很多商机,下一步政府可能会持续通过各种新的政策来推动。

每个城市在规划城市整体发展的同时,也在规划文化旅游的发展。例如规划建设宜居城市、文化强市等,就促进了文化地产及文化产业的发展。无论城市打造城市形象,建设娱乐中心,还是打造品牌化的商业交流如论坛会展等,以及打造主题公园等,都可以给企业带来新的商机。

5. 技术变动和其他产业带来的商机

文化产业是内容和技术双驱动的产业,而文化产业的内容和技术都在不断变化。例如,下载音乐跟互联网的商机结合比较紧密。其中苹果公司借助互联网的支持很会把握商机,苹果公司致力于超越索尼,一旦领先了之后就更好地把握了商机。再如,今后手机的视频产业会促进传媒业的发展,以及火车上的移动视频技术会促进广告业的发展。此外,现在演艺产业项目中声光电组合式的技术,如中国对外文化集团和上海文广集团合作打造的"时空之旅"等,都是对新的商机的一种把握。

此外，还有其他相关产业需求促生的商机。中国的经济发展会催生会展产业，城市的发展需要酒吧娱乐，投资的增长会带动古玩、字画等艺术品产业的增长，以及其他产业服务如制造业中的工业设计和包装设计，以及营销服务中促销娱乐活动、品牌设计和传播等，都会蕴藏着很多新的商机。例如，有的赞助企业要求电视台创设一个娱乐体育的栏目并加以赞助，这就给协同组织活动的文化企业带来新的商机。

（三）文化产品的开发及设计

重视对于趋势和商机进行思考和捕捉之后，还需要掌握一些新产品开发策划基本步骤和方法。一般来说，策划开发新的文化产品，主要包括以下几个阶段或程序。

1. 找准市场定位

市场定位是为了让潜在顾客将该产品与其他产品区分开来，并找到一个最有利的位置与竞争对手抗衡。文化产品开发的市场定位是在深度市场调研和文化资源科学评估的基础上确定的。文化产品开发中的文化内涵开发是差异化竞争的重要手段。在充分实现文化产品大众化的基础上，可以进一步分析某个区域的文脉特点和阶段的消费趋向，确定文化产品的开发方向和主题格调，明确定位围绕主题进行内容组织，进而通过产品形式加以体现，并不断丰富文化内涵，进行创造性的升级改造。

文化产品开发其本质在于对文化创意或文化资源进行概括、发掘、升华后，通过物化、创新，实现更深层次的整合，将文化内涵渗透、表现在产品的各个层面，形成特色品牌，强化产品吸引力和市场竞争力。因此，文化产品的开发者必须从长远出发，做好自己的市场定位，从深层次挖掘产品的潜力，充分挖掘内涵，突出特色，提高科技含量，形成自己的品牌优势。

以某些文化旅游产品为例。我国历史悠久、幅员辽阔，从时空角度看，满足这种文化旅游期望的文化资源极其丰富。不同的历史文化、民族文化、地域文化和民俗文化都可以通过"现代性转化"组合成不同系列的文化产品。因此，在文化旅游产品开发的市场定位方面要注重几个切入点：一是善于创造活动经济形式。文化旅游消费的基本倾向是对异地、异质文化的期望。创造和变换文化活动的生活场景，使旅游者置身并参与活动过程，产生文化上的"换景移情"。二是通过改变旅游者的生活节奏、生活内容组合和形式变化与文化上的反差，消除旅游者对生活的单调感和乏味感。三是要处理好产品开发与客源地文化背景的对照关系。这主要包括国内旅游市场和入境旅游市场两部分，而入境文化旅游市场细分和定位尤显重要，应在表现东方文化的独特魅力以及文化寻根等方面着重策划设计文化产品，满足来自世界各地旅游者的需求。

2. 产品定义和设想

所谓产品定义和设想，就是形成用文字描述的产品点子，许许多多的产品点子按照某种规范存放就形成了思想库。一般来说，项目或企业的创意研发部门负责建立并维护产品思想库。对于一个文化企业来说，产品思想库的建立非常重要，因为它是企业源源不断推出新产品的源泉。产品思想库中设想的点子的来源主要包括：

文化市场调研报告、研发报告等内部文档。

内部员工不同时间段组织的头脑激荡讨论的结果。

文化产品原有用户或客户的抱怨、投诉的结果。

研发人员根据某种研发规律所做出的推导的结果。

文化产业咨询机构运用用户座谈会、U&A 研究中用户需要的分析等。

产品思想库需要不断地更新，对每一个思想也需要有定义与再定义的过程，只有这样才能够保证思想库是一个真正有用的产品来源库。在产品思想库更新和设想方面，重构价值曲线是非常重要的。为了重构买方价值元素，塑造新的价值曲线，蓝海理论开发了一套四步动作框架值得文化产品定义参考：

剔除——哪些被产业认定为理所当然的元素需要剔除？

减少——哪些元素的含量应该被减少到产业标准以下？

增加——哪些元素的含量应该被增加到产业标准以上？

创造——哪些产业从未有过的元素需要创造？[1]

---

[1] 〔韩〕金、〔美〕莫博涅：《蓝海战略》，吉宓译，商务印书馆 2005 年版，第 39 页。

通过剔除—减少—增加—创造,重构买方价值元素,向买方提供全新体验。价值创新是在降低成本和提升买方价值的交会区域得以实现。企业通过剔除和减少产业竞争所比拼的元素节省了成本;用通过增加和创造产业未曾提供的元素,提升了买方价值。

另外,在文化产业项目(产品)的定义方面,派格太合公司总裁孙健君总结出一套"五子登科"的理论。他认为,"五子"的第一个是"样子",就是学习世界先进经验,基本不借鉴国内经验,因为国内经验本身就缺乏竞争力。第二是"料子",学习别人还是要有一些生产资料、原料或者是素材,比如要学习一个节目样式,肯定要能在中国复制或者模仿出来,这就是素材、资料、原料的搜集。第三是"点子",分为分解和综合两种。从某种意义上讲都是一种再创造,其中的核心就是本土化。第四是"路子",即与人沟通。第五是"镜子",即项目推出后大众的反馈如何。大众的反馈是一面真实的镜子。最后,还要配套一个文化创意的点子,用这个点子回收成本。

3. 产品设想的评价筛选

评价筛选,也就是评价产品设想,选出好的设想。对于产品定义和设想已经成熟的或者看起来可能有市场的新思想进行规范的描述后,提供给用户进行评价,目的在于挑选出接受度、喜欢程度较高的产品设想,经过补充了营销的成分后,推进到概念筛选、产品测试阶段,最终推到市场。

其中,概念筛选阶段经常是十几个概念进行评价,目的仅在于甄选出更高接受度的概念,不做其他营销成分的评价。在甄选阶段从十几个概念中跳出2—5个接受度高的概念进行概念测试,目的在于估计每个概念的市场量、目标人群、价位接受度等,为是否进行产品测试阶段给予支持。

在这方面,有必要参考蓝海理论(见图11-2)。开创蓝海就是要压低成本,同时提升买方所获得的价值。由于买方价值是由企业向买方提供的效用和价格二者组成,而企业一方所获价值来源于价格和成本,价值创新只有在企业对有关效用、价格、成本的活动都能适当地协调一体的情况下才能实现。①

---

① 〔韩〕金、〔美〕莫博涅:《蓝海战略》,吉宓译,商务印书馆2005年版,第25页。

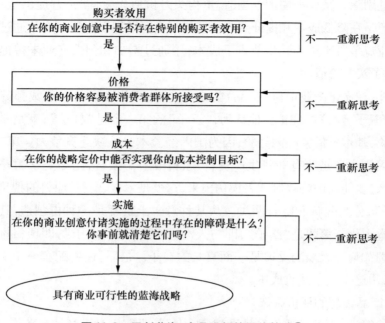

图 11-2　开创蓝海：产品设想的评价筛选①

4. 产品的设计

在产品设计时，应重点突出创意特色，开发设计出独具特色的商品，这样才能吸引顾客购买。另外，要加强专业化工艺，提高科技含量。

（1）致力于创造新的价值

实现价值创新是产品设计的方向和基本逻辑。在这种方向和逻辑的指导下，产品策划者不应把精力放在打败竞争对手上，而是重点放在全力为买方和企业自身体验价值飞跃上。②

（2）面向未来进行设计

文化产品重在创意，它不是机械地复制历史，好的产品都是面向未来、充满想象力的。有些产品历史上可能存在，但是文化产品要再创造，要进行现代性转

---

①　〔韩〕金、〔美〕莫博涅：《蓝海战略》，吉宓译，商务印书馆 2005 年版，第 88 页。
②　同上书，第 21 页。

化。比如,《泰坦尼克号》的故事情节要完全创造,跟原来历史没有很大的关联。就算是历史事件,也要借助于重大的再创造才能有价值,大多数题材都是面对未来来设计的。

（3）体现人性的主题

体现人性的主题,注重对于人类共通的情感和追求的挖掘,是产品的生命力所在。欲体现人性的主题,产品的内容和形式上要不断创新。假如拍电影和电视剧,就需要区别二者的不同消费群体和不同要求。电视剧最受人欢迎的就是爱情故事和家庭伦理等方面,一定要跟家庭生活有关的,因为电视剧的主流观众是家庭妇女,由此电视剧可以造就一些中老年妇女的偶像。而电影跟电视剧还是有点不一样的,电影需要集中在有限的时间内通过非常紧凑曲折的情节和独特的场景迅速抓住观众,对于节奏的把握要求比较强,因为电影的主流观众是青少年。

（4）使无形创意有形化

文化创意是一种无形化的资源,不利于消费者直接感受、体验、留下印象,因此需要将无形文化创意通过物化、情景化、场景化等手段实现有形化。利用图像、艺术文化符号、道具、建筑、容器、材料等各方面的辅助载体,采用放大、缩小、变异、嫁接、组合、卡通化、数字化等手法,固化某些创意特征,使无形的文化元素有形化、情景化、场景化。文化一般都是需要品味和体验的,通过营造氛围、制造环境、设计场景等来实现,使主体、客体或载体之间在各种游乐中实现互动,情因景生,景因情生,最终达到情景交融的境界,形成体验的氛围、场景和情境空间。

（5）使文化资源主题化

一般的历史文化资源都存在分散性分布特征和同质性现象,一个文化资源在相邻的地方都有,或者是在每个地方只具有一个或几个侧面特色,没有整体性。因此在历史文化资源开发中需要采取主题化、集约化的手段,进行资源的聚合,通过移植、借势、嫁接、数字化等多种手法,实现资源的优化配置和整合。

5. 新产品的测试

测试新产品就是通过产品测试的概念,由商家或者产品出产者设计出产品模型,进行测试。产品测试的目的只在于产品与概念的匹配程度、产品的属性评价等。新产品测试,包括产品的经营效益分析、试验与产品实体开发等。经营效益分析，也就是从财务角度评价新产品；试验与产品实体开发，也就是拟定产品的主观设想并进行用户调研，决定产品的设计与试制。

产品测试的常用的方法有：概念试验、模拟设计、偏好试验、选择品名、包装等，还可以在一个划定的市场范围内试销。

6. 新产品的推广

新产品的推广，也就是最大限度地协调销售制造以及费用等各个环节，将测试过的并且效果不错的新产品推销到全国甚至世界市场。

一般认为，文化产品同其他事物一样，也有自己的生命周期。文化产品生命周期是一种产品从试制成功、投放市场开始，直到最后被新产品代替，从而退出市场为止所经历的全部过程。产品寿命周期由引入期、成长期、成熟期和衰退期等四个阶段组成。不同时期，产品策划的工作内容和侧重点也不同：

引入期。产品投入市场，处于试销阶段，这时产品设计尚未定型，工艺不够稳定，生产批量小，成本高，用户对产品不太了解，同行竞争者少，一般可能没有利润，甚至发生亏损。本阶段的主要对策有：采取措施尽量缩短其时间长度，以减少经济损失；进一步加强产品设计和工艺工作；加强市场调查与预测，宣传与促销，努力增加销售额。

成长期。产品销售量迅速上升，销售额的月增长率一般在30%以上，产品设计、工艺基本定型，生产批量增大，成本降低，利润上升，市场出现竞争者。本阶段的主要对策有：加强综合计划，改进生产管理；适时进行技术改造，提高产品质量和生产能力；加强广告促销与售后服务，努力开拓新市场。

成熟期。市场趋近饱和，销售量的月增长率一般为10%左右，利润达到高峰，较多竞争者进入市场，竞争非常激烈。本阶段的主要对策在于努力提高产品竞争能力，加强广告、促销与技术服务，扩大销售。

衰退期。新产品开始进入市场，逐渐取代老产品，销售量出现负增长，销售额的增长率小于10%，利润日益下降，本阶段的主要对策有：采取优惠价格、分期付款等方法来促进销售；在保证经济性的前提下，设法延长产品寿命周期，如扩大产品用途，改善产品质量，降低产品价格，改进产品包装，改善技术服务；在适当时机果断地淘汰老产品，发展新产品，实现产品的更新换代等。

7. 实现产品多元化开发

由于文化产业自身跨界交融的特点,文化产品呈现出一种具有市场号召力的多元格局。根据产品的价值层级,项目策划可以把文化产品由内至外细分为核心产品、基础产品、附加产品、潜在产品等若干层次。在进行文化产品开发时,应对文化消费心理进行认真细致的研究,发现多元的文化心理依据,并据此进行文化产品开发计划。既包括对核心创意资源一意多用的开发,也包括对纵向产品线的拓展和延伸;既包括对以实物形式存在的资源的开发,也包括对仅以信息形式存在的资源的开发。

比如,在中国,北京松雷公司开发音乐剧产品时,借鉴加拿大太阳马戏团、日本宝冢歌剧团、四季剧团等的成功经验,引进的音乐剧《妈妈咪呀!》在京沪两地两个月内演出已达 60 场,票房收入逾 3500 万元购票观众超过 10 万人次,超出项目预期近 20%,实现了阶段性营收目标。《妈妈咪呀!》中文版的推出,意味着中国已经从重金引进西方原版音乐剧演出进入到经典音乐剧版权合作的阶段。另外,作为以音乐剧为主营业务的企业,松雷在 2011 年投资 6000 万元的《蝶》获得了"韩国大邱音乐剧节"组委会的青睐。2011 年,"松雷"还创作了世界首部魔术音乐剧《王牌游戏》,该剧将魔术与戏剧、音乐、舞蹈等诸多元素完美融合,开创了魔术音乐剧独特的艺术形式,该剧 2012 年进军美国百老汇。"松雷"对于本土音乐剧走出去的运营与管理模式则值得业内人士借鉴:系列化、集约化、类型化、国际化的制作。

(四)提升产品竞争力

文化产业项目的竞争力很大程度上来源于产品竞争力。文化产品(项目)的策划必须充分思考提升其持续的市场竞争力。考虑产品的市场竞争力,要求产品在创意和技术上具有领先性和超越性。

1. 注重引导顾客的直接需求

顾客的需求是可以引导的,但是引导要以直接需求为主。在市场模拟的时候,一定要考虑到直接的顾客是第一位的,潜在的顾客是第二位的,并且"潜在"一定要有可行性。例如,非洲人可能并不"潜在"穿皮鞋的客户。我们天天穿皮鞋都习惯了,但是在非洲的人,都没有穿过袜子,根本耐不了这种"享受"。脚要经常往水里面泡着才舒服,如果穿上皮鞋,绝对不可能。某种环境中就没有潜在的需求,所以模拟的时候一定要考虑到可行性的概念。模拟结束,进行可行性研究之后,要找到平台在哪里,换句话说,就是渠道在哪里。当文化产品跟客户对接的时候,必须要模拟一个渠道。现在最好的方式就是在中央电视台黄金时段做广告,然后别人会主动找来建渠道。而渠道基本上是变化的,只有一条渠道相对稳定,那就是电影院线。但很多人拍了电影上不了院线,只有把电影交给院线的人进行,还要给他们报酬。张艺谋如果投资3亿元的电影,票房4亿元,总体来说是亏将近2亿元,因为票房当中只能分一部分比如40%,但是还是亏的,有的还要靠海外的市场。《英雄》的票房很大,并且回收八九千万元的版权费,但是海外的收入就没有它的份额。

  当然,产品也不是投资越大就一定越有竞争力。电影的预算如果有500万元,当执行下去的时候都会远远超出预算,投资人自然非常不满意,所以在中国投资电影不是一件很好的事情。在脑子里面模拟一下,电影是要拍成什么样的?假设现在模拟,你想象的电影有没有顾客群,模拟当中进行自我演示,这种模拟方法也是商业当中充满想象力的方法。可以想象出十种产品,去选一种,因为任何一种产品都有不同的顾客,你去想象当中的一种,顾客是谁,这是很重要的模拟方法。以前有一个公司做VCD光盘,结果市场上没有VCD机出售,没有办法播放。所以产业是不能引导的,只能提升。如果人们没有这个需求,你想花很多钱引导,自己还没有引导过来,就可能早就垮了。这就要求顺着人们需求去挖掘、去提升。

  最近国内几个大的电影院线都冲到中等城市。我国电影之所以发展比较快,跟影城的建设和不断延伸有重要关联。渠道冲到中等城市去了,中等城市的娱乐方式不一样,好多中等城市效果并不好,所以在里面有泡沫。渠道建设是一个很好的方式是建影城连锁,但是也有可能有泡沫。就像高速公路建起来的时候,但是高速公路上稀稀拉拉的没有车一样。

2. 思考表现特色文化的形式

  文化产品开发,既要根据资源特色和不同的消费市场,开发出集展示性、表演性、参与性(体验性)于一体的文化精品,又要注重文化延伸,开发那些丰富多样的文化产品与文化旅游活动,拉长文化产品(产业)链,使文化产品在表现形式上具有协调性、多样性和创新性。当然,文化产品开发还必须具备相应的主题。从发展趋势看,产品主题越鲜明、越典型集中、越富有层次感,就越有利于展示和设计,使其文化内涵得到充分发挥,得到消费者的青睐。因此,文化产品开发应以鲜明的特色文化为形式,以丰厚的品位为文化内涵,以人本主义为文化本质,重点体现出异地和异时的文化风格。从根本上来说,就是应该体现独立的文化主题,突出和强化文化产品、文化场景或环境的文化性,凸显文化产品的多元文化内涵的关怀与满足。

突出特色需要首先实现专业化。打造一个有特色的产品,这时就是把握住了商机。开发出来的产品有震撼力了,就有很多人愿意合作,发展速度就会很快。凡是把握住商机,能够提供专业的或者是超过别人的技术,也是商业模式改进的一个方向。比如,《阿凡达》就具有一个全方位领先的技术做支撑,使很有想象力的故事得以完美展现,在专业化方面是一流的。这种专业化保证了标新立异战略的成功。现在做电影产品,基本都需要加上 3D 的技术,甚至今后电影越来越 3D 化,那就要求超越过去电影的方法,这是基本的趋势。

3. 不断实现产品升级

不断实现升级是保持产品竞争力的基本要求。以作为娱乐终端的手机产品为例,现在诺基亚的盈利能力已经远远落后于苹果公司的 iPhone,特别是自 2007 年苹果公司发布 iPhone 新产品之后,到 2012 年 10 月初,诺基亚的股价下跌了 78%,据说很快就要被收购了,主要原因是通信已经进入一个"内容 + 设计 + 功能"的时代。竞争对手的手机都在升级,假如你做一个软件没有升级能力,就会很快被淘汰。所以,手机企业都需要软件企业来支撑。国内的软件企业提升的速度偏慢,人们为什么不愿意购买中国的产品,不是现在的产品不过关,而是未来人家要升级的时候我们的企业却跟不上。中移动采用的技术是民族的技术,3G 是采用民族的,结果研发跟不上,而且以后进入第 4 代、第 5 代的时候是有问题的,你的升级速度必须很快。中移动在考虑一下子进入到 4G 可能要跟别的合作,仅依靠民族的企业恐怕很难达到预期目标。

在升级过程中,产品在行业当中体现行业的特性和美德很重要。我们知道,每一个行业都有很多限制,但是同时也积累很多优秀的元素。例如,体育网站应当既有体育的门户网站,又有专业的网站联合起来,这是比较好的,因为这样能够把行业的特性表现得比较充分。表现行业的特性比较充分,人们对它的依赖度就会增强,商业价值就比较高。

4. 通过科技和审美创造新的体验

科技作为文化产业项目内在的驱动力,我们在前面已经讲过很多,作为文化产品的升级更是如此。如电影产品的 3D 和 IMAX 就是一个明显的例子。《泰坦尼克号 3D》在我国的火爆热映后,复映片的热潮也还在继续。据悉,《星球大战》《指环王》《侏罗纪公园》《终结者》等经典电影也都预备由 2D 转制为 3D 重新上映。虽然其上映后的票房成绩还有待观察,但不可否认的是,世界电影市场内的 3D 潮流已经成为不可逆转的趋势。美国电影注重科技的先天优势使得其在这一潮流中占得先机,然而《大闹天宫》的票房成功也说明我国的 3D 转制复映片并不是没有市场前景和空间。

需要强调的是,审美的提升或者创造新的体验是产品竞争力的一个重要条件。产品不能仅仅停留在过去的实用的层面,真正最伟大的产品都会满足于人的审美体验和感受。商业活动有时需要虚拟,好多人总感觉电影比现实更有魅力,就是一个典型的例子。

5. 注意虚实结合

什么是文化产品?有一个诙谐的说法,"文化产品 = 创意 + 文化元素 + 包装 + 明星 + 传播 + 一点正直和责任"。文化产品要虚虚实实,要有创意概念,有一个很好的艺术表现,再加一点包装,再加上一定的正直和社会责任意识。包装跟忽悠不一样,包装可以根据个人的特点有针对性地进行设计。

包装要有合理的准确的定位,适合这个人的特点。其实,艺术家的包装很重要。艺术画廊,没有办法为艺术家提供长期的包装,而艺术家最需要就是长期的包装,艺术家大概要包装 10 到 15 年左右,光是靠一个艺术家参加某一个会展,没有什么用处。现在的画廊基本上 99% 没有包装,都是自生自灭。艺术家有包装和没有包装一下子就差得很远,包装要体现这个人的特色、个性,还有美好的一面。好莱坞的女星身上所有的东西都要经过包装,才显得非常专业化。另外,传播一定要持续化。

6. 注重商业模式创新策划

文化产品策划既通过产品本身也通过商业模式来体现竞争力。商业模式可以在适应市场和环境变动的基础上,不断从以下方面进行创新策划。

(1) 保持产品赢利的持续性

使产品持续有效地获得收入,就要使业务有延伸性。在赢利模式中,如何让用户乐意买单,是构建商业模式中关键的环节。例如,对文化 Mall 开发商而言,书店自主经营,其他经营部分则通过招商的方式实现。由于图书利润较低,书店的主要功能是聚集人气,只需实现保本经营。而通过书店聚集的人气和客流的留滞消费,则为其他业态带来赢利。文化产品的持续性特点,可以吸引消费者不断重复消费,从而为赢利的持续性提供可能。

(2) 选择产业链型产品

选择产业链型产品,需要对产品相关要素进行创新。产品的概念可大可小,可以做一个原创的动漫,漫画和动画本身是一个产品,也可以把动画所有的东西看成产品,可以做成卡通形象。这是由一系列的东西构成的一个产品,它虽然是一个链条,但是实际上是一个产品。所以产品的概念不见得是一个孤立的东西,有时需要把产品理解为一个产品线。这时就可以对产品相关要素进行创新。例如,影视中的植入式广告(内置广告),其实植入式广告在国外早就有非常多的应用,像电影《007》《变形金刚》都是植入式广告做得比较自然到位。

(3) 构建全产业链

在选择产业链型产品基础上,可以谋划构建全产业链。例如,湖南卫视的"超级女声"赛事主办方成功延展了战略广告商和一般广告商、电信和移动运营商、平面和网络媒体、电视台、选手、选手赞助商和专业娱乐公司等产业主体的利益,形成了长长的娱乐价值链,创造了更大的效用并分享了更多的利润。再如,电视剧《武林外传》其典型特征在于,同一种内容从不同角度进行了深度的文化产业衍生开发,形成了包括电视剧、电影、动漫、Web2.0 网络游戏、话剧、川剧、动漫人偶剧、桌牌游戏、图书、毛绒玩具、文具以及邮票等系列衍生产品,进而打造出"武林外传"文化品牌,创立出全新的"武林外传"商业模式。当前,《武林外传》由电视剧已经带动延伸出二十多种产品,内容的每一次使用都会有增值,每种产品都在市场上创造出不菲的业绩。"武林外传"从影视品牌到网络游戏品牌,到图书品牌,再到戏剧以及增值服务,是由产品系列延伸向品牌系列的深度扩展。

（五）相关案例简析

1. 实景演出产品的策划案例

实景演出可谓是体现"天时地利人和"特点的文化旅游产品。实景演出突破传统演出舞台的概念，创造以实体自然景观为背景的天地大舞台的形态。或者说，实景演出突破了传统演出舞台的局限，以自然山水为背景，创造出自然与人工和谐统一的舞台理念。从梦幻的漓江山水到美宛的西子湖畔，从神圣的玉龙雪山到巍峨泰山，从椰风海南岛到蔚蓝青海等，无一不是著名的山水自然。实景演出从传统局限的舞台空间跳出来，把广阔天地纳入演出背景，与自然界浑然一体。

实景演出这一产品的特点是规模宏大、舞台背景实体化、常态演出、不可复制四个方面。首先，规模大的特点主要体现在投资大、制作大、阵容大。几乎所有的实景演出至少要千万乃至上亿以上的投资规模，就像投资一部电影大片耗资巨大。所有的实景演出需要一个大的舞台灯光音响体系来支撑起来，体量非常大。各大实景演出需要大的制作团队、演员阵容和观众数量。演员起码是百人以上，观众是千人以上。其次，舞台背景的实体化是实景演出需要有真实的山水作为舞台背景，与在剧场里面看到的舞台布景区别开来。实景演出的整个舞台是开放的，上到天，下到地，一切都是自然的天地，舞台与自然融为一体。当然，实体舞台背景下也有人工的舞台背景制作，真正的演出舞台需要搭建人工来保护历史文化遗产。如《禅宗少林·音乐大典》用树脂来制作可以升降的仿真塔林作为演出舞台。再次，实景演出是有相对完整的故事情节，属于相对持续性的常规演出的范畴的演出。实景演出可以是话剧，也可以是音乐剧、歌舞剧等，有相对完整的故事情节和分段场景。如《印象·丽江》演出分为"古道马帮""对酒雪山""天上人间""打跳组歌""鼓舞祭天"和"祈福仪式"6个部分，集中展示了东巴文化、茶马古道的历史和当地各少数民族的民俗民风。此外，实景演出要有演出相对持续性的特点，一般都是常年演出的剧目。各大以实体景观为背景音乐节，如云南雪山音乐节，虽然其满足了规模大参与人数众多以及以实体景观为舞台背景的条件，但是其只为一场大型活动，一场音乐秀而非实景演出。最后，所有的实景演出在某种程度上都是不可复制的，实体景观舞台背景的不可移动性也决定了它不能像一般的演出可以完全照搬到全国各地巡演。因此必须要

第11章 文化产品的开发及策划

到当地才能观看特色实景演出。

实景演出可以延长旅游的周期或者延长旅游产业链,即通过吸引和延长游客停留时间甚至住宿过夜来实现规模化旅游消费。例如,《印象·刘三姐》的诞生,解决了桂林阳朔夜间演艺节目的缺乏吸引力的问题,把桂林山水、民俗文化和现代艺术创新有效地结合起来。实景演出有效地丰富了旅游结构,延长了旅游产品的周期。实景演出成为点燃夜色的"闪烁明星",成为一个全新的旅游产品生命延续线。除了印象雪山外,其他的实景演出均在晚上演出。这些实景演出的推出,较大地改变了这些城市夜间旅游市场几乎一片空白的市场格局,解决了以往这些城市的"白天观景、晚上睡觉"的问题,把旅游业拓展到一个新的天地。因为夜间旅游产品的开发有效地延长了景区开放时间,从而增加有效经营时间,使旅游经济活动时间延长,推动服务业发展,经济总量大幅度增加。如《印象·刘三姐》有力地促进了阳朔当地的旅游经济的发展。许多的游客因为看这场演出而在阳朔留宿,从而带动旅游床位成倍增长,年增加率达到20%以上,游客的餐饮娱乐消费也随之增加,直接经济效益和间接拉动作用明显递增。

2.《泰坦尼克号3D》的成功案例

1997年《泰坦尼克号》(见图11-3)在世界范围内的上映伴随着一系列的纪录和数字,如全球票房18亿美元、连映281天、获11项奥斯卡金像奖。影片的主题曲迅速开始在世界范围内流行,男女主演莱昂纳多·迪卡普里奥和凯特·温丝莱特分别成为好莱坞当红明星,和电影相关的一切周边衍生产品都被迅速接受和消费。于是,《泰坦尼克号》因为其巨大的商业利益而由一部电影而成为一个文化产业案例。15年之后,《泰坦尼克号3D》的复映借助于当年的影响,正如导演詹姆斯·卡梅隆所说:"我一直都将能够重新坐在电影院里观看这部片子,看作一种社会现象。十几年前看过《泰坦尼克号》的人,现在也许已经结婚生子,对爱情与人生的看法已经改变;对于较年长的观众,也许现在在意的已不再是爱情的浪漫,而是领悟到彼此的责任,以及人生的意义。所以,无论你处于哪个年龄阶段,《泰坦尼克号》都会带给你新的思考。"[①]而在贡献巨大票房的我

[①] 参见《卡梅隆的成功:60周和1800万美元的3D转制》,http://www.gift.hc360.com,2020年1月1日访问。

国,《泰坦尼克号 3D》如今的复映,将这种事件的产业意义推向了极致,其在我国引发的巨大热潮也有诸多的原因。①

图 11-3 《泰坦尼克号》剧照

（1）抓住人们的怀旧情结

《泰坦尼克号 3D》选择了 2012 年 4 月 10 日在我国上映,而这一天刚好是泰坦尼克号失事 100 周年的日子。将《泰坦尼克号》重新搬上银幕也是为了纪念泰坦尼克号沉船 100 周年。相对于美国观众而言,《泰坦尼克号》对中国观众具有更深的影响。当年它进入中国电影市场的时候,是中国电影市场刚开始大量引进如此大规模、大制作的电影,给当时观众的心理带来了强有力的冲击,因此它在国人之中拥有很强的集体记忆,能够引起共鸣。可以说,《泰坦尼克号》在 15 年前的中国意味着"院线制"的复苏和"进口大片"概念的树立,同时确立了我国观众对于好莱坞电影的认可,培养了大批的电影观众。这就不难理解十五年后此片在我国重新上映时的热潮,作为特定时期中国观众的"集体记忆",《泰坦尼克号》意味着一种记忆的重新唤起。

（2）借助最新的技术表现

《泰坦尼克号 3D》的复映不能回避的话题还有 3D 转制。目前好莱坞大多数电影的后期 3D 转制只需要 6 周,詹姆斯·卡梅隆的《泰坦尼克号 3D》则耗时

---

① 参见韩雪:《3D〈泰坦尼克号〉热映的文化产业分析》,http://www.icipku.org/2012 年 4 月 24 日,2020 年 1 月 1 日访问。

60周、花费1800万美元。他把关每一个画面的景深效果,用3D增强影片的紧张氛围。他说,如果他要推广3D化的IMAX技术,他必须拍一部无比成功以至于没有影院会拒绝的电影。的确,15年前《泰坦尼克号》确实是一部似乎为影院观影量身打造的影片,影片在当时已经采用了很多先进的技术,而高额的投资也促成了影片灾难性场面的逼真呈现。《泰坦尼克号》的视听语言、情节节奏、特技特效并不过时,而它的复映跨越了观众观影习惯和审美上的时间空间,使观众再次走进影院欣赏这部电影成为可能。而无论从影片的哪个角度来说,都似乎是一部最适合转制为3D的影片,于是电影技巧和当今科技巧妙地结合在一起,衍生出一部"新的电影"。

（3）进行多维营销

《泰坦尼克号3D》在我国从上映前就话题不断,各大门户网站都在报道了影片上映的相关新闻,幕后花絮、制作特辑、导演访谈等视频不断在网络上被转载。特别是微博成了影片宣传的一大主要手段,《泰坦尼克号3D》在一周之内占据电影类话题的绝对首位。《泰坦尼克号3D》剪掉了凯特·温斯莱特2秒钟的镜头,引起了不少影迷的质疑。这成为话题中的又一话题,正是由于种种话题,构成了观众进影院一看究竟的另一原因。各种宣传渠道齐头并进,尤其是涉及观众话语和大众文化的媒体的发展,促成了《泰坦尼克号3D》的宣传和营销。同时,由于之前热衷于电影技术,詹姆斯·卡梅隆已将精致的3D技术运用于在我国同样造成观影热潮的《阿凡达》,《泰坦尼克号3D》也借助《阿凡达》的3D口碑而形成了新的观影期待。

第 12 章
文化产业园区策划

作为文化产业项目的一种重要类型,文化产业园区在推动文化产业发展中起着不可替代的作用。进行文化产业园区策划,就需要首先深入认识和把握文化产业园区的核心要素。

一、文化产业园区的核心要素

文化产业园区既是发展文化产业的主要载体,也是发展地域特色文化产业的必由之路。进入 21 世纪以来,特别是国家提出"加快文化产业基地和区域性特色文化产业群建设"的战略以来,政府和社会对文化产业的发展越来越重视,各地文化产业园区因之也如雨后春笋一般蓬蓬勃勃发展起来。但是,由于对于文化产业园的本质要素缺乏深入认识和把握,特别是对产业集聚的内在结构缺乏自觉,也极大地制约了各地文化产业园的可持续发展。

从我们长期调研来看,当前国内的文化产业园区,无论是文化艺术园、文化地产园、文化科技创意园,还是文化旅游园,总体上大都还处于起步阶段。其突出问题就是创意不足、市场运作不成熟、产业化程度较低;多数园区商业模式单一,或者停留在收取租金或门票阶段,或者靠政府补贴来维持,或者以实际的地产作为利润点,因而实际上大多数园区还不是真正意义上的文化产业园区,只能称之为"准"文化产业园区。那么,怎样才能成为真正的文化产业园区,或者说,好的文化产业园区的本质要素有哪些?

事物的使命或目标决定其存在,好的文化产业园区不在于其外在形式,关键在于其使命或目标是什么。文化产业园区的根本使命或目标是推动文化产业的集聚发展,实现文化创意、文化资源等产业要素的附加价值和规模效益。这一使命或目标要求文化产业园区能够发挥创意研发、体验娱乐、教育培训、交易交流、产业孵化、促进就业等多重功能。许多学者对文化产业园区的特点、要素和功能做过深入研究。通过对国内外文化产业园区进行大量的调研和系统思考,我们认为,"真正好的文化产业园区的经营形态可以分为三种:一是企业总部集聚,其中有部分孵化的小企业;二是交易平台,作为一个产业或者多个产业的交易基地;三是专业化的产业链形态的企业集聚。"[1]实际上,这三种经营形态都是围绕着如何实现产业集聚展开的。

因此,文化产业园区的核心要素是产业集聚。文化产业园区是文化产业集聚的外在形态,是创造文化产业竞争优势的空间载体。一方面,文化产品在地理上有集聚的趋势,如从一首歌第一遍录制时刮过的创意疾风,到把母带包装成热门单曲需要的娴熟技能,再到正规和非正规密集的价值评估过程,集聚趋势贯穿始终[2];另一方面,文化产品在特定地点生产,会使这个地方打上特定的品牌烙印,比如好莱坞电影和纽约艺术产品。

作为文化产业园区,其产业集聚的基本形态是产业链。产业链经营是文化产业园区的基本商业模式。文化产业园区之间的竞争不是企业与企业之间的竞争,而是产业链与产业链经营之间的竞争。构建产业链就需要充分考虑文化产业园区产业链构建的相关因素(图12-1):

文化产业园区的建设要通过构建产业链来实施差异化竞争,提升文化产业园区的竞争优势。文化产业园区的产业链构建需根据文化产业的内在规律,形成一般产业链、内在产业链、协同产业链等多种形态,并以价值链为基础,形成产业链组合。总之,由"准"文化产业园区向真正的文化产业园区提升和跨越,就必须根据文化产业的内在规律,走差异化之路,通过选择适合自身特点的形式构

---

[1] 陈少峰、张立波:《文化产业商业模式》,北京大学出版社2011年版,第299页。
[2] 〔美〕伊丽莎白·科瑞德:《创意城市》,陆香等译,中信出版社2010年版,第180页。

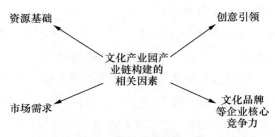

图 12-1 文化产业园区产业链构建的相关因素

建内生良性的产业链,不断增强园区的竞争优势,最终实现园区的可持续发展。①

二、文化产业园区的定位和经营理念

对文化产业园区进行策划,需要在深入考察产业资源条件和分析竞争环境的基础上,明晰文化产业园区发展的基本定位和指导理念。

(一)发展定位

文化产业项目策划第一位的要思考"为什么做"和"做什么",然后在此基础上确立发展的定位和目标。这需要进行深入细致的调查研究(在第5章中已经进行了详细分析),充分考虑产业资源现状和自身条件,权衡可能性和可操作性,明确以市场为导向、以产业运作为支撑、以企业为主体的要素集聚形态。园区应当是产业要素集聚的空间载体,产业集聚是以资本纽带和产业链关联来实现的,而不是拉郎配式的拼凑。

这里需要注意的是,同是共享资源、促进规模效益的形式,产业集群和产业集聚是有区别的。产业集群是多个有关联的产业的集成,即在一个较大区域空间中多种产业聚拢发展,产业集群更强调产业结构布局;产业集聚则是规模化和产业化的方法,它一般是在具体的某一物理空间(较小范围)内一个产业内部相关要素的汇聚和集中。所以,文化产业园区的定位,尤其考虑通过规模化和产业

---

① 张立波:《文化产业园的产业链构建》,《北京联合大学学报》2010年第3期。

化的方法来促进某一产业集聚。

比如,我们通过充分了解成都的音乐产业基础,深入思考"为什么做"和"做什么"之后,把成都东区音乐公园的发展定位包含音乐主题公园、音乐产业集聚园,主要通过音乐人的汇集和音乐的规模化消费,实现音乐产业的要素集聚。音乐主题公园、音乐产业集聚园承载着多重期待和目标,涉及专业化音乐经营、音乐体验、文化旅游等方面,具体包括如下几个方面:

成为全景体验式流行音乐文化主题公园,创造独一无二的品牌影响力。

成为中国最大的音乐产业集聚园。其特点是具有细分产业链的结构,包括园区的产业链和经由中移动、东区专业音乐公司向外扩展延长的产业链。

培育(含引进)2—3个音乐服务领域的龙头企业。以园区物理平台为基础,通过挖掘资源、合作和创新,形成虚拟平台运营的能力,通过资本运作和企业并购等持续发展壮大。

成为成都市最大的现代文化旅游目的地。通过充实现代文化内涵,吸引青少年消费者,成为音乐文化主题的旅游目的地。在这一方面,夜生活的意义是不可忽视的。夜生活的实质是一种互动,就是"将艺术、音乐、时装、文学等不同形式的艺术融为一体"[1]。"有震撼力的音乐、混乱的节拍和夜生活的魅力交织在一起,使文化经济领域最重要的业务合作得以实现。"[2]

成为城市营销的重要平台。通过音乐公园和东区文化公司举办的各类活动、信息发布、品牌宣传和招商推介,以及主题公园的影响力的扩展,园区将成为成都市开展城市营销重要的窗口和平台。

(二)一般经营理念

园区经营理念需要从一般经营理念和专业经营理念两个层面予以把握。从整体上说,文化产业园区经营需要确立以"内容体验+产业集聚"为主轴、以引进和培育企业从而形成企业集聚为动力、以产业链经营为基本形式的基本理念。

---

[1] 〔美〕伊丽莎白·科瑞德:《创意城市》,陆香等译,中信出版社2010年版,第120页。
[2] 同上书,第108页。

1. 内容为王

园区的内容为王应以形成品牌的文化影响力作为主要诉求，在此基础上，进一步扩展为"内容＋平台"双驱动，即内容产品、活动体验产品、内容传播、版权保护平台等协同发展，实现内容价值和渠道传播的有效结合。

从总体上看，创意内容是文化产业园区的灵魂与核心，持续创新和富有活力的创意内容是园区发展的生命线。园区策划应突出创意内容的中心地位，重视内容相关业态的引进、培育和做强，并致力于建立有效机制促进内容创作、版权保护、教育培训、内容传播等核心业务的发展。

2. 企业集聚

文化企业是文化产业园区发展的基本依托，也是产业集聚的重要动力源。园区的产业重点应体现在培育、发展和壮大文化企业，即以引进企业、自办企业和投资企业为重点，而不是以收取租金或门票为重点。园区应推动从事专业性内容生产或传播的文化企业成为创新主体，健全以企业为主体、市场为导向、管产学研相结合的创新体系。

所以，园区策划应致力于促进吸引企业入驻和培育企业，并建立相应的交易平台，逐渐实现以园区内的公司为企业总部，积极对外扩展分支机构，形成辐射国内外的发展布局。由此，园区经营应以培育或孵化企业为主，以企业为主体实现产业规模化、集聚化发展，进行对外的资源整合和模式复制，实现适度的对外合作性扩张，从而实现企业以及园区整体价值的持续增值。

一般说来，从投资主体角度看，文化产业园区的企业主要包括如下几种：

自主企业经营。由主导园区的机构（政府、社会机构或者企业集团）作为大股东的企业，包括文化产业投资公司、专业内容创意和服务公司、园区运营公司以及其他新孵化的专业内容或服务企业。

吸引企业入驻。以园区自身的优势和资源，吸引一系列的专业内容或服务企业进驻园区，形成企业完整形态（入驻）的产业链结构。

园区投资公司投资入驻的企业或者项目。以资本为纽带，以股权投资为首选，园区文化产业投资公司可参股入驻各类企业，实现对产业引导和优势产业资源的合理利用。

创业投资基地的新创业企业培育。支持包括大学生创业、该产业领域的文化艺术爱好者自主创业，以及国内和国外的合作基地建设等。

企业集聚需要合理的园区内部治理结构来保障。合理的治理结构是园区发展战略的一个组成部分。合理的治理结构要求通过园区管委会体现企业所有者的利益，避免损害企业所有者利益，以实现所有参与方受到公平对待、园区经营决策的合理和有效、决策与执行之间的衔接以及通过发挥入驻企业的整体力量以实现园区战略目标等。

3. 全产业链经营

根据园区发展的具体情况和策划定位，文化产业园区策划可以着力于开创产业聚集园区与内容体验基地一体化的发展模式，确立和形成全景式体验、全品牌联动的全产业链经营理念。全景式体验包括全类型内容体验、驻地观赏体验、互动体验、新媒体体验、鉴赏与教育体验等体验形态。结合园区的内容资源基础和创新要求，通过活动和合作延伸产业链，形成园区产品产业链与活动的完整体验性消费性产业链、园区内容与平台结合的完整产业链、企业经营与投资组合的产业链等。

例如，艺术品产业园区项目策划，最好以企业整体价值实现为商业模式主体，以平台建设为基础，形成提供专业性的艺术品鉴定服务、艺术品交易会展和交流服务、艺术家和艺术品推介服务、艺术品金融、艺术展示推介活动、艺术培训、艺术品物流服务等一系列产业链条，通过举办艺术交流、艺术品会展和配套旅游服务、培育艺术品投资企业、艺术品金融服务企业等，扶持企业开展资本运作并上市发展，以实现企业（园区）整体价值最大化。

三、文化产业园区的发展模式

园区的发展模式是其发展定位和经营理念进一步的具体化，也是产业运作的思路转化为展开和实施的路径与方法。

（一）以品牌为引领

园区发展应以品牌为引领，以培育骨干企业和催生产业链为重点。也就是说，以品牌为引领，以龙头企业和骨干企业为主要依托，推进完整产业链的快速形成。品牌包括园区品牌、企业品牌和园区的自主活动品牌等类型,最好以打造自主品牌为主,同时引进一些高端品牌,形成品牌的联动和综合影响力。

引进知名内容和媒体品牌。可以重点吸引整合行业排名三甲的创意机构、传媒机构和其他知名品牌的相关机构入驻,即使其他配套教育或者商业设施经营的机构也应当是品牌机构或者企业。

打造园区系列化自主品牌,并形成与入驻品牌之间的联动。品牌增值是通过自主品牌和联动品牌来体现的。自主品牌的价值不仅在于促进经营,还在于无形资产的积淀和可持续发展。园区整体品牌和专业内容创意与服务公司及其园区所合作的各个品牌之间存在互动关系,可以通过各种品牌积累来形成对园区整体品牌知名度的快速提升。

注重打造系列活动品牌。活动品牌是一种综合性的跨媒体的经营和内容体验形态,需要与有关传媒机构和投资机构合作打造。园区可以与城市管理部门同步做城市营销,打造城市文化名片,拉动城市的文化旅游,促进城市内涵影响力的提升。

例如,嵩山文化产业园区可以致力于打造中原首屈一指"少林禅武文化"核心品牌,塑造强势"少林功夫"品牌和"嵩山·少林"联动品牌,同时带动各子品牌的市场推广,形成"风中少林""禅宗少林音乐大典""国际武术文化论坛""嵩山论坛""禅文化国际论坛"等文化品牌系列,使"少林禅武文化"品牌成为国内、国际家喻户晓的驰名品牌。

(二)大众化、平台化和可复制化

作为文化产业园区,园区经营的基本定位需要考虑与"产业"发展理念相适应,体现大众化、平台化、可复制化的基本要素。

1. 大众化

大众化就是紧紧把握市场的需求,坚持以大众导向为主,重视满足青少年等主流消费者的文化精神需求。要锁定核心消费者的消费需求,同时综合运用渠道资源,分类提供各层次产品和服务,全方位覆盖相关消费需求。

注重娱乐性、参与性、体验性、时尚性。充分利用和挖掘内容产品的体验价值,满足消费者的休闲娱乐需求。例如,音乐产业基地的音乐体验是全景式体验,包括全类型音乐体验、驻地观赏体验、驻场互动体验、自主体验、音乐茶座及关联体验、活动观赏体验、活动参与体验、与明星互动体验、新媒体体验、鉴赏与教育体验等体验形态和类别。

注重青少年内容体验、教育、普及与推广。抓住青少年这一主流消费群体,根据其注重节奏、时尚、互动、体验等消费特点,设计相应的产业链环节、文化产品和消费项目,丰富和扩大娱乐性要素的适用空间。

开发或挖掘特色体验项目,形成差异化。根据创意内容等资源的特点,以企业为运作主体开发具有差异化的、可持续的、具有知识产权和品牌价值的项目,并形成无形资产积累和品牌沉淀。

2. 平台化

文化产业园区策划要致力于形成园区的物理平台与虚拟平台互动融合。通过打造物理平台和虚拟平台,形成平台的联动和资源整合。比如,可以以园区的经营管理公司为主经营物理平台,以专业服务公司为主经营虚拟平台,园区管委会同时负责两个平台的协调与联动经营。

平台化应重点思考和策划建设若干个平台,至少应包括内容交易平台、内容传播平台、产业信息平台、经营管理人才培养平台、创业融资支持平台、创意产品交易平台等。

内容交易平台。可以通过建设版权交易中心,鼓励和吸引文化艺术原创者进行相关的内容创作,广泛吸收和引入国内外优秀的原创作品和专业人才,将优秀作品和人才在园区内举行活动展演等方式,从而为园区的品牌建设增加最具分量的版权内容、人才和活动资源。推动金融与文化产业对接,开展版权、创意等文化产权的评估和交易。例如,音乐产业基地可以依托音乐科技企业,促进音乐与科技的融合,建立音乐下载服务平台;实施音乐云计划,促进和实现数字音乐产品在家庭数字电视、营业 KTV 乃至整个互联网(含无线互联网)等网络及终端体系的版权保护和销售。

内容传播平台。注重通过文化品牌来实现已有资源的挖掘和新资源的有效整合,使新创自主品牌与入驻园区的机构和项目品牌都具有品牌影响力,并且相互之间形成品牌联动。

产业信息平台。建立包括园区业务指南(如网站、现场、博物馆等)、信息发布等的信息平台、成立相应实用型产业研究中心等。例如,音乐产业基地的信息平台,可以即时发布活动信息、乐队信息、唱片信息、明星信息,进行信息、艺人、故事、榜单(如最畅销的专辑、影视单曲)、趋势、评价(如影视音乐),编制每周城市的文化活动手册,向音乐人、音乐专业学生等提供电子杂志和传播。

经营管理人才培养平台。园区可以采取合作培养、奖励、扶持补贴等多种形式,支持和鼓励与高校对接培养相关产业短缺人才,重点培养相应文化企业的经营管理、经纪、培训、活动策划组织等各类人才。支持国内外知名院校与园区内的文化企业合作创设文化产业人才培养基地和经理人培训班。

创业融资支持平台。基于集聚和孵化企业、提高资金使用效益的需要,有必要成立一个以园区运作主体为大股东的文化产业投资公司。设立园区文化产业投资基金,委托投资公司管理该基金,提高基金使用效益,并适当吸收各种社会资金加入投资基金,由投资委员会评估决策投资方向。投资公司负责园区所设立的文化产业投资基金,协助用于对创业者的奖励、扶持,对重点创业企业给予适当的租金减免等优惠,以及补贴性的项目和公益性项目的审核与资金投放等。

创意产品交易平台。该平台作为园区的创意产品和工艺品集散地,通过现场和网络等方式,展示、交流和销售相关创意产品及工艺品。在发挥园区的整合优势的基础上,通过举办大型交易博览会和发展电子商务,构筑连接海内外的创意产品展销基地,抢占产品竞争的制高点,并为园区的永续发展提供市场基础。

3. 可复制化

通过园区的局部的复制和公司、业务的复制等形态,实现扩张性发展,应是文化产业园区的主要发展模式之一。

(1) 复制

园区的知识产权和无形资产成果应通过对外复制,实现品牌扩张、平台壮大、顾客增多的良性效果,也包括对外合作或者企业的投资扩张的收益,以及提升园区整体品牌影响力等。其具体形式包括:

产品复制。包括以园区主营业务的核心产品进行对外复制,如一档影视节目的复制、各类衍生产品销售的连锁经营、产品置入其他经营环境(各地剧场)中的合作等。例如,园区的品牌演艺产品国内外巡演,可以将具有知识产权和品牌影响力的企业自主产品或项目推到国内外进行巡回演出,形成综合收入,扩大园区品牌的影响和辐射范围。

模式复制。以专业内容创意和服务公司为主,其他入园企业为辅的企业经营模式和商业模式的复制,也可以合作成立专业项目公司。

方法复制。包括以对外合作项目开发、知识产权入股的方式合作,以及由品牌输出等方式的向外扩张等。比如,艺术产业基地通过版权授权、品牌输出等方式与各地进行艺术产业项目合作。园区文化产业投资公司可以通过投资企业或者项目、版权及品牌合作、连锁经营等形式,实现产业的集聚化和规模化发展,并从中获得相应收益。

企业复制。在企业业务成熟之后,可以积极筹划在各地以开设子公司和分公司方式的复制扩展。

（2）扩展

复制是手段,实现园区扩展是目的。园区需要在复制的基础上,实现园区的空间使用高效率和业务的规模化发展。对外复制和扩张,应以企业为主体,特别是企业总部的对外扩展,实现企业业务拓展和企业整体对外扩张。其具体形式包括：

形成文化产业园的平台扩展。适应园区空间使用高效率和以企业为主体的产业提升和扩展要求,通过入驻园区企业经营和复制方式,实现园区（物理平台与虚拟平台）规模化运作和品牌合作空间的扩大化。

产业发展潜力的合作与辐射扩展。加快企业入驻和培育企业,以园区内的公司为企业总部,积极对外扩展分支机构,形成辐射全国的产业布局。最终形成园区是脑袋,身体和四肢扩张到国内外各地。

后续开发所需要的内容扩展设计。在规模化效益的基础上,园区一期的项目以及二期、三期的新建项目,需要围绕主导内容业态扩展进行空间或者发展模式设计,以充分体现内容资源自身跨媒体、跨行业、跨地域的跨界特点。

四、文化产业园区的商业模式

在以上发展模式的框架下,文化产业园区的商业模式要以构建产业链为核心,注重园区内部发展和对外复制的结合。

1. 构建产业链

园区的产业集聚形态具有产业链结构。园区要通过活动和合作延伸产业链,形成园区产业链、园区与活动产业链、园区活动与新媒体产业链等产业链的整合。作为基本形式,园区的产业链可以包括产品结构的产业链和企业结构的产业链。

产品结构的产业链,包括内容作品、各种艺术表现形式的产品、各种演出、文化节庆和会展、跨界活动(如影视音乐与企业形象宣传)等。例如,音乐产品的赢利主要源于以驻场演出及其新媒体和延伸产品开发的专业化商业模式。

企业结构的产业链,即形成公司为主体的产业链结构。它包括内容创作、内容分类制作、演出、场地设计服务与设备安装、票务营销、信息提供、收藏拍卖、内容集成提供、媒体传播、平台运作、交易服务、版权保护(含法律和收费模式)、经纪、培训、营销推广与品牌策划推介服务、广告代理、项目管理、文化旅游、延伸产品、跨界应用(城市名片营销、拉动旅游的夜间产品设计和演出)、现场设备租赁、影音场馆建设等。其中,每个环节可以包含若干个细分的企业(如延伸产品开发企业)。部分入驻企业可以由创业活动实现,部分入驻企业可由投资公司参与投资。

例如,音乐产业基地可以从细分产业链结构的角度,形成以音乐原创活动、选秀活动、艺人经纪、内容提供、延伸产品开发等纵向产业链和新媒体体验、时尚产业配套、自主活动体验、交流与合作等横向产业链,以及其他配套为第一形态的细分产业链、以园区、媒体和企业向外经营为第二形态的产业链。

2. 具体盈利模式

根据前面的分析可以看出,文化产业园的经营应分为园区运营与园区产业运营两大部分。而园区的产业运营又可以分为三大部分:园区运营公司自有业务的经营及其企业发展(最好做到上市)、园区的孵化和投资新企业、入园各个企业的发展。

因此,园区的商业模式应包括园区投资人和其中的企业两种。园区应主要依靠吸引或培育企业来赚钱,注重企业的成长性。相应地,园区的盈利模式依靠四种收入:自有合资公司经营收入和企业增值、投资公司投资收益(股权或债权收益)、物业收入(租金和服务收益等)、土地增值收益。其中,以自有公司经营和投资收入为主要收入来源。

例如,音乐产业基地应以音乐现场体验(LIVE)和参与为核心,打造系列产品。通过打造参与性和体验性的若干核心活动品牌,吸引本地和外地音乐爱好者和音乐消费者全面参与,形成集聚人气的氛围。产业基地以具有独特性的音乐产品及其产业链结构的商业模式,依托物理平台和商业平台,充分挖掘资源和潜力,形成主题公园的商业模式、公司发展的商业模式及其联动发展的商业模式。

再如,某种文化 Mall 的收益可以分为如下几块:一是自营部分,包括书城销售图书和音像制品的销售收入、电子阅览室的会费收入、青少年活动中心的门票收入;二是影城、剧院、音乐厅、商贸城、文化主题公园等的招商租金收入;三是提供演艺会场、美术展览、展会场地出租的会展收入;四是写字楼、酒店式公寓的租金收入。其中,自营部分是该文化 Mall 的核心资源,但有时可能不是主要盈利点,其他三部分的收入却可以弥补这一部分,以实现项目整体赢利。

附:文化产业园区策划方案举例

——××民俗文化产业园区策划方案[①]

背景简析

地处某地的××人文资源积淀深厚,历史文化丰富多彩,是中华文明的重要发祥地之一。××作为××的核心区,在经济、文化、社会发展等方面具有得天独厚的优势,经过近些年的积累和提升,××民俗文化产业发展取得了长足进步,在国内甚至国外具有了一定的影响和知名度。为了更好地挖掘××民俗文化,促进民俗文化产业的集聚发展,××政府联合文化产业专业咨询团队,对民俗文化产业发展做出新一轮的产业升级策划,拟建设××民俗文化产业园,致力

---

① 本策划案是某一民俗文化产业园区策划的简缩本,主要是了解文化产业园区策划的基本体例和格式,把握其关键要素。为了突出其一般借鉴价值,在行文时除了尽可能压缩或去除一些具体内容叙述之外,对于涉及的地名我们一律用"××"来代替。

于建成具有全产业链形态的国家级民俗文化产业园区。

基于××已有民俗文化资源和民俗文化产业发展的基础,在本园区策划中,将以××民俗文化产业的集约化发展为基本目标,以全产业链形态的民俗文化产业集聚为动力,使园区成为一个集民俗文化交流、展示交易、博览、研发、生产、加工、制作、媒体传播、物流、文化企业总部基地、公共服务平台等为一体的民俗文化交流中心和民俗文化产品交易基地,同时致力于打造中国民俗文化走出去基地、国家级文化产业示范园区。

本策划主要包含民俗文化全产业链的策划和经营主体商业模式的策划,重视引进和培育民俗文化市场与市场主体,重视民俗文化的社会效益和产业发展的统一。本策划以《国家文化发展第十二个五年规划纲要》等为编制依据,充分利用××既有优势,注重挖掘××现有民俗文化产业资源,结合现有的历史文化资源,突出文化产业发展的产业链经营和品牌化特征,并注重规划的战略指导性、空间布局科学性和可操作性的有机结合。策划和建设民俗文化产业园区,不仅是提升××民俗文化产业经营水平,促进××文化产业集约化、规模化经营的要求,也是推动××民俗文化走出去的重要举措。

一、策划总则

(一)指导思想

以加快基础文化设施建设为先导,以加速民俗文化产业龙头项目建设为依托,以高端、高效、高附加价值的产业集聚为助力,完善产业功能要素,形成规划科学、布局合理、环境优美、基础设施完善、产业集聚初具规模的良性发展局面,进一步优化××的产业布局和经济结构,促进原有产业的改造和升级,扩大社会就业,为区域经济、文化、社会的协调发展和广大市民生活品质的持续提升做出贡献。

(二)策划目的

增强产业集聚效应。通过产业链整合资源,优化××产业环境,形成产业高地,以吸引、集聚更多的优质产业资源,有效地提升××文化产业的竞争力。

最大限度地利用人力及信息资源。通过产业园的行业优化整合,可以最有效地提升人力资源和信息资源的价值,实现园区人才集聚、资源共享、品牌效应,继而实现对周边产业和经济要素形成有效拉动。

促进××产业结构的调整与优化。建设××民俗文化产业园区,通过市场建设、专业化的规范引领、体系化的公共服务和培育若干龙头企业,规范香包等生产制作、活跃交易、提升产业附加价值,促进民俗文化产业健康发展。

促进××民俗文化走向世界。通过举办民俗文化博览会等大型会展营销活动,提供民俗文化产业的交流和交易平台,迅速促进××民俗文化产品走出去。

(三)策划原则

文化发展与经济社会发展相协调。

短期项目与持续发展相一致。

园区建设与城市建设相得益彰。

(四)策划期限

本园区策划实施期限为2013年至2017年,其中2013—2015年为建设期,2016—2017年为运营期。

(五)策划范围

本园区范围在××新区,与先期所规划的××文化传媒中心连为一片,初步规划面积约300余亩。

(六)主要策划依据(略)

二、资源基础与发展环境分析

在××打造民俗文化产业园区,具有资源、政策环境、产业基础等方面的条件,同时也面临一些亟待克服的瓶颈问题。

(一)产业资源基础

1. 历史文化资源

包括香包文化资源、岐黄中医药文化资源、黄河农耕文化资源、唢呐艺术资源、丝路文化资源以及相关创意资源。具体内容略。

2. 民俗文化人才资源

在××民间,香包遍布于人们生活的各个角落,几乎家家户户都有制作香包的传统。从青葱天真的少女到白发苍苍的老人,无不活到老、绣到老。古老的××香包刺绣民俗文化就这样代代相传,并不断得到更新和发展。截止到2012年,××先后有168名作者被命名为"××民间工艺美术大师"、89名作者被命名为"省民间艺术家"、36名作者被命名为"中国民间工艺美术大师"。

3. 政策资源

近些年××市民俗文化产品出现了向市场化、规模化发展的良好势头。××政府出台许多支持文化产业快速发展的政策，对民俗文化产业作为××城市文化内涵提升项目予以大力支持。××民俗文化产业园区立项已经纳入××文化产业"十二五"规划的重点支持项目。

4. 产业基础

××民俗文化产业是以××传统手工艺品香包为代表，以香包、刺绣、剪纸、皮影、道情、社伙、民歌、面塑、木偶、窑洞、地方小吃等为主要内容，从传统民间社巷走向城市国外而逐渐形成的具有一定产业规模和影响力的产业形态。××香包民俗文化产业发展走势强劲，已逐步成为全市香包民俗文化产业的研发培训中心、产品的集散地。

（二）发展机遇

1. 政策层面的大力推动

××作为"国家级文化产业重点基地"，其民俗文化产业园是××省"十二五"期间重点打造的文化产业项目，也将是××发展文化产业的重要抓手之一。以产业集聚为主要发展方式的民俗文化产业园区建设，将成为××区文化产业发展中富有潜力的新模式。同时，基于各级政府和产业界对于文化产业的重视，将带动更多资金入市和投资文化产业。

2. 民俗文化产业的发展潜力

以全产业链形态的产业集聚发展为模式，通过创新民俗文化金融，打造民俗文化经营服务支撑平台，建设××民俗文化走出去基地等项目，尤其是解决研发和营销及规范化服务，将为民俗文化产业园区未来发展提供巨大的发展空间。

（三）需要解决的问题

1. 亟待提升民俗文化产业的集聚水平

目前，××还存在许多制约民俗文化产业发展的因素，包括私下交易量大、脱逃税严重的问题，以及版权保护、盗版和模仿等问题。从总体上说，××民俗文化产业功能分区较多，模块分割比较突出，缺乏全产业链集聚的中心交易区和民俗文化交流区。此外，从知识产权的角度来看，目前××民俗文化产品仍然存在资源挖掘力度不够和发展后劲不足的特点，主要体现为民俗文化创意设计种类不足,民俗文化授权量少,延伸产品开发不充分等。

2. 亟待实现民俗文化产业的可持续发展

目前,国内外香包市场还没有真正形成,市场机制还没有建立起来,许多人对香包刺绣能否成长为一种产业仍心存疑虑,有的地方虽然成立了香包民俗文化产业公司,但机制不活、工作不到位,没有长远规划,没有形成统一的市场营销机制、信息机制和管理机制,大多数企业没有注册商标,更无品牌可言。××民俗文化产业整体规模潜力很大,但是总体上分散、缺乏必要的信息和服务平台的支撑,整体上缺乏规范化的引导和规模化经营。××内的民俗文化产业种类较多,香包生产主体也较多,解决同城内各个机构之间错位竞争,做出特色和品牌,形成核心竞争力的问题至关重要。

3. 亟待改进香包生产的基本组织形式

香包公司或组织都是当地最早把香包引入市场并组织大规模生产的农户创办。这些公司或组织广泛收集××地区民间香包样式,推陈出新设计出了成百上千种香包图案,并组织县城周围的农户、民间绣工制作香包。在这些生产形式中普遍存在的是香包单家独户生产,缺乏龙头企业或带头人,更没有稳定的营销网络。艺人之间也存在着争名逐利、"艺人相轻"、技术垄断、互不往来等矛盾,缺乏教育引导,有盲目发展、自生自灭的自发倾向。

三、发展定位、发展目标与经营理念

基于以上资源基础与发展环境的分析,××民俗文化产业园应重点从产业化方面进行定位。

(一)发展定位

××民俗文化产业园的基本定位是:建设一个集公共服务平台、民俗文化产品研发与交易中心、数字娱乐体验中心和旅游目的地于一体的民俗文化产业集聚区。具体战略定位包括:

成为民俗文化产业研发中心。通过民俗文化创新设计、香道创新体验、文化产业投资基金运作、民俗文化和民俗文化人才培养、民俗文化产业商业模式创新等创新活动,成为具有国内国际影响力的民俗文化产业研发基地。

成为文化旅游的重要目的地。以文化合作与交流为核心,促使××形成规模化、产业链式的特色民俗文化旅游。通过动态体验性与互动性为主的活动项

目,打造现代文化旅游休闲产业链条,拓宽××文化旅游的内容资源。通过规模化、具有全产业链形态的民俗文化产业平台建设、产品交易和民俗文化会展活动,吸引国内外民俗文化大师、客商和游客云集此地,使园区成为××重要文化旅游目的地之一。

成为民俗文化企业总部基地。吸引并集聚国内外民俗文化产品设计、授权、交易、传媒、经纪等企业总部或研发中心入驻。建设成为××各地在××的民俗文化产业交易中心和民俗文化人才、民俗文化形象推介中心,引领和推动××各地民俗文化产业的联动发展。

成为中国民俗文化走出去基地。以会展和服务平台建设为载体,通过中国××香包民俗文化节、常年化的民俗文化交易中心等具体项目的建设与实施,大幅提升××民俗文化的贸易规模,促进民俗文化交易的提升,帮助传统民俗文化、非物质文化遗产和各地工艺美术产品走出去。

(二)发展目标

围绕以上战略定位,××民俗文化产业园应追求社会效益和经济效益的统一。社会效益主要通过民俗文化培训、公益性讲座、民俗文化交流与××民俗文化对外推广和民俗文化产业公共服务平台等几个部分来实现;经济效益则主要通过高文化含量、规模化、产业链形态、高附加价值等来实现。

通过做大做强特色优势产业,提升民俗文化产业的影响力和辐射力,把民俗文化产业园建设成为在西部地区独树一帜、在国内外具有一定知名度和影响力的民俗文化交流与交易中心和文化旅游目的地。

到2017年末,通过政策引导、资源重组、直接上市、借壳等形式,扶持1—2家有影响力、有规模效益的龙头文化公司上市;建成5个销售收入过5000万元的文化产业项目,提供新增就业岗位5000个以上,争创2个部级以上文化产业驰名品牌和文化产业示范基地。

其他主要量化指标:园区全面建成使用后,年交易额10亿元以上,企业营业收入8亿元以上,年税利收入1.5亿元以上,带动周边物流、餐饮、住宿、购物、交易等消费和地区经济产出价值5亿元以上。其中包括每年固定10个以上的收入型项目或者盈利点。每年200场次以上的会议、展览、培训、演出、节庆和推介等各类活动。

（三）基本经营理念

基于以上对资源基础和发展环境的分析和发展定位及目标，××民俗文化产业园区的基本经营理念应当是全产业链集聚、全服务平台支撑、全方位活动交流。此外，还要注重民俗文化产业与文化事业之间的平衡，按照产业发展规律推进民俗文化产业园区建设，通过产业升级提升竞争力。

全产业链集聚。打造具有全产业链结构的集聚化交易及其配套服务体系，在园区（或周边）实现民俗文化人才培训、创意研发、民俗文化交流、会展、产品交易，形成具有全产业链的产业结构。全产业链结构的民俗文化产业园区包括以下的主体部分：民俗文化交易的集聚；综合民俗文化产业园区；包含民俗文化的延伸产品与复制品；突出品牌驱动、企业品牌、产业品牌的无形资产和××民俗文化牌的结合；与民俗文化教育和培训结合；活动经济与文化旅游等。在产业园中形成全产业链的经营模式，形成××独有的"香文化"显得尤为重要。全产业链结构形态的民俗文化产业集聚发展模式，可以化解以上提及的各类瓶颈或挑战，特别是同质竞争的挑战。

全服务平台支撑。建设民俗文化产业公共服务平台，以平台集聚强力支撑产业发展，重视民俗文化产业和民俗文化交易公共服务平台的建设，体现××民俗文化走出去基地的平台作用，促进民俗文化走出去。建立××民俗文化网站，借鉴阿里巴巴等电子商务运作模式，探讨运用网络平台完成信息、交易行为，努力打造一个功能完善、运行规范的文化产品实体和虚拟交易平台。结合平台运作，促进××民俗文化贸易规模的提升，带动××民俗文化走出去。以服务促进创新，以创新推动产业升级并提升园区的竞争力。以创意发展、整合资源和提升服务等平台建设及其创新经营，促进民俗文化产业升级，打造示范性的民俗文化产业的专业化文化产业集聚中心区。

全方位活动交流。以会展、红色数字体育或演艺、培训和活动交流促进文化旅游。充分利用硬件设施和公共服务平台，着力发展活动经济，通过举办各类会议、展览、展示、节庆、发布、推介、培训、论坛、交流等丰富多彩的民俗文化活动，以丰富的体验性项目带动园区的人气和商气的持续提升，形成规模化的消费，使园区成为具有影响力的民俗文化旅游目的地。

四、园区的产业布局

根据民俗文化产业的全产业链结构的要求,可以将产业布局确定为四个重点产业,各个产业既相互独立,又相互依托增长。

(一)香包民俗文化产业

把开发香包民俗文化产业与弘扬中国优秀传统文化有机地结合起来,使香包文化产品更加符合现代大众的消费心理和消费需求,更具市场竞争力。加大自主创新、技术引进和市场拓展力度,提高产业文化内涵、创意要素和科技含量,促进产品换代升级,每年推出一批新品、名品、精品、极品。推行香包规范化设计、工业化生产、标准化包装,实现民俗文化产品从低附加价值向高附加价值转变。园区重点开发香包、刺绣、皮影、剪纸为主的工艺美术系列,努力开拓国内外市场,扩大国外市场份额,尽快形成走出去优势。

(二)文化旅游产业

坚持以民俗兴旅游的开发思路,加大以交通、餐饮、住宿、娱乐为重点的旅游配套服务基础设施建设力度,创新旅游开发方式、管理方式和服务方式,构建配套协调的旅游开发新格局。利用园区内香包设计、生产、加工、制作基础,推出民俗体验游,让游客体验香包、剪纸等民间艺术创作过程。利用园区演艺中心,再现各种民俗文化场景,深入挖掘以"丝路文化"为核心的丰富内涵,体验教育文化。

(三)节庆会展产业

积极探索举办有较大影响的标志性大型节庆文化和会展文化活动,在园区办中国××香包民俗文化节、皮影民俗文化节、周祖文化民俗文化节、九龙金枣节、金秋苹果节、红杏文化节等重大节庆和会展活动,并努力把中国××端午香包民俗文化节办成富有中国气派、西部特点和××特色的民俗文化旅游盛会。加快建设现代化会展场馆,大力发展各类综合及专业会展,积极承办各种博览会、展销会,力争把××发展成为全国民间工艺美术品会展基地。

(四)演艺娱乐产业

重点发展××徒手秧歌、道情、民歌、荷花舞为主的表演民俗文化系列。加大对××标志性戏曲的投入力度和创新力度,吸引国内省内的戏曲界名人进行交流合作,使之成为西部地区有影响的地方剧种。园区积极引进和开发有特色的丝路文化教育与体验娱乐项目,不断丰富娱乐形式。坚持文化下乡,推动民间文化民俗文化交流。加大管理力度,规范经营行为,促进演艺娱乐业健康发展。

五、园区的重点项目

园区项目旨在形成全产业链形态的集聚,打造民俗文化交流与交易中心和文化旅游目的地。园区作为民俗文化教育、交流、产业经营活动等的重要载体和平台,不仅将在××的民俗文化产业领域具有核心地位,而且也将成为××开展民俗文化交流、民俗文化交易和吸引游客参加民俗文化旅游的金字招牌。

(一)民俗文化产业研发中心

吸引××民俗工艺开发中心、民俗文化企业的研发总部以及相关民俗文化产品设计机构入驻园区,成为××香包产业研发的"龙头老大"。其具体项目内容包括:

吸引相关民俗文化设计机构和研发机构入驻,设计并积聚高端的民俗文化产品的知识产权,提高工艺美术的设计研发能力,如各种艺术油画图样的香包。

统一样式标准和工艺流程。积极发展专业公司,通过专业公司设计,农户分散制作,统一品牌和包装,形成设计、剪裁、刺绣、缝合、包装分工制作的工艺流程。如抓髻娃娃、五福娃娃等产品已经定型,可以按统一样式标准制作;如一些定型的香包刺绣品其用料、针工、填充物应有一定的技术规范;研发中心应尽快制定上述标准,如产品图样定型、香料配置、制作风格、文化内涵等,生产出质量好、品位高的香包刺绣品来。

研发"传统+时尚"类型的香包。××香包应在不断翻新花样、和谐搭配色调的基础上,倾力突出以"香"为美、以香闻名、以香称雄的最原始特质。如嫁接现代香水味的香包,国外香水香味的香包;又如以岐伯大名冠之,以岐伯文化诠释其内涵,下气力开发多种芳香宜人的中药丸剂、散剂、膏剂,或加工提纯××香包的特别香精,裹于香包之中,保持其比较持久的独特香味。

提供鉴赏服务和民俗文化鉴定的咨询服务,同时保障园区民俗文化的质量监督与监管。

通过民俗艺术大师的绘画、刺绣和红木三位一体做成各种屏风、装饰等高端产品,促进高端家具和家居产业的发展,形成高端化、外向型、规模化的产业格局。

(二)中华香道馆

把"××香包·中国香道""中国香道·中国千年养生之道"作为产业价值核心,全力创建"××香包""中国香道"品牌。其具体项目内容包括:

实现香道的扩展,包括两个方面:其一是香的扩展,包括香草、香料、香包、香食、香茶、香水、香精油、香洗化用品等部分;其二是香包的扩展,其中的重点在于标准化的制作、通畅的销售渠道、高质量的产品以保证品牌的知名度和美誉度的提升,即从手工和材质上保证××香包的高档性和独一无二性,拓展香包产业的高端产品研发和生产,以及香包产品的多样化生产,将××传统的香包发展为具有现代性的多功能香包,其中包括传统的驱虫辟邪、当下时兴的车饰、家居装修等部分。同时,实现香包材质、香味和造型的多样化,并保证香包香味持久等。

增强香道的体验,可以包括三个方面:其一是香疗。不仅熏烧香药以除污去秽,预防瘟疫,还有专门的药方对治特殊的病症。其二是香料产品制作。游客可以通过香料制作技师的指导,自行配置香料做成香包等各种成品。其三是香食与香茶。针对当前食品污染严重的现状,园区将打造以香为主题的绿色健康宴席,其中包括香茶、香点心和芳香菜品。

(三)民俗文化产品集成中心

在研发基础上,进行民俗文化产品的样品制作、半成品集成等,对民俗文化产品的生产进行导航、引领和整合。

民俗文化产品的样品制作、半成品集成。民俗产品初始加工可设在园区外,采取各专业基地+农户分散经营的模式,园区内主要负责样品制作推广,以及半成品后续整合。

鉴于目前民俗文化产品不规范、不定形,导致不能接大订单的现状,大力搞好规范化、标准化生产,为产品的市场营销和推广奠定基础。

(四)民俗文化博物馆

进行××民俗文化以及各种特色民俗文化产品的收藏和展示,丰富和提升民间工艺的文化品位。

以民间收藏和个人收藏为主的各类收藏展示机构进驻,含××各类民间收藏博物馆转移集聚。

利用当地历史名人及近代名人的名字命名重点展厅,例如梦阳书画院、玉珍剪纸阁、占鳌泥塑馆等。

设立多功能展厅,全方位展示××民俗文化的深厚底蕴,如面塑、纸扎、砖雕、浮雕、灯笼根雕、木雕、纺织、编织等。

设农耕文化展示厅,全面展示××传统农业的历史文化。

在博物馆中定期举办全国性的民俗文化收藏交流巡回展。与各地博物馆联合举办专题民俗文化巡展。挖掘各地博物馆馆藏资源,每年举办各类专题巡展。

(五) 民俗文化交流中心

开展民俗文化交流活动,集聚各类民俗文化。打造跨地域化的民俗文化与城市民俗文化形象展示、服务平台,促进民俗文化走出去和城市营销。民俗文化交流活动可以包括现场创作及其展示,也包括民俗文化的学术交流、展示和交易性的展览。其具体项目内容包括:

民俗文化创作。主要是集聚××及周边民俗文化大师和全国各地民俗文化大师等,现场创作展示民俗文化作品。

民俗文化设计。个人、机构设计和定制化的设计服务,其主要民俗文化产品图样由入驻企业、机构和民俗文化工作室提供。

民俗文化产业博览交流。每年一度举办大型化的民俗文化交流活动,以博览、鉴赏和交流为主要内容,以交易为辅,主要目的是推动民俗文化教育的普及,培养大众欣赏民俗文化、感受民俗文化的情趣和生活方式,推动民俗文化市场的发展。

各类专题民俗文化展,含各类常年性和阶段性的民俗文化展和专题民俗文化展等。与各地民俗文化基地或者民俗文化机构合作,每年举办若干次大型民俗文化交流展,如私人收藏交流展,回流文物交流展等。

城市民俗文化展示中心。建立包括城市固定展示体验中心平台(专题馆)和专题化的个展,以及城市形象和民俗文化产业项目的交流推介活动(含酒会等)。建立××民俗文化驻京联络点和推广点,作为××民俗文化驻京联络点和展示平台。

（六）民俗文化走出去基地

围绕该园区的企业总部建设和举办××香包民俗文化节，建设××民俗文化走出去基地。其具体项目内容包括：

打造××民俗文化走出去公共服务平台，含民俗文化门户网站和交易网站（中英双语），以及营销、广告等服务，促进民俗文化产品的交易与走出去。建立××民俗文化网站，借鉴阿里巴巴等电子商务运作模式，探讨运用网络平台完成信息、交易行为，打造一个功能完善、运行规范的文化产品实体和虚拟交易平台。

开展国内外游客到××民俗文化产业园区参观游览。与各类文化、教育机构合作，每年举办拥有100左右团体的学生民俗文化夏令营。

有选择地在欧美等地举办××民俗文化展走出去系列巡展活动。

与国家汉办合作，开发民俗文化教育系列教材、多媒体体验产品。

与设计企业、民俗文化收藏投资公司等合作，帮助××民俗文化走出去。

（七）民俗文化产品物流中心

创新发展模式，打造民俗文化产品物流中心，为民俗文化交易提供仓储、保险和物流平台，使之成为中国最大的民俗文化产品集散地。其具体项目内容包括：

建设民俗文化产品物流的公共服务平台。与金融机构和物流企业合作，建设集仓储、保管、托管和运输等一条龙的服务中心。

以××民俗文化产品物流中心为核心基地，通过连锁经营的方式在全国乃至世界打造若干个民俗文化物流区域中心。

（八）民俗文化人才培养中心

以民俗文化人才培训为基础，结合文化教育机构的经营活动，提升相关领域继续教育的水平和民俗文化培训教育的产业规模。其具体项目内容包括：

民俗文化经营人才培训基地。以提升民俗文化人才的综合素质和经营能力为目标，举办民俗文化经营人才的各类培训，包括与国内合作办学的高端培训。也可以请一些专家、学者及能人大师举办学术讲座，进行短期培训。

香包经营培训中心。提升香包经营者的经营理念和经营能力，尤其是结合如何开发民俗文化大师价值，系统化、规模化地培训香包企业经营者。既培养香包设计、生产人才，也培养香包产品的市场营销人才及企业管理人才。

中国涉外人员民俗文化培训基地。与有关部委和涉外机构合作,对中国涉外人员开展中外文化、民俗文化和民俗文化交流的培训,同时对到中国的国外人士开展中国文化、民俗文化和民俗文化交流的培训。

香包与民俗文化人才经纪服务。由园区公司参与投资或者与其中最大香包企业的合作经营,从事和推广规范的民俗文化经纪服务。

挖掘民间的"刺绣能手""刺绣大师",让她们(他们)口传心授,广带徒弟,培养人才。在职业中学开设香包刺绣专业,吸纳一些初中毕业生,解决香包刺绣人才断档,后继乏人的问题。

每年举办3期民俗文化培训班,每月举办1期香包生产培训班,全年培训2000人以上。开设××民俗工艺美术专业,常年招生,每年培训600人以上。五年内,使园区从事香包民俗文化产业人员达到1万人以上,市级以上的民间工艺美术大师突破100人。

(九)民俗文化产业论坛

作为园区的配套活动,以及作为提升民俗文化经营者水平的配套服务,需要举办若干个专业化、高水平的民俗文化和民俗文化经营论坛。其具体项目内容包括:

××民俗文化产业投融资论坛。举办一个具有最高水平的专业性民俗文化产业投融资与资本运作论坛,帮助民俗文化经营企业与资本对接。举办民俗文化产业投资论坛,作为中国民俗文化节的配套服务项目,促进资本对××民俗文化的投资与经营。

民俗文化产业行业协会年会。与相关行业协会合作,每年举办若干个民俗文化类行业协会的年会,以及其他民俗文化类行业协会的大型论坛。

民俗文化与城市发展论坛。举办旨在推进民俗文化与城市文化融合发展的相关论坛,探索民俗文化在塑造城市个性方面的作用和规律,促进民俗文化经营与城市管理的和谐互动发展。

(十)民俗文化体验基地

以促进民俗文化体验和公益性民俗文化活动交流为宗旨,开展各类包括家庭、青少年和大众民俗文化体验与教育的活动,促进民俗文化公益性赞助活动的开展。其具体项目内容包括:

民俗数字创新体验馆。除了进行对一些民俗资源进行数字化创新改造，成为喜闻乐见的娱乐项目之外，同时成为××各个城市和民俗文化机构推介的民俗文化体验中心。

美学与民俗文化大讲堂。邀请在美学、民俗文化鉴赏等方面具有一定造诣的文化学者和民俗文化大师，每周举办一期美学与民俗文化公众大讲堂。该大讲堂可以与中央四套、××卫视等合作，制作成电视节目免费播放。

大众民俗文化展。举办不同群体和职业的业余民俗文化大师的专题收藏、创作展，促进民俗文化普及和提高的互动发展。定期举办青年、少年、儿童的香包、剪纸、泥塑创作大展，设立民俗文化优胜者奖学金，为民俗文化人才创造成长的平台。

民俗文化收藏大讲堂。为收藏爱好者定期举办不同门类民俗文化收藏的各类讲座，满足收藏爱好者求知和提升的需要。

品牌企业赞助民俗文化大师专题活动。设立冠名赞助的展示专区，为部分大企业和银行赞助民俗文化大师作品展提供展示空间和推介活动。

其他民俗文化设计及创作大奖赛。举办各类专题化的现场创作交流活动、笔会和具有奖励性质的创作活动等，广泛集聚人气，多渠道提高公众的参与度。

（十一）大型影视娱乐中心

提供娱乐配套设施，包括建设一个民俗数字文化体验馆，一个含一个多厅影城、卡拉OK厅和一个剧场等的娱乐中心，能够提供各种娱乐服务。

民俗数字文化体验馆。把丝路故事做成数字教育和体验产品，使游客在园区充分领略和感受××地区独有的丝路文化。将丝路文化与旅游体验始终紧密结合，使两者相得益彰，相互助推，共同发展，共同繁荣。

儿童娱乐场。建设一个参与性、体验性强的儿童娱乐场所，满足家长参与活动期间的儿童娱乐需求。

相关民俗文化的影视剧创作以及拍摄外景地。注重利用本土内容资源，大力发展电影电视和动漫等新兴文化产业。

（十二）企业总部基地

培育和吸引100家以上的民俗文化经营、民俗文化大师经纪和民俗文化产品生产等企业和机构入驻，成为××乃至全国民俗文化企业总部基地。其中，引

入 80 家左右的企业和机构入驻,重点引进的企业或机构包括:

民俗文化类企业总部基地。吸引 30 家左右的民俗文化企业设立总部,作为常驻办公场所和活动中枢。

香包类文化企业。吸引 40 家左右规范经营的香包企业入驻,形成香包民俗文化活动的凝聚和集聚效应。

民俗文化投资企业。吸引若干家民俗文化投资企业入驻,包括成立一家民俗文化基金,实现民俗文化企业和资本的合理有效对接。

民俗文化传媒企业。吸引民俗文化传媒企业入驻或者在园区设立办事机构,增强各类活动传播的时效性。

民俗文化培训企业。吸引 10 家左右的各类民俗文化培训、民俗文化人才培训企业入驻,实施前述各类相关培训服务。

(十三)民俗文化延伸服务项目

园区所拥有的民俗文化展览、交易推介活动、娱乐和综合配套服务设施等,可以延伸作为各类会议的可嫁接资源,并通过会议、推介、培训和各类活动,形成具有较大规模的文化旅游项目,以延长产业链的方式,促进民俗文化产品的开发与经营。其具体项目内容包括:

各类民俗文化大师展览和推广活动。与经营公司、民俗文化大师合作,每年举办 100 场以上的展览、推介和媒体交流活动。

城市民俗文化与城市形象推广活动。与城市合作,每年举办 10 场左右的城市形象和城市代表性民俗文化门类的推介和招商等活动。

吸引各类会议入驻并举办常年性多种各类会议。以丰富的民俗文化展示、推介和体验环境为平台,吸引各类会议、论坛举办单位,每年举办 50 场以上的会议。

海外学生民俗文化交流。与涉外文化机构合作,每年举办若干次吸引海外学生参加的民俗文化交流活动。

选秀服务。与媒体合作,承办各类与影视、音乐和形象大使选拔有关的选秀服务。

各类民俗文化名人堂选举及其他服务。设立几个专题的民俗文化名人堂,举办网络和其他媒体的名人堂推荐活动,并举办名人专题展示活动。

相关节庆活动。充分利用传统和现代的节日资源,举办各类专题节庆活动,其中包括每年暑期的啤酒节等活动。

自办和租借场地的节庆活动、发布活动和展示活动。每年举办60场次左右的活动,包括新红歌发布、电影试映、汽车新产品发布和企业LOGO展示发布等各类活动。

民俗文化庙会。在春节期间举办具有体验特色的民俗文化庙会,主要是针对青少年的、大众化鉴赏娱乐的庙会。

民俗文化婚庆等活动。提供相关的婚庆服务,吸引各类婚庆活动的举办。

文化民俗文化鉴赏体验旅游。与各类旅行社合作,开展民俗文化旅游专项服务。

民俗文化授权服务。知识产权拥有者授权自身或者第三方开发民俗文化形象和民俗文化的再利用和其他利用,如限量复制、形象使用、连锁经营和延伸产品开发等。

民俗文化复制服务。吸引企业开展部分门类的民俗文化复制服务,包括定制化的复制服务等。

高仿真文物复制交易服务。吸引企业特别是拥有授权资格的企业从事高仿真文物复制品的交易。

博物馆限量复制服务。与海内外的博物馆合作,开展文物限量复制品的销售服务。

民俗文化类创作活动的用品和用具。吸引相关企业入驻,形成民俗文化活动用品的批发交易中心。

活动支持服务设备。吸引活动支持设备如民俗文化多媒体展示设备和民俗文化鉴赏设备企业等入驻园区。

活动布置服务。吸引一批民俗文化策展和活动组织的企业入驻,参与开展各类民俗文化交流和推介、展销等活动。

(十四)文化传媒服务平台

传媒服务是民俗文化产业园区重要的园区平台,也是吸引企业入驻和举办各类推介活动的枢纽。文化传媒服务平台应当提供包括园区的传媒服务和其他传媒机构的服务。其具体项目内容包括:

民俗文化传媒基地。集聚民俗文化传媒企业和代表处,将民俗文化产业园区打造成为××民俗文化传媒基地,包括民俗文化传播基地和民俗文化传媒产业基地两大部分。

民俗文化传播基地。开展类型多样的民俗文化经营和民俗文化大师的媒体推介与传播,包括与有关电视台和互联网合作,制作民俗文化大师和民俗文化鉴赏等节目。

民俗文化官方网站。将民俗文化产业园区的官方网站打造成为权威的民俗文化媒体,并与其他有影响力的网站合作,进行专题报道和媒体推广。

民俗文化交易网。吸引多个民俗文化交易网和民俗文化大师网站入驻园区,成为与数字文化产业结合的民俗文化产业通路。

基地二级网。在民俗文化产业园区官方网站下设民俗文化大师博客网和各种专题网站,实现专业化的新媒体服务。

多媒体民俗文化节目制作基地。为入驻园区的民俗文化机构定制多媒体民俗文化传播节目。

广告服务。吸引广告企业入驻,开展各类广告经营,含民俗文化媒体、其他媒体的广告经营和园区总体的广告经营。

企业品牌形象设计民俗文化展示基地。建立企业品牌推介中心,打造企业品牌与企业形象展示与传播中心。

(十五)演艺中心

打造一个综合性的夜间娱乐中心,包括若干个项目组成的娱乐活动,以满足参与活动的顾客和吸引旅游者在××住宿,提升综合旅游收入水平。其具体项目内容包括:

夜间娱乐民俗文化表演。包括一台大型演出和一个大型综艺演出酒吧等,吸引客户或游客夜间消费。

民俗文化演艺大舞台。将传统与现代相结合,对民俗文化中的民歌、道情、传统婚嫁礼俗与现代旅游中的游客参与活动结合起来,并把××特有的文化产品如《荷花舞》《五蝠皮鼓》等作为文化元素的一部分进行开发,纳入演艺产品中。

民俗文化酒吧。吸引若干家民俗文化酒吧入驻,包括音乐酒吧和民俗文化特性突出的交流酒吧。

(十六) 其他商业配套服务设施

建设完备的商业配套设施,实现园区内吃、住、行、购、娱、游的一条龙配套服务体系和产业链。其具体项目内容包括:

两个民俗文化商务型酒店。分别建设中高端消费者的高级客房和商务客房,满足不同层次人群的住宿需求。

一个培训公寓。为民俗文化产业园区的各类民俗文化培训学员提供类似大学生宿舍的大型公寓,其中包括少数条件较好的单间公寓和两居室公寓(陪伴学生的家长住宿公寓)。

一个会展中心。除了酒店的会议场所和民俗文化展示中心的会议场所之外,建设一家提供展览、会议服务的大型高端场所。

一个时尚购物商业中心。引进并建设一家时尚购物商业中心,该中心经营时尚产品和高端产品。

一个餐饮中心和多个咖啡厅、茶座。建设一个具有民俗文化体验特色(如水色音乐为体验和景观)的餐饮中心和休闲茶座中心。

六、民俗文化交易中心与国际民俗文化博览会

鉴于目前国内尚缺乏规模化的民俗文化交易的平台,通过打造××民俗文化交易中心,提升××民俗文化产业的地位,实现民俗文化产业规模经营效益,使之成为在全国最有影响力的民俗文化交易平台。

(一) 中国·××民俗文化交易中心

1. 基本定位

打造××民俗文化交易中心,作为民俗文化产业园区常设经营项目和常年性的交易中心,并且作为园区的核心项目和××民俗文化产业交易平台,成为全国最大的民俗文化交易基地,推动××民俗文化发展和民俗文化的走出去。

建成一个××乃至西部最大的民俗文化交易中心,年交易额在10亿元人民币以上。培育2家左右的上市企业,包括一家民俗文化生产企业、一家民俗文化交易服务(含培训等各类服务)企业。

2. 交易形态

该中心交易活动包括在场交易、批发交易、国内外民俗文化贸易和网络电子

商务等各种形式。

举办各类专题性的民俗文化类展销,展销内容包括香包、皮影、剪纸、石刻、泥塑、刺绣工艺品等。

常年性质的在场民俗文化集聚、展示、交易、批发、拍卖交易。

民俗文化产品的在线交易等形态。

民俗文化私人收藏的常年展示和交易。

民俗文化交易中心的经营主体分别经营不同的产品,每一类产品的经营单位仅限一家,以避免相互之间进行恶性竞争。

3. 交易场所

建设会展交易综合展销厅,总建筑面积在1万平方米左右,低层为驻场经营店面,高层为展示交易空间。

该建筑的展示空间在××香包民俗文化节期间作为联动使用的展厅。

4. 公共服务平台

公共服务平台既是民俗文化产业园区的公益性服务平台,也是民俗文化产业园区的实现全产业链经营的基本服务载体。通过构建公共服务平台,既可以创造民俗文化产业的规模效益,提升民俗文化产业服务业的水平,也可以开创民俗文化产业集聚发展新模式。

民俗文化公共服务平台包括交易、物流平台;信息发布与活动交流平台;传媒平台;民俗文化公共教育服务平台等四个方面。其中,民俗文化教育公共服务平台以青少年的民俗文化教育和家庭民俗文化教育为主。

平台服务的对象包括民俗文化大师、收藏家、经营性质的企业、城市(地方政府和企业、个人结合的展示活动)以及文化走出去的有关政府机构等。

(二)中国·××国际民俗文化博览会

以园区作为主会场,将"××香包民俗文化节"提升为"中国·××国际民俗文化博览会",促进××民俗文化的走出去和民俗文化交流。

1. 基本定位

该博览会作为"民俗文化交易中心"的核心项目。

打造一个××乃至西部最大的民俗文化展示展览与交易活动平台,促进××民俗文化的贸易和民俗文化经营者的交易和交流,培育一家民俗文化贸易交流的上市企业。

2. 交易形态

举办 30 天左右的民俗文化展览展示活动,期间也包括举办贸易和交易的签约等活动。

常年举办各类专题民俗文化展示交易,如香包、剪纸、泥塑民俗文化展示活动,博物馆收藏品的复制品展销活动等。

联合举办跨省的各类民俗文化展。

3. 论坛与信息发布

节庆期间,举办多场民俗文化投资论坛和民俗文化人才经纪论坛等交流活动。

聘请或成立专门的学术团队,进行民俗文化产业信息收集、整理、研究和分析,在节庆期间,同时发布《中国民俗文化产业发展报告》和《××民俗文化产业发展报告》。

4. 展示展览场所

建设一个独立建筑,作为会展交易综合展厅使用,总建筑面积在 1 万平方米左右,平时作为民俗文化展览和各种展会活动使用。该建筑的展示空间在香包民俗文化节期间作为节庆使用的主要展厅,是该产业园区的地标性建筑体之一。

节庆期间的展示场所包括民俗文化产业研发中心部分,民俗文化交易中心部分主场馆,数字体验馆等主要部分。

七、园区的运营、招商与营销

园区的发展应突出产业平台支撑建设和龙头企业的作用,包括打造 1 个大型民俗文化产业服务平台(含多个公共服务支撑平台),通过 4 个左右的龙头企业来整体推进产业集聚和经营,并发挥孵化和促进产业配套建设的功能,进而提升入驻园区企业的竞争力。

(一)园区经营模式和商业模式

以打造公共服务平台为基础,通过发挥平台联动效应来实现园区的核心竞争力,实现全产业链各个价值链的价值最大化。通过设计—生产—经纪—媒体传播—鉴赏—购买—抵押贷款—再投资—拍卖—存储—运输—再交易等服务,扩大各个经营环节的交易,提供全方位的服务,并形成更大规模的民俗文化交易集聚效应。

成立园区投资管理公司,该公司可以政府独资,也可以跟开发商合作。但如果跟开发商合作有可能就不会给入园的企业有很多优惠,该公司做园区的开发与管理,如做公共服务和推广即包括做平台服务营销整合推广市场服务,还包括培训收入,用来再投资支持园区企业发展。

按自愿原则,企业可以承建园区内的一部分项目的建设或者投资。园区投资管理公司把地卖给承建企业。要求只能用于企业办公,最好让企业全部搬过来,进入园区。

园区投资管理公司参股一家股份制公司,园区的一部分好处放到股份制公司里面,主要做各种资源的整合和优化配置。

园区投资管理公司将孵化10家左右具有较好成长性的民俗文化企业和媒体企业,并通过平台服务和管理,促进企业健康发展。以几家外部企业为主要投资者,募集产业投资基金。

园区投资管理公司重点打造2家左右的龙头企业。2家龙头企业包括一家民俗文化产品生产企业,一家民俗文化交易服务(交易服务提供商,含培训和各类服务)企业。

园区的龙头企业需要进行二次规划,包括投资、发展战略和商业模式的可操作性规划。

公司加农户模式。以民俗文化生产公司为龙头,集研发、设计、生产、收购、销售于一体,实行规范定型,订单作业,农户加工,批量生产,逐步形成专业化、产业化、产销一体化的发展格局。重点扶持培养1—2个年销售额在5000万元以上的龙头企业,组建1个香包集团公司,带动香包民俗文化产业全面走上市场化营销轨道。在公司的引导推动下,乡镇、街道办积极组建、扩建1—2个民俗文化产品生产基地,作为集团公司的产品生产基地,协调统领本乡镇、街办的香包生产及销售工作。

团体会展模式。由政府及园区龙头公司牵头,组织参加国内大城市及港、澳、台举办的各种民俗文化博览会。龙头公司构成力量的核心,将生产展销系统化,将不同门类的民间民俗文化品系列化。

(二）园区招商

以品牌先行理念为指导,在园区规划获得批准后,即开始进行宣传推介,以宣传带动招商和营销。在专业化领域的营销方面与有关研究机构和行业协会合作,召开发布会和研讨会等扩大影响。

园区的招商以合作开发伙伴的招商为主体,应当在规划完成后开始与合作企业沟通并确立主体合作项目。

园区的招商必须注重内容活动项目的开发合作,通过活动的举办持续增强人气。

园区应当保障品牌的持续推广。在建设和招商完成后,借助活动项目的传播进行可持续推广计划。

园区的平台服务、民俗文化生产和交易服务是园区吸引各界商务人士和民俗文化大师的主要亮点,应当做好合作与服务的相关工作。

(三）园区营销

"十二五"期间,着力实施发展香包民俗文化产业的"三个十"工程。即结合常规宣传,由龙头企业在全国举办十次宣传推介活动,参加十次国内外大型节会,突破单一销售模式,建立十大香包民俗文化产品的销售网络。

充分利用各地组织的国家级民俗文化节、民族民间民俗文化博览会等节会契机,组织××民俗文化品参会,扩大××民俗文化产品在全国的影响,提高知名度,开拓民俗文化产品的市场。

建立批发市场,通过代理商、代理点,使××香包有一个统一、集中的区内中转站,便于产品汇集和外销输出。

利用××内外、××省内外、国内外文化民俗文化名人和团体,架起××民俗通向外界的桥梁,推动××民俗产业的发展。

建立一支相对稳定的营销队伍,通过通畅的销售渠道带动××民俗文化产品生产。

建立多层次的专业销售公司,把产品和市场连接起来。

聚集人才,既要笼络有审美眼光、营销经验、开拓意识的营销人才,又要吸纳热爱民间工艺的设计、生产人才。

依托旅游接待和文化部门,收购香包中的精品,建立一个上品位、上档次的专门展馆,对内树样板,对外搞宣传,吸引客户和游人。

(四)园区品牌打造

积极实施品牌和名牌战略,切实实现产销的规范化和市场化。在"中国香道"的大品牌下,注册××香包民俗文化产品十大品牌,扩大生产、主导销售,形成香包民俗文化产业的主导产品。此外,基于产业发展和品牌经营的需要,园区将申请并争取获得以下有关机构支持的国家级各类基地和示范基地(园区)等称号或者政策支持。

××省以及西部地区民俗文化产业园区。包括原创民俗文化、民俗文化教育、民俗文化鉴赏、民俗文化传媒集聚、民俗文化产业、民俗文化公共服务平台、民俗文化交流和民俗文化交易、××民俗文化走出去基地等构成体系化的项目支撑。

文化部国家级文化产业(民俗文化产业)示范园区。争取打造国内首个民俗文化产业为核心的国家文化产业示范园区;若干企业成为文化部国家文化产业示范基地。

文化部中国文化产业走出去基地、团中央青少年民俗文化实训与教育基地、境外民俗文化交流基地、文化部非物质文化遗产民俗文化传承基地。

八、园区的空间布局

园区的空间布局要求各个建筑体之间体现整体性、民俗性、实用性等特点,在配套建设方面重视停车场足够的停车位和公共休闲环境的配套。

(一)主要硬件设施

以产业经营为核心,以会展交易、民俗文化产品研发推广、文化旅游服务为重点,建设相关硬件基础设施。园区的主要硬件设施包括以下几个部分:

一栋民俗文化产业研发中心;

一栋培训大楼,包括培训刺绣,香包农家培训等,可以跟××大学等合作;

一栋中华香道馆,包括工艺美术,香道的体验;

一个会展中心;

一栋餐饮中心,连接会展中心;

一栋商务型酒店,作为商业配套,包括高档房间,经济房间等;

一个物流中心;

一栋演艺中心；

一栋红色数字体验馆；

一栋培训人员的公寓；

一栋销售中心，包括高中端的民俗文化品展示销售；

一个广场，常年举办各种各样的活动；

两栋企业集聚大楼，包括园区公共服务平台，各类企业、协会入驻；

一个园区综合服务中心，主要负责环境卫生、园区绿化、设施维修等，可附设停车场、银行、邮局、公厕等功能。

（二）空间布局

园区在××新区，与先期所规划的××文化传媒中心连为一片。图12-2即为园区的整体空间布局。

园区土地呈长方形，中间由道路隔开。左边是广场，右边是会展中心，中间有个花式拱桥链接。

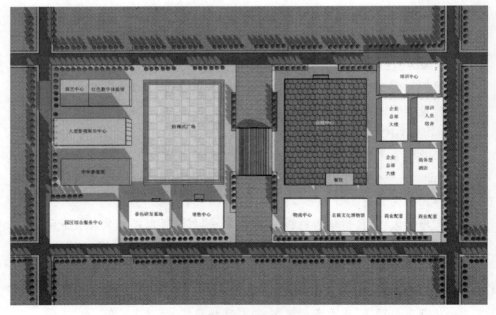

图12-2　空间布局示意图

大型影视中心,香道馆呈阶梯式建筑形状,由西向东依次向下,可供直接观赏广场使用。

园区建筑形态主体建筑外观形态应当成为××的标志性建筑,体现传统与现代的融合的建筑形态,体现民俗文化的特点。

建筑和环境体现绿色建筑的节能环保要求。

（三）功能分区

整个园区可分为若干功能区：

研发区：包括香包刺绣、皮影、剪纸、泥塑、服饰、雕刻民俗文化品创意设计研发,动漫影视创意设计研发等。

展演区：包括香包刺绣、皮影、剪纸、泥塑、服饰、雕刻工艺装饰品展演、书法作品展示、影像作品演示区、立体电影放映区,各种剧目展演、民俗风情演绎、欧洲风情街区,剧目排练厅、模特教练场。

生产区：包括香包刺绣、皮影、剪纸、泥塑、雕刻、特色服饰等各样品加工车间及半成品后修车间等,书画古玩工作室等。

销售区：包括香包、刺绣、皮影、剪纸、泥塑、服装批发销售区,古玩字画销售区、名品精品销售区,以及与之相关联的原辅材料、小商品、布匹批发销售区。

物流仓储区：包括各种原材料库、成品库、专业运输服务队等。

娱乐区：包括餐饮、住宿、接待,包括特色名吃制作品尝区。

生活区：包括酒店、培训楼,供各商户居住的商品住房若干套。

（四）建筑风格

园区建设在规划方面要尽可能有黄土高原地域特点,成为××的标志性建筑。建筑风格以古建或仿古建进行,有古街、古镇、古韵及园林氛围,点缀一些××历史名人铜像,及楼台亭阁和小桥流水等景点,绿化到位。

九、投资估算与效益分析

（一）投资估算

规划面积为300亩,新增项目预计总投资约为8亿人民币,分两期投资。第一期投资5亿余元。其中主要项目投资见表12-1：

表 12-1　投资估算表

序号	项目类别	投资额(万元)
(1)	民俗文化产业研发中心	5000
(2)	中华香道馆	6000
(3)	中国××民俗文化交流中心、民俗文化走出去基地	5000
(4)	演艺中心、民俗数字创新体验馆、数字丝路文化体验馆、大型影视中心等娱乐综合体	8000
(5)	民俗文化人才培养中心	5000
(6)	中国××民俗文化交易中心(会展中心)	8000
(7)	企业总部基地	6000
(8)	民俗文化产业公共服务平台	5000
(9)	大型超市、商务酒店、酒吧等	4600
(10)	中国××国际民俗文化博览会	每年 3000
(11)	中国民俗文化产业论坛	每年 1000

（二）建成以后的预计年经济效益（表12-2）

表 12-2　建成以后预计年经济效益表

序号	项目类别	年经济效益(万元)	备注
(1)	园区物业、会议展览、酒店实现营业收入	12000	民俗文化延伸服务、民俗文化活动配套产品与服务、商业配套服务、合作联动等
(2)	民俗文化产品交易服务收入	6000	常年线上线下各种民俗产品交易
(3)	教育培训、出版收入	5000	学费及综合消费 1 万/人×5000 人、教学软件销售等
(4)	民俗文化休闲旅游收入	10000	门票及综合消费 100 元/人×100 万人次
(5)	系列品牌授权经营	6000	特许经营权
(6)	其他相关产业链产品	8000	旅游纪念品、书籍、光碟、玩具、食品、服装、文具等

以上仅为初步估算,预计全部建成后年产值可达 4.7 亿元人民币以上,利税 0.8 亿人民币以上。

（三）投入与收益综合分析

园区土建及配套市政设施项目的总投入 6 亿元(不包括征地、拆迁及运营所产生的人力资源等其他费用),年收益 1.2 亿元;另外计入文化旅游产业链经营所产生的其他收入后,预计园区年收益可达 2.7 亿元以上,年平均收益率为 25%。投资回收期 5 年。

园区每年实现产值 4.7 亿元,其中,产业园物业、会议、酒店实现营业收入 1.2 亿元,文化企业实现营业收入 3.5 亿元。产业园所有企业平均实现每年营业额增长 18% 以上。

园区的建成还能实现相应的社会效益。项目建成后,一方面将扩大社会就业机会,预计将新增 5000 多个就业岗位;另一方面将带动社会其他产业的协同发展,形成共同进步的良好局面。

十、整体进度与近期工作

（一）整体进度

园区项目采取边投资、边招商、边建设、边生产、边创利的滚动发展模式,预计整个园区在 3 年内全面完成建设。

第一期(2013—2014),重点以建设文化产业园区的产业平台、研发基地、会展场馆、培训基地为主。

第二期(2014—2015),重点建设数字娱乐及其他相关产业链设施。

第三期(2016—2017),全面纳入集团化运作,政府重点在于加强监管,完善各类基础设施,提高硬件的利用率,对重点项目进行深度开发和延伸。

（二）近期工作

当前,建设××文化创意产业园所需要做的主要工作是:

1. 统一宣传、设计标识

（1）园区品牌形象理念的提炼与综合定位

在园区规划完成后,进行园区品牌形象理念的提炼,确定园区的形象定位。

（2）园区形象系统设计(CIS)与推广

采用面向社会公开征集的方式进行园区形象标志、旗帜、吉祥物的设计活动,通过电视、广播、报纸、互联网等媒体向社会广泛宣传此次征集活动,并跟踪报道征集、评选、发布的全过程,扩大园区的社会知名度和影响力。在园区徽标的基础上统一设计、规范园区的办公用品、礼品、员工服装、交通车辆车身标识、游讯系统和牌示系统等视觉识别系统(VI)。另外,明确、规范园区其他景区、企业等子品牌视觉形象。每个企业可以拥有各自相对独立的标志设计、宣传物设计、员工或讲解员服装设计、导视系统设计等VI设计,但设计风格必须和自身的经营内容相协调。

(3) 形成统一、功能完善的标识体系

建立交通标识系统、公共设施标识系统、环境标识系统、自助电子导游系统,形成统一、功能完善的标识体系。

2. 成立企业集团

由××政府推动,将现有国有资金、资源和部分土地入股,成立××文化产业投资控股集团。

3. 园区建设

由政府投资的基础设施建设,建成后再交由文化产业集团进行生产经营。

园区建设一定要和××的城市建设结合起来,主体建筑风格要遵循××历史文脉,着重体现其独特、古朴的民俗文化底蕴。

4. 业务开展

由园区文化产业集团负责园区产业的运作,各种项目、活动的开展,进行产业链的打造、经营活动等。在园区发展到一定阶段后,可以考虑一些经营项目的品牌推广及连锁扩张。

十一、保障措施与促进政策

(一) 搭建园区服务平台

以大部制改革为动力,促进文化、体育、旅游等资源的有效整合。出台《关于建设××民俗文化产业园的指导意见》及其配套政策,文化、旅游、体育等文化机构实现整合,建立部门之间有效整合机制。

成立一个文化产业园区运营公司,主导园区前期开发、项目投资、孵化中小文化企业、建立民俗文化产业公共服务平台。成立一个文化产业投资股份有限公司,通过资源整合、企业并购、资本运作等市场化运作手段,快速做强做大文化产业。

组建××文化产业发展促进中心,推动金融与文化产业对接,开展版权、创意等文化产权的评估。成立民俗艺术家协会和民俗艺术大师工作室。

加强园区内知识产权保护。对已进入公有领域的作品,如形态大致一样的香包、剪纸、刺绣、皮影等可由政府出面向互联网管理机构、商标局申请域名和商标保护。对已形成门派风格,具有典型民俗文化造型、特色的作品可申请版权保护。对于目前社会上大量涌现,可用于工业重复生产的且具有实用性的作品可申请外观设计和实用新型专利保护。

利用现代传媒手段,宣传推介园区。做一个园区的官方网站,链接各种现有民俗网站,及时准确反映××民俗文化产品和园区服务信息。开通园区官方博客、微博等。借助中央、省新闻媒体力量,广泛宣传推介××民俗文化资源、助推文化产品走出去项目。

实施精品带动和"走出去"战略。园区制定文化旅游产品推广计划,通过"走出去"的方式积极推进园区对外文化交流。积极组织参与国内外大型文化产品展示、贸易活动,面向国内外开展××民俗文化产品推介促销活动,着力构建文化产品的省际营销网络。

(二) 加大财政税收支持力度

用足用好国家、省、市出台的一系列扶持政策,把各项优惠政策落到实处。统筹使用好国家、省、市文化产业发展专项资金,通过贷款贴息、项目补贴等方式,逐年加大对文化产业项目的投入。

设立××"文化产业发展基金",并制定资金使用管理办法。2013年起,政府统筹安排800万元专项基金,支持文化产业的发展,以后逐年增加。文化产业发展基金主要采取贴息、奖励、资助等形式,建设公共服务平台、扶持重点项目、奖励优秀企业,支持文化创新,支持重大文化产业项目建设,支持文化产业基地、园区、特色文化街的发展,支持具有示范导向性文化产业项目的开发。极争取××省和××专项基金用于民俗文化产业园建设。

设立"××文化产业投资基金",加大对重大项目、重点企业的支持力度。文化产业投资基金原则上在文化产业专项资金基础上设立,进一步提高资金的利用效率。充分利用文化产业投资基金,使用贷款贴息等财政手段,与金融部门合作开发适用于文化产业需求的金融产品,改革和完善文化产业投融资体系。

创造条件支持各类文化企业通过直接上市、发行企业债券等形式进行直接融资。对成功上市的文化企业,政府给予一次性奖励。

各相关单位转制为企业后,执行下列税收优惠政策:按规定免征企业所得税;原有的增值税优惠政策继续执行;对在境外提供文化劳务取得的境外收入不征营业税,免征企业所得税;对生产重点文化产品进口所需要的自用设备及配套件、备件按照国家税法规定免征进口关税和进口环节增值税,对文化产品出口按规定享受出口退(免)税政策;对由财政部门拨付事业经费的文化单位转制为企业的,对其自用的房产、土地免征房产税、土地使用税。

争取入驻企业的税收优惠政策,或者部分退税。为入驻园区文化企业提供必要的资金支持,在贷款、税收、管理费等方面,予以一定的优惠和照顾。改善企业登记注册和园区物业等服务系统。

对政府鼓励的新办文化企业,自注册登记之日起,免征3年企业所得税;试点文化投资公司的核心企业对其成员企业100%投资控股的,经国家税务总局批准可合并缴纳企业所得税;对在境外提供文化劳务取得的境外收入不征收营业税、免征企业所得税;对生产重点文化产品进口所需要的自用设备及配套件、备件按照国家税法规定免征进口关税和进口环节增值税,文化产品出口按规定享受出口退(免)税政策。

对各单位承办的国际性、全国性会展活动,承办单位取得的广告收入,依法缴纳营业税,由税收入库地政府按一定比例给予补贴。对已转制为企业的经营性文化单位或各类文化企业,通过政府招标方式承担的公益性任务,财政视情况适当给予一次性补助。

文化企业以股权、期权等形式给予其高级管理人员的奖励,按现行税收政策规定在计征个人所得税时给予优惠。

加大置换和补贴力度。制定相关政策,把园区周边地产项目开发收益的80%以上用于补贴园区企业运营和发展。

(三)加强投融资体制创新

根据"谁投资,谁受益"的原则,鼓励和吸引更多社会力量、社会资金投入园区建设。对政府想办的、民营资本想投入的项目,放手让民营资本大量投入;对政府想办的、民营资本不想投的项目,制定优惠政策,引导民营资本投入;对政府一定要办的、单个民营资本投不起的项目,出台相应调控政策,整合民营资本集中投入。

鼓励、支持、引导社会资本以股份制、民营等形式,兴办民俗文化、演艺、娱乐、发行、会展、中介服务等文化企业,并享受同国有文化企业同等待遇。鼓励、支持社会资本在国家政策允许范围内,通过参股、控股、兼并、重组、收购等方式参与文化企业的改制。

进一步放宽市场准入领域和条件,鼓励、支持、引导非公有资本投资文化产业,具体办法按《国务院关于鼓励和引导民间投资健康发展的若干意见》(国发〔2010〕13号)执行。

积极引进外资投资文化产业,对外资投资领域,按《文化部、国家广电总局、国家新闻出版总署、国家发改委、商务部关于印发〈文化领域引进外资的若干意见〉的通知》(文办发〔2005〕19号)执行。

鼓励金融机构加大对文化企业的信贷支持。商业银行对符合信贷条件的文化企业,可在国家允许的贷款利率浮动幅度内给予一定的利率优惠。

实施文化产业招商引资政策。文化产业领域的招商引资按××招商引资优惠政策执行。对于涉及外来重大文化产业项目,通过一事一议、特事特办的方式,给予相关政策扶持。

对投资兴办文化企业,在政策许可范围内,减少行政审批环节,简化审批手续。办理工商登记注册时,实行专项服务,不得收取政策规定之外的任何附加费用。放宽文化投资注册资本条件。凡是来××投资创办生产性文化企业的,符合《公司法》规定,注册资本均可按法定最低限额执行。

(四)加强文化产业人才培养和引进

制定文化人才资源开发规划,实施引进和激励人才的优惠政策,安排必要的专项资金,加大人才培养和引进力度,尤其要加强本地化人才的培养。

对民俗文化人才提供支持。园区保护好现有高级民间民俗文化大师和技术骨干,给以一定的生活补贴、医疗服务等。建立健全文化人才培训、引进、选拔和激励机制,以拔尖的专门人才促进技术研发、产品创新和产业升级,以优秀的经营和管理人才推动文化产业快速发展,发挥好本地现有各类专业技术人才的作用,鼓励其以知识为股本参与文化企业的经营和管理。

采取合作培养、奖励、扶持补贴等多种形式,支持和鼓励与高校对接培养文化产业短缺人才。鼓励和支持在高等院校设立文化产业相关专业,重点培养高层次的文化创意研发设计、营销管理和经纪人才。加强在职培训,逐步建立教育培训和岗位实践相结合的文化创意人才培养机制。

鼓励、支持知名高等院校与文化企业创设人才培养、研发等基地,开展国际交流和培训,大力培养引进高级管理、经纪、创新等人才,聘用海内外高水平人才。

与××大学等深度合作,培养文化产业发展亟需的文化创意设计、专业技术、经营管理等人才。在职业学院开设刺绣专业,吸纳一些高中毕业生学刺绣,解决刺绣人才断档、后继乏人的问题。

有计划地选送一些民间美术专业工作者到专业美院、刺绣学院等高等院校学习深造,从而有更高层次的专业人才以加强对××香包刺绣品的挖掘、整理、提高,对香包、刺绣等民俗文化产业进行提升。

第三编　文化产业项目管理

　　文化产业项目管理处于项目具体运作、实施或执行阶段。它是项目策划的延续或延伸,是文化产业项目由潜在的方案转化为现实形态(或产品)的关键环节。本部分重点介绍和讨论文化产业项目管理的基本环节,其主要内容包括:文化产业项目管理的基本框架,文化产业项目的团队建设、进度控制、质量管理以及风险控制等。

第 13 章
文化产业项目管理概述

文化产业项目运作可以分为项目策划和项目管理两大阶段,项目管理主要是在已有项目策划方案和立项的基础上,对项目实施和执行过程的管理。

一、文化产业项目管理的特征和意义

文化产业项目作为一种创意创新活动普遍存在于文化生产活动中,现有的各种文化产业成果最初大都是通过项目的方式获得的。

(一)文化产业项目管理的基本特征

文化产业项目管理是根据已有的项目策划或规划以及立项要求,把各种产业要素和文化资源应用于项目,以实现项目的预期目标。其作用是合理而充分地利用时间、技术和人力,高效率地完成项目的预期任务。文化产业项目管理的基本特征表现在:

独特性。文化产业项目管理以知识产权和无形资产管理为主,它不同于一般的生产服务运营管理,也不同于常规的行政管理,它有自己独特的管理体系、方法和技术。

目的性。一切项目管理活动都是有指向的。文化产业项目管理是以文化市场或文化消费者为关注焦点,以实现项目利益相关者的要求和期望为目标。

集成性。文化产业项目管理的对象、资源、人员和方法等都要围绕项目总体目标的实现进行集成和整合。例如,一部影视剧成功与否,剧本要素、主创团队、制作水平、良好的播出渠道都十分重要,决定着项目的成败。它是一项系统工程,不仅需要专业的制作团队,还要有营销、策划以及各方面人才。

创新性。创新性一方面是指文化产业项目管理是对于创意资源整合的管理,其本身是一种创新活动,另一方面是指任何一个文化产业项目的管理都没有一成不变的模式和方法可供参考,大都要进行一种新的探索。

约束性。文化产业项目管理是一种综合管理,有严格的时间期限和费用、人力、物力约束。

(二)文化产业项目管理的意义

在文化产业项目运营中应用项目管理,能够更注重项目自身的特点和拥有更好的工作能见度,除了有其必要性和适用性以外,还有如下一些意义:

通过对项目过程进行科学的管理,在有效达成项目目标的基础上,降低项目组织的风险、成本,提高项目运作的效率和成功率,最大限度地提升项目顾客的体验价值、并使顾客满意。

对不同的工作任务可以根据其不同领域(部门)的特点改进协调和控制。

项目成员有较高的工作热情和较明确的目标任务,广泛的项目职责从而能够加速项目团队成员的成长,保证项目组织及参与项目人员的持续成功。

能够缩短文化产品开发时间,减少项目费用,提高利润率。

有利于文化企业进行知识产权积累和品牌沉淀等。

二、文化产业项目的过程管理

任何一个文化产业项目都需经历从开始到结束的时间过程,在这一过程中都要经历类似的几个阶段,即我们前面所说的项目生命周期。

(一)文化产业项目管理的阶段

以项目生命周期为基线,一般文化产业项目管理过程可以划分为四个重要阶段:项目的启动、项目的计划、项目的实施和控制、项目的收尾。每个项目在一个阶段完成后,进入下一阶段之前必须要顺利通过前面一个阶段的阶段关口控制,上一阶段控制关口提供的文件将是下一阶段的启动文件。

1. 项目的启动

一般意义上的项目启动是在招投标完成和项目立项合同签订之后。在文化产业项目管理过程中,启动阶段是正式开始一个新项目的过程。提出项目提案或者项目策划方案,并对项目提案进行必要的机遇与需求分析和识别,然后提出具体的项目建议书。在项目建议书或项目提案获得通过以后,需要进一步开展不同详细程度的项目可行性研究,最终做出项目是否立项或启动的决策。项目启动要将本阶段的关口控制文件或关口控制审批做好。

启动项目,必须了解运营主体(企业)组织内部在目前和未来主要业务发展方向,这些主要业务将影响使用什么相关文化资源和技术及相应的使用环境。启动项目的理由很多,但能够使项目成功的最合理的理由一定是为企业现有业务提供更好的运行平台,促进企业整体价值的提升。

2. 项目的计划

文化产业项目管理过程的核心是首先制定(基准)计划,然后按计划进行管理。在这一阶段中,项目运作团队要为已经决策要实施的项目编制各种各样的计划,如项目的进度计划、成本计划、质量计划、资源使用计划和集成计划等。同时,还需要进行必要的项目设计工作,以全面设计和界定项目的专项计划,如活动持续时间、质量和风险等,并得到相关各方的确认。

在项目管理过程中,计划的编制是最复杂的阶段,一般项目计划工作涉及九个项目管理知识领域(见后)。在计划编制的过程中,可看到后面各阶段的输出文件。计划的编制人员要有一定的工程经验,在计划制定出来后,项目的实施阶段将严格按照计划进行控制。今后的所有变更都将是因与计划不同而产生的,也就是说项目的变更控制将是参考计划阶段的文件而产生的。

3. 项目的实施和控制

项目实施阶段是占用大量资源的阶段,此阶段必须按照上一阶段制定的计划采取必要的活动,来完成计划阶段规定的目标和任务。在实施阶段中,项目经理应将项目按专业类别或按各部分完成的功能分成不同的子项目,由项目团队中的不同的成员来完成各个子项目及相应任务。在项目开始之前,项目经理一般向参加项目的成员发送《项目任务书》或岗位职责要求。《项目任务书》或岗位职责要求中规定了要完成的工作任务、进度、质量标准、基本规则等与项目有关的内容,还含有项目运营方负责人的联系方式及地址等。

在项目实施的同时,必须时时对项目进行控制。其具体包括:项目任务、范围、计划和要求的确认;项目控制标准的制定;定期与不定期的度量和报告项目的实际工作绩效;开展项目实施中的指挥、调度与组织和协调等工作;根据项目实际绩效和项目标准之间的差距采取纠偏措施等。随着项目不断地向前推进,项目的投入将越来越多,因此,每个阶段都要进行阶段性的审核或检查。

4. 项目的收尾

文化产业项目的收尾过程涉及整个项目的结束,需要通过项目的利益相关者对项目产品的正式接收,使项目井然有序地结束。项目收尾阶段的主要活动是整理所有项目产出物提交给项目承接单位,这期间包含所有可交付成果的完成,如项目开发出的文化产品、项目各阶段产生的文档、与项目有关的各种记录等。具体程序包括:初步确认项目已完成;由项目团队开展自我验收工作;由项目团队开展对外包合同等的验收;业主或客户全面验收;项目可交付成果的交付工作;各种文件及产权或所有权交付工作;必要优劣问题整理和总结工作。收尾阶段完成后项目将进入维护期。

一个项目的收尾是非常重要的,项目的收尾做得好,会给项目所有利益相关者一个善始善终的完整感觉。当然,项目的收尾阶段的结束标志将是《项目总结报告》,就是要对本项目有一个全面系统的总结,也是为今后的项目提供一个可以参考的有启发意义的案例。例如,一台演出完成后,除了客户验收外,最好公司内部再做一次相应的内部验收,这样一方面可以保证项目的成功率,另一方面也可以提高项目运行的效率,为以后其他的项目成功提供范本。

(二) 实现文化产业项目成功的管理环节

简单地说,项目的成功是在特定的时间内、特定的预算内,完成项目工作范围,并使客户满意。欲取得文化产业项目的成功,需要项目的全过程都需要有相对应的项目管理环节,一般包括:

清晰地定义项目目标。

把项目工作范围详细划分为工作包(第15章将展开分析)。

界定对应每一个工作包必须执行的具体活动。

以网络图的形式描绘活动,表明为实现项目各种活动之间的必要的次序和相互依赖性。

进行时间估计和资源配置。

为每项活动做成本预算。

估算项目进度计划及预算,以确定项目是否能在预定时间和既定资源条件下完成等。

可以说,以上列举的管理环节是从纵向考察项目的运作过程,这些要素需要放置到横向的管理要素中予以具体化,才能实现项目运作的成功。

三、文化产业项目的要素管理

一般来说,项目管理的基本要素包括范围、组织、质量、时间、成本、风险等。文化产业项目作为项目的一种,其管理必然也涉及这些基本要素,但是由于文化产业的特殊性,文化产业项目管理又有不同的侧重点。

(一)项目管理的基本要素

按照美国项目管理知识体系(PMBOK),现代项目全方位管理的知识领域(或功能)包括9个主要的方面:项目集成管理、项目范围管理、项目时间管理、项目成本管理、项目质量管理、项目人力资源管理、项目沟通管理、项目风险管理以及项目采购管理等。

项目集成管理。包括保证各种项目工作和项目的成功要素能够很好地协调与配合所需要的过程。项目集成管理是在项目进度、预算、风险和合同达到委托人要求的基准线的情况下对整体项目范围的管理,以在整个项目生命周期中满足或超越项目目标。

项目范围管理。项目范围是项目的最终可交付成果和产生该成果需要做的工作,它是制定项目计划的基础,以此形成其他相关子计划并综合成整个项目计划。项目范围管理是保证项目顺利完成所需要的所有过程,包括范围核准、范围规划、范围定义、范围变更控制和范围核实。

项目时间管理。又叫项目活动进度管理,是为确保项目按时完成所需要的过程。项目时间管理与项目性质、项目活动分析和控制等有关。

项目成本管理。又叫项目费用管理,是预测和管理项目成本,并确保项目在预算的约束条件下完成。项目成本管理是项目管理的核心目标之一,它包括在批准的预算内完成项目所需要的估算、预算和控制等全部过程。

项目质量管理。包括保证项目满足其目标要求所需的过程。项目质量管理是由优化的质量方针、组织结构、项目过程中的活动及相应的资源组成。质量管理理通过目标标准和过程,即在项目生命周期内持续使用质量计划、质量控制、质量保证和质量提高,最大限度地达到客户满意。

项目人力资源管理。项目人力资源管理的目的是最有效地使用涉及项目的人员,将每个成员和子项目组发展成为一个有凝聚力的项目组织,以适应项目生命周期中的变化,实现项目的预期目标。其主要工作包括决定在核心项目组和更广阔的组织矩阵中管理项目任务需要的人力资源,进行工作人员的招聘、选择、培训和开发等。

项目沟通管理。即在项目生命周期的所有阶段提供一个在人与人之间进行思想、信息和情感的链接方式。项目沟通管理确保通过正式的结构和步骤,及时和适当地对项目进行过程中产生的信息进行正确地收集、分发、储存和处理,并对非正式的沟通网络进行控制,以协助决策的制定和促进项目目标的实现。

项目风险管理。它既是与不确定性因素的识别、分析和应对有关的过程,也是使积极事件的结果最大化、消极事件的影响最小化的活动。项目风险管理是在审查计划和记录经验教训的活动中实现的。

项目采购管理。也叫项目获得管理,是有关从项目组织外部寻求获得商品和劳务的管理过程。项目采购管理涉及对与合同有关的活动,如知识产权和文化产品的定义、市场分析、投标过程、合同签订、合同的执行和合同的收尾等的管理。项目采购管理用项目最终过程契约方式体现。

（二）文化产业项目管理关注的侧重点

总体而言，整个文化产业项目管理体系，就是由以上四个阶段和九大要素构成的一个纵横交错的"网络"。进行文化产业项目管理，需要项目决策者和具体实施者很好把握这个"网络"上的纽结，统筹兼顾，合理安排，最大限度地创造项目的竞争优势，促进项目的整体价值最大化。

不过，根据文化产业自身的特点，人力资源、质量、成本、风险是文化产业项目成功的关键要素，而时间是其重要维度，因此我们在以下几章将参考和借鉴《项目管理知识体系指南》的框架，重点来分析项目人力资源管理、项目时间管理、项目质量管理、项目风险管理这四个领域，在分析这四者的过程中也适时讨论对项目成本的控制方法。受本书篇幅的限制，我们也只能截取其重点进行以面带体的分析。

第 14 章
文化产业项目人力资源管理

文化产业项目人力资源管理是根据项目的目标、项目活动进展情况和外部环境的变化,采取以人为本的方法,对项目团队成员的思想、心理和行为进行有效的引导,以充分发挥各自的积极性、主动性和创造性,以实现项目的最终目标。项目人力资源管理的基本内容包括项目组织结构的确定、项目团队建设和项目经理的确定等。

一、项目组织结构的确定

文化产业项目的组织结构十分强调创意群体的团队组合和促进项目的可持续成长。无疑,人才在文化产业项目可持续成长的构成中至关重要,如好的编剧人才、导演人才、运营人才是形成影视品牌的主角,是文化产品寻求可持续成长时最为关键的因素。

(一) 项目组织结构的类型

项目组织结构的基本类型有职能型、项目型、矩阵型、小组型结构等,它们各适应于不同性质或规模的项目。

1. 职能型组织结构

职能型组织结构,即创意创作、研发设计、营销、生产、推广促销、财务等职能部门作为承担任务的主体(见图 14-1)。这种组织结构适用于运作文化企业自我开发的业务性的文化产业项目,如影视文化产品开发、图书或游戏运营等。

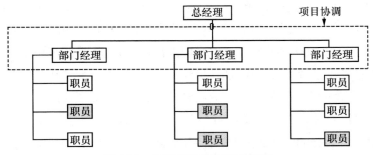

图 14-1　项目的职能型组织结构

职能型组织结构的优点是:

以职能部门作为承担项目任务的主体,可以充分发挥职能部门的资源集中优势,有利于保障项目需要资源的供给和项目可交付成果的质量。

职能部门内部的创意人才和技术专家可以同时被该部门承担的不同项目所使用,有利于节约人力,减少了人力资源的浪费。

同一职能部门内部的专业人员便于相互交流、相互支援,对创造性地解决技术问题很有帮助。

当有项目成员调离项目或离开公司,所属职能部门可以增派人员,保持项目的业务和技术连续性。

项目成员可以将完成项目和完成本部门的职能工作融为一体,可以减少因项目的临时性给项目成员带来的不确定性。

当然,职能型组织结构的缺点也很明显:

顾客利益和职能部门的利益常常发生冲突,职能部门经常会为本部门的利益而忽视顾客的需求。

当项目需要多个职能部门共同完成,或者一个职能部门内部有多个项目需要完成时,资源的分配和平衡就会出现问题。

当项目需要由多个部门共同完成时,权力分割不利于各职能部门之间的沟通交流、团结协作。

项目成员在行政上仍隶属于各职能部门的领导,项目经理相当于虚拟领导,对项目成员没有完全的领导权。

2. 项目型组织结构

项目型组织结构是一种单目标的垂直组织方式(见图14-2)。项目型组织结构中的部门完全是按照项目需要进行设置的,每个项目都任命专职的项目经理。项目型组织对文化企业整体来说是职能部门,对企业外部来说享有相对独立的经营权,在其下设置项目部或者项目公司。一般来说,这种组织结构都把完成每个项目目标所需的全部资源完全划分给该项目,完全为该项目服务。项目经理具有高度独立性、对项目享有完全的领导权。因而这种组织结构适用于运作周期较长的、独立性较强的中型或大型的会展、演艺、影视、园区运营等文化产业项目。

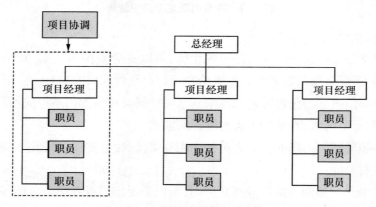

图14-2 项目的项目型组织结构

项目型组织结构的优点有:

项目型组织的目标单一,完全以项目为中心安排工作,能够对顾客的要求做出及时响应,有利于项目的顺利完成。

项目经理对项目可以全权负责,可以根据项目需要随意调动项目组织的内部资源或者外部资源。

项目经理对项目成员有完全的领导权,项目成员只对项目经理负责,避免了职能型项目组织结构下项目成员处于多重领导、无所适从的局面,项目经理是项目的真正、唯一的领导者。

组织结构简单,项目成员直接属于同一个部门,彼此之间的沟通交流简捷、快速,提高了沟通效率,同时也加快了决策速度。

项目型组织结构的缺点则表现在:

不同的项目组织,资源不能共享,即使某个项目的专用资源闲置,通常也无法应用于另一个同时进行的项目,人员、设施、设备可能会重复配置,造成一定程度的资源浪费。

公司里各个独立的项目型组织处于相对封闭的环境之中,公司的宏观政策、方针很难做到完全、真正的贯彻实施,可能会影响公司的长远发展。

在项目完成以后,项目型组织的使命即完成,项目成员有可能被解雇,对项目成员来说,缺乏一种事业上的连续性和安全感。

公司承担的项目之间处于一种条块分割状态,项目之间缺乏信息交流。

3. 矩阵型组织结构

矩阵型组织结构是在职能式组织的垂直层次上,叠加了项目式组织的水平结构。它是职能型组织结构和项目型组织结构的混合体,同时具有两者的特征。根据项目的需要,从不同的部门中选择合适的人员组成一个项目组或项目团队,项目结束后,项目组或项目团队也解体,然后各个成员再回到各自原来的部门去。这种组织结构具有相对灵活性,既可以用于规模较小、周期较短的文化产品开发项目,也可以用于规模较大、周期较长的文化产业运营项目。

根据组织的管理力度不同,矩阵型组织结构又分为弱矩阵型组织结构和强矩阵型组织结构,二者的主要区别是后者专设项目经理一职来协调管理,见图14-3、14-4。

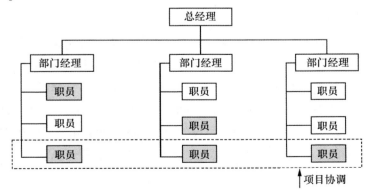

图14-3 项目的弱矩阵型组织结构

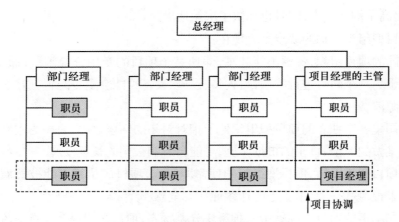

图14-4 项目的强矩阵型组织结构

矩阵型组织结构的优点有：

从总体上以项目为中心，由专门项目协调者负责整个项目。

公司的多个项目可以共享各个职能部门的资源。

既有利于项目目标的实现，也有利于公司目标方针的贯彻。

项目成员在事业稳定性上的顾虑减少。

矩阵型组织结构的缺点则是：

容易引起职能经理和项目经理权力的冲突。

资源共享也能引起项目之间的冲突和争夺。

项目成员有多头领导，有时会出现无所适从的情况。

4．小组型的结构形式

在文化产品创意开发项目中，通常采取人数较少的小组或小型团队的结构形式。一般是将人员划分为若干专门小组，每个小组负责一些具体专业任务，从而提高项目的专业水准和运行效率，如影视编剧组和导演组、图书编辑组和市场推广组等。选择小组型结构时，主要应考虑项目的专业化程度、需解决问题的难度、问题可以被分解和模块化的程度、对文化产品的质量和可靠性的要求、文化产品交付日期的紧迫性、项目所需要的交流的频繁程度等因素。

根据组织的张弛程度不同，小组型的结构形式可分为三类：

民主分散型。小组没有固定的领导，而是根据不同的任务来指定临时的任务协调员。决策由小组通过协商来共同制定,小组成员之间的沟通是水平的。

控制分散型。小组有一个固定的领导,来协调不同的任务。还设有若干二级管理者,负责子任务的完成。问题的解决仍然是集体行为,但解决方案的实现有小组领导划分给不同的成员或成员组。个人和成员组内部的交流是水平的,同时也存在沿着控制层次的垂直交流方式。

控制集中型。顶层的问题解决和小组内部协调由小组领导负责,小组领导和小组成员之间的交流通常是垂直的。

一般来说,集中式的小组结构能以较快的速度完成任务,适用于处理简单问题和比较单一的项目;分散式的小组结构能够产生更多、更好的解决方案,因此更适合于解决困难的问题和过程比较繁杂的项目。比如,民主分散型的小组容易产生更高的士气和工作满意度,因此适用于那种以创意人才为主体的团队;控制分散型的结构适用于解决那种可模块化程度较低的问题,因为解决这样的问题需要大量的交流和互动;如果需解决的问题可以被高度模块化,控制集中型和控制分散型小组型结构则比较适合。

(二) 项目组织结构的选择:以会展项目为例

会展项目组织是为完成会展项目而建立的组织,一般也称为会展项目班子、会展项目管理班子、会展项目组等。

1. 组织结构设置原则

目的性原则。会展项目都有明确目的、范围和效益指标。

精干高效原则。组织结构必须致力于和服务于会展活动高效运行。

会展项目组织与企业组织一体化原则。绝大多数专业化会展都是以企业为主体来运作,二者之间具有明确隶属和承接关系。

2. 项目组织结构的选择

会展项目组织结构类型有许多,常见的类型包括以上所说的小组型、职能型、项目型和矩阵型等。

小组型结构、职能型组织结构适用于项目规模较小、专业面相对较窄的小型专业会议或展览项目,如以创作研讨或技术攻关为重点的论坛、专业性展览等。

如果要完成一个大型的、综合性的、要求利用多个职能部门资源的会展项目,则可采用会展项目型(项目公司)组织结构,如文博会、航博会、大型论坛等。

如果一个会展项目经常有多个内容差别较大、技术复杂、要求利用多个职能部门资源时,比较适合选择项目型(项目公司)和矩阵型组织结构,如园博会、花博会、世博会等。

在矩阵型组织结构的运作中,会展项目团队成员既对职能经理负责,又对会展项目经理负责,这样会展项目团队组建经常变得很复杂。对这种双重汇报关系的有效管理经常是会展项目成功的关键因素,也是会展项目经理的重要责任。

二、项目团队建设

文化产业项目团队建设是项目组织通过招聘或其他方式获得项目所需人力资源,对其进行必要的培训,并根据他们的技能、素质、经验、知识等进行工作安排和配备,从而构建一个高效的项目组织或团队。项目团队建设需要考虑创意人才、研发人才、经纪人才、管理人才等的结构和比重,合理的团队组织结构,以及以人为本的文化建设等。

(一)团队成员管理计划

团队成员管理计划描述了项目团队包括的人员、他们什么时候以及如何加入团队和离开团队。例如,剧组就是一种典型的项目团队。作为一名影视制片人,他(或她)可能需要根据策划方案,决定由谁来完成故事的改编和编剧,由谁来执导,剧中重要角色由什么样的影星或者新人来出演,再加上各摄影、剧务、场记、服装、道具等专业人员,组建专门剧组。作为项目管理计划一部分,团队成员管理计划详细程度因项目性质和规模而异。

人员配备管理计划关键在于项目组织以合适的人做合适的事情。由于在项目工作中人员的需求可能不具有连续性或者不是很平衡,容易造成人力资源的浪费和用人成本的提高。例如,某影视产品开发项目现有20人,创意创作阶段可能仅需要5人;审核阶段可能需要一周的时间,但不需要项目组成员参与;拍摄生产阶段是高峰期,需要30人,但在市场测试阶段只需要8人。如果专门为高峰期提供30人,可能还需要另外招聘10人,会出现没有工作安排的状况。为了避免这种情况的发生,通常会采用资源平衡的方法,将部分工作提前和设计并行进行,在某部分的创意设计完成后立即进行评审,而不需要等到所有产品创作工作完成后再评审和编码。这样会更利于降低项目的综合成本,同时可以降低人员的闲置时间。

(二)项目团队成员的配备

1. 项目成员配备的原则

在对项目成员配备时,一般需考虑以下原则:

人员配备必须要为项目目标服务。项目角色和职责在项目管理中必须明确,否则容易造成同一项工作没人负责,最终影响项目目标的实现。为了使每项工作能够顺利进行,就必须将每项工作分配到具体的个人(或小组),明确不同的个人在这项工作中的职责,而且每项工作只能有唯一的负责人。同时由于角色和职责可能随时间而变化,在结果中也需要明确这层关系。

以岗定员,保证人员配备的效率。充分利用人力资源,不能以人定岗。或者从公司各部门抽调相关的人员,在短期组成一个团队完成项目;或者是通过临时的招聘,聚集一些相应的专业人员来完成项目的开发和生产。当然,多数文化企业都有磨合过一段时间的专业项目团队。

留出适量备用人员。项目不同阶段所需人力资源种类、数量不同,要安排较小比例的弹性工作人员,根据项目的需要加入或退出。

以适用为佳。团队必须是在既定投资总额的基础上确定,寻找一个最佳的组合,而不可能不着边际地追求全是一流人才。例如,一部投资 1000 万元人民币以下的小成本电影,不可能用太多的名角和身价过高的国际大牌导演,而是要通过较合理的人员组合,来形成投入产出效益的最大化。

2. 岗位角色和素质要求

一个文化产业项目的创作和运营需要许多专业人员。项目团队中常见的岗位角色包括项目经理、艺术总监、创意专家、技术专家、数据库管理员、市场营销人员等。例如,单就演艺项目而言,项目团队可能包括剧本作家、艺术总监、制作经理、技术总监、舞台设计、舞蹈设计、灯光设计、灯光操作、音响设计、视频设计、视频操作、前台管理、场地管理等。不同的人员,其素质也有不同要求。

当然,对于项目团队成员也有通用素质的要求。例如,会展项目管理团队成员应遵守"会展职业行为规范",对会展项目背景进行理解、研究,具备会展项目管理知识体系与技能,掌握和处理好人际关系的沟通技能等。

3. 人员募集

人员募集需要根据人员配备管理计划以及组织当前的人员情况和招聘的惯例来进行。项目中有些人员是在项目管理计划前就明确下来的,但有些人员需要和组织进行谈判才能够获得,特别是对于一些短缺或特殊的资源(如制片人、影视明星、演艺明星、知名创意策划人、学术指导等),可能每个项目组中都希望得到,如何使你的项目组能够顺利得到,就需要通过谈判来实现。组织内部谈判的对象可能包括艺术总监、营销总监和其他项目组的成员。另外,有些人员可能组织中没有或无法提供,这种情况下就需要通过招聘来获得。

例如,一部电影项目特点越突出,它的技能分工要求就越细致,任何两个项目所需工作投入重复的可能性就越小。一部电影的拍摄要有它的故事来源,有些素材可能本身是以剧本的形式编写的,有时也可能源于其他艺术形式。电影项目承办商首先要获得该故事的版权,然后再为项目签订融资协议,并雇佣主要剧组人员——导演和主要演员。[①]

(三)设定标准和人员培训

1. 设定标准和责任

为项目的进行设定标准,就是分析每个步骤和环节所需要的资源、相关的人员配备和分工,对工作分解形成任务、子任务、工作任务包等各个层级,确定每个环节需要达到的绩效、成本、进度等方面的目标,以及每个环节和层次的分工和责任。

为项目设定标准和责任最常用的方式是制作责任分配矩阵(Responsibility Assignment Matrix,见图14-5),它是用来对项目团队成员进行分工,明确其角色与职责的有效工具。对于大型文化产业项目,可在不同层次上编制职责分配明细。

---

① 〔美〕凯夫斯:《创意产业经济学——艺术的商业之道》,孙绯等译,新华出版社2004年版,第99页。

第14章　文化产业项目人力资源管理

OBS units \ WBS activities	1.1.1	1.1.2	1.1.3	1.1.4	1.1.5	1.1.6	1.1.7	1.1.8
Systems Engineering	R	RP					R	
Software Development			RP					
Hardware Development				RP				
Test Engineering	P							
Quality Assurance					RP			
Configuration Management						RP		
Integrated Logistics Support							P	
Training								RP

R=Responsible organizational unit
P=Performing organizational unit

图 14-5　项目的责任分配矩阵①

2. 团队成员的培训

项目人力资源管理的核心任务是培训。通过对团队成员的培训,可以提高项目团队的综合素质、工作技能和技术水平,同时有助于提高项目成员的工作满意度,降低项目人员的流动比例和人力资源管理成本。

培训是旨在提高项目团队运作技能的所有活动,需要建立项目团队培训机制。培训可以是正式的(如专题培训班、岗前培训等系统性培训)或非正式的(如师傅带徒弟在实践中学习和提高素质)。如果项目团队缺乏必要的管理技能或技术技能,那么这些技能必须作为项目的一部分被开发,或必须采取适当的措施为项目重新分配人员。

建立项目团队培训机制也是把培训作为解决人力资源需求不足、尽快培养项目发展所需紧缺人才的办法。良好的培训机制离不开科学的培训规划以及合理的控制制度。团队可以充分利用高等教育专业院校、各种社会辅助教育等形式来开展员工培训工作,既要注重培训的内容,又要注重培训的层次。同时项目组织也应根据自身的实际需要,制定多渠道、多形式的业内培训,以提高员工业务技能和敬业精神。培训费用通常由项目组织支付。

当然,针对项目的一次性和约束性(特别是时间和成本的制约)的特点,对

---

① 源自 PMIA, Guide to the Project Management Body of Knowledge, US: Project Management Inst, 2009, p. 88。

于团队成员的培训主要采取短期性的、片段式的、非正式的、针对性强、见效快的培训。因此,培训方式主要有两种:

岗前培训:对团队成员进行一些常识性的岗位知识和专业技能的培训,以便使所有项目参与者尽快上手。例如,出版项目团队要发展,就必须改变成员原有的守旧意识,通过强化培训等提高其知识水平和业务素质。培训内容应涵盖图书选题策划、市场营销、宣传推广、编辑策划、出版印制及相关法律等知识。

岗上培训:主要根据文化产品创作人员的工作特点,针对操作中可能出现的实际问题,进行特别的培训,多偏重专门技术和特殊技能的培训。在文化产业项目中比较普遍采用的方式是师傅带徒弟,边实践边学习。

(四)绩效评估与激励

项目团队是由项目成员组成的、为实现项目目标而协同工作的组织。项目团队工作是否有效是项目成功的关键因素,任何项目要获得成功就必须有一个有效的项目团队。而绩效评估与激励,是提高项目团队工作效率的最常用的方法。

1. 绩效评估

绩效评估是通过对项目团队成员工作业绩的评价,来反映成员的实际能力以及对某种工作职位的适应程度。它是对团队成员的工作表现、业务能力、实际效果的测量过程,即用制定的标准和责任来记录工作绩效,并将绩效评估结果反馈给成员的过程。

绩效评估关键是完善绩效评估标准,建立良性竞争机制,为人员成长和脱颖而出创造良好的环境。建立和完善以业绩为导向,以品德、知识、能力等主要要素为内容的评价考核体系,通过绩效评估工作,调动团队成员的积极性、主动性与创造性。团队成员的绩效评估程序一般包括:

建立项目业绩考核体系。

将业绩期望告知团队所有成员。

测量和评价实际业绩。

比较实际业绩和标准。

进行矫正和相应调整。

2. 团队成员的激励

激励实质上是一个通过外部引导行为来激发内部动机的过程。获得激励满足是人的一种心理需要，它能够发挥人力资源的最大潜能。团队成员的激励是运用有关心理学的理论和方法，对团队成员的需要予以满足或限制，从而激发其行为动机，激发团队成员充分发挥自己的潜能，为实现项目目标服务。

激励因素作为诱导一个人努力工作的因素或手段，包括物质激励、荣誉激励、情感激励、实现自我激励等。相应可参照的激励理论如马斯洛的需要层次理论、双因素理论、成就需要理论、期望理论、公平理论等。

3. 建立良性的激励机制

项目管理需要建立健全符合市场经济法则的团队激励机制。鼓励创意、知识、技术、管理和资本等生产要素参与收益分配，实现一流人才以一流业绩赢得一流报酬。逐步完善重实绩、重贡献、向优秀人才和关键岗位倾斜的分配机制，鼓励对项目做出突出贡献的创意人才、专业技术人才、经营管理人才和技能人才予以重奖。例如，电影项目里有着残酷的"二八定律"，即拍摄出来的电影只有20%的影片会赢利。按电影票房收入的分成方法，发行公司10%，院线50%，投资者40%，分账到投资者的平均每部不到300万元。这种状况实际上不利于调动原创者和投资方的积极性。好的项目团队激励机制，既可以充分调动现有团队成员的主动性和创造性，还可以吸引优秀创意者和专业拔尖人才参与到项目团队，使其他行业的优秀人才也可为我所用。

当然，作为项目团队建设和人力资源管理的重要组成部分，项目团队激励机制的建立和完善离不开企业整体人力资源管理系统的完善。例如，由于原来事业单位分配制度的惯性使然，很多出版企业在充分调动员工的积极性和主动性方面表现不佳，对出版项目的激励机制不能充分体现个人的贡献及业绩。在此情况下，很多出版行业的员工纷纷选择跳槽去其他待遇更好的行业，对于出版行业的人力资源造成了非常大的损失。因此，出版企业应制定出一套完备的激励制度，如采用多角度、多层次员工激励体系加强对员工的管理，其中包括精神激励与物质激励相结合、正向激励与反向激励相结合、短效激励与长效激励相结合。在竞争机制上，需要扩大内部的竞争空间，实行动态岗位制，打破编辑与非编辑人员的界限，将原先事业单位的"终身制"改为聘任制，公布选聘条件，公开选聘程序，向所有职工敞开大门，给广大职工施展身手提供均等的竞争机会。总之，建立新型的企业人力资源管理模式，使每一个出版项目逐步演化为企业的利润中心，可以在一定程度上降低企业运作成本从而增加企业的收益。

（五）团队成员沟通管理

项目团队建设一刻也离不开沟通管理。项目成员沟通管理的主要目标是及时并适当地创建、收集、发送、储存和处理项目的信息。

1. 项目沟通计划

项目沟通计划确定项目相关人员的信息和沟通需求，具体包括：谁需要什么信息，什么时候需要，怎样获得，选择的沟通模式，什么时候采用书面沟通和什么时候采用口头沟通等。沟通计划是整个项目管理计划的一个组成部分，应在项目的前期阶段完成。在项目进行过程中，要根据沟通需求随时对其进行检查和修订，以保证它的持续有效性和适用性。项目沟通计划的主要内容包括：

项目团队联系渠道，如项目团队会议安排、电子邮件地址、QQ 群等。

工作汇报方式，如明确表达项目组成员对项目经理或项目经理对上级和相关人员的工作汇报关系和汇报方式，明确汇报时间和汇报形式。

统一项目文件格式，如对于一个项目有统一的文件模板，并提供编写指南。

沟通计划维护人，如明确本计划在发生变化时，由谁进行修订，并对相关人员发送。

2. 项目沟通方式

项目沟通管理的基本原则是及时性、准确性、完整性、可理解性。根据这些基本原则，可以选择相应的具体沟通方式：

按传播媒介的方式，可划分为书面沟通、口头沟通、非语言沟通和电子媒介。

按组织系统，可分为正式沟通和非正式沟通。

按信息传播方向，可分为上行沟通、下行沟通、平行沟通和越级沟通。

从总体上说，项目沟通应以集中安排为主。集中安排是把项目团队集中在同一地点，以提高其团队运作效率。由于沟通在项目中的作用非常大，如果团队成员不在相同的地点办公，势必会影响沟通的有效进展，影响团队目标的实现。因此，集中安排被广泛用于项目管理中。例如，建立晨会和定期会议制度，设立一个会议室,项目成员可在规定时间和地点碰头进行相关信息的沟通交流。

在一些项目中,集中安排可能无法实现,这时可以采用安排频繁的面对面的小型会议、项目简报、电子邮件、**QQ** 群形式作为替代,以鼓励相互之间的交流。

3. 冲突管理

假如团队沟通不畅,就可能产生冲突。文化产业项目的高压环境、责任模糊、不同的艺术观点、利益的分配等都可能引起团队成员之间的冲突。比如,项目团队中的艺术家和项目营销总监之间,就经常会出现分歧和摩擦。因此,就需要相应的项目冲突管理应对之策。冲突管理通常有以下几种方法:

问题解决。即双方一起积极地定义问题,收集问题信息,开发并且分析解决方案,直到最后选择一个最合适的方法来解决问题。这是冲突管理中最有效、最可取的一种方法。

妥协。即冲突双方协商并且都做出一定程度的让步,寻找一种能使双方都可接受的方法。

求同存异。即冲突双方都关注他们同意的观点,而避免冲突的观点。对于艺术观点的分歧尤其要求同存异。

撤退。就是把眼前的问题搁置起来,等以后再解决。有时,时间本身就是最好的解决问题的办法。

强迫。为了整体项目进展和全局需要,在必要时,需要采用一方的观点,否定另一方的观点。当然,这意味着团队的分裂,所以一般不推荐这种方法。

(六)团队文化建设

文化产业项目必须具备比制造业项目更强的经营能力,也需要更富于魅力的团队文化。团队文化建设涉及很多方面的工作,如项目团队能力的建设、团队士气的激励、团队成员的合作意识和奉献精神等。

团队成员个人发展是项目团队建设的基础,团队文化建设应重视促进团队成员的成长,并把项目的目标和团队成员的个人目标统一起来。团队文化建设活动可以包括为提高团队运作水平而进行的管理和采用的专门的、重要的个别措施。例如,在计划过程中由非管理层的团队成员参加,或建立发现和处理冲突的基本准则;尽早明确项目团队的方向、目标和任务,同时为每个人明确其职责和角色；邀请团队成员积极参与解决问题和做出决策；积极放权，使成员进行自我管理和自我激励；增加项目团队成员的非工作沟通和交流的机会，如工作之余的聚会、郊游等，提高团队成员之间的了解和交流。这些措施作为一种间接效应，可能会提高团队的运作水平。团队文化建设没有一个确定的定式，主要是根据实际情况进行具体的分析和组织。关键是通过项目团队文化建设活动，为项目成员提供优良的工作环境、提供充分的发展空间和表现机会。

三、项目经理

项目经理是整个项目管理的核心人物，也是为项目的成功实施和执行负总责的人。因此，重视对项目经理的培养和管理是文化产业项目人力资源管理的关键环节。

（一）项目经理的职责

作为项目团队的直接领导者，项目经理首要职责是在预算范围内按时优质地领导项目小组完成全部项目工作内容，达到项目的预期目标，并使客户满意。项目经理的主要职责包括：

对项目范围内的各项活动做出合理的计划与安排，领导和参与项目执行计划的制订。

根据项目要求及工作情况，对设计团队的组织结构进行有效调整，定期评价组织成员，描述项目各主要人员的职责范围，确定团队管理制度。

指导项目团队，按项目操作流程开展项目工作，有清楚的行动方向。

建立及贯彻项目管理制度包括项目费用、沟通、文档等的管理，这些制度是项目过程中成员的共同工作准则。

独立审查项目团队操作流程及设计流程是否符合项目规范及适宜性。

（二）项目经理的素质和能力培养

1. 角色定位和能力要求

在文化产业项目运营过程中，团队建设的效果会对项目的成败起到很大的作用。特别是某些较小的文化产业项目,项目经理可能是由艺术家或文化人转换过来的,对于团队建设和一般管理技能掌握得不是很多,经常容易造成团队成员之间的关系紧张,最终影响项目的实施。这就更需要掌握更多的管理知识以适应项目管理的需要。

有清晰的角色意识。项目经理是项目运营的核心和灵魂,它是该项目运营的领导者、协调者、资源分配者、谈判者、危机管理者。作为项目经理,必须首先具有对项目负责和对项目团队负责的意识。

较强的分析解决问题能力。能够透过现象看本质,规划出执行步骤、具体对策和措施;项目经理除了分析项目可得到的利润外,还要分析该项目可能面临的环境,各种有利的和不利的因素。能够把遇到的问题、过程、解决方案,清晰地反馈给客户。

具有把握项目管理目标的能力。目标是项目为了达到预期成果所必须完成的各项指标的参照系。项目的目标有很多,但最核心的是质量目标、活动持续时间目标和成本目标。项目经理只有对这三大目标定位准确、合理才能使整个项目的管理有一个总方向,各项目工作也才能朝着这三大目标开展。同时,要制定准确、合理的目标(总目标和分目标)就必须熟悉合同提出的项目总目标、反映项目特征的有关资料,必须对团队实行内部分工和目标考核,建立起信息沟通的规则和渠道,建立相应的工作程序、激励和考核制度。

较强的精算能力。项目经理必须通过项目投入产出分析,写出详细的项目预算执行报告;能够掌握具体任务的成本、活动持续时间及进度;特别要分析如果资金不能及时到位,项目开发的内容与团队要如何处理。

需求变更控制技巧。做到项目成果与需求变更的双向跟踪,及时掌握各小组或者团队成员的项目进展和问题,并及时加以处理和解决。如果项目拖延时间过长,是否影响公司以后的业务发展等。

较强的综合调度技巧和能力。对项目各环节清楚,也能使别人清楚,还要合理合适地调度各类人力资源。

2. 某些具体领域的素质要求

以上是对项目经理一般素质和能力的分析。在不同文化产业项目具体运作中,对项目经理素质和能力的要求可能各有侧重。下面以动漫项目、会展项目和电影项目为例简要做一分析。

(1) 动漫项目经理

动漫项目经理需要具备动漫项目团队领导能力、经营能力,具体包括:

对动漫产品生产有基本的了解和修养。例如,动画电影制片人应深入了解动画电影的特性及相关知识,并了解它的制作流程。

对动漫行业的市场形势和竞争态势有深入的研究。了解市场趋势,深入研究观众心理,并能高瞻远瞩,成竹在胸地,准确地选择剧本、创意、导演、设计和组建团队,才有可能进入良性的资金运作和引领市场导向。

把握全局,以最经济的方法实现资源的最优配置。现在动漫产业项目最缺的就是整合资源,缺的是有效的、系统的、专业的管理。既注重原创,又重视市场运作,把握全局,以最经济的方法实现资源的最优配置。目前全国各地都有不少承接国外影片加工的动画公司,但由于没有原创、没有市场运作,终究无法成为独立的营利组织。

较强的管理能力和市场运作能力。善于顺势、借势和造势,从而为项目运营获得良好的市场开拓、充足的制作资金和良性的资金运转等。

较强的风险控制、进程控制的能力。特别是在政策、市场、技术、人员等方面出现突发事件时,如何保证动漫产品的开发和传播能够有效开展。

(2) 会展项目经理

会展项目经理需要具备会展项目经营和管理能力,具体包括:

会展项目管理的背景和经验。拥有相关会议和展览的组织管理经验,具有驾驭复杂局面的应对技巧。

会展项目经营能力。具备一系列技能来激励会展项目人员来完成工作,赢得客户信赖。

会展项目专业技术。一个卓有成效的会展项目经理,还需要拥有该类会议或展览的专业知识和管理技术,如文化产业论坛、经济论坛、航空航天博览会等可能需要不同的专业知识。

团队领导能力。培养团队成员的能力、非凡的沟通技巧、良好的人际交往能力、处理压力和解决问题的能力以及管理时间的技能。

第14章　文化产业项目人力资源管理

（3）电影制片人和导演

从国内外专业电影公司的运作来看，电影项目创作和运营的统领者可分为行政协调（制片人）和艺术总监（导演）两种。由此，具体一个电影项目可能也会由制片人和导演分别作为项目经理。

相对而言，电影市场比较成熟的地方，一般是以制片人为项目经理居多。以美国好莱坞的影片业来说，经过百年来的发展，已经形成了项目运作的标准"格式"。他们把制片人确定为整套项目流程的主管，负责挑选和管理各个部门的领班，负责统筹指挥影片的筹备和投产，有权改动剧本情节，决定导演和主要演员的人选等。制片人大多懂得电影艺术创作，了解观众心理和市场信息，善于筹集资金，熟悉经营管理。

当然也有不少导演作为电影项目经理的情况。这时制片人一般指电影公司（或者电视栏目）的老板或资方代理人。在电影项目启动阶段，制片人可以与导演签订项目开发合同，导演有偿协助剧组成员或组建项目团队。

一般而言，导演作为项目经理，都很重视电影剪辑的控制权，因为这能够巩固导演对电影的创作观点，然而，另一方面，导演可能不具备专业剪辑人员所特有的技能和客观性，导演如果希望得到对电影编辑的控制权，他必须要首先掌握职业编辑所具有的核心技能。剪辑工作对电影商业运作的成功性和预期利润回收的可能性至关重要。同时，导演要善于对项目预算进行有效控制。"财政预算控制体系的失控只会导致艺术水准的下降。由于工作的性质原因，导演要想方设法地增加成本投入提高作品质量，而这些增加的成本未见得能够明显地刺激电影预计收入的增加。"①

---

① 〔美〕凯夫斯：《创意产业经济学——艺术的商业之道》，孙绯等译，新华出版社2004年版，第136页。

第 15 章
文化产业项目时间管理

文化产业项目时间管理,也称为项目进度管理,是在项目的进展过程中,为了确保项目能够在规定的时间内实现项目的目标,对项目活动进度及日程安排所进行的管理过程。例如,一部影片可能要选择最佳的档期,或者商业性演出要求项目在与商业活动相匹配的时间内完成。这就要求项目团队按照时序进度,倒排活动持续时间,按时保质地完成项目。

项目时间管理渗透于为确保项目按时完成所要求的整个过程。项目时间管理的过程包括项目活动定义、项目活动排序、项目活动持续时间(历时)估算、制订项目进度计划和进度控制等。上述过程不仅彼此交互作用,而且还与其他领域的过程交互作用。根据项目需要每个过程可能涉及一个或多个个人或者集体所付出的努力。一般说来,每个过程在每个项目阶段至少出现一次。因此,虽然本章中进度过程管理被描述为界线泾渭分明的独立组成部分,但是在实践中它们却可能交错重叠与交互作用。

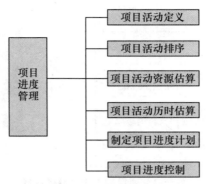

图 15-1　项目时间管理的程序①

一、项目活动定义

项目活动定义是通过工作分解结构确定产生各个项目可交付成果所必须进行的具体活动,也是以活动清单的形式给出完成项目所必须进行的各项活动。

(一) 工作分解结构

活动是需要消耗一定时间的某一明确的工作或任务。活动定义将项目工作分解为更小、更易管理的工作包也叫活动或任务,这些小的活动应该是能够保障完成交付产品的可实施的详细任务,即工作分解结构。

工作分解结构(work breakdown structure,简称 WBS),是进行项目活动定义时所使用的重要工具之一,是面向可交付成果的对项目元素的分组结构。工作分解结构的内容与步骤包括:根据项目合同的目标和可交付成果进行分解,循着项目、可交付的成果、可交付的子成果、最底层可交付的子成果、工作包等路径(图 15-2),生成项目工作包、项目工作包之间的关系、项目工作包与项目产出物之间的关系。由此,项目工作包即是基本的活动清单。

---

① 源自美国项目管理协会:《项目管理知识体系指南(PMBOK)》。

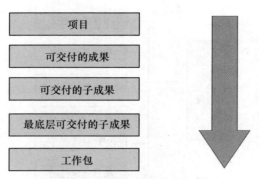

图 15-2　项目的工作分解的路径

工作分解结构(WBS)是确定项目进度、费用测量和控制的基准。工作分解结构将一个项目分解成易于管理的几部分或几个细目,有助于确保找出完成项目工作范围所需的所有工作要素。它是项目团队在项目期间完成或生产出的最终细目的等级树(图 15-3)。所有这些细目的完成或产出,构成了整个项目工作范围。

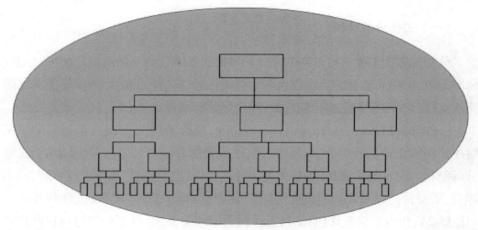

图 15-3　项目的工作分解结构(WBS)示意图

(二) 项目活动定义的要求

活动定义的主要依据有项目性质(何种文化产业项目)、项目目标、项目的工作分解结构(WBS)、各种历史的信息与数据等。活动定义涉及确定为完成工作分解结构规定的可交付成果与子可交付成果,所必须进行的具体活动并将其形成文字记载,此过程暗含着所定义活动应保证实现项目目标的要求。

在项目实施中,要将所有活动列成一个明确的活动清单,并且让项目团队的每一个成员能够清楚有多少工作需要处理。活动清单应该采取文档形式,以便于项目其他过程的使用和管理。当然,随着项目活动分解的深入和细化,工作分解结构(WBS)可能会需要修改,这也会影响项目的其他部分。例如,项目成本估算,在更详尽地考虑了活动后,成本可能会有所增加,因此完成活动定义后,要更新项目工作分解结构上的内容。

对上述工作分解形成的任务、子任务、工作包等各个层级,需要确定其对项目的总体目标、进度和绩效的贡献。即确定每个环节需要达到的绩效、成本、进度、风险等方面的目标,以及每个环节和层次的分工和责任。做到人人有事干、事事有人干、时时有事干,编织一张纵横交错的网络,使项目的人员、时间和项目活动协调为一个统一体。

二、项目活动排序

项目活动排序是对活动清单中各项活动的相互关系进行识别,据此对各项活动的先后顺序进行安排和确定。活动排序主要任务是在产品描述、活动清单等的基础上,找出项目活动之间的依赖关系和特殊领域的依赖关系、工作顺序。在这里,既要考虑团队内部运行的时间顺序和优先逻辑关系,也要考虑内部与外部、外部与外部的各种依赖关系以及为完成项目所要做的一些相关工作,如在最终的市场环境中进行产品测试等。活动排序通常使用项目网络图来描述项目活动及其逻辑关系。常用的网络图工具有里程碑法、前导图法、箭线图法、甘特图法等。

(一)里程碑法

设立项目里程碑是项目活动排序工作中很重要的一部分,是项目成功进行时间管理的重要因素。里程碑是指项目中关键的事件及关键的目标时间。里程碑事件是确保完成项目需求的活动序列中不可或缺的一部分。比如,在网络游戏开发项目中,可以将客户需求的最终确认、游戏的分级开发、游戏产品移交等关键任务作为项目的里程碑。

里程碑法,又称重大事件图法,是最简单的一种进度计划表,只列出一些关键活动(A、B、C、D、E、F、G)和进行的日期(表15-1)。例如,一个会展项目的组织安排,包括项目策划、项目融资、项目营销、项目票务、项目布展工程、项目现场安全控制、项目物流和餐饮等配套服务等多个活动,需要根据会展项目的规律加以组织,确定关键活动的里程碑。

表 15-1　项目的里程碑表

关键活动	一月	二月	三月	四月	五月	六月
A	√	√				
B		√				
C		√	√	√		
D			√	√	√	
E					√	
F					√	√
G						√

可以在每一个里程碑处进行小结。将整个项目管理过程进行了适度地划分,问题分析法要求在里程碑处及时进行工作小结,并对后续工作进行计划调整。

(二)前导图法

项目前导图法比较常用的方法是优先图示法,也称为单代号网络图法。通常,每个节点的活动会有如下几个时间:最早开始时间、最迟开始时间、最早结束时间、最迟结束时间(具体见后)。运用前导图法,根据关键活动的时间顺序,项目活动排序得出四种类型:

结束→开始：某活动必须结束，然后另一活动才能开始。
开始→开始：某活动必须在另一活动开始前开始。
结束→结束：某活动结束前，另一活动必须结束。
开始→结束：某活动结束前另一活动必须开始。

（三）箭线图法

箭线图法用箭线表示活动，活动之间用节点连接，只能表示"结束→开始"活动间逻辑关系，每个活动必须用唯一的紧前事件和唯一的紧后事件描述，紧前事件编号要小于紧后事件编号，每一个事件必须有唯一的事件号。在演艺、会展等文化产业项目的时间管理中，箭线图法是一种可供选择的方法。见图15-4。

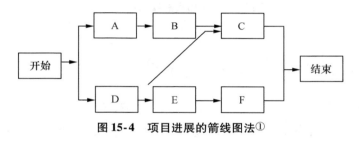

图 15-4　项目进展的箭线图法①

（四）甘特图法

甘特图也称条形图，是描述项目进度计划的最常见的工具。甘特图是以横线来表示每项活动的起止时间。甘特图的优点是简单、明了、直观、易于编制，因此到目前为止仍然是小型项目中常用的工具。例如，一个出版项目在创作者完成书稿之后，依次需要编辑加工、版式设计、制图、打印长条校样、印刷校样、设计封面等环节，由此可以制作出一个甘特图（图 15-5）。即使在大型会展、影视作品开发、文化园区运营等文化产业项目中，甘特图也是项目高层管理者了解全局和基层安排进度时有用的工具。

---

① 源自美国项目管理协会：《项目管理知识体系指南（PMBOK）》。本章以下除了特别注明之外，图表，均源自该书。

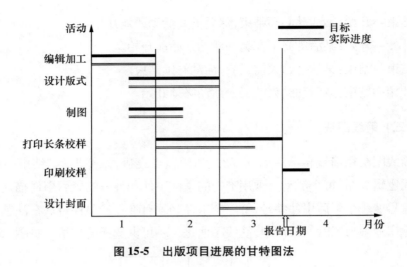

图 15-5　出版项目进展的甘特图法

三、项目活动资源和持续时间估算

项目活动资源是完成项目所必需的各种实际投入的硬件或者软件。它包括硬件资源如完成任务的人员、设备、物资、资金等，和软件资源如所需的创意、知识产权、技术、品牌、信息以及时间等。

（一）项目活动资源估算

项目活动资源估算就是确定在实施项目活动时要使用何种资源（人员、信息、技术、设备或物资等），每一种使用的数量，以及何时用于项目计划活动。

1. 项目活动资源估算的步骤

列出项目所需资源清单。

确定各种资源的使用限制。

确定各种资源的单价。

资源投入量。

确定项目的后勤保障体系。

确定各个资源的供应方案，列出资源计划矩阵（表 15-2、15-3）。

表 15-2　项目资源计划矩阵-1

工作	资源需求量					说明
	资源 1	资源 2	……	资源 $n-1$	资源 n	
工作 1						
工作 2						
……						
工作 m						

表 15-3　项目资源计划矩阵-2

资源需求种类	资源需求总量	时间安排				说明
		1	2	……	n	
资源 1						
资源 2						
……						
资源 $m-1$						
资源 m						

2. 项目活动资源估算需要关注的问题

在活动资源估算过程中需要回答的重要问题包括：

在完成项目的特定活动时有多少困难？

在项目运作中影响资源的最独特要素是什么？

组织做类似项目活动的历史是什么？以前组织做过类似的任务吗？由什么层次的人来做这个工作？

组织是否有人力、技术、设备和资料来完成这项工作？是否有可能影响资源的可用性的组织政策？

组织是否需要获得更多的资源来完成工作？将一部分工作外包是否有意义？外包是否会增加或者减少需要的资源，它们什么时候可用？

对这些问题，项目的活动清单、活动属性、项目管理计划、企业环境因素、组织过程资产（如关于人事和外包的政策）和资源可用信息等是寻找答案的重要考虑因素。

在一个项目的最初阶段，项目团队也许不知道哪些特定的人员、信息、技术、设备或物资等是可用的。例如,项目经理也许从过去的项目中得知需要熟练的合作伙伴和新手一起做项目,但却没有足够信息可以估算人的数量和通常执行特定任务所需要的时间。

(二) 项目活动持续时间估算

项目活动持续时间估算,也就是对活动历时估算,它是根据项目范围、资源和相关信息,对项目已确定的各种活动的可能持续时间长度的概算工作。

1. 影响活动持续时间的因素

一般说来,影响活动持续时间的因素主要有参与人员的专业水平和熟练程度、不确定性因素、工作效率、团队成员相互理解和失误等。项目活动持续时间估算需要综合考虑以上因素。

估算的项目持续时间应该现实、有效并能保证质量。在持续时间估算时要充分考虑活动清单、合理的资源需求、人员的能力因素以及环境因素对项目活动持续时间的影响。在对每项活动的持续时间估算中也应充分考虑风险因素对活动持续时间的影响。项目持续时间估算完成后,可以得到量化的活动持续时间估算数据,将其文档化,同时完善并更新活动清单。

2. 项目活动时间估计的工具

对某项活动的持续时间进行估计时,必须以这项活动所使用的资源数量为基础,这个估计应既有挑战性,又符合实际。一般来说,如果该项目含有高度不确定性的活动,可以用三种活动持续时间估计,即乐观时间、最可能时间、悲观时间:

悲观时间,即最坏情况,这一持续时间下的情况比计划的要差。

乐观时间,即最好情况,这一持续时间下的情况比计划的要好。

最可能时间,即应该在这个持续时间左右估计。

由此,项目活动持续时间估计 = (乐观时间 + 4 × 最可能时间 + 悲观时间) ÷ 6

3. 项目活动持续时间估算的方式

一般说来,项目活动持续时间估算可采取以下几种方式:

专家评审形式。由有经验、有能力的专业人员进行分析和评估。

模拟估算。使用以前类似的活动作为未来活动活动持续时间的估算基础,计算评估持续时间。

定量型的基础活动持续时间。当文化产品可以用定量标准计算活动持续时间时,则采用计量单位为基础数据整体估算。

保留时间。活动持续时间估算中预留一定比例作为冗余时间以应付项目风险。随着项目进展,冗余时间可以逐步减少。

四、项目进度计划

项目进度计划是根据项目的活动定义、活动排序及活动持续时间估算的结果和所需要的资源进行的进度计划编制,其主要任务是要确定各项目活动的起始和完成日期、具体的实施方案和措施。

(一)制定项目进度计划

项目进度计划的目的是控制项目的持续时间。整个项目的开始时间和结束时间,通常在项目合同中明确。项目的进度计划意味着明确定义项目关键活动的开始和结束日期,这是一个反复确认的过程。进度表的确定应根据项目网络图、估算的项目活动持续时间、资源需求、资源共享情况、项目执行的工作日历、进度限制、最早和最晚时间、风险管理计划、活动特征等统一考虑。

进度限制即根据活动排序考虑如何定义活动之间的进度关系。一般有两种形式:一种是加强日期形式,以活动之间前后关系限制活动的进度,如一项活动不早于某活动的开始或不晚于某活动的结束;另一种是关键事件或主要里程碑形式,以定义为里程碑的事件作为要求的时间进度的决定性因素,制定相应时间计划。

如果已经估计出每项活动的持续时间和项目必须完成的时间段,就必须根据活动的持续时间和先后顺序来确定这些活动是否能在要求的时间内完成。

在制定项目进度表时,先以数学分析的方法计算每个活动最早开始和结束时间。与最迟开始和结束日期得出时间进度网络图,再通过资源因素、活动时间和可冗余因素调整活动时间,最终形成最佳活动进度表。

(二) 制定项目进度计划的方法

1. 关键路径法

关键路径法(CPM)是项目时间管理中比较实用的一种方法。其工作原理是:为每个最小任务单位计算活动持续时间、定义最早开始和结束时间、最迟开始和结束时间、按照活动的关系形成顺序的网络逻辑图,找出必需的最长的路径,即为关键路径。

关键路径是决定项目活动持续时间的一系列活动。在一个确定性的模型中,通常按照总时差小于或等于某个指定的值(通常为0)的活动来确定关键路径。关键路径是一系列决定项目最早完成时间的活动,是项目整个过程中最短的路径。关键路径上的任何活动延迟,都会导致整个项目完成时间的延迟。

可以通过前导图法、箭线图法等找出关键路径,制定项目进度计划,其具体步骤:

(1) 确定关键活动

绘制网络图(从 WBS、活动清单到活动排序),确定关键活动(Critical Activity),估计每一项活动的持续时间。

(2) 估算项目开始时间和结束时间

为了在要求完工时间内完成项目,估算每项关键活动能够开始和结束的最早时间,以及每关键项活动必须开始和结束的最迟时间。

最早开始时间(ES),是指某项活动能够开始的最早时间,它可以在项目的预计开始时间和所有紧前活动的持续时间估算基础上计算出来。

最早结束时间(EF),是指某一活动能够完成的最早时间,它可以在这项活动最早开始时间的基础上加上这项活动的持续时间估算计算出来,即:最早结束时间 = 最早开始时间 + 活动持续时间,或 EF = ES + 活动持续时间估计。

最迟开始时间(LS),是指为了使项目在要求完工时间内完成,某项活动必须开始的最迟时间,它可以用这项活动最迟结束时间减去它的活动持续时间估算计算出来。

最迟结束时间(LF),是指为了使项目在要求完成时间内完成,某项活动必须完成的最迟时间,它可以在项目的要求完工时间和各项紧随活动活动持续时间的基础上计算出来,即:最迟结束时间 = 最迟开始时间 + 活动持续时间,或 LF = LS + 活动持续时间估计。

(3)确定关键路径

根据确定的关键活动以及估算项目开始时间和结束时间,确定关键路径,见图 15-6:

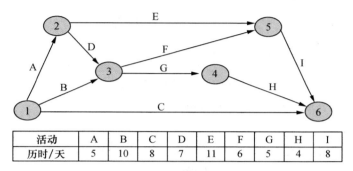

活动	A	B	C	D	E	F	G	H	I
历时/天	5	10	8	7	11	6	5	4	8

图 15-6 项目活动关键路径

(4)制定项目进度计划

针对关键路径进行优化,结合成本因素、资源因素、工作时间因素、活动的可行进度因素对整个计划进行调整,直到关键路径所用的时间不能再压缩为止,得到最佳时间进度计划。

例如,一个小型演艺项目的关键路径和时间进度计划见图 15-7:

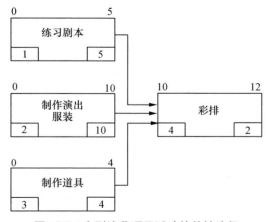

图 15-7 小型演艺项目活动的关键路径

2. 计划评审技术

当具体活动持续时间估算存在很大的不确定性时,可以用计划评审技术(PERT)方法估计项目持续时间。计划评审技术的思路是对每项活动都采用三个时间估计值,它强调用灵活的成本来达到进度要求。

如前所析,PERT 将关键路径法应用于加权平均持续时间估算:PERT 加权平均 = (乐观时间 + 4 × 最可能时间 + 悲观时间) ÷ 6

3. 关键路径法和计划评审技术的比较

关键路径法(CPM)和计划评审技术(PERT)各有优劣,需要根据具体项目的性质和特点进行选择。具体来说,二者的适用表现在:

CPM 假设项目持续时间确定,PERT 认为随机。

CPM 侧重活动,PERT 侧重事件。

PERT 可以估计整个项目在某个时间内完成的可能性大小,CPM 不能。

PERT 做出的时间进度计划比 CPM 更现实。

CPM 是一种确定型的网络分析方法,PERT 属于非确定型的网络分析技术。

五、项目进度控制

项目进度控制是对项目进度计划实施与进度计划变更所进行的控制工作。时间的一维性和流逝性对项目在时间安排上存在挑战,任何文化产业项目都必须制定时间计划,主要团队成员的如期到位是项目按时完成的保证。例如,主要影视剧组成员签订的主要合同条款都是非正式的,正式合同通常是在影视剧开拍以后才签订,这样有些问题还有进一步商定的余地。这必然需要及时进行相应时间调整和控制。

监控实际进度是项目进度控制的关键。项目控制过程包括定期收集项目完成情况的数据,将实际完成情况数据与计划进度进行比较,以便及时采取纠正措施。项目控制过程的执行步骤包括:

确定实际进度完成情况对项目进度的影响。进度控制主要是监督进度的执行状况,及时发现和纠正偏差、错误。为了确保项目目标的实现,在项目开始后除了建立一个基准计划外,还必须积极主动地管理项目。

识别进度偏差,分析出现偏差的原因。在控制中要考虑影响项目进度变化的因素、项目进度变更对其他部分的影响因素、进度表变更时应采取的实际措施。分析进度偏差对总活动持续时间和后续工序的影响程度。通常,越早发现问题,采取纠正措施的机会越多。

拟订可行调整方案,将项目变更融入进度计划。考虑约束方案的约束条件,满足优化控制的目标,包括活动持续时间、费用优化、资源均衡和合同索赔最小。

计算出更新的进度计划,控制项目进度。项目控制过程贯穿于整个项目运作始终,见图15-8。

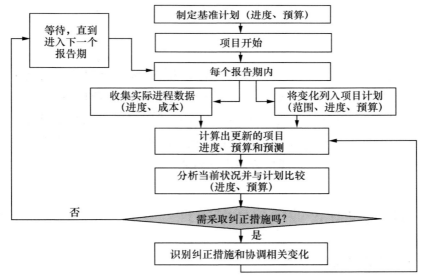

图 15-8　项目进度控制程序

第 16 章
文化产业项目质量管理

　　文化产业项目质量是打开市场之门的金钥匙。哪个项目赢得质量,哪个就有了市场的主动权。从企业战略的高度来认识这一问题,项目质量已直接关系到文化产业项目的成败。特别是在现代信息技术支撑的文化产业项目中,一个创意、一个指令、一个数据就可能会使项目彻底改变,还有可能酿成灾难,使整个项目毁于一旦。因此,要把质量管理贯彻到项目实施的始终。

一、质量与文化产业项目质量管理

(一) 质量的概念

　　一般而言,质量是反映实体(产品、过程或活动等)满足明确和隐含需要的能力特性的总和。国际质量管理体系(ISO)认为,质量是一组固有特性满足要求的程度。[①] 所谓"固有的"就是指在某事和某物中本来就有的,尤其是那种永久的特性;"特性"是指可区分的特征,特性可以是固有的或赋予的,可以是定性的或定量的,可以是各种各样的特性,如物理的、感官的、行为的、时间的、人体功效的、功能的等;"要求"是指明示的、通常隐含的或必须履行的需求或期望。通

---

① 参见 ISO9000 标准。

常隐含是指组织、顾客和其他相关方的惯例或一般做法,所考虑的需求或期望是不言而喻的。质量的要件包括:

1. 主体与客体

质量的主体是产品、体系、项目或过程。质量的主体可以是产品,也可以是某项活动或过程的工作质量,还可以是质量管理体系运行的质量。项目质量的主体是项目,项目的结果可能是有形产品,也可能是无形产品,更多的则是两者的结合。例如,文化产业项目质量就包括产品实体(有形产品)和服务(无形产品)这两类产品的质量。

质量的客体是顾客或其他利益相关方。产品质量好坏和高低是根据产品所具备的质量特性能否满足人们需要及满足程度来衡量的。顾客满意是顾客对其要求已被满足的程度的感受。忠诚的顾客会长期追随固定的商家,为他们认为优秀的组织或品牌付出大部分收入,并以口口相传的方式为其品牌大做宣传,以此来表达其忠诚。所有这些行为,直接对利润产生影响。

2. 一组固有的特性

质量特性是产品或服务为满足人们明确或隐含的需要所具备的能力、属性和特征的总和。具体内涵包括:

内在质量特性。主要是指产品或服务的性能、特性、强度、精度等方面的特性。

外在质量特性。主要是指产品或项目在外形、包装、装潢、色泽、味道等方面的特性。

经济质量特性。主要是指产品或项目的寿命、成本、价格、运营维护费用等方面的特性。

商业质量特性。主要是指产品的保质期、保修期、售后服务水平等方面的特性。

环保质量特性。主要是指产品对于环境保护的贡献或对于环境的污染等方面的特性。

产品质量具有相对性。一方面对有关产品所规定的要求及标准、规定等因时而异;另一方面满足期望的程度由于用户需求程度不同,因人而异。

(二)质量管理的含义

国际标准化组织的定义是:质量管理是确定质量方针、目标和职责,并在质量体系中通过诸如质量策划、质量控制和质量改进使质量得以实现的全部管理活动。[①] 其要件包括:

质量方针是由组织的最高管理者正式发布的一个组织总的质量宗旨和质量方向。

质量体系是实现质量方针和质量目标的保障,是为实施质量管理所需的组织结构、程序、过程和资源。

质量策划是确定质量的目标和要求,以及确定采用质量体系要素的目标和要求的活动。

质量控制是为达到质量要求所采用的作业技术与活动。

质量保障是为了保证实体能够满足质量要求,并提供足够的证明以表明实体保证能够满足质量要求,而在质量体系中实施的,并根据需要进行证实的,全部有计划和有系统的活动。

质量改进是为向本组织及其顾客提供更多的收益,在整个组织内所采取的旨在提高活动和过程的效益和效率的各种措施。

(三)文化产业项目质量管理

文化产业项目质量管理是为了保障项目的产出物(文化产品或服务),能够满足项目客户以及项目利益相关者的需要,所开展的对于项目产出物的质量和项目工作质量的全面管理工作。

文化产业项目质量是项目产品实体(文化产品)和服务(文化服务)这两类的质量。项目实体作为一种综合加工的产品,它的质量是指项目产品适合于某种规定的用途,满足人们文化精神消费需求其所具备的质量特性;而服务是一种无形的产品,服务质量是指服务时间、服务能力、服务态度等。

具体说来,文化产业项目的质量指标具体包括三个方面:一个是原创性的体

---

① 参见 GB/T19000-2000 质量管理体系标准。

验或娱乐享受价值,在合适的时机将合适的技术以最适合消费者体验的方式设计出来;另一个更为重要的是文化产品和服务的内容、形式和营销中的设计思路,具体衡量指标是文化含量、知识产权的收益、产品或者服务的研发经费在销售收入中所占的比重;第三个是获取市场看好的能力和媒体关注度。

值得重视的是,文化产业项目的产品大都属于"体验性产品"。消费者买到手以后,才能准确地评价某个产品的质量,如看戏、听 CD、游览主题公园等都需要身临其境、感同身受。比如,小说类图书能够吸引大众读者,为读者提供引人入胜的休闲阅读体验,被称为"心智的旅行",即读者能在该书籍所营造的环境中放任自由、随心所欲地发挥自己的想象力。即便是消费者开放的视觉艺术品——油画、雕刻——也只能是在收集者和它们"生活在一起"之后才能了解它们的质量。① 文化产品的消费者在消费时会不同程度地依赖这个行业的评论家和鉴定人,因为他们声称自己在这方面经验丰富,而且对这类产品有着独立的见解。

再如,实景演出这一动态的综合体验形式使得景区彰显出更丰满、形象的特征,使景区变得灵动起来,有生命力起来,给游客以震撼的感受和留下难忘的回忆。实景演出的质量主要在于这种对自然山水和风土人情等文化资源进行有机结合和有效诠释,带给旅游者与当地文化共融的全新体验和感受,使得观看实景演出成为一种颇具创意和新型的旅游方式。实景演出有效拓展旅游资源,为旅游的发展增加文化内涵的同时增强对游客的吸引力。

二、文化产业项目质量管理的过程

项目质量管理过程包含三个阶段,见图 16-1:

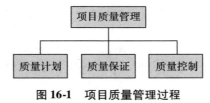

图 16-1 项目质量管理过程

---

① 〔美〕凯夫斯:《创意产业经济学——艺术的商业之道》,孙绯等译,新华出版社 2004 年版,第 171 页。

(一)项目质量计划

质量计划是确定哪种质量标准适合该项目并决定如何才能达到这些标准。文化产业项目的质量管理强调一项基本原则,即质量是在计划中确定的,而非是在项目管理的检查中来确定的。

1. 一般流程(图 16-2)

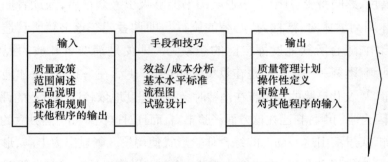

图 16-2　项目质量计划流程①

(1)项目质量计划的依据

质量政策。

项目范围阐述。

产品说明。

标准和规则。

其他程序的输出。

(2)制定项目质量计划的工具和手段

效益与成本分析法。

制定基本水平标准。

系统或程序流程图。

试验设计。

---

① 源自美国项目管理协会:《项目管理知识体系指南(PMBOK)》。

（3）项目质量计划的成果

质量管理计划,即说明项目管理小组如何具体执行它的质量策略。

操作性说明。

审验单,即检查表。

对其他工作程序的依据。

2．项目质量计划编制

在项目质量的计划编制中,重要的是确定每个独特项目的相关质量标准,把质量规划到项目的文化产品开发所涉及的过程之中。

编制质量计划要以一种能理解的、完整的形式传达确保质量而采取的纠正措施。在项目质量计划编制中,描述能够直接促成满足顾客体验需求的关键因素是重要的。关于质量的组织政策、特定的项目范围说明书和产品描述,以及相关标准和准则,都是质量计划编制过程的重要输入。质量计划编制的重要输出是质量管理计划和为确保整个项目生命周期质量的各种检查表。

3．与市场或消费者对接

文化产业项目质量管理是在需求和供给的动态过程完成的,因此需要特别注重如何在项目管理过程中把文化产品的创作者和消费者进行有效对接。其具体步骤是：

进行文化产业项目需求分析,即以客户或消费者为导向,准确把握客户或消费者的现实和潜在的文化精神需求。

进行文化产业项目质量管理,即以创作者为主体,通过创意、研发、制造等一系列过程,把定义中的文化产品变成现实的产品。

实现二者之间的有效对接,即回到市场,通过文化产品的发行和销售,满足消费者的需求。如图16-3所示。

项目经理和团队在确定项目的质量目标时,需要考虑客户或消费者的需求。项目的主要客户必须意识到,他们在定义项目最关键的质量需要中的作用,并经常把他们的需要和期待与项目团队进行沟通。所有的项目团队成员一起工作来平衡项目质量显得非常重要。当然,项目经理对项目的质量管理负有根本的责任。

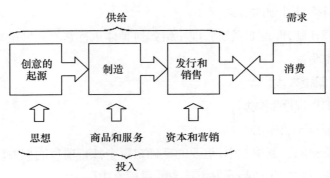

图16-3 项目创作过程和消费者对接

(二)项目质量保证

项目质量保证是在执行项目质量计划过程中,定期对整个项目质量计划的执行情况作评估,保证该项目将能够达到有关质量标准。它包括清晰的质量要求说明、科学可行的质量标准、组织建设项目质量体系、配备合格和必要的资源、持续开展有计划的质量改进活动等。

1. 一般流程

(1)项目质量保证的依据

质量管理计划。

质量控制检测结果。

操作性说明。

(2)质量保证的工具和手段

质量计划的手段。

质量审查。

质量改进与提高的方法。

(3)质量保证的成果

项目的质量保证的成果应体现在项目的质量提高上。

质量提高包括采取措施提高项目的效益和效率,为项目相关人员提供更多的利益。

在大多数情况下,完成提高质量的工作要求做好改变需求或采取纠正措施的准备,并按照整体变化控制的程序执行。

2. 重视过程管理

质量保证包括与满足一个项目相关的质量标准有关的所有活动。质量保证不仅要对项目的最终结果负责,而且还要对整个项目过程承担质量责任。企业管理部门和项目经理做好质量过程监督保证,可以对项目质量产生最重要的影响。

质量计划编制中的工具和方法也可以用于质量保证。基准比较分析法是一种用于质量改进的技术,它是将具体项目实践或产品特性与那些在项目执行组织内部或外部的其他项目或产品的相应特性进行比较,从而产生质量改进的思想。

质量保证的一个重要手段是不间断的质量审查。质量审查是对特定质量管理活动的结构化分析,找出教训,改进现在或将来项目的执行。质量审查可以是定期的,也可以是随时的,可由公司内的质检员或在特定领域有专门知识的第三方执行。质量审查常常由项目经理和项目艺术总监执行,他们通常先确定一个项目特定的质量尺度,并在整个项目过程中运用和分析这些质量尺度。

3. 项目质量保证举例:演艺项目和影视产业项目

为了保证演艺项目和影视产业项目的质量,项目团队一般重视进行全过程质量管理,充分发挥各方的审查和监督作用(图16-4)。

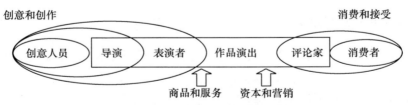

图16-4 演艺项目和影视产业项目的质量保证

演艺项目中比较典型的是女子十二乐坊,它独特的演出内容和形式促成其独特的演出风格。策划者王晓京对这一舞台效果大胆的称之为"视觉流行民乐"。这种"视觉流行民乐"使音乐不再只是听觉上的享用,而是观众全感官的盛宴。为更好地达到可听可视的双重流行效果,演出非常重视舞美视觉效果,如舞台上会透过通天蓝色的灯光,LED发光管组成的晶莹璀璨的夜幕,瞬间营造出一个夜凉如水的静谧等。可以说，色彩绚丽、对比鲜明的服饰、道具（包括具有可观性乐器古筝、扬琴、琵琶、二胡、竹笛、箫、葫芦丝、独弦琴等）与高科技现代灯光相配合，最大限度地调整观众的视觉感受，营造了一幅幅光彩夺目、绚丽多姿、时尚新鲜的舞台场景。①

而《印象·刘三姐》是中国较早的实景演出项目。它由梅帅元担任总策划、制作人，张艺谋任总导演，两位年轻导演王潮歌、樊跃加盟，经历3年半努力制作而成。从1999年到2004年，一共历经了5年的磨炼才出来一个精品，5年艰苦打造，数易其稿，颠覆了无数的修改案才展现在国人面前。《印象·刘三姐》全场演出超过70分钟，演出人员超过700人，整个剧目有67位中外著名艺术家加盟创作，109次修改演出方案，投资近1亿元人民币，历经5年零5个月完成。

在影视产业项目实践中，项目团队都把作品质量作为剧作的生命线，严把策划、剧本、拍摄、制作以及审看、修改等艺术创作的每个环节，尤其重视剧本策划关、论证关，每个剧本都要经过多次论证和充分考虑，把精品意识落实到创作和生产的每一个环节、每一道工序。例如，为了把电视剧《小小飞虎队》做成精品，某项目团队在全国范围内选择了20多位编剧，先后拜访了《闯关东》的编剧高满堂、《亮剑》的编剧江奇涛、《天下粮仓》的编剧高峰等，广泛征求意见，仅剧本大纲就进行了10次研讨。

（三）项目质量控制

质量控制是对于项目质量实施过程的监督和管理工作，具体来说，质量控制包括监控特定的项目成果，以判定它们是否符合有关的质量标准，并找出方法消除造成项目成果不令人满意的原因。

1. 一般流程

项目质量控制的过程可用图16-5表示：

---

① 董月鹏：《"女子十二乐坊"现象对民乐影响》，《科技与企业》2011年第7期。

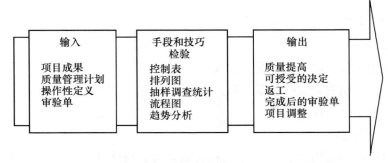

图 16-5　项目质量控制的流程①

（1）项目质量控制的依据

项目成果,一般是阶段性成果或初期作品。

项目质量管理计划。

项目质量管理工作的实施意见或说明。

项目质量控制标准与要求。

项目质量管理的实际结果。

（2）项目质量控制的工具和手段

检验。检验包括测量、检查和测试等活动,目的是确定项目成果是否与要求相一致。

控制表。控制表是根据时间推移对程序运行结果的一种图表展示。

排列图。排列图是一种直方图,由事件发生的频率组织而成,用以显示多少成果是产生于已确定的各种类型的原因的。

抽样调查统计。即抽取总体中的一个部分进行检验。

流程图。这种方法主要用于在项目质量控制中,有关分析项目质量问题发生在项目流程的哪个环节和造成这些质量问题的原因以及这些质量问题发展和形成的过程。

趋势分析。趋势分析指运用数字技巧,依据过去的成果预测将来的产品。

---

① 源自美国项目管理协会:《项目管理知识体系指南(PMBOK)》。本章以下图表,均源自该书。

(3)项目质量控制的结果

项目质量的提高与改进。

接受项目质量验收后的决定。

项目质量验收后的各种返工。

项目核检结束完成后的审验单。

项目质量管理程序的调整。

2. 重视事前质量控制

项目质量控制的主要任务包括:保证项目投入与产品的预期效率,并达到项目预期目标;为项目经理管理项目质量提供独立、公正的评价;及时发现并纠正项目实施过程中出现的问题,解决质量事故,掌握和积累项目质量相关资料,为质量检查提供一手资料。

项目质量控制应是动态的,处于不同的阶段。不同的阶段对项目质量的作用和影响也各不相同。一般来讲,项目质量控制可分为三个阶段:事前质量控制、事中质量控制、事后质量控制。用系统流程图可以显示一个质量控制系统中各组成要素之间的相互关系(图16-6)。

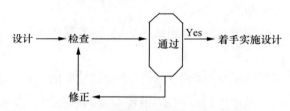

图16-6 项目质量控制的基本环节

质量控制的主要成果是接受决策、返工和过程调整。接受决策决定作为项目一部分而生产的产品或服务是否被接受或拒绝。如果项目相关人员拒绝接受作为项目一部分而生产的产品或服务,则一定要返工。返工成本会非常昂贵,所以项目经理必须努力做好质量计划编制和质量保证工作以避免返工。一定要"以防为主",要从对质量的事后检查把关,转向对质量的事前控制、事中控制。从对产品质量的检查,转向对工作质量的检查、对工序质量的检查、对中间产品质量的检查。把一切可能影响项目质量的因素,可能造成质量事故的隐患,置于可防可控状态,防患于未然,及时发现问题,避免项目质量问题的出现。

第17章
文化产业项目风险管理

所有项目都面对着各种风险,在项目生命周期的每一个阶段都有风险伴随始终,因此风险管理也必须贯穿整个项目运营过程的始终。文化产业项目风险管理的主要目的是系统地识别与项目有关的风险,从而评价和管理改善项目的执行成果,以最小的成本获得最大限度的项目成功。

一、风险与项目风险

一般认为风险是事物发生的向反面转变的可能性,项目组织者常把风险视为对项目质量、安全和效益的威胁,事实上风险的含义要更为广泛。

(一)风险与不确定性

所谓风险(Risk),是指不确定性的事件发生,将会对项目目标造成负面的可能性的影响。风险具有以下要件:其一,一个事件;其二,事件的发生概率,即风险发生的可能性大小;其三,事件发生所造成影响,即风险可能会带来坏的结果,也可能会带来好的结果。[①]

[①] 好的或正面的可能性一般作为理所当然而被忽略,就像空气之于人一样。限于主题和篇幅,在此我们仅指出有这一方面,不做专门讨论。

一直以来,风险与不确定性(Uncertainty)的关系是关于风险概念界定的争论焦点之一。一种观点认为,风险就是一种不确定性,与不确定性没有本质区别。事件的最终结果呈现出何种状态确实不能事前准确预知。根据能否事前估计事件最终结果可能状态的数量和可能程度,不确定性又可以分为可衡量的不确定性和不可衡量的不确定性。

　　另一种观点认为,尽管风险与不确定性有密切的联系,但二者有着本质的区别,不能将二者混为一谈。风险是决策者面临的这样一种状态,即能够事先知道事件最终呈现的可能状态,并且可以根据经验知识或历史数据比较准确的预知可能状态出现的可能性的大小,即知道整个事件发生的概率分布。例如,一般状态下,股票价格的波动就是一种风险,因为在正常的市场条件下,根据某只股票交易的历史数据,我们就可以知道该股票价格变动的概率分布,从而知道下一期股票价格变动的可能状态及其概率分布。然而,在不确定性的状态下,决策者是不能预知事件发生最终结果的可能状态以及相应的可能性大小即概率分布。如由于公司突然宣布新的投资计划而引起股票价格的波动就是一种不确定性的表现,因为,决策者无法预知公司将要宣布的新投资计划的可能方案。

　　可见,根据这种观点,风险和不确定性的根本区别在于决策者能否预知事件发生最终结果的概率分布。在实践中,某一事件处于风险状态还是不确定性状态,并不是完全由事件本身的性质决定的,有时很大程度上取决于决策者的认知能力和所拥有的信息量。随着决策者的认知能力的提高和所掌握的信息量的增加,不确定性决策也可能演化为风险决策。因此,风险和不确定性的区别是建立在决策者的主观认知能力和认知条件(主要是信息量的拥有状况)的基础上的,具有明显的主观色彩。这种区别对于在不同的主观认知能力和条件下进行决策的方法选择,有一定的指导意义。

　　但鉴于实践中区分这两种状态的困难和两种状态转换的可能性,许多对风险的讨论都采取了第一种观点,并不严格区分风险和不确定的差异,尤其是在很大程度上可以量化的风险的分析中。我们则兼取这两种观点的合理因素,进一步认为,风险是不确定性的一种表现形式。①

(二) 项目风险管理的意义

项目风险是特指项目客户、项目组织或项目的某个当事者不能准确预见或控制的因素影响,使项目的最终结果与当事者的期望产生背离,并存在给当事者带来损失的可能性。而项目风险管理则是在项目进行的全过程中,对于影响项目的进程、效率、效益、目标等一系列不确定性因素的管理,它既包括对外部环境因素与内部因素的管理,也包括对主观因素与客观因素的管理。项目风险管理的意义,主要体现在两大方面:

1. 有助于确定项目范围以及优化项目资源配置

项目风险管理可对可供选择的项目集合所具有的风险特征进行综合评价,如对于项目风险特征的聚类分析,使得项目组织者可在不同的临界值范围内选择项目群体;对于项目风险的有效性评价,使得项目组织者可以有意识地去选择项目投入产出效率较高的项目等。项目风险管理从风险的周期性、规律性、预控性等多个角度,对于项目风险的识别机制、分散机制、分摊机制、转移机制等进行全面的分析,从而在范围内选择出最优项目。

2. 有助于提高项目运营的效率与效益

项目风险管理是一个动态反复、适时修正、持续改进的过程,因此当风险伴随着项目的推进而出现时,项目风险管理能够不断跟踪风险影响项目运行的轨迹,并通过有效的程序或手段进行纠偏。比如,通过对于风险征兆或信号进行有效识别,可以防患于未然。项目的风险与收益在一定程度上具有正相关性,但项目风险同样与项目可能遭受的损失或可能增加的成本相对应。项目风险管理在改进已选项目的同时,也是对成本损失或不确定性的降低,等于提高了项目运行的效率与效益。

---

① 所谓"不确定性",包含着好与坏、正与反这些不同质及不同量上的多种可能性,如果事情的发展只有百分之百的危害一面,危害的可能性就成了必然性,不确定性也就不成立了。风险是一种不确定性,理应包含着后果上正面与负面、积极与消极的多种可能性。风险是新生事物的伴生物,没有风险,就不可能有创新和进步。这方面是另当别论的。

二、文化产业项目风险的成因及特点

文化产业项目风险是项目受到不能准确预见或控制的不确定性因素影响，使项目的最终结果与当事者的期望产生背离，给客户、项目组织或项目利益相关者带来损失的可能性。

（一）文化产业项目风险产生的原因分析

在文化产业项目的整个实施过程中，风险和不确定性都是存在的。由于项目复杂性程度和人们对于项目风险认识能力不同，一般其比例会不同。

1. 项目风险产生的一般根源

从主观方面来说，人们的认识能力是有所限制的，不可能、也没法把握和穷尽所有知识，不管如何努力，总是有大块的不可知和不能知领域存在。比如有限理性理论就认为，人的行为既是有意识的、理性的，但这种理性又是有限的；人对环境的计算能力和认识能力是有限的，人不可能无所不知。

从客观方面来说，事物的信息呈现本身具有过程性、不完整性甚至滞后性。环境是复杂的、多维的和动态变化的，在非个人交换形式中，人们面对的更是一个复杂的、不确定的世界，而且交易越多，不确定性就越大，信息也就越不完全。

2. 造成项目风险的具体因素

从微观角度考察，项目风险源于项目的各种不确定因素。具体来说，主要表现为以下两方面：

（1）项目外部因素

其一是社会环境因素，包括消费市场波动、法律、法规、政府干预、社会不稳定等。试举例分析：

通货膨胀、外汇汇率、失业、金融危机等造成宏观经济的景气波动因素，可能会对内容型项目和园区型项目带来不同的冷热感受。

文化产业项目具有浓厚的意识形态属性，任何国家都对其有着许多非市场性的管制。比如，前些年荧屏上曾经一度充斥了反腐剧和涉案剧（如《蜗居》《迷案1937》），许多影视公司对这一类题材也趋之若鹜。但是，随后国家有关部门出台规定,不允许此类剧目在黄金时段播出,使这些电视剧的市场一落千丈,不少公司因此而受到重创。再如,广电部门为了满足广大观众需求,提升娱乐节目的艺术质量,出台"限娱令",对于电视和网络娱乐类节目或视频等都有严格限制,使已经上马的相关娱乐类项目遭受夭折或冷冻。

由于政治局势、政策、宗教、种族、骚乱、恐怖事件等因素引起的不确定因素,也会对文化产业项目造成直接影响。比如,2012年9月美国好莱坞上映的某一电影,伊斯兰社会普遍认为侮辱伊斯兰教先知穆罕默德而进行强烈抗议,造成电影不得不搁浅。

其二是项目外在的自然或不可抗因素如意外事故、气候、天气突变等。由于酷暑、台风、地震、暴雨等许多自然原因,都会影响活动持续时间,甚至导致项目失败。在露天体育场举办演唱会、在公园里举办各类展览和表演等,更是如此。最为典型的是2003年春天的"非典",对许多文化产业项目来说,都是灾难性的,许多项目被迫暂停,甚至完全中止。

(2) 项目内部因素

项目内部因素也比较复杂,涉及诸如项目进度或成本的变化、资金不到位、范围变更、管理不善、团队不协调、没有经验的项目经理以及技术的变化等,都可能会诱发或造成某些风险。

一个成功的项目要求良好的管理支持、周密的计划与各层面良好的人际关系。管理不善则使项目难以达到预期目标,而人际关系的问题如高层管理人员之间的分歧会导致关键成员的离职,并且项目团队内部不团结,常常成媒体炒作的主要内容之一。比如,电影《理发师》剧组中陈逸飞与姜文的矛盾,某某演员开车撞死人、打架等,这些因素都会直接影响项目的投资、进程,甚至会导致项目完全失败。再如,许多文化产业项目本身是文化创意和高新技术双驱动的产物,它们对现代技术特别是计算机程序和网络技术依赖程度越来越高,因而技术失误而造成的风险也越来越大。

项目经理必须充分估计这些风险,及时防范和化解可能出现的问题,确保项目按计划推进。其中除了需要项目团队的应变能力和经验外,更重要的是要在计划阶段就留有余地,并事先对项目过程中可能发生各种问题及处理方法提前做好预案。

（二）文化产业项目风险的分类

由此，根据风险来源的不同，项目风险可以分为外在风险和内在风险。项目外在风险主要源于法律、法规、环境、政府等，项目内在风险则主要由进度、财务、范围变更、管理不善、糟糕的计划、技术的变化等造成。具体如上分析。当然，有些因素既是项目外在风险也是项目内在风险，如法律风险，既包括由于政府的法律法规等变化造成的项目流产或损失，也包括项目组织者与客户、分包商、运营商之间有关合同的争议而造成的项目停滞或搁浅。

当然，也可以根据项目风险内容，把以上风险分为政策风险、经济风险、市场风险、自然风险等。政策风险是由国家宏观经济政策及监管政策变动所带来的风险；经济风险即由经济条件改变、经济景气变动、利率和通货膨胀率等因素决定的项目盈利能力的变动；市场风险即竞争者推出类似的产品、市场变化、经济条件改变对项目损益的影响；自然风险是由自然或不可抗因素所带来的风险等。

具体到某一领域还需要具体分析。文化产业项目的资产主要属于无形资产，形成各种版权和相关权利。并且很多专有资产（资本、技术、一些无形资产等）使用后就成为沉淀成本，会彻底失去。无形资产不能为债务提供可靠的担保，因而小型文化企业一有可能就扩充自己的固定资产。因此对文化产业项目风险要细致分析。例如，影视产业项目面对的风险，就包括宏观经济环境风险、行业风险、市场风险、政策及法律风险、体制风险、文化环境风险（诚信、盗版等）、资源风险、经营风险（财务及融资、人力资源、管理水平）等。另外，还有不可抗力风险，主要有地震、洪水、飓风、冰雹、火灾、交通事故、突发事件（如"9·11"事件、"非典"疫情、禽流感、政变）等。

（三）文化产业项目风险管理的特点

文化产业项目风险管理是识别和评估风险，建立、选择和管理风险的可选择方案的组织方法。它包括鼓励对项目目标有正面影响的风险发生并加强其影响、减小对项目目标有负面影响的风险发生并减弱其影响。由此，文化产业项目风险管理既是一门科学又是一门艺术。其特点体现在如下几个方面。

1. 全过程管理

项目风险管理,既不是在项目实施前对影响项目的不确定因素的简单罗列与事先判断,也不是当实际的项目风险发生时的危机管理以及应变对策,更不是纯粹的项目风险发生后的补救方案设计与事后经验总结,而是对于项目风险全过程的管理。

项目风险的全过程管理,要求项目风险管理者能够审时度势、高瞻远瞩,通过有效的风险识别,实现对项目风险的预警预控;要求项目管理者能够临危不乱、坦然面对,通过有效的风险管理工具或风险处理方法,对于项目运行过程中产生的风险进行分散、分摊或分割;要求项目风险管理者能够在项目风险发生后,采取有效的应对措施并能够总结教训。

例如,电影项目投资在文化产业投资领域中风险可能是最大的,周期短,变数大,很难预测和保证每一部影片在商业上成功。高风险还体现在中国电影成本回收渠道比较单一,主要是靠票房收入,版权收入很低,海外发行渠道缺失。因此对于每一位项目参与者来说,必须认识到其所进行的投资具有很高风险。一部影片的投资巨大,中间资金的断裂会使前功尽弃,而即便拍摄完毕,票房也很难保证。如果投向的是电影、电视剧项目而不是影视公司股权或者院线公司的话,则必将面临较大的市场风险,因而采取合拍而非独拍将会是不错的选择。

2. 全员管理

项目管理风险不仅包括对政治、经济、社会、文化、制度等外部环境中的不确定性因素的管理,还包括项目自身在其计划、组织、协调等过程中所产生的不确定因素的管理。因此,项目风险管理绝对不是项目风险管理职能部门的事情,需要项目团队全体成员履行责任。

项目风险管理既是对项目全部参与方(人员)的管理,同时也是全员共同参与对项目风险的管理。也就是说,项目风险的全员管理,并不仅仅是对于项目运行参与方或参与人员的管理,而是要求所有的人员均能够参与项目风险的管理。对于后者而言,就需要有更精细的规则设计。

3. 全要素管理

项目风险管理的过程是一个在可能的条件下追求项目活动持续时间最短、成本最低、质量最优的决策过程,且项目风险管理不能仅满足于对单一目标的追求。这是由于项目的活动持续时间、成本与质量是三个直接关联和相互作用的相关要素。项目活动持续时间的提前或滞后将直接影响成本的高低,项目质量的优劣与项目工程成本直接相关,同样项目的活动持续时间与质量的波动受成本因素的影响。由此不难得出,项目风险管理是对活动持续时间、成本以及质量的全要素管理。

比如,对电影的财政控制要有一定合理限度,超过这一限度,就必然从中受挫。电影情节越复杂,投入越巨大,财政监督工作就越难执行,因为这需要与很多人相互协调,所有影响项目投入的决定都要牵涉到很多方面。项目整体投入越大,协调人员就越没有时间考虑电影花费的适当性。因此,在电影成本增长时,管理人员就只能被动地接受利润的减少。①

三、文化产业项目风险管理的过程

一般而言,文化产业项目风险管理包括风险识别、风险分析、风险应对和风险控制四个环节,如图所示。

图17-1 项目质量风险管理的过程

(一)项目风险识别

项目风险识别是找出影响项目目标顺利实现的主要风险因素,并识别出这些风险究竟有哪些基本特征、可能会影响到项目的哪些方面,为有效地应对和控制风险提供依据。风险识别应调查项目执行中存在的问题及业主和顾客所关注的问题,对项目所有的方面进行评估以发现其潜在的风险范围。

---

① 〔美〕凯夫斯:《创意产业经济学——艺术的商业之道》,孙绯等译,新华出版社2004年版,第137页。

1. 项目风险识别的内容

项目风险识别是一项贯穿于项目实施全过程的项目风险管理工作。它不是一次性行为,而应贯穿整个项目中。其内容包括识别哪些风险可能影响项目进展并且记录具体风险的各方面特征,预测风险可能产生的后果等。

(1)识别项目中的潜在风险及其特征

这是项目风险识别的第一个任务。因为只有首先确定可能会遇到哪些风险,才能够进一步分析这些项目的性质和后果。在项目风险识别工作中,首先要全面分析项目的各种影响因素,从中找出可能存在的各种风险,并整理汇总成项目风险的清单。

一般来说,项目风险识别包括识别内在风险及外在风险。内在风险是项目工作组能加以控制和影响的风险,如成本、团队建设、不胜任的技术人员等。比如,据统计,2011全国电视剧的生产量在17000集左右,能在黄金时间播出的只有6000集左右,即是说能挣钱的只有6000集左右。一集电视剧的制作成本均价是100万元左右,有的制作成本更高,甚至要达到200万元,电视剧的制作成本是在翻倍增长,但电视台购买电视剧资金的上升幅度远远不及该增长速度。目前60%—70%的影视企业是赔钱的,运营好的项目收益一般为50%左右,部分好的单本剧可能达到100%—200%,但是百部电视剧,真正被追捧的不到10部,而且影视剧的回收期一般要2—3年。这些成本回收的压力就必然对于一个具体影视产业项目运作造成经济风险。

外在风险是超出项目团队控制和影响力之外的风险,如市场转向或政府行为等。还是以影视产业项目为例分析。很多人都认为影视产业是个富矿,遇上好剧本、好时机,有可能撞大运,但是他们往往对政策法规、市场容量、剧目类型、电视台档期、电视采购价等因素缺乏综合考量和理性认识。同时,虽然网络、手机等新媒体为影视剧的发展拓宽了渠道,但因为视频网站等渠道本身也为了降低成本开始染指心仪的自制剧目,自制剧大潮已不可避免地成为电视剧制作的大趋势,导致传统电视剧制作公司的生存空间急速缩小。每年真正出彩的电视剧只有3—5部,真正能让观众记住的不会超过10部。同时,电视剧是消费品,种类有谍战剧、古装剧、时装剧等,但观众的口味在不断变化,很难把握。

总之,只有识别清楚项目风险的内在和外在主要影响因素,才能把握项目风险发展变化的规律,才能有效度量项目风险的可能性与后果的大小,从而才有可能对项目风险进行应对和控制。

(2) 预测风险可能会引起的后果

项目风险识别的根本目的就是要减少或消除项目风险可能带来的不利影响和后果。在识别出项目风险和项目风险的主要来源之后,必须全面分析项目风险可能带来的后果及其后果的严重程度。当然,这一阶段的识别和分析主要是定性分析。

一般来说,对影视产业项目进行投资有较高的商业风险,财务理论上将风险划分为系统风险和非系统风险。前者即市场风险,它无法被分散;后者可以通过投资组合来降低。一家影视投资公司对另一个不同的影视投资公司或项目进行分散持股,实际上是分散风险,这也是公共持股大公司、多元化并购之所以存在的主要原因。影视投资公司越小,非系统风险就越大,投资一个项目等于把所有的鸡蛋放在了一个篮子中。而且一次只能操作一个项目,没有一系列精选产品或项目来分散风险。小制片商寻找资金的原则通常只能是完成一个再说下一个,通常很难引起投资商的兴趣,也很难通过担保来吸引资金。大公司有一系列精选的影视产业项目,能够利用过去赚到的钱来投资新影片和电视剧,能够利用自己的声誉和担保来吸引资金。

2. 项目风险识别的流程(图17-2)

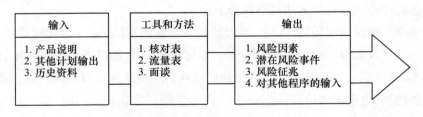

图17-2　项目风险识别的流程①

(1) 风险识别的依据

产品说明,主要是对文化产品等可交付成果的性质和相关指标描述。

---

① 源自美国项目管理协会:《项目管理知识体系指南(PMBOK)》。本章以下除了特别注明之外的图表,均源自该书。

项目的计划信息,包括工作分析结构(WBS)、项目目标、成本估计和活动时间估计、人力资源配置、必需品采购方案、整体策划方案等。

各种历史参考资料,包括项目资料文件、商业数据、项目团队运营历史和经验知识、市场行情、经济信息等。

(2) 风险识别的工具

核对表,主要是进行资料对比分析。

流量表,包括项目进程、经费运转等情况。

面谈,包括小型会议、个别交流等。

(3) 风险识别的成果

风险因素的分析,主要是对可能事件的性质和种类判断。

潜在风险的描述,包括对风险事件发生的可能性、可能结果或损失、事件发生的时间、发生频率大小的估测四个要素。

识别风险的方法主要有项目文件、进度分析、寿命期费用分析、基线费用估计等。其中,项目工作分解结构(WBS)往往作为风险辨识的框架,从最上层一直到最底层的每一分解均做详细分析。例如,投资风险识别,就是要依据以往时期的经验数据和现期的资料,估计未来时期风险因素对投资方案的影响,考虑不同风险条件下投资收益的变异性,从而做出有关风险和收益组合的正确选择。

严格来说,风险仅仅指遭受创伤和损失的可能性,但对项目而言,风险识别还牵涉机会选择和不利因素威胁。任何能进行潜在问题识别的信息源都可用于风险识别,信息源有主观和客观两种。客观的信息源包括过去项目中记录的经验和表示当前项目进行情况的文件,如项目策划方案、计划分析、需求分析、技术性能评价等;主观信息源是基于有经验的专家的经验判断。在项目实施过程中,项目管理者需要随时掌握当前项目所面临的风险状况,及时指出项目进行不正常的风险信号,必要时预先采取纠正措施。

(二) 项目风险分析

项目风险分析就是量化风险的可能性,评估风险和风险之间的相互作用,以便评定项目可能的产出结果的范围。风险分析要求进行分析以确定发生问题的可能性以及由其发生而产生的结果,其目的在于找出风险产生的原因,衡量其结果和风险大小或等级。

1. 项目风险分析的流程(图17-3)

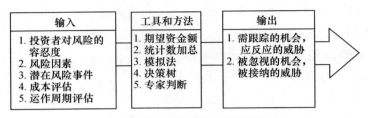

图17-3 项目风险分析的流程

(1) 风险分析的依据

投资者对风险的容忍度。容忍度越高,越有利于关注项目长期效益。

风险因素。基于对外在和内在的风险估计。

潜在风险事件。预测可能发生的风险。

项目成本评估。基于项目经费预算和预算执行阶段评估。

项目运作周期评估。项目每个环节进行审查和评估。

(2) 风险分析的工具和方法

期望资金额。包括融资总额和分步到位情况。

统计数加总。将具体项目活动的成本加总以计算出整个项目的成本。

模拟法。用项目系统模型来分析项目活动表现。

决策树法。说明不同决策之间和相关事件之间的相互作用的图表。

专家判断法。充分利用专业人士的分析和判断。

(2) 风险分析的成果

需跟踪的机会和需反应的威胁。

被忽视的机会和被吸纳的威胁。

量化风险的序列目录。对可能的威胁进行量化排序。

2. 项目风险分析(风险量化)的内容

风险量化包括项目风险发生可能性的度量、项目风险后果严重程度的度量、项目风险影响范围的度量、项目风险发生时间的度量等。一般用公式算出具体风险值,即风险值 = 风险发生的概率 × 影响程度。具体见表17-1。

表 17-1　项目的风险值分析和计算

对项目目标的影响	评估风险对项目的主要目标的影响大小				
	发生的概率				
	非常低	低	中等	高	非常高
	0.05	0.1	0.2	0.4	0.8
成本	成本略有提高,但不重要	<5%的增长	5%—10%的增长	10%—20%的增长	>20%的增长
进度	进度略有滞后,但不重要	<5%的滞后	5%—10%的滞后	10%—20%的滞后	>20%的滞后
范围	范围略有缩小,但很难察觉	范围中次要部分受到影响	范围中主要部分受到影响	客户不可接受的范围缩减	项目结束时,项目成果毫无用处
质量	质量略有下降,但很难察觉	只有要求过分的应用受到影响	质量下降影响到客户是否接受	客户不可接受的质量下降	项目结束时,项目成果毫无用处

一个具体风险的风险值					
概率	风险值 = 概率(P) × 影响(I)				
0.9	0.05	0.09	0.18	0.36	0.72
0.7	0.04	0.07	0.14	0.28	0.56
0.5	0.03	0.05	0.10	0.20	0.40
0.3	0.02	0.03	0.06	0.12	0.24
0.1	0.01	0.01	0.02	0.04	0.08
	0.05	0.1	0.2	0.4	0.8
	非常低	低	中	高	很高
	对某一项目目标(如成本、时间、范围)的影响				

比如,应用决策树可以对如下(图 17-4)两个项目风险值估算,通过比较甲方案和乙方案的市场风险,并作出相应选择。

在文化产业项目实践中,要重视对成本或投入产出进行具体和翔实分析。例如,许多人认为影视产业项目是高风险高回报的,可现实情况却是越来越高的风险,对应着越来越低的回报。因为成本消耗的与日俱增,影视投资的收益正在被摊薄,尤其是做一个精品项目,投资门槛很高,花费很大。演员片酬飞涨,场地与道具等制作性费用也有所提升,包括业内越来越重视特技特效、营销推广等都要花钱。但相比而言,这些支出的涨幅远不及演员的片酬支出。有些剧的演员

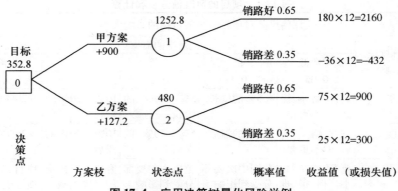

图 17-4　应用决策树量化风险举例

成本已经占到总成本消耗的一半甚至七成以上,全行业都在为演员打工。但是,一线的导演、编剧和演员又是收视的保证,是被观众和市场认可的砝码。影视产业项目投入和产出往往无法成为正比。由于这个行业存在准入门槛低、制作规模小的特点,让很多投资商以为投入就有产出,事实却是国产电视剧供大于求,这种市场风险是必须予以充分估计的。

(三) 项目风险应对

项目的风险应对是依据风险识别和风险分析的结果,确定对机会进行选择的步骤及对危险作出应对的步骤。

1. 项目风险应对的程序

项目风险应对的策略,主要依据于项目风险识别和量化的成果。项目风险应对的过程及其内容,见图 17-5。

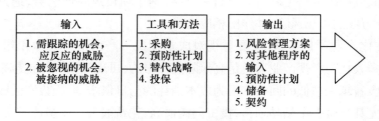

图 17-5　项目风险应对的流程

(1) 项目风险应对的依据

需跟踪的机会,需反应的威胁。

被忽略的机会,被吸纳的威胁。

(2) 项目风险应对的工具和方法

采购。即从项目组织外采购产品和服务。

预防性计划。包括对风险事件如果发生如何制定行动步骤。

替代战略。即风险事件可以通过及时改变计划来制止或避免。

投保。包括保险或类似保险的操作如证券投资。

(3) 项目风险应对的成果

项目风险管理方案。确定有针对性的对策或预案。

对其他程序的输入。主要是为其他管理程序提供依据。

预防性计划。提出执行预案的具体时间安排。

储备或应急准备。在人、财、物、信息等方面留出余地。

协议契约。通过投资方或其他利益相关者的具体合同明确风险责任。

2. 项目风险应对的基本策略

通常来说,文化产业项目风险应对主要有以下四个基本策略:

(1) 风险规避

项目风险规避是采取一切可能的手段规避项目风险、消除项目风险,或采取应急措施将已经发生的风险及其可能造成的风险损失控制在最低限度或可以接受的范围内。项目风险规避必须以一定的前提假设和代价为基础。比如,规避风险意味着项目决策者会失去获取高额回报的机会或者必须通过高成本的技术方案应对风险;或者对于多个风险项目进行协调控制,充分利用项目间的协同效应。此外,项目风险规避意味着除技巧之外,决策者必须以足够的经验知识、前期积累、经费支持,否则有效的项目风险规避将难以实现。

项目风险规避主要目的是主动放弃和拒绝项目实施过程中可能导致项目风险事件发生的可能,重新制订计划、改变项目范围,以躲避风险。例如,对风险较大的影视投资项目进行放弃,是对付风险最彻底的办法。但是,放弃不是任何时候都可以采用的,影视企业遭受损失的可能性降低到零,同时也使其获利的可能性降低为零。回避一切风险,就只能停止影视投资。因此,影视产业项目常见的规避风险策略是:改变摄制组成员和拍摄地点、改变投资方向、推迟或放弃拍摄、联合投资、改变影视产品所采用的拍摄设备和后期制作技术等。

　　对电影项目投资商而言,明星们通常被认为是颇具号召力的,明星的出演可以增加电影预期总收入,如果明星同意大部分报酬与电影收入挂钩,他(或她)的出现就会降低风险。银行家和其他电影项目投资人认为有明星出演的项目更容易回收成本,所以他们愿意投资这样的项目。

　　(2) 风险减轻

　　项目风险减轻是通过重新制订计划来减轻风险的负面影响,减小其发生概率。在不能避免风险时,设法降低风险发生的概率和减少经济损失的程度。例如,在不能避免风险时,影视企业往往需要耗费更多成本。影视制片人对拍摄过程中要换导演或主演、更改有关合同等风险首先就要进行抑制。但如果抑制风险的成本大于通过采取该措施所能避免的风险损失,则得不偿失。

　　资本在介入文化产业时,往往更加青睐股权投资来减轻风险。但进行单纯的项目投资,面临着如何评判项目的投资价值,控制文化产品的市场风险等一系列问题,必须综合考虑。运用风险减轻策略,在项目的合作各方之间,通过资源共享、要素互补等方式也可以有效分摊风险。

　　(3) 风险接受

　　当风险无法得到有效控制、但项目很有必要进行时,项目决策者也会采取风险接受策略。项目风险接受是项目组织自己承担风险的损失,接受项目风险的一切后果。项目风险接受是项目风险应对的手段之一,其前提在于"两害相权取其轻",通过对项目风险的评估,得出其发生概率较小或者概率较大但风险损失较小,或者概率与风险损失均较大但在预期范围或可接受的范围内。例如,影视企业或制片人自担风险,将风险控制在其所能承受的范围内,它分两种情况:一是消极的非计划性的自我承担;二是积极的计划性的风险自留。

　　当前,国有文化产业项目处理主要以风险接受为主,其所出现问题与弊端的经济根源在于,国有文化企业或政府部门所承担的一切项目投资通常由政府或纳税人来为项目风险买单,企业或项目负责人无须为项目风险损失承担责任。

　　(4) 风险转移

　　项目风险转移是为避免或降低风险的损失,有意识地将风险产生的后果转嫁到其他方面,通过责任分配、保险、制定合同、外包等方式使其他人对风险负责。与风险规避和风险减轻相比,项目风险转移是更为有效的项目风险应对手段。例如,影视产业项目风险承担者通过若干技术和经济手段将风险转移给他人承担,它分为保险转移和非保险转移。通过制片人承包影视公司的一些影视投资项目,影视公司可将影视产业项目的投资风险转嫁给制片人。运用风险转移机制,在必要的时候通过转让、出售等方式退出项目运作以转移风险。

风险转移和风险减轻都可以通过风险分散来实现。一般而言,风险分散是文化产业投资公司将所面临的风险单位进行空间、产业和时间上的分离,如影视集团的多元化经营;或者通过增加承担风险机构的数量来提高影视投资公司预防未来损失的能力,如采取联合摄制。

3. 项目风险应对的辅助策略

在以上风险应对基本策略的基础上,项目风险应对还可以采取一些辅助手段。

(1) 保险

保险是将不可知的风险转化成可知风险和成本。比如,将项目转移给从事风险合并事务的专业保险公司或其他风险投资机构,这是一种符合市场游戏规则且公平的转移手段。当前,由于参与实际保险业务的项目数量较少,我国的三大保险公司所收取的保费还比较昂贵,且保险合同条款明显不利于项目方。随着参保项目逐年增多,同时保险公司的竞争性越来越明显,保费和服务均会向有利于项目方的方向转化,项目风险的这种转移策略将越来越趋于完善和成熟。

(2) 应急储备或应急预案

应急储备或应急预案,或者是资金或者是时间,即以备风险发生预留的资金或时间。如果风险发生应该采取的应急措施,如制定一个实现应急的应对方案。应急储备或应急预案可以由项目经理或管理团队控制,也可以由企业高层掌控。

(3) 见机行事

如果风险发生,不做事先应对计划,而是凭商业直觉判断或者根据具体情况"见招拆招"、见机行事。不可否认,文化产业项目存在着高风险,项目运作团队在进入时应做好人才、经费和时间等方面的准备,才能够相对应付自如。

(四)项目风险控制

简单地说,项目风险的控制就是对项目进程中风险所产生的变化作出反应并采取相应的措施。

1. 项目风险控制的程序

具体说来,项目风险控制的过程,就是跟踪已经识别的风险、监视剩余的风险和识别新的风险,并根据项目的进展情况保证不断修整和执行风险管理计划,评估减少风险的有效性。项目风险控制的流程见图17-6。

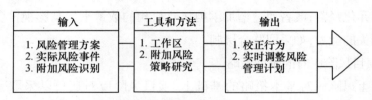

图17-6 项目风险控制的流程

(1) 项目风险控制的依据

项目风险管理方案。

项目实际发生的风险事件。

对项目潜在风险的识别。

(2) 项目风险控制的工具和方法

工作区。即未列入风险管理方案的对策。

项目潜在风险的应对策略。主要是备选的对策或预案。

项目风险评估与审核。参考每个阶段风险评估资料。

偏差(挣值)分析。即分析目标实施与目标期望之间差异。

建立项目风险监控体系。具体内容见后。

(3) 项目风险控制的成果

纠正办法与措施。果断和有效提出防范或改进措施。

实时调整风险管理计划。根据情况变化及时调整原定应对计划。

2. 建立项目风险监控体系

文化产业项目风险监控体系包括建立项目风险控制体制,制定项目风险的方针和程序,制定项目风险责任制度、报告制度、预警制度、沟通程序等一系列事项。通过建立合理规范的项目风险监控体系,将有助于更好地对项目风险管理各环节加强预报和预控(图17-7),促进项目团队乃至企业内部信息化工作的稳健前行,以此更为有效地控制项目风险。

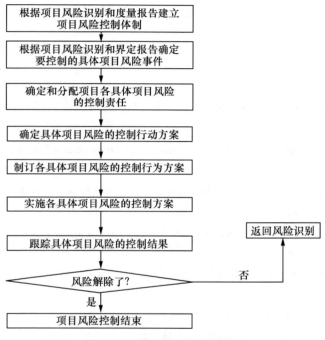

图17-7　项目风险控制流程图

值得重视的是,随着文化产业发展环境的逐步成熟,项目风险管理须以尊重市场、尊重竞争、尊重信用为前提。项目管理应在恪守市场制度框架下,完善项目自身的游戏规则,在计划、制度和流程等方面建立全方位的监控机制,寻求项目风险的最小化,以最大限度地对项目各利益相关者进行有效保护。总之,市场是文化产业项目整个管理过程迎着的"永远的目光"。

参考文献

PMIA, Guide to the Project Management Body of Knowledge, US: Project Management Inst, 2009.

Howkins, John, The Creative Economy: How People Make Money From Ideas, UK: Penguin Global, 2004.

North, Douglass C., Institutions, Institutional Change and Economic Performance, UK: Cambridge University Press, 1990.

Prahalad, C. K., Garry Hamel, The Core Competence of the Corporation, Harvard Business Review, May-June, 1990.

〔美〕项目管理协会:《项目管理知识体系指南(PMBOK)》,王勇、张斌译,电子工业出版社2010年版。

〔美〕伊丽莎白·科瑞德:《创意城市》,陆香等译,中信出版社2010年版。

〔韩〕金、〔美〕莫博涅:《蓝海战略——超越产业竞争,开创全新市场》,吉宓译,商务印书馆2010年版。

〔美〕凯夫斯:《创意产业经济学——艺术的商业之道》,孙绯等译,新华出版社2004年版。

〔澳〕琳·瓦根:《活动项目策划与管理》,宿荣江等译,旅游教育出版社2004年版。

〔美〕Al Lieberman、Patricia Esgate:《娱乐营销革命》,谢新洲等译,中国人民大学出版社2003年版。

〔美〕理查德·弗罗里达:《创意经济》,方海萍、魏清江译,中国人民大学出版社2006年版。

〔美〕理查德·弗罗里达:《创意阶层的崛起》,司徒爱勤译,中信出版社2010年版。

〔加〕弗朗索瓦·科尔伯特:《文化产业营销与管理》,高福进等译,上海人民出版社2002年版。

〔秘鲁〕索托:《资本的秘密》,于海生译,华夏出版社 2007 年版。
〔美〕德鲁克:《管理:使命、责任、实务(责任篇)》,王永贵译,机械工业出版社 2006 年版。
〔美〕德鲁克:《管理的实践》,齐若兰译,机械工业出版社 2006 年版。
〔美〕迈克尔·波特:《竞争优势》,陈小悦译,华夏出版社 1997 年版。
〔美〕迈克尔·波特:《国家竞争优势》,李明轩、邱如美译,中信出版社 2007 年版。
周其仁:《产权与制度变迁——中国改革的经验研究》,北京大学出版社 2004 年版。
邱菀华等编著:《现代文化产业项目管理——如何运作大型活动》,机械工业出版社 2004 年版。
李向民等:《文化产业管理概论》,书海出版社 2006 年版。
严三九、王虎编著:《文化产业创意与策划》,复旦大学出版社 2008 年版。
李宇红、白庆祥编著:《文化创意经典案例教程》,中国经济出版社 2008 年版。
陈放、谢宏:《文化策划学》,时事出版社 2000 年版。
花建等:《文化产业竞争力》,广东人民出版社 2005 年版。
赵泽润等编著:《文化市场营销学》,中山大学出版社 2010 年版。
陈少峰、张立波:《文化产业商业模式》,北京大学出版社 2011 年版。
金青梅主编:《文化产业项目管理》,西安交通大学出版社 2011 年版。
张立波、陈少峰:《新中道的企业管理哲学》,北京大学出版社 2012 年版。
陈少峰、张立波编:《中国文化企业报告 2012》,华文出版社 2012 年版。
秦喜杰等:《影视投资分类、组合及风险控制研究》,《经济经纬》2006 年第 5 期。
刘彤:《文化产业项目管理的特点与关键环节》,《北京印刷学院学报》2008 年第 5 期。
张立波:《试论文化结构的层次》,《价值论与伦理学研究》2008 年第 2 期。
张立波:《文化产业集聚园的产业链构建》,《北京联合大学学报》2010 年第 6 期。
月明:《文化产业项目该如何评估》,《中国文化报》2010 年 6 月 23 日。
张立波:《文化旅游的同心圆》,《北大文化产业评论》2010 年第 2 期。
魏鹏举:《文化创意产品的属性和特征》,《文化月刊》2010 年第 8 期。
陈少峰:《文化产业"两个效益统一"新解》,《中国青年报》2010 年 12 月 20 日。
张立波:《数字内容产业发展的五大趋向》,《文化产业导刊》2011 年第 8 期。
张立波、陈少峰:《文化产业全产业链商业模式何以可能》,《北京联合大学学报》2011 年第 4 期。
张立波:《文化产品的时间之维》,《中国海洋大学学报》2012 年第 1 期。
秦翠:《浅谈流行音乐和民族音乐的结合——以"女子十二乐坊"为例》,《大众文艺》2011 年第 14 期。